D1530124

Punto y aparte

SIXTH EDITION

Spanish in Review • Moving Toward Fluency

Sharon W. Foerster
University of Texas at Austin (retired)

Anne Lambright
Trinity College

Mc Graw Hill Education

Dedication

This book is dedicated to our bilingual children:
Shaanti, Jonathan, Corazón, Isis, Paloma, Guillermo Bey II, and Maya.

PUNTO Y APARTE: SPANISH IN REVIEW, MOVING TOWARD FLUENCY, SIXTH EDITION
Published by McGraw-Hill Education, 2 Penn Plaza, New York, NY 10121. Copyright © 2020 by McGraw-Hill Education. All rights reserved. Printed in the United States of America. Previous editions © 2015, 2011, and 2007. No part of this publication may be reproduced or distributed in any form or by any means, or stored in a database or retrieval system, without the prior written consent of McGraw-Hill Education, including, but not limited to, in any network or other electronic storage or transmission, or broadcast for distance learning.

Some ancillaries, including electronic and print components, may not be available to customers outside the United States.

This book is printed on acid-free paper.

1 2 3 4 5 6 7 8 9 LWI 21 20 19

ISBN 978-1-259-60296-2 (bound edition)
MHID 1-259-60296-6 (bound edition)

ISBN 978-1-260-26745-7 (loose-leaf edition)
MHID 1-260-26745-8 (loose-leaf edition)

ISBN 978-1- 260-26735-8 (annotated instructor edition)
MHID 1- 260-26735-0 (annotated instructor edition)

Executive Portfolio Manager: *Kim Sallee*
Senior Product Developer: *Sadie Ray*
Marketing Manager: *Raúl Vázquez-López*
Content Project Managers: *Sandy Wille, Amber Bettcher*
Buyer: *Susan K. Culbertson*
Design: *Matt Backhaus*
Content Licensing Specialists: *Melisa Seegmiller*
Cover Image: *©JAS Photo/Shutterstock*
Compositor: *Lumina Datamatics*

All credits appearing on page or at the end of the book are considered to be an extension of the copyright page.

Library of Congress Cataloging-in-Publication Data

Names: Foerster, Sharon W., author. | Lambright, Anne, author.
Title: Punto y aparte / Sharon W. Foerster, University of Texas at Austin,
   Anne Lambright, Trinity College.
Description: Sixth edition. | New York, NY : McGraw-Hill Education, [2020]
Identifiers: LCCN 2018021489| ISBN 9781259602962 | ISBN 1259602966
Subjects: LCSH: Spanish language—Textbooks for foreign speakers–English.
Classification: LCC PC4129.E5 F64 2020 | DDC 468.2/421—dc23 LC record available at
https://lccn.loc.gov/2018021489

The Internet addresses listed in the text were accurate at the time of publication. The inclusion of a website does not indicate an endorsement by the authors or McGraw-Hill Education, and McGraw-Hill Education does not guarantee the accuracy of the information presented at these sites.

mheducation.com/highered

Contents

Preface   xiii

Para empezar: Los cinco amigos   1

Cara a cara   2

Puntos clave: Introducción   6

D DESCRIBIR Descripción   7

C COMPARAR Comparación   8

P PASADO Narración en el pasado   9

REACCIONAR
R RECOMENDAR Reacciones y recomendaciones   10

G GUSTOS Hablar de los gustos y las opiniones 11

H HIPÓTESIS Hacer hipótesis   12

F FUTURO Hablar del futuro   13

Capítulo

	DIALOGUES	VOCABULARY	GRAMMAR
1 Perspectivas España 16 	**Percepciones e impresiones 16** La historia: Las primeras impresiones 17	Vocabulario del tema 19 Nota cultural: ¿Somos tan sensibles? 24	Puntos clave: **D** DESCRIBIR **C** COMPARAR Descripción y comparación 25
2 Conexiones El Caribe 49 	**Nuestras raíces 49** La historia: ¡La quiero mucho, pero me vuelve loco! 50	Vocabulario del tema 52 Nota cultural: Nombres raros: El caso de Venezuela 57	Puntos clave: **P** PASADO Narración en el pasado 58
3 Pasiones y sentimientos México 86 	**Las relaciones humanas 86** La historia: Buscando el equilibrio 87	Vocabulario del tema 89 Nota cultural: Los piropos 94	Puntos clave: REACCIONAR **R** RECOMENDAR Reacciones y recomendaciones 95

CULTURE	READING & WRITING	SPEAKING
Rincón cultural Lugares fascinantes para estudiar: Barcelona; Sevilla; Toledo; Bilbao 35 **¡Viaje conmigo a España!** 37 -Un artista hispano: Santiago Calatrava 38 -La música española 40 -Lo hispano en los Estados Unidos: Ana y David 41 -Un evento histórico: La Guerra Civil española 43	**¡A escribir!** Composición: Narración 33 Lectura: «Un vistazo a las locuras más absurdas de Dalí», por Izquierdo Unai 44	Hablando del tema 34
Rincón cultural Lugares fascinantes para estudiar: La Habana, Cuba; San Pedro de Macorís, DR; El Viejo San Juan, PR; Mérida, Venezuela 68 **¡Viaje conmigo al Caribe!** 71 -Una artista hispano: Rita Indiana 73 -La música caribeña 75 -Lo hispano en los Estados Unidos: Alberto y Xianix 76 -Un evento histórico: La Revolución cubana 78	**¡A escribir!** Composición: Ventajas y desventajas 66 Lectura: «Lin-Manuel Miranda revoluciona Broadway con Hamilton a ritmo de *hip-hop*», por Ruth E. Hernández Beltrán 79	Hablando del tema 67
Rincón cultural Lugares fascinantes para estudiar: Guanajuato; La Ciudad de México; Yucatán; Oaxaca 104 **¡Viaje conmigo a México!** 106 -Un artista hispano: José Guadalupe Posada 108 -La música mexicana 110 -Lo hispano en los Estados Unidos: Juan y Verónika 111 -Un evento histórico: La Revolución mexicana 113	**¡A escribir!** Composición: Narración en el pasado 102 Lectura: «Peregrina», por Ortega Morán 114	Hablando del tema 103

Capítulo

	DIALOGUES	VOCABULARY	GRAMMAR

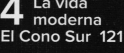

4 **La vida moderna El Cono Sur 121**

Las obligaciones y el tiempo libre 121

| La historia: Hay que ser más fiesteros 122 | Vocabulario del tema 124 Nota cultural: ¿Quiénes son los más fiesteros? 128 | Puntos clave:  Hablar de los gustos y las opiniones 129 |

---

5 **El mundo actual La región andina 156**

Participación cívica y acción global 156

| La historia: Este mundo nuestro 157 | Vocabulario del tema 159 Nota cultural: La vida política de los jóvenes hispanos 163 | Puntos clave: Hacer hipótesis y Hablar del futuro 164 |

---

6 **Hacia el porvenir Centroamérica 190**

Nuestro futuro en un mundo globalizado 190

| La historia: Preparativos 191 | Vocabulario del tema 193 Nota cultural: El Internet en el mundo hispano 198 | Puntos clave: Las siete metas comunicativas 199 |

CULTURE	READING & WRITING	SPEAKING

Rincón cultural
Lugares fascinantes para estudiar:
La Patagonia, Argentina;
El Observatorio Paranal, Chile;
Montevideo, Uruguay; Las
Cataratas del Iguazú 140
¡Viaje conmigo al Cono Sur! 143
-Una artista hispana: Violeta
Parra 144
-La música del Cono Sur 146
-Lo hispano en los Estados
Unidos: Wálter y Ángeles 147
-Un evento histórico: Las «guerras
sucias» y el terrorismo estatal
en el Cono Sur 149

¡A escribir!
Composición: Consejos 138

Lectura: «Camila Vallejo, icono de
la juventud indignada», por
Daniela Pastrana 150

Hablando del tema 139

Rincón cultural
Lugares fascinantes para estudiar:
Cuzco y Machu Picchu, Perú;
Cartagena, Colombia; Quito y
las Islas Galápagos, Ecuador;
La Paz, Bolivia 174
¡Viaje conmigo a la región
andina! 176
-Un artista hispano: Jorge
Miyagui 177
-La música andina 179
-Lo hispano en los Estados Unidos:
Estefanía y Cristina 180
-Un evento histórico: Las guerras del
agua y del gas en Bolivia 182

¡A escribir!
Composición: Persuasión 172

Lectura: 'Bolivia: las mansiones
«neoandinas» de la burguesía
aymara que se enriqueció con
Evo' 183

Hablando del tema 173

Rincón cultural
Lugares fascinantes para estudiar:
Panamá; Ruinas mayas en
Guatemala, Honduras y El
Salvador; Nicaragua; Costa
Rica 208
¡Viaje conmigo a
Centroamérica! 210
-Una artista hispana: Karla
Recinos 211
-La música centroamericana 213
-Lo hispano en los Estados
Unidos: Marjorie 214
-Un evento histórico: La
Revolución sandinista 216

¡A escribir!
Composición: Expositiva 206

Lectura: «Uno no escoge», por
Gioconda Belli 217

Hablando del tema 207

Explicación gramatical: 222

Los puntos clave

D DESCRIBIR

Descripción 222
A. Agreement 222
B. **Ser** and **estar** 224
C. Past participles used as adjectives 226
D. Uses and omission of articles 227

C COMPARAR

Comparación 228
A. Comparisons of inequality 229
B. Comparisons of equality 229
C. Irregular comparative forms 229
D. Superlatives 230

P PASADO

Narración en el pasado 231
A. Formation of the preterite and imperfect 231
B. Using the preterite and imperfect 233
C. Verbs with different meanings in the preterite and imperfect 237
D. The present perfect and pluperfect 238
E. **Hace... que** 239

REACCIONAR
R RECOMENDAR

Reacciones y recomendaciones 240
A. Formation of the present subjunctive 240
B. Formation of the past subjunctive 241
C. Using the subjunctive in noun clauses 241
D. Commands 246

G GUSTOS

Hablar de los gustos 248
A. Direct object pronouns 248
B. The personal **a** 250
C. Indirect object pronouns 250
D. Double object pronouns 251
E. **Gustar** and similar verbs 252

H HIPÓTESIS

Hacer hipótesis 254
A. The conditional 254
B. Past subjunctive and sequence of tenses 255
C. *If* clauses 255

F FUTURO

Hablar del futuro 257
A. The future tense 257
B. The future of probability 257
C. Using the subjunctive in adverbial clauses 258

Referencia de gramática: 261

Los otros puntos gramaticales

A. Reflexive and reciprocal pronouns 261
B. Prepositions and verbs that take prepositions 262
C. **Saber** and **conocer** 263
D. Relative pronouns 264
E. **Por** and **para** 265
F. Using the subjunctive in adjective clauses 266

Apéndice 1: ¡A practicar! Answer Key A-1

Apéndice 2: Conectores y palabras de transición A-4

Apéndice 3: Verb Charts A-5

Index I-1

Maps M-1

Pistas calientes

Las siete metas comunicativas y los puntos clave

About the Authors

Sharon Wilson Foerster taught Spanish and foreign language methodology courses for over forty years. She continues to present papers and conduct workshops in the United States, and abroad, most recently in Turkey, Italy, Spain, and Cuba. She received her Ph.D. in Intercultural Communications from the University of Texas in 1981. Prior to joining the Spanish department at the University of Texas, she was the Director of the Center for Cross-Cultural Study in Seville, Spain, where her passion for study abroad began. She continues her involvement in study abroad through her work as co-founder and Academic Advisor for Academic Programs International. After retiring from University of Texas at Austin in 2001 where she was Coordinator of Lower Division Courses, she taught for five years in the Summer Language School at Middlebury College in Vermont. She is the lead author of eight textbooks published by McGraw-Hill: *Punto y aparte: Spanish in Review, Moving Toward Fluency* (2000, 2004, 2007, 2011), *Lecturas literarias: Moving Toward Linguistic and Cultural Fluency Through Literature* (2007), *Metas comunicativas para maestros* (1999), *Metas comunicativas para negocios* (1998), *Supplementary Materials to accompany Puntos de partida*, (1988, 1992, 1996, 2000, 2004, 2008, 2011) *In viaggio: Moving Toward Fluency in Italian* (2003), *Pause café: Moving Toward Fluency in French* (2009), and *Pasaporte: Spanish for Advanced Beginners* (2009).

Anne Lambright is Dean of Academic Affairs and Professor of Languages and Culture, Hispanic Studies Program, at Trinity College in Hartford, Connecticut. Her latest book, *Andean Truths: Transitional Justice, Ethnicity, and Cultural Production in Post-Shining Path Peru* (Liverpool UP, 2015), was the recipient of the Modern Language Association's 2016 Katherine Singer Kovacs Prize for Outstanding Book on Latin America or Spain. She is also the author of *Creating the Hybrid Intellectual: Subject, Space, and the Feminine in the Narrative of José María Arguedas* (Bucknell University Press, 2007) and co-editor of *Unfolding the City: Women Write the City in Latin America* (University of Minnesota Press, 2007) with Elisabeth Guerrero. A recipient of grants from the Woodrow Wilson Foundation, the National Endowment for the Humanities, and the University of Connecticut Humanities Institute, she has also published various articles on gender, ethnicity, human rights, and national identity in Andean literature and culture. Her current project is a critical anthology and translations of selected human rights plays by Peruvian theater collective Grupo Cultural Yuyachkani.

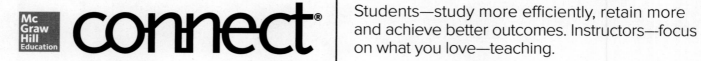

McGraw Hill Education

connect®

Students—study more efficiently, retain more and achieve better outcomes. Instructors—focus on what you love—teaching.

SUCCESSFUL SEMESTERS INCLUDE CONNECT

FOR INSTRUCTORS

You're in the driver's seat.

Want to build your own course? No problem. Prefer to use our turnkey, prebuilt course? Easy. Want to make changes throughout the semester? Sure. And you'll save time with Connect's auto-grading too.

65%
Less Time Grading

They'll thank you for it.

Study resources in Connect help your students be better prepared in less time. You can transform your class time from dull definitions to dynamic discussion. Hear from your peers about the benefits of Connect at **www.mheducation.com/highered/connect**

Make it simple, make it affordable.

Connect makes it easy with seamless integration using any of the major Learning Management Systems—Blackboard®, Canvas, and D2L, among others—to let you organize your course in one convenient location. Give your students access to digital materials at a discount with our inclusive access program. Ask your McGraw-Hill representative for more information.

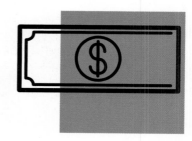

©Hill Street Studios/Tobin Rogers/Blend Images LLC

Solutions for your challenges.

A product isn't a solution. Real solutions are affordable, reliable, and come with training and ongoing support when you need it and how you want it. Our Customer Experience Group can also help you troubleshoot tech problems—although Connect's 99% uptime means you might not need to call them. See for yourself at **status.mheducation.com**

Effective, efficient studying.

Connect helps you be more productive with your study time and get better grades with engaging study tools and resources. Connect sets you up for success, so you walk into class with confidence and walk out with better grades.

©Shutterstock/wavebreakmedia

" I really liked this app—it made it easy to study when you don't have your text-book in front of you. **"**

- Jordan Cunningham,
Eastern Washington University

Study anytime, anywhere.

Download the free ReadAnywhere app and access your online eBook when it's convenient, even if you're offline. And since the app automatically syncs with your eBook in Connect, all of your notes are available every time you open it. Find out more at **www.mheducation.com/readanywhere**

No surprises.

The Connect Calendar and Reports tools keep you on track with the work you need to get done and your assignment scores. Life gets busy; Connect tools help you keep learning through it all.

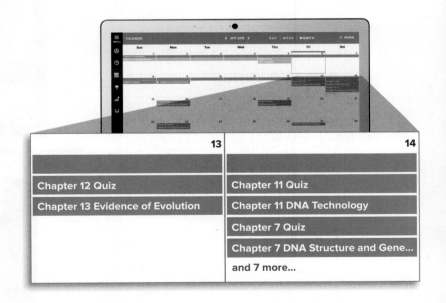

13	14
Chapter 12 Quiz	Chapter 11 Quiz
Chapter 13 Evidence of Evolution	Chapter 11 DNA Technology
	Chapter 7 Quiz
	Chapter 7 DNA Structure and Gene...
	and 7 more...

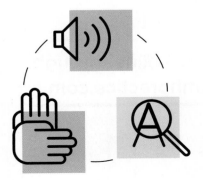

Learning for everyone.

McGraw-Hill works directly with Accessibility Services Departments and faculty to meet the learning needs of all students. Please contact your Accessibility Services office and ask them to email accessibility@mheducation.com, or visit **www.mheducation.com/about/accessibility.html** for more information.

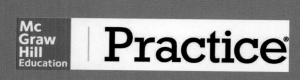

Practice®

Practice Spanish: Study Abroad

Try it *free* at www.mhpractice.com.

The first immersive 3-D language game designed to put your developing Spanish skills to the test.

Practice Spanish: Study Abroad

You travel virtually to Colombia to problem solve, communicate, and navigate through a variety of cultural scenarios and adventures while living in a fictional Colombian town, Quye.

You earn points and rewards for successfully accomplishing these tasks via smartphones, tablets, and computers.

Practice Spanish: Study Abroad can be purchased online through **McGraw-Hill Connect®** or directly through **www.mhpractice.com**.

What's New for the Sixth Edition?

This edition brings several exciting changes to *Punto y aparte*. We thank you, our dedicated instructors and students, who have taken the time to so thoughtfully provide the feedback we needed to make this edition our strongest yet. Here are some of the highlights of this revision. For specific details, especially an exhaustive list of chapter-by-chapter changes, please see the Instructor's Manual (IM), available online at www.mhhe.com/connect.

General Details

- New interior design
- Many new photos and authentic cartoons
- Exciting technology: Connect and LearnSmart
- New eBook experience that allows students to watch videos and listen to audio directly within the eBook itself
- New audio for **La historia,** vocabulary, and cultural boxes
- Revised Workbook / Laboratory Manual available in print or online as part of Connect
- Now even more instructor annotations, including teaching suggestions, transcripts for activities, and activity answers

Vocabulary

Updated vocabulary

- New audio available in the eBook for all vocabulary at the point of activation
- **La historia** dialogs have been updated to reflect the vocabulary and grammar presented within the chapter.
- **Vocabulario del tema** lists have been simplified

Grammar

- The **Punto clave** formerly presented in Chapter 6 now forms part of Chapter 5 to allow for dual presentation of **Hipótesis** and **Futuro** in Chapter 5 and then thorough review of all of the **Puntos clave** in Chapter 6

Culture

- New **Rincón cultural** activities reinforce chapter theme, vocabulary, and grammar
- Revised **Lugares fascinantes para estudiar** sections have been reformatted as blog entries from students studying abroad as they explain their impressions and adventures
- Bold new feature boxes direct students to Connect to watch the accompanying **¡Viaje conmigo a... !** videos
- The **Un artista** section features new contemporary artists in Chapters 2, 4, and 6
- The **La música** section contains updated descriptions, examples of contemporary musicians and regional instruments, and click-to-play samples of the music in the eBook
- New **Más allá del rincón cultural** film suggestion for Chapter 5 with corresponding activities on Connect
- Updated **Lecturas,** including four (4) completely new works (Chapters 1, 2, 4, 5) present fresh topics

Activities

- Activities thoroughly revised for relevance and for clarity to students
- Many completely new activities
- New listening activities in each chapter that range from simple comprehension checks to one-sided conversations (WhatsApp)
- Now **¡A escribir!** offers guided, open, and graphic interpretation options for writing assignments
- New section within **Rincón cultural: Lo hispano en los Estados Unidos.** Two full pages per chapter of activities based on video clips of native speakers sharing their stories. These activities are geared toward aural comprehension, investigation, and conversation, while simultaneously helping our students understand, appreciate, and make cultural connections with the numerous Spanish-speaking communities in the United States.
- Several new online activities for each chapter based on authentic native-speaker video clips

Thank you for helping shape *Punto y aparte*!

The authors wish to acknowledge the team at McGraw-Hill for their continuing support and enthusiasm: Katie Stevens, Janet Banhidi, Katie Crouch, Sadie Ray, Raúl Vázquez-López, Ann Helgerson, Sandy Wille, Shaun Bauer, Amanda Hirt, Margaryta Bondarenko, and Nina Tunac-Basey. We would also like to acknowledge our native reader, Juan Sebastián Ospina León, and our copyeditor, Avi Kotzer. Special thanks as well to the **Connect** and **LearnSmart** teams for their dedication and creativity in the development of our new digital tools; **Connect:** Pennie Nichols, Ron Nelms, Soraya Alem, and Allison Hawco; **LearnSmart:** Leticia McGrath and Jodi Ogden.

Carmen Alvarez
Bowling Green State University

Aidali Aponte-Aviles
Trinity College

An Chung Cheng
University of Toledo

Norma Corrales-Martin
Temple University

Cynthia Ducar
Bowling Green State University

Hector Fabio Espitia
Grand Valley State University

Claudia Francom
Wake Forest University

Mark Frisch
Duquesne University

Kim Galante-Wong
University of Hawai'i at Manoa

Todd Hernandez
Marquette University

Michael Hubert
Washington State University

Anna Kalminskaia
University of Nevada, Reno

Melanie Kleeschulte
Missouri State University

Nieves Knapp
Brigham Young University

Pedro Koo
Missouri State University

Allison Larkin
Southern Methodist University

Kathleen Leonard
University of Nevada, Reno

Luis Lombilla
Missouri State University

Tina Melstrom
Oklahoma State University

Carlos Mendez
University of Missouri, Columbia

Alice Miano
Stanford University

Lucia Osa-Melero
Duquesne University

Claudia Ospina
Wake Forest University

Andrea Parra
University of Southern California

Vanessa Rodriguez de la Vega
Missouri State University

Pablo Serna
University of Missouri, Columbia

Michael Vrooman
Grand Valley State University

Los cinco amigos: Javier, Diego, Sara, Laura y Sergio

©McGraw-Hill Education/Jill Braaten, photographer

PARA EMPEZAR
Los cinco amigos

Metas comunicativas

- introducción a las metas comunicativas

Tema central

- los cinco amigos

¡Bienvenido/a a *Punto y aparte*! A lo largo de este libro de texto y en el *Manual que acompaña Punto y aparte,* Ud. va a trabajar con siete metas comunicativas en conversaciones con sus compañeros de clase, en composiciones y en ejercicios gramaticales. También, poco a poco irá conociendo, en la sección **La historia,** a los cinco amigos que aparecen en la foto. Todos viven en Austin, Texas.

Cara a cara

Lea la pequeña biografía y el perfil (*profile*) personal de cada uno de los cinco amigos. Luego, conteste las preguntas que aparecen a continuación.

SARA CARRILLO JIMÉNEZ

©McGraw-Hill Education

Sara nació en un pueblo cerca de Salamanca, España. Estudió periodismo[1] en la Universidad Pontificia de Salamanca y trabajó en una emisora[2] de radio local, en la cual solo ofrecían programas musicales. Como quería aprender otras cosas relacionadas con el mundo de las comunicaciones, cuando a Sara le hablaron de la posibilidad de estudiar en los Estados Unidos, decidió «cruzar el charco».[3] Actualmente está acabando su maestría en Radio, Televisión y Cine y trabaja en la emisora universitaria, donde hace un programa dirigido a los hispanohablantes.

Habla Sara

DESCRIBIR

Rasgos[4] principales de mi carácter: Soy extrovertida, franca e impaciente.

COMPARAR

Mi estado de ánimo en estos días: Estoy más tensa que antes porque tengo tantas clases como el semestre pasado y encima tengo más horas de trabajo en la emisora universitaria.

PASADO

Un secreto de mi pasado: Cuando tenía 14 años, empecé a fumar.

REACCIONAR / RECOMENDAR

Mis amigos me recomiendan: Que piense antes de hablar.

GUSTOS

Lo que más me molesta: Me molesta la ropa formal.

HIPÓTESIS

Si pudiera invitar a dos personas a cenar: Invitaría a María Hinojosa y a Guillermo del Toro.

FUTURO

Cuando tenga suficiente dinero, iré a: las Islas Canarias, donde descansaré y tomaré una clase de dibujo.

[1]*journalism* [2]*station* [3]«cruzar... *"to cross the pond"* (fig.: *the Atlantic Ocean*) [4]*Traits*

Preguntas

1. ¿Por qué decidió Sara estudiar en los Estados Unidos?
2. ¿Es tímida Sara? ¿Cómo lo sabe Ud.?
3. ¿Le gustarían a Sara las fiestas elegantes? ¿Por qué sí o por qué no?
4. ¿Sabe quiénes son María Hinojosa y Guillermo del Toro? Si no, consulte rápido al Internet y comparta la información que aprendió con el resto de la clase.

JAVIER MERCADO QUEVEDO

©McGraw-Hill Education

Javier nació en Mayagüez, Puerto Rico. Tiene un hermano que se llama Jacobo. Trabaja como mesero en el café Ruta Maya, uno de los cafés de moda del centro de la ciudad. Hace dos años que Javier sacó su licenciatura en periodismo. Ahora, hace trabajos sueltos[1] para varios periódicos hispanos de los Estados Unidos, pero su sueño es conseguir un puesto de corresponsal en Latinoamérica y pasarse la vida viajando. Mientras tanto, sin embargo, está muy contento en Austin. Es soltero y no piensa casarse muy pronto, aunque es muy romántico.

[1]*hace... he freelances*

Habla Javier

Rasgos principales de mi carácter: Soy honesto, hablador y aventurero.

Mi estado de ánimo en estos días: Estoy menos estresado que el año pasado. Aunque tengo tantas obligaciones periodísticas como antes, me siento más cómodo en mi profesión.

Un secreto de mi pasado: Pasé seis semanas viajando por Venezuela con una novia, pero le dije a mi madre que estaba allá para tomar un curso universitario.

Mis amigos me recomiendan: Que tenga más paciencia con mi madre.

Lo que más me fascina: Me fascina la clientela diversa que visita Ruta Maya.

Si pudiera invitar a dos personas a cenar: Invitaría a Jorge Ramos y a Lin-Manuel Miranda.

Cuando tenga suficiente dinero, iré a: México, donde trataré de entrevistar a Guillermo del Toro.

Preguntas

1. ¿Por qué cree Ud. que Javier trabaja en el café Ruta Maya?

2. ¿Qué característica tiene Javier que le servirá en su carrera de periodismo?

3. ¿Le gusta a Javier pasar mucho tiempo en casa? ¿Cómo lo sabe?

4. ¿Sabe quiénes son Jorge Ramos y Lin-Manuel Miranda? Si no, consulte rápido al Internet y comparta la información que aprendió con el resto de la clase.

LAURA TAYLOR

Laura nació en Sacramento, California. Al estudiar español en la universidad se interesó mucho por la cultura hispana, así que, cuando se graduó, decidió ingresar en el Cuerpo de Paz.[1] Terminó[2] en Otavalo, cerca de Quito, Ecuador, donde trabajó en proyectos de salud rural. Después de dos años, regresó a los Estados Unidos para seguir un curso de posgrado en estudios latinoamericanos con énfasis en la salud rural. Después de graduarse, le gustaría trabajar en Latinoamérica.

©McGraw-Hill Education

Habla Laura

Rasgos principales de mi carácter: Soy perfeccionista, abierta y exigente.[3]

Mi estado de ánimo en estos días: Estoy más tranquila que antes porque este semestre mis clases no son tan difíciles como el semestre pasado.

Un secreto de mi pasado: Cuando tenía 12 años, leía el diario de mi hermana mayor.

Mis amigos me recomiendan: Que no trate de cambiar el mundo tan rápidamente.

Lo que más me interesa: Me interesan las culturas indígenas de los Andes.

Si pudiera invitar a dos personas a cenar: Invitaría a Camila Vallejo y a Sonia Sotomayor.

Cuando tenga suficiente dinero, iré a: las Islas Galápagos en el Ecuador, donde pasaré un rato tranquilo con mi novio Manuel.

[1]Cuerpo... *Peace Corps*   [2]*She ended up*   [3]*demanding*

Preguntas

1. ¿Cree Ud. que Laura sacó buenas notas en sus cursos universitarios? ¿Cómo lo sabe?

2. ¿Por qué se fue al Ecuador cuando terminó sus estudios?

3. ¿Piensa quedarse en los Estados Unidos cuando termine sus estudios de posgrado?

4. ¿Sabe quiénes son Camila Vallejo y Sonia Sotomayor? Si no, consulte rápido al Internet y comparta la información que aprendió con el resto de la clase.

©McGraw-Hill Education

DIEGO PONCE FLORES

Diego nació en San Julián, un pueblo de México, pero fue a Monterrey a vivir con su hermano mientras estudiaba en la Universidad Tecnológica. Se mudó a los Estados Unidos hace tres años y, poco después, con la ayuda de su primo Sergio, abrió una tienda de artesanía[1] latinoamericana que se llama Tesoros.[2] Aunque se especializó en administración de empresas,[3] siempre se ha interesado por las bellas artes. Así que su tienda resulta ser una perfecta combinación de sus dos pasiones.

Habla Diego

Rasgos principales de mi carácter: Soy ambicioso, muy cortés[4] y un poco inflexible.

Mi estado de ánimo en estos días: Estoy más nervioso que antes porque pienso abrir más tiendas, pero no sé si es posible tener tanto éxito en otros lugares como he tenido aquí en Austin.

Un secreto de mi pasado: Cuando tenía 17 años, fui modelo de Levi's Jeans.

Mis amigos me recomiendan: Que deje de trabajar tantas horas y que sea menos serio.

Lo que más me fascina: Me fascinan las comidas exóticas.

Si pudiera invitar a dos personas a cenar: Invitaría a Mark Zuckerberg y a Carlos Slim Helú.

Cuando tenga suficiente dinero, iré a: Perú, donde buscaré artesanías andinas para vender en Tesoros.

[1]*arts and crafts*   [2]*Treasures*   [3]administración... *business administration*   [4]*polite*

Preguntas

1. ¿Cree Ud. que Diego nació en una ciudad industrial? ¿Por qué sí o por qué no?
2. Parece que ser dueño de Tesoros es un puesto ideal para Diego. ¿Por qué?
3. A veces Diego les parece un poco formal a sus amigos. ¿Por qué será eso?
4. ¿Sabe quiénes son Carlos Slim Helú y Mark Zuckerberg? Si no, consulte rápido al Internet y comparta la información que aprendió con el resto de la clase.

SERGIO WILSON FLORES

©McGraw-Hill Education

Sergio nació en El Paso, Texas, pero pasó su infancia en Chihuahua, México, el estado de origen de su madre. Después, se mudó a Boston, Massachusetts, la ciudad natal de su padre. Actualmente vive en Austin con su primo, Diego, y trabaja como promotor de conjuntos musicales. De los cuatro grupos que están bajo su dirección, dos son conjuntos *tex-mex* y dos son grupos de rock. Hace dos años se graduó de la universidad, en donde se especializó en administración de empresas.

Habla Sergio

Rasgos principales de mi carácter: Soy alegre, cómico y optimista.

Mi estado de ánimo en estos días: Estoy más cansado que nunca. No duermo tantas horas como debo porque escucho muchos grupos que tocan hasta muy tarde.

Un secreto de mi pasado: Tomé clases de tango para impresionar a una chica.

Mis amigos me recomiendan: Que trate de conseguir entradas a los conciertos de grupos famosos.

Lo que más me molesta: Me molesta la falta[1] de conciencia social.

Si pudiera invitar a dos personas a cenar: Invitaría a Ana Tijoux y a Residente (del grupo Calle 13).

Cuando tenga suficiente dinero, iré a: Chile, donde asistiré al gran festival de música en Viña del Mar.

[1]*lack*

Preguntas

1. Se puede describir a Sergio como una persona bicultural. ¿Por qué?
2. ¿Cree Ud. que Sergio es políticamente activo en su comunidad? ¿Cómo lo sabe?
3. ¿Es Sergio una persona solitaria?
4. ¿Sabe quiénes son Ana Tijoux y Residente? Si no, consulte rápido al Internet y comparta la información que aprendió con el resto de la clase.

ACTIVIDAD

Perfil de un compañero / una compañera Entreviste a un compañero / una compañera de clase para hacerle un perfil personal, como el de los cinco amigos. Luego, escoja los dos o tres datos más interesantes sobre su compañero/a y compártalos con la clase.

Rasgos principales de su carácter:

DESCRIBIR

Su estado de ánimo en estos días:

COMPARAR

Un secreto de su pasado:

PASADO

Sus amigos le recomiendan:

REACCIONAR

RECOMENDAR

Lo que más le fascina/interesa/molesta:

GUSTOS

Si pudiera invitar a dos personas a cenar:

HIPÓTESIS

Cuando tenga suficiente dinero, irá a:

FUTURO

Puntos clave*

Introducción

The purpose of this section of **Para empezar** is to reintroduce you to the seven **metas comunicativas** and the seventeen **puntos clave** (the grammar points needed to express those seven communicative goals). The following chart is a *preview* of the seven communicative goals and the seventeen grammar points needed to accomplish those goals with accuracy. This section gives you the chance to review and then assess how much you remember about these grammar points. You are *not* expected to have mastered these grammar points, but you should be acquainted with most of them from your previous study of Spanish. After looking over the chart, do the diagnostic exercises on the following pages to see which points you remember well and which points you need to practice or perhaps learn for the first time.

LAS SIETE METAS COMUNICATIVAS Y LOS PUNTOS CLAVE

ICONO	META COMUNICATIVA	PUNTOS CLAVE
D DESCRIBIR	Descripción	• la concordancia de género y número • **ser/estar** • los participios como adjetivos
C COMPARAR	Comparación	• la concordancia de género y número • **tan... como, tanto/a/os/as... como** • **más/menos... que**
P PASADO	Narración en el pasado	• el pretérito • el imperfecto • los tiempos perfectos • **hace... que**
R REACCIONAR RECOMENDAR	Reacciones y recomendaciones	• el subjuntivo en cláusulas nominales • los mandatos
G GUSTOS	Hablar de los gustos y las opiniones	• los verbos como **gustar** • los pronombres de complemento indirecto • el subjuntivo después de **me gusta que, no creo que, no pienso que**
H HIPÓTESIS	Hacer hipótesis	• el pasado de subjuntivo • el condicional
F FUTURO	Hablar del futuro	• el futuro • el subjuntivo en cláusulas adverbiales

*Nouns used as adjectives in Spanish (like **clave** in the phrase **puntos clave**) do not alter their gender and number to agree with the noun they are modifying. Other examples are: **fechas límite, hombres rana, mujeres político, perros guía.**

DESCRIPCIÓN: EL CAFÉ RUTA MAYA

DESCRIBIR

Paso 1 Mire la **Pista caliente** sobre la descripción y después lea el siguiente párrafo sobre el café Ruta Maya. Preste atención a las palabras **en negrilla**. Identifique el sustantivo que cada adjetivo describe. ¿Por qué se usa **ser** o **estar** en cada caso?

Pista caliente: Descripción

Remember to use **ser** to express inherent characteristics, origin, possession, time, dates, and where an event takes place. Use **estar** to express location, a health or mental condition, and the progressive tense. Pay attention to the agreement of nouns and adjectives: un**a** clase aburrid**a**, **un** problema delicad**o**.

El café Ruta Maya **es** una bodega[1] **renovada** que **está** en el distrito **teatral** de Austin. **Es** el lugar **preferido** de los cinco amigos y de hecho casi todas sus reuniones **son** allí. Las paredes **están decoradas** con carteles de **varios** países **hispanos**. Cada mes se exponen obras de **diferentes** artistas **chicanos**. Allí se celebran las culturas **hispanas**, con café estilo **cubano**, empanadas[2] y flanes[3] **sabrosos** y una **gran** muralla estilo **azteca**. Los dueños **son** cubanos pero llevan mucho tiempo en Austin. Su clientela **es** muy **ecléctica** y los fines de semana por la noche el café siempre **está lleno**.[4] Allí la gente se reúne después de ir al teatro o después de cenar para comer uno de sus **deliciosos** postres y para disfrutar de la música en vivo.[5] **¡Es** un lugar **maravilloso**!

[1]*warehouse*   [2]*turnovers*   [3]*custard desserts*   [4]*full*   [5]*en... live*

¡Ojo!

The purple pages in the back of the textbook contain detailed grammar explanations and practice exercises for each of the seven communicative goals. These will serve as your constant reference guide to be used throughout the course.

Paso 2 Ahora complete el siguiente ejercicio diagnóstico para ver cómo le va con **ser** y **estar** y con la concordancia.

1. La librería favorita de Sara y Laura siempre _____ (ser / estar) llena de estudiantes de Latinoamérica porque hay muchos libros _____ (hispano) y sirven café y postres _____ (delicioso).

2. La discoteca donde se reúnen los cinco amigos para bailar los viernes por _____ (el / la) noche _____ (ser / estar) un poco cara pero muy _____ (divertido).

3. Esta noche el concierto de Los Lonely Boys _____ (ser / estar) en Stubbs y los asientos que Sergio ha conseguido para sus amigos _____ (ser / estar) _____ (fabuloso).

Paso 3 En parejas, describan su lugar favorito para estar con sus amigos. ¿Dónde está ese lugar? ¿Cómo es? ¿Qué tipo de personas suele (*usually*) reunirse allí? ¿Por qué les gusta tanto ese lugar?

©McGraw-Hill Education

Javier, trabajando en el café Ruta Maya

¿Cómo le va con estos puntos clave? These self-evaluations will appear throughout *Punto y aparte* to help you assess you progress. Whenever you see them, check the box that corresponds to how well you know and can use the **puntos clave** that correspond to each of the metas comunicativas.

META COMUNICATIVA	PUNTOS CLAVE	MUY BIEN	BIEN	NO TAN BIEN
D DESCRIBIR Descripción	**ser** vs. **estar** agreement	○ ○	○ ○	○ ○

COMPARAR

COMPARACIÓN: DOS COMPAÑERAS DE CUARTO

Paso 1 Mire la **Pista caliente** sobre la comparación y después lea sobre las dos compañeras de cuarto, Laura y Sara. Preste atención a las palabras **en negrilla.** ¿Se refieren a comparaciones de desigualdad o de igualdad? También, identifique qué sustantivos modifican los adjetivos.

> ## Pista caliente: Comparación
>
> Remember that **más/menos... que** is used to compare things that are not the same (**desigualdad**) and **tan/tanto(...) como** are used for things that are the same (**igualdad**). When comparing equal nouns, pay attention to agreement: **Tiene *tantos problemas* como su hijo. Toma *tanta leche* como su hermana.**

©McGraw-Hill Education

Laura y Sara: dos amigas bastante distintas

Aunque Laura y Sara son íntimas amigas, son muy diferentes. Laura es **más reservada que** Sara, aunque si algo le apasiona, puede ser **tan habladora como** su amiga. A las dos les encanta saber los últimos chismes[1] en España y Latinoamérica, por eso Sara lee **tantos blogs como** Laura. Pero también las dos tienen intereses serios. Laura va a **más conferencias académicas que** Sara, pero está claro que Sara es **tan lista como** su amiga. Quizás se puede decir que Laura es **más intelectual que** Sara. Pero todos dicen que Sara es **la más creativa de** los cinco amigos: pinta, escribe poesía y siempre tiene **más de** cinco proyectos artísticos sin terminar. Lo bueno es que a Laura le gusta conversar **tanto como** a Sara, y con tantos intereses no les faltan temas fascinantes.

[1]*gossip*

Paso 2 Ahora, haga comparaciones entre Laura y Sara, utilizando las indicaciones.

1. Sara es _____ extrovertida _____ Laura. (+)
2. Creo que Laura debe ser _____ estudiosa _____ Sara. (=)
3. Laura tiene _____ amigos en Facebook _____ Sara (=), pero Sara escribe _____ mensajes _____ Laura. (+)
4. Laura es _____ inteligente _____ Sara (=), pero es _____ artística _____ su amiga española. (–)
5. Sara compra _____ revistas sobre los ricos y famosos _____ Laura. (=)
6. No creo que Sara y Laura pasen más _____ dos horas cada semana leyendo revistas de chismes.

Paso 3 En parejas, hagan cuatro comparaciones entre Ud. y su mejor amigo/a.

yo / mi mejor amigo/a: atlético/a, cursos este semestre, dinero, hablar por teléfono, organizado/a, pasar tiempo en Facebook, salir, serio/a,...

META COMUNICATIVA	PUNTOS CLAVE	MUY BIEN	BIEN	NO TAN BIEN
C COMPARAR Comparación	Comparing things that are equal Comparing things that are unequal Comparing with numbers	○ ○ ○	○ ○ ○	○ ○ ○

NARRACIÓN EN EL PASADO: SARA Y EL DÍA INOLVIDABLE

Paso 1 Mire la **Pista caliente** sobre la narración en el pasado y después lea la siguiente narración sobre un día que Sara recordará para siempre. ¿Por qué se usa el pretérito y el imperfecto en cada caso?

> ## Pista caliente: Narración en el pasado
>
> Remember that the preterite moves the story line forward in time and the imperfect fleshes out the narration with background information, descriptions, and emotions: *Fuimos* **al campo el sábado.** *Hacía* **frío aquella noche pero** *llevábamos* **abrigos calientes y cuando** *empezamos* **a bailar, ya no** *sentíamos* **el frío.** When summarizing a past experience, use the preterite: **Fue una experiencia inolvidable**.

Cuando Sara **era** niña, siempre **visitaba** la emisora de radio donde **trabajaba** su tío. Le **fascinaba** ver cómo su tío **entrevistaba** a personas famosas. Cuando Sara **tenía** 15 años, **había** un cantante que **era** muy popular entre los jóvenes. Sus canciones **eran** muy divertidas y **tenían** mucho ritmo, así que todo el mundo **bailaba** en las discotecas al compás de¹ su música. Un día Sara **fue** a la emisora y **se encontró** con él en el estudio de grabación.² ¡**Estaba** tan sorprendida que **se quedó** sin habla³! Cuando por fin **recuperó** la voz, **se acercó** a⁴ él y le **dijo** con mucha timidez: «Tú eres Miguel Bosé, ¿verdad?» El chico la **miró** y **respondió**: «Sí, y tú, ¿quién eres?» Entonces Sara **se presentó** y él le **dio** dos besos. Ese **fue** uno de los días más inolvidables de su vida.

¹al... *to the beat of* ²de... *recording* ³sin... *speechless* ⁴se... *she approached*

Paso 2 Complete el párrafo con el pretérito o el imperfecto según el contexto.

El tío de Sara _____ (empezar) su carrera en una emisora de radio cuando _____ (tener) solamente 22 años. _____ (Hacer) muchas entrevistas con gente famosa durante su carrera y a Sara siempre le _____ (encantar) pasar tiempo con él en su estudio. A los 15 años, Sara _____ (decidir) que _____ (querer) trabajar en una emisora de radio también. En Salamanca _____ (trabajar) por dos años en una emisora de radio local y cuando _____ (llegar) a Austin, _____ (ser / estar) súper contenta cuando le _____ (dar) el trabajo en la emisora de UT.

©McGraw-Hill Education

Sara ha trabajado en varias emisoras de radio.

Paso 3 Ahora, complete lo siguiente para hablar de su propio pasado.

1. Cuando era niño/a, una vez yo...
2. El año pasado, mi mejor amigo/a y yo...
3. Al final del semestre pasado, mis profesores...
4. Cuando tenía 16 años, siempre...

META COMUNICATIVA	PUNTOS CLAVE	MUY BIEN	BIEN	NO TAN BIEN
P PASADO Narración en el pasado	Preterite verb forms Uses of the preterite Imperfect verb forms Uses of the imperfect	○ ○ ○ ○	○ ○ ○ ○	○ ○ ○ ○

REACCIONAR RECOMENDAR

REACCIONES Y RECOMENDACIONES: ¡QUÉ TALENTO TIENE DIEGO!

Paso 1 Mire la **Pista caliente** sobre las reacciones y recomendaciones y después lea el siguiente párrafo sobre Diego y su familia. ¿Por qué se usa el subjuntivo en cada caso?

> ## Pista caliente: Reacciones y recomendaciones
>
> Remember that subjective, reactive, or value judgment statements such as **Es fantástico que...** and **Es terrible que...** are followed by the subjunctive. The subjunctive is also required when making recommendations, requests, or suggestions, since the result of the recommendation is not in our control: **Es bueno que *viajemos* este fin de semana. Por eso, recomiendo que *preparemos* las maletas esta noche.**

Tesoros, la tienda de Diego, ha tenido mucho éxito.[1] Ahora piensa abrir otra en Arizona o Miami, pero sus padres **quieren que abra** su nueva tienda en México. Para ellos **es triste que** su querido hijo no **viva** cerca de ellos y **tienen miedo de que se quede**[2] en los Estados Unidos para siempre. Pero es obvio que Diego es un excelente hombre de negocios[3] y sus padres **esperan que tenga** mucha suerte[4] en su trabajo. Por lo menos **están contentos de que** Diego **viaje** a México para comprar artesanías tres veces al año.

[1]*success*   [2]*se... will stay*   [3]*hombre... businessman*   [4]*luck*

Paso 2 Ahora, complete las siguientes oraciones, utilizando el subjuntivo cuando sea necesario.

1. Es bueno que Tesoros _____ (ser) una tienda popular.
2. Los padres de Diego no quieren que él _____ (vivir) en los Estados Unidos para siempre.
3. Es evidente que Diego _____ (ser) un buen hombre de negocios.
4. Sugiero que Diego _____ (ir) a México a comprar artesanías más de tres veces al año.

Paso 3 Nuestros padres (hijos, abuelos, amigos...) comparten algunas de nuestras opiniones, pero no están de acuerdo con todas nuestras ideas, ¿verdad? Complete las siguientes oraciones.

1. Mis padres (hijos, abuelos, amigos) siempre recomiendan que yo...
2. Sugiero que mis padres...
3. Es bueno que mis amigos (padres, hijos)...
4. Mis amigos (padres, hijos, abuelos) piensan que es horrible que yo...

©McGraw-Hill Education

Diego: un hombre con suerte en los negocios

META COMUNICATIVA	PUNTOS CLAVE	MUY BIEN	BIEN	NO TAN BIEN
REACCIONAR **R** **RECOMENDAR** Reacción y recomendación	Subjunctive verb forms Key expressions that require subjunctive	⚪ ⚪	⚪ ⚪	⚪ ⚪

HABLAR DE LOS GUSTOS Y LAS OPINIONES: ¡QUÉ EXTROVERTIDO ES JAVIER!

G
GUSTOS

Paso 1 Mire la **Pista caliente** sobre los gustos y las opiniones y después lea el siguiente párrafo sobre Javier y lo que más le interesa. Identifique el sujeto gramatical y el complemento indirecto en cada caso.

> ## Pista caliente: Gustos y opiniones
>
> Remember that in sentences with **gustar**-type verbs, the noun (person, place, or thing) that is liked is the grammatical subject, which therefore determines the conjugation of the verb. Whoever likes the grammatical subject is the indirect object and must be preceded by **a**: *A Javi le gustan los museos. A los turistas les molesta el ruido.*

Si a Ud. **le interesa** saber quién es quién y quién hace qué, debe hablar con Javier. Es que a Javier **le fascina** la clientela tan variada que visita Ruta Maya. Su formación[1] de periodista puede ser el resultado de su gran interés en conocer a la gente. Desde niño, **le interesaban** los chismes, mientras que a su hermano no **le importaban** para nada. La verdad es que **le encanta** enterarse de[2] lo que pasa en la vida privada de las personas. Lo único que **le fastidia**[3] es que los clientes interrumpan las conversaciones que tiene con sus amigos. Pero, de todas maneras, uno tiene que ganarse la vida,[4] ¿no?

[1]*training, education* [2]*enterarse... to find out about* [3]*le... bugs him* [4]*ganarse... earn a living*

Paso 2 Complete cada oración con el pronombre indirecto correcto y luego ponga un círculo alrededor de la forma correcta del verbo.

1. A Sara _____ (fastidia / fastidian) la ropa formal.
2. A Laura _____ (interesa / interesan) las conferencias profesionales.
3. A los cinco amigos _____ (gusta / gustan) pasar tiempo en Ruta Maya.
4. A Sergio y a Diego _____ (encanta / encantan) las fiestas familiares.
5. A Jacobo, el hermano de Javier, _____ (molestaba / molestaban) los chismes.
6. A Sara y a Laura no _____ (interesa / interesan) la música tejana.

Paso 3 Ahora, indique los gustos, las opiniones, las preferencias, las molestias, etcétera, de las siguientes personas. Use las oraciones en el **Paso 2** como modelo.

1. yo
2. mi mejor amigo/a
3. mis profesores
4. nosotros, los estudiantes de la clase

©McGraw-Hill Education

A Javier le encanta trabajar en Ruta Maya.

META COMUNICATIVA	PUNTOS CLAVE	MUY BIEN	BIEN	NO TAN BIEN
G GUSTOS Hablar de los gustos y las opiniones	indirect object pronouns using **gustar**-type constructions	◯ ◯	◯ ◯	◯ ◯

HACER HIPÓTESIS: LOS SUEÑOS DE SERGIO

HIPÓTESIS

Paso 1 Mire la **Pista caliente** sobre el condicional y las hipótesis y después lea el siguiente párrafo sobre Sergio y lo que le gustaría hacer. Preste atención al pasado del subjuntivo y el condicional.

Pista caliente: Condicional e hipótesis

To conjugate regular **-ar, -er,** and **-ir** verbs in the conditional, simply add these endings to the infinitive: **-ía, -ías, -ía, -íamos, -íais, -ían.**

> hablar: hablaría, hablarías, hablaría, hablaríamos, hablaríais, hablarían
>
> comer: comería, comerías, comería, comeríamos, comeríais, comerían
>
> vivir: viviría, vivirías, viviría, viviríamos, viviríais, vivirían

The following ten verbs have irregular stems, but their endings are the same as the regular verbs.

decir → **dir**ía	poner → **pondr**ía	salir → **saldr**ía
haber → **habr**ía	querer → **querr**ía	tener → **tendr**ía
hacer → **har**ía	saber → **sabr**ía	venir → **vendr**ía
poder → **podr**ía		

¿Qué **harías** con un millón de dólares?	*What would you do with a million dollars?*
¡Yo **viajaría** por el mundo!	*I would travel the world!*

To hypothesize, or to express what *would* happen if hypothetical situations occurred, the conditional is used in combination with the past subjunctive. For now you only need to concentrate on learning the conditional forms, but do pay attention to the past subjunctive forms that appear right after **si** (*if*) in hypothetical sentences. You will work with the past subjunctive later.

Si tuviera más dinero, **iría** a España.	*If I had more money, I would go to Spain.*
Si fuera a España, **visitaría** El Prado.	*If I went to Spain, I would visit the Prado (museum).*

©McGraw-Hill Education

Sergio llevaría a sus amigos a Los Ángeles si pudiera.

Aunque Sergio se siente feliz por lo general, a veces se pone a soñar con[1] las cosas que **haría** si **pudiera**. Por ejemplo, **le gustaría** mudarse a Los Ángeles, California. Allí **podría** conocer una comunidad y cultura mexicanoamericanas muy importantes. Además, quizás **tendría** más oportunidades profesionales, puesto que[2] Los Ángeles es ahora la capital del mundo de los espectáculos.[3] Si Sergio **llegara** a tener mucho éxito en su trabajo, **compraría** una casa al lado del mar. El único inconveniente de vivir en Los Ángeles **sería** que su familia le **quedaría** muy lejos. ¡Pero no **importaría**! Si **tuviera** tanto éxito, **dispondría** de[4] su propio avión para viajar entre Los Ángeles, Boston y México sin problema alguno.

[1]se... *he starts to dream about*   [2]puesto... *since*   [3]mundo... *entertainment industry*   [4]dispondría... *he would have at his disposal*

Paso 2 Complete el siguiente párrafo con la forma apropiada de los verbos que están entre paréntesis.

Si yo fuera Sergio, _____ (mudarse) a Los Ángeles para conocer a más estrellas de cine. Para las vacaciones, _____ (ir) a todos los festivales musicales de Latinoamérica. Con suerte, _____ (conocer) a gente famosa como Juanes y Shakira. Si _____ (poder) hacerlo, los convencería de que fueran mis clientes. Si _____ (tener) influencia en el mundo de la música, ganaría mucho dinero. _____ (Ser) una vida genial.

Paso 3 Ahora, pensando en sus propios sueños, complete las siguientes oraciones con la forma apropiada de los verbos y su propia opinión. Luego, comparta sus respuestas con un compañero / una compañera.

1. Si yo pudiera trabajar en cualquier profesión, _____ (ser) _____ porque _____.

2. Si quisiera tener éxito en esa profesión, _____ (tener) que _____ porque _____.

3. Si ganara mucho dinero en esa profesión, yo _____ (viajar) a _____, donde _____ porque _____.

META COMUNICATIVA	PUNTOS CLAVE	MUY BIEN	BIEN	NO TAN BIEN
H HIPÓTESIS Hacer hipótesis	Conditional verb forms Past subjunctive verb forms Using correct forms to hypothesize	○ ○ ○	○ ○ ○	○ ○ ○

HABLAR DEL FUTURO: LAS AVENTURAS DE LAURA

Paso 1 Mire la **Pista caliente** sobre el futuro y después lea la siguiente narración sobre las posibles aventuras de Laura en el futuro. Preste atención al uso del futuro y del subjuntivo después de ciertas cláusulas adverbiales.

Pista caliente: Futuro

Like the conditional, the future is formed by adding a set of endings to the infinitive: **-é, -ás, -á, -emos, -éis, -án.** Note that all forms have a written accent except for the **nosotros** form.

hablar: hablar**é**, hablar**ás**, hablar**á**, hablar**emos**, hablar**éis**, hablar**án**

comer: comer**é**, comer**ás**, comer**á**, comer**emos**, comer**éis**, comer**án**

vivir: vivir**é**, vivir**ás**, vivir**á**, vivir**emos**, vivir**éis**, vivir**án**

The irregular verbs in the conditional are also irregular in the future. The endings are the same as the regular verbs.

decir → **dir**é	poner → **pondr**é	salir → **saldr**é
haber → **habr**é	querer → **querr**é	tener → **tendr**é
hacer → **har**é	saber → **sabr**é	venir → **vendr**é
poder → **podr**é		

Iré a México este verano.   *I will travel to Mexico this summer.*

Haré mi tarea después de cenar.   *I will do my homework after eating dinner.*

Note that in adverbial clauses introduced by conjunctions of time (such as **antes de que, cuando, después de que, en cuanto, hasta que,** and **tan pronto como**), pending future actions are expressed in the subjunctive.

Cuando **lleguemos,** iremos directamente al hotel.   *When we arrive, we'll go straight to the hotel.*

Antes de que **hagas** la tarea, llama a tu abuela.   *Before you do your homework, call your grandmother.*

Cuando Laura **termine** sus estudios de posgrado, **irá** de nuevo al Ecuador a vivir allí. **Vivirá** en Quito, donde tal vez **trabaje** con una organización internacional. En cuanto **llegue** a Quito, seguramente su novio Manuel la **recogerá** y la **llevará** a cenar. **Tendrán** mucho que decirse, ya que **habrán** pasado casi dos años sin verse. Laura no sabe cómo **irán** sus relaciones con Manuel. Como son de dos culturas distintas, los dos **tendrán** que adaptarse mucho a las actitudes, creencias y acciones del otro.

©McGraw-Hill Education

Manuel y Laura se comunican por Skype.

Paso 2 Complete las siguientes oraciones sobre Laura y Manuel con el futuro del verbo que está entre paréntesis.

1. El padre de Laura _____ (tratar) de convencerla de que se quede en los Estados Unidos.
2. Laura y Manuel _____ (estar) un poco nerviosos, pero muy contentos a la vez.
3. Manuel _____ (empezar) a ahorrar (*save*) dinero.
4. Manuel _____ (tener) que adaptarse a la manera de ser de Laura, o sus relaciones no _____ (durar) (*last*).

Paso 3 Ahora, complete estas oraciones diciendo lo que Ud. hará en las siguientes circunstancias.

1. Cuando termine mis estudios,...
2. Cuando tenga 40 (50, 60,...) años,...
3. Cuando hable mejor el español,...
4. Cuando lleguen las vacaciones,...
5. Tan pronto como pueda, yo...

META COMUNICATIVA	PUNTOS CLAVE	MUY BIEN	BIEN	NO TAN BIEN
F FUTURO Hablar del futuro	Future verb forms	◯	◯	◯
	Adverbial clauses	◯	◯	◯
	Using correct forms to express future	◯	◯	◯
	Using subjunctive after certain adverbial phrases	◯	◯	◯

¡MANOS A LA OBRA!

Ahora vamos a empezar. A lo largo del curso Ud. va a avanzar hacia un nivel lingüístico que le permitirá expresarse en español con más fluidez y precisión.

ESTE SEMESTRE UD. VA A...

- **Expandir su vocabulario** Vocabulary is key to communicating well. Without the appropriate words, it is very difficult to express your ideas. In fact we can say that vocabulary is at the center of all communication. This semester, you will add at least 300 new words to your repertoire.

- **Enfocarse en las siete metas comunicativas** You will be concentrating principally on seven communicative goals and the seventeen grammar points that are necessary to express those goals with grammatical accuracy.

- **Usar las siete metas comunicativas simultáneamente** You are going to get used to using the seven communicative goals simultaneously. At first you may be able to use just three or four of the goals at the same time, but slowly you will get to the point of being able to incorporate all seven communicative goals when speaking on any number of topics.

- **Hablar en párrafos** Rather than speak in discrete sentences, you are going to begin to use connectors to express yourself in paragraph form.

- **Aprender mucho sobre la cultura hispana** This textbook is full of cultural information about the Spanish-speaking world. In fact, all of the grammar and vocabulary exercises are designed to introduce you to a new cultural theme. Thus, by the end of the course you should be able to speak about many new themes with ever greater fluidity. Please enjoy this journey and take the time to explore, ask questions, and be creative. ¡Buena suerte!

El Bar Estrella
en el barrio de
Santa Cruz
(Sevilla,
España)

©Heather Jarry

CAPÍTULO 1

Perspectivas

Percepciones e impresiones

Metas comunicativas

DESCRIBIR

COMPARAR

Temas centrales

- percepciones
- estereotipos

Zona de enfoque

- España

En este capítulo, Ud. va a explorar los temas de las percepciones y los estereotipos.

Preguntas para considerar

- ¿Cuáles son los factores que influyen en las primeras impresiones que Ud. forma de una persona?
- ¿Es lógico pensar que existe un norteamericano típico o un hispano típico?
- ¿De dónde viene la información que se utiliza para crear la imagen de una persona de otra región de su país o de otra cultura?
- ¿Cuáles son los programas de televisión más populares entre sus amigos?
- ¿Hay algo que le parezca estereotipado de España y de los españoles en el cuadro que se ve en esta página?

La historia

Las primeras impresiones

Situación: Javier y Sara hablan sobre los eventos relacionados con España que ocurren esta semana en Austin y de la diversa clientela que atrae el café Ruta Maya. Lea el diálogo y preste especial atención al uso del vocabulario nuevo que está **en negrilla.***

SARA: Hay mucha marcha[1] en Ruta Maya para ser miércoles. ¿Qué pasa?

JAVIER: Hoy abre una exposición fotográfica sobre la arquitectura de Antoni Gaudí y esta noche aquí al lado hay un espectáculo de flamenco.

SARA: Es **alucinante** que haya tanto interés en la cultura española. **Parece** que la mitad de la ciudad está aquí. Hay mucha gente que no conozco. ¿Quién es ese tipo sentado al lado de Diana? La cara me suena.[2]

JAVIER: ¿No lo reconoces? Es su hermano, David. Lo conociste hace dos años cuando visitaba a Diana.

SARA: ¡No puede ser! Mira qué **hablador** y animado es. Era un chico **callado** y **reservado**. Recuerdo que nos hablaba de que quería hacerse su primer **tatuaje.**

JAVIER: Pues, es él. Llegó ayer de Barcelona. **Tiene buena pinta,** ¿no?

SARA: Pues, sí. Tengo que acostumbrarme al **bigote y las patillas** pero **se ve** súper bien.

JAVIER: Diana dice que pasar un año en España ha sido fenomenal para él.

SARA: No cabe duda que salir de tu propia cultura y meterte en otra te cambia. ¿Te acuerdas? Cuando yo llegué a los Estados Unidos, **metía la pata** constantemente.

JAVIER: Por supuesto, como típica española, **no tenías pelos en la lengua.**

SARA: Ya lo sé. He tenido que aprender a ser menos directa acá. Aunque todavía puedo ser **franca** con mis amigos...

JAVIER: Ah, sí, recuerdo bien cuando recién nos conocimos y me dijiste que mis **lentes** eran **cursis.** ¡Y yo pensaba que **iba a la moda!**

SARA: En serio, con ese aspecto, **te veías serio** y **presumido.** Pero ya lo sé, **las apariencias engañan.** Jamás me imaginé que serías mi mejor amigo ni que pasaríamos tantas horas conversando aquí en Ruta Maya.

JAVIER: Je, je—tú me conoces, yo **hablo por los codos.**

SARA: ¡Por eso **nos llevamos** tan **bien** tú y yo!

©McGraw-Hill Education

Javier y Sara en Ruta Maya

[1]mucha... *lively social scene*   [2]La... *his face looks familiar to me*

---

*Words and phrases that are boldfaced in the dialogue appear as entries in the **Vocabulario del tema** following this section.

A. Comprensión Escuche las oraciones sobre **La historia** e indique si son ciertas (C) o falsas (F).

1. _____ 2. _____ 3. _____ 4. _____ 5. _____

B. Detective Busque en el diálogo ejemplos de las siguientes metas comunicativas: Descripción (D) y Narración en el pasado (P). Subraye cada palabra o frase que represente una (o una combinación) de estas metas comunicativas. Luego, escriba al margen la(s) letra(s) que corresponde(n) a cada ejemplo subrayado (D o P).

MODELOS: Lo <u>conociste</u> hace dos años cuando <u>visitaba</u> a Diana. (P)
<u>Era</u> un chico tan <u>callado y reservado</u>. (P) (D)

C. Preguntas Conteste las preguntas, según el diálogo.

1. ¿Qué eventos relacionados con la cultura española hay en Austin esta semana?
2. ¿Qué opina Sara del aspecto físico de David?
3. ¿Qué opina Sara sobre el valor de pasar tiempo en otra cultura?
4. ¿Cómo era Sara cuando recién llegó a los Estados Unidos? Explique.
5. ¿Qué opinión tenía Sara de Javier cuando se conocieron por primera vez?
6. ¿Por qué se llevan bien Sara y Javier?

REACCIONAR

RECOMENDAR

D. Reacciones Complete las oraciones, basándose en la conversación de Javier y Sara. Debe utilizar uno de los conectores de la lista con cada oración.

Conectores

en cambio	*on the other hand*
por eso	*therefore*
porque	*because*
puesto que	*since*
sin embargo	*nevertheless*
ya que	*since*

MODELO: A Javier le gusta que su clientela sea diversa porque le encanta conocer a gente diferente.

1. A Sara le impresiona que...
2. Según Sara, es sorprendente que el hermano de Diana...
3. Es obvio que pasar tiempo en otra cultura...
4. Sara no cree que...

E. Twitter™ Escriba un tuit de hasta 140 caracteres sobre la conversación que escuchó en Ruta Maya entre Sara y Javier.

MODELO: Guau — el hermano de Diana ha vuelto de Barcelona y se ve guapísimo. (68 caracteres)

©McGraw-Hill
Education

Vocabulario del tema

PARA DESCRIBIR CUALIDADES POSITIVAS O NEUTRAS*

agradable	pleasant
atrevido/a	daring
callado/a	quiet
chistoso/a	funny
culto/a	well-educated
dulce	sweet
educado/a†	polite
encantador(a)	charming
hablador(a)	talkative
llamativo/a	showy, flashy
sensible†	sensitive
serio/a	serious

COGNADOS: **franco/a, reservado/a, tímido/a**

PARA DESCRIBIR CUALIDADES NEGATIVAS*

bruto/a	stupid, brutish
cursi	tasteless, pretentious, corny
despistado/a	absent-minded
grosero/a	rude
pesado/a	tedious, annoying
presumido/a	conceited
raro/a†	strange
tacaño/a	stingy
testarudo/a	stubborn
tiquismiquis‡	picky
vago/a	lazy

PARA HABLAR DEL ASPECTO FÍSICO

el arete / el pendiente	earring
la arruga	wrinkle
la barba	beard
el bigote	mustache
las gafas / los lentes	eyeglasses
la patilla	sideburn
la peca	freckle

De verdad, ¿son gemelas?

Describa a Graciela y Daniela hasta el más mínimo detalle. Luego haga comparaciones entre las dos.

el pelo	hair
calvo/a	bald
canoso/a	gray
liso/a	straight
pelirrojo/a	redhead
teñido/a	dyed
el *piercing*	piercing
la ceja	eyebrow
la lengua	tongue
el ombligo	navel
la oreja	ear
el rasgo	trait, characteristic
el tatuaje	tattoo

Repaso: Para hablar del cuerpo

el brazo	arm
el cuello	neck
la espalda	back
el hombro	shoulder
la pierna	leg
el tobillo	ankle

---

*These adjectives are usually used with **ser** to describe inherent characteristics. In **Capítulo 3,** you will learn another list of adjectives that are most often used with **estar** to express emotional states or physical conditions.

†Be careful when using these words. They are false cognates.

‡Otras palabras que pueden expresar el concepto de *picky* son: **quisquilloso/a, fastidioso/a, particular.**

PARA HABLAR DE LAS PERCEPCIONES

caerle (*irreg.*) **bien/** **mal (a alguien)***	to like/dislike (someone)
estar (*irreg.*) **de moda**†	to be in style
estar pasado/a **de moda**	to be out of style
ir (*irreg.*) **a** **la moda**†	to dress fashionably
llevarse bien/ **mal con**	to get along well/poorly with
parecer (parezco)	to seem, appear
parecerse a	to look like
verse (*irreg.*)‡	to look + *adj.*

PARA DESCRIBIR LAS IMPRESIONES

alucinante	incredible, impressive
degradante	degrading

deprimente	depressing
emocionante	exciting
preocupante	worrisome
repugnante	disgusting

OTRAS EXPRESIONES ÚTILES

a primera vista	at first sight
las apariencias engañan	looks are deceiving
hablar por los codos§	to talk a lot
meter la pata	to put one's foot in one's mouth
no tener (*irreg.*) pelos en la lengua§	to speak one's mind
ser (*irreg.*) **buena/** **mala gente**	to be a good/bad person
tener buena/ **mala pinta**	to have a good/bad appearance

Es más cursi que un cochinillo con tirantes.

ACTIVIDADES

A. Vocabulario en contexto En parejas, indiquen si están de acuerdo o no con las afirmaciones. Expliquen sus opiniones en por lo menos tres casos y compartan sus explicaciones con el resto de la clase.

1. Llevar un bolso Gucci o un reloj Rolex, ambas imitaciones, es cursi.
2. Una persona bien educada debe tener una educación universitaria.
3. A la gente tacaña no le gusta gastar mucho dinero.
4. Ir en canoa por el Río Amazonas es algo característico de una persona atrevida.
5. A los estudiantes les gustan los profesores despistados porque son muy organizados.
6. Es probable que una persona que no tiene pelos en la lengua meta la pata con frecuencia.
7. A primera vista, una persona con muchos tatuajes y piercings puede parecer poco culta.
8. Para mucha gente mayor, la moda de hoy es algo preocupante.
9. Es fácil viajar con una persona tiquismiquis porque le gusta probar cosas diferentes.
10. Es difícil llevarse bien con una persona presumida.

---

*In this construction, **caer** functions like **gustar:** Mi nueva compañera de cuarto **me cae bien,** pero sus amigas **me caen mal.**

†**Estar de moda** is used with things, whereas **ir a la moda** is for people: Mi **compañera de cuarto** siempre **va a la moda.** Ayer se hizo cuatro **tatuajes** simplemente porque **están de moda** ahora.

‡**¿Cómo me veo?** *How do I look?* **Te ves bien/guapa/cansada.** *You look fine/pretty/tired.*

§Literally: *to talk through your elbows; not to have hair on one's tongue*

B. Penélope y Mónica Cruz*

Paso 1 Lea este breve comentario sobre Penélope Cruz y su hermana, Mónica, y llene los espacios en blanco con la forma apropiada de uno de los verbos de percepción.

©Tinseltown/Shutterstock

Penélope y Mónica Cruz

Mónica _____[1] (verse / parecerse) bellísima en la foto con su hermana. Físicamente _____[2] (parecer / parecerse a) Penélope en muchos aspectos. Estas dos hermanas tienen personalidades muy diferentes, pero _____[3] (caerle / llevarse) súper bien. Siempre _____[4] (estar de moda / ir a la moda) y han trabajado como diseñadoras[a] para diversas tiendas, tanto exclusivas como populares. _____[5] (Parecer / Parecerse) que todas las jóvenes de hoy quieren llevar el *look* de las hermanas Cruz. ¿Qué le _____ (parecer / parecerse) la tendencia a imitar la moda de las celebridades?

[a]*designers*

Paso 2 En parejas, usen cada una de las expresiones para hablar de cuatro de estas personas famosas: Colin Kaepernick, Beyoncé, Marco Rubio, la reina Isabel de Inglaterra, Bernie Sanders, Daddy Yankee, Selena Gómez, Kanye West. Luego cambien de pareja y expliquen sus comentarios.

1. parecerse a
2. verse
3. caerle bien / mal
4. llevarse bien / mal con

C. A primera vista

Paso 1 Luis ha sido camarero por muchos años y le encanta adivinar cómo son los nuevos clientes que vienen a su bar por primera vez. Observe a los tres nuevos clientes que entraron al Bar Luisito. En parejas, imagínense que Luis expresa su opinión sobre los nuevos clientes en cuanto a su personalidad, profesión e intereses, y a su estado de ánimo (*emotional state*), basándose solo en las apariencias y fragmentos de sus conversaciones. Después, expliquen por qué Luis piensa lo que piensa.

1. El pelirrojo parece... porque... Creo que él es/está...
2. La flaca se ve... puesto que... Pienso que ella es/está...
3. El barbudo se parece a... ya que... No dudo que él es/está....

Paso 2 Ahora imagínense que unas semanas más tarde, Luis conoce mejor a los tres. Entiende que las apariencias engañan y que estaba muy equivocado en cuanto a ciertas ideas que había formado. Complete las comparaciones que hace Luis ahora que los conoce mejor.

1. Pensaba que el barbudo era _____, pero ahora sé que Ernesto es _____ porque...
2. Dije que la flaca era _____, pero ahora entiendo que Lola es _____ dado que...
3. Me parecía que el pelirrojo era _____, pero ahora veo que Rubén es _____ ya que...

---

*Mónica Cruz is a professional ballet and flamenco dancer who has a film career as well.

¡Ojo!

Puesto que a lo largo del libro Ud. tendrá que usar todas las metas comunicativas, verá en las actividades y los ejercicios del libro algunos iconos que lo/la ayudarán a acordarse de los puntos gramaticales que debe usar en cierta situación. Estos iconos corresponden con los que están en la lista de las metas comunicativas y los puntos clave que aparece al final del libro. Si tiene alguna duda, puede consultar rápidamente esa lista o las páginas moradas que aparecen al final del libro.

D. **Preguntas personales** En parejas, háganse y contesten las preguntas, utilizando palabras o frases del **Vocabulario del tema.** Mientras Ud. escucha a su compañero/a, indique sus reacciones. Puede usar las expresiones de **Para conversar mejor** que aparecen a continuación. Luego, compartan con la clase lo que cada uno/a de Uds. averiguó sobre su compañero/a.

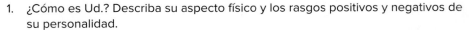

Para conversar mejor

¡Qué interesante!	
¡Qué chévere (*Carib.*) / guay (*Sp.*) / padre (*Mex.*)!	*How awesome!*
¡Qué curioso!	*How odd!*
¡Qué raro!	*How weird!*
Es igual para mí.	*It's all the same to me.*
A mí también.	*Me, too.*
(No) Estoy de acuerdo.	*I (don't) agree.*
¡Qué vergüenza!	*How embarrassing!*
¿En serio? ¿De veras?	*Really?*
¡Buena idea!	*Good idea!*

D
DESCRIBIR

C
COMPARAR

G
GUSTOS

REACCIONAR
R
RECOMENDAR

P
PASADO

1. ¿Cómo es Ud.? Describa su aspecto físico y los rasgos positivos y negativos de su personalidad.

2. Haga una comparación entre Ud. y uno/a de sus mejores amigos / amigas. ¿En qué se parecen y en qué se diferencian?

3. ¿Le gusta ir a la moda o le interesa más vestirse de una manera original? ¿Por qué? ¿Refleja su estilo de vestirse un punto de vista filosófico?

4. ¿Qué recomienda que se ponga una persona que va a conocer por primera vez a la abuela de su novio/a? ¿o que quiere impresionar a los miembros de un grupo musical grunge con quienes quiere tocar la guitarra?

5. Relate una situación en la que Ud. o un amigo / una amiga haya metido la pata. ¿Dónde y con quién estaba? ¿Qué hizo o dijo?

 E. **WhatsApp®*** Mona habla con la directora de un programa en Sevilla, donde va a pasar un semestre. Ud. escuchará la mitad de la conversación —lo que la directora le dice a Mona. La primera vez que escuche, no escriba nada. La segunda vez escriba las preguntas y, al final, la despedida que la directora le hace a Mona. Después, en parejas, inventen respuestas lógicas de Mona para completar la conversación.

MODELO: Ud. oye: DIRECTORA: Buenas tardes, Mona. Soy Amelia Fuentes, la directora del programa en Sevilla. ¿Tienes tiempo para hablar ahora?

Ud. escribe: DIRECTORA: ¿Tienes tiempo para hablar ahora? _____

MONA: Claro que sí. _____

1. DIRECTORA (pregunta): _____

_____

MONA: _____

_____

*WhatsApp is a cross-platform instant messaging and voice-over IP service used frequently to communicate internationally.

2. DIRECTORA (pregunta): _____
_____

MONA: _____

3. DIRECTORA (pregunta): _____
_____

MONA: _____

4. DIRECTORA (despedida): _____
_____

MONA: _____

F. Fiestas fascinantes

Paso 1 Lea la información sobre tres fiestas fascinantes de España. Después, en parejas, contesten las preguntas.

Los Sanfermines Los Sanfermines de Pamplona, quizás la fiesta española más conocida a nivel internacional, tienen lugar durante la semana del 6 de julio. Cada día, a las 8:00 de la mañana, cientos de personas se reúnen en las calles para correr delante de los toros que van a torear en la corrida de la tarde. Después de esta actividad tan peligrosa, la gente pasa el resto del día bebiendo y bailando por las calles.

Santiago de Compostela En esta ciudad de Galicia se celebran las fiestas del apóstol Santiago, el santo patrón de España, el 25 de julio. Cada año miles de personas de todas partes del mundo van a Santiago de Compostela para visitar la tumba del apóstol. Para llegar, muchos peregrinos[1] recorren el «Camino de Santiago», que pasa por el norte de España desde la frontera francesa hasta la ciudad gallega.[2] Los peregrinos recorren cientos y hasta miles de millas a pie, en bicicleta o en coche.

La Tomatina En Buñol, una ciudad pequeña de Valencia, la gente puede disfrutar de un evento tan divertido como sorprendente. El último miércoles de agosto, entre el mediodía y la 1:00 de la tarde, miles de personas se dedican a tirarse,[3] unas a otras, 130 toneladas de tomates. Es una fiesta relativamente nueva, ya que empezó a mediados del siglo XX, y se está haciendo cada vez más popular.

[1]pilgrims [2]Galician [3]to throw

1. ¿Cuál de las fiestas le interesa más a Ud.? ¿Por qué? ¿Cuál le interesaría más a su madre, a su padre, a su profesor(a) o a su mejor amigo/a? ¿Por qué?

2. ¿A cuál de las fiestas irían las siguientes personas? Expliquen por qué.

Una persona seria _____   Una persona culta _____
Una persona atrevida _____   Una persona rara _____

3. ¿A qué fiesta no deben ir las siguientes personas? Expliquen por qué.

Una persona despistada _____   Una persona grosera _____
Una persona tiquismiquis _____   Una persona reservada _____

Paso 2 Imagínese que Ud. está estudiando en España. Escriba un mensaje al chat grupal buscando a alguien para acompañarle a una de las tres fiestas. Explique por qué es tan alucinante la fiesta y qué tipo de viajero/a es Ud.

G. **Problemas cotidianos** Entre todos, revisen los problemas y hagan una lista de palabras nuevas de este capítulo que los ayuden a conversar con facilidad sobre cada problema cotidiano. Después, en parejas, preparen un diálogo espontáneo sobre cada problema.

1. Un(a) estudiante tiene un nuevo compañero / una nueva compañera de cuarto que le cae muy mal. Habla con la directora de residencias estudiantiles para quejarse de él/ella. Describe las cosas que no le gustan. La directora piensa que el/la que se queja es demasiado tiquismiquis.

2. Francisco es muy listo, pero tiene una apariencia física muy rara y quiere conseguir trabajo en una compañía conservadora. Un amigo dice lo que debe hacer para cambiar su aspecto físico antes de la entrevista, pero Francisco es muy testarudo.

©Stockbyte/Getty Images

NOTA CULTURAL • ¿Somos tan sensibles?

La manera de hablar de los demás varía mucho de cultura a cultura. En este país, la gente tiende a[1] evitar expresiones que describen de manera directa y cruda la apariencia física de una persona. Por ejemplo, en vez de decir que una persona es *fat*, tal vez se diga que es *large*. O en vez de llamarle *old* o *elderly* a alguien, se diría que es a *bit older*.

Por lo general, en la cultura española no se considera ofensivo referirse a la apariencia física de una persona sin usar eufemismos. Por el contrario, los españoles suelen hablar de manera directa, y muchas veces hasta se refieren a una característica física sobresaliente,[2] favorable o no, para describir a alguien.

Esta diferencia cultural puede causar problemas. A los norteamericanos les puede parecer que los españoles no tienen pelos en la lengua. Por otro lado, los españoles pueden pensar que los norteamericanos usan demasiados eufemismos o incluso que no son sinceros. Esas diferencias hacen que a veces un español meta la pata cuando habla con un norteamericano. Eso es precisamente lo que le pasaba a Sara cuando recién llegó a los Estados Unidos. Hablaba de manera directa, natural para ella, y la gente la veía extrañada por[3] lo que decía. Al principio, Sara no entendía por qué la gente se ofendía tanto. Laura le tuvo que explicar que, por lo general, en los Estados Unidos se suavizan[4] las observaciones sobre algunos aspectos físicos.

[1]tiende... *tends to* [2]*distinguishing* [3]la... *people who saw her were amazed by* [4]*soften*

Preguntas

1. ¿Conoce Ud. a alguien que no tenga pelos en la lengua? ¿Quién es y cómo es esa persona?

2. Si alguien le preguntara si se veía bien para ir a una fiesta (o una cita, o una entrevista de trabajo) y la verdad era que se veía mal porque su ropa era inapropiada o pasada de moda, ¿qué le diría? ¿Por qué?

Actividad

HIPÓTESIS

Olivia, una amiga estadounidense de Sara, acaba de regresar de un programa de estudios en la Argentina. Ahora habla el español con mucha fluidez, tiene un novio argentino y pesa quince libras de más. Lea los tres comentarios que le hizo Sara a Olivia. Luego, en parejas, digan cómo responderían si fueran Olivia. Empiecen sus comentarios con: «Si yo fuera Olivia, yo diría... ».

1. Olivia, estás más gordita. La comida argentina debe ser buenísima.

2. ¿Este muchacho de la foto es tu novio? Pues, por lo que me habías dicho, pensé que era más joven.

3. Tu español ha mejorado mucho, pero no has perdido tu acento estadounidense.

Puntos clave

Descripción y comparación

DESCRIBIR   COMPARAR

En esta sección del capítulo, Ud. va a practicar las descripciones y comparaciones de personas y lugares. Para hacerlo bien, hay que utilizar las estructuras gramaticales (los puntos clave) de la tabla que pertenecen a cada meta comunicativa. Antes de continuar, estudie las explicaciones de estas estructuras gramaticales en las páginas moradas que están al final del libro.

LAS METAS COMUNICATIVAS DE ESTE CAPÍTULO

ICONO	META COMUNICATIVAS	PUNTOS CLAVE
D DESCRIBIR	Descripción	• la concordancia de género y número • **ser/estar** • los participios como adjetivos
C COMPARAR	Comparación	• la concordancia de género y número • **tan... como, tanto/a/os/as... como** • **más/menos... que**

PRUEBA DIAGNÓSTICA

A. Descripción Mire el cuadro del Bar Estrella. Luego, lea los párrafos y escriba la forma apropiada de los verbos y adjetivos que están entre paréntesis, según el contexto.

La gente que frecuenta el nuevo Bar Estrella _____[1] (ser / estar) muy _____[2] (impresionado) con todo lo que ha hecho Manolo, el nuevo dueño, para renovar el antiguo Bar Flores.

Manolo y su esposa _____[3] (ser / estar) _____[4] (encantador) y han creado un ambiente perfecto para sus clientes. En primer lugar, les ofrecen una selección _____[5] (grandísimo) de licores, vinos y cervezas, y las tapas _____[6] (ser / estar) _____[7] (delicioso) y _____[8] (variado). Antes, las tapas que servían en el Bar Flores no _____[9] (ser / estar) muy buenas. Doña Pepita, la dueña anterior, ya no tenía mucho interés en mantener el bar después de la muerte _____[10] (inesperado) de su marido. Venderles el bar a Manolo y a su esposa _____[11] (ser / estar) la solución _____[12] (perfecto).

Hoy _____[13] (ser / estar) viernes. _____[14] (Ser / estar) las 4:30 de la tarde y todo _____[15] (ser / estar) preparado para una noche _____[16] (extraordinario). Las tapas _____[17] (ser / estar) listas y Mariluz ya ha llegado para practicar un poco antes de su acto. Ella _____[18] (ser / estar) de Cádiz, y su estilo de baile es _____[19] (típico) de su región. _____[20] (Ser / estar) practicando un baile nuevo con un guitarrista _____[21] (alemán).

Mariluz va a bailar en el Bar Estrella por una hora y luego irá con Hans al Festival de Flamenco que _____[22] (ser / estar) en el Teatro Lope de Vega. Va a _____[23] (ser / estar) una noche _____[24] (estupendo).

©Heather Jarry

RESPUESTAS: 1. está 2. impresionada 3. son 4. encantadores 5. grandísima 6. son 7. deliciosas 8. variadas 9. eran 10. inesperada 11. fue 12. perfecta 13. es 14. Son 15. está 16. extraordinaria 17. están 18. es 19. típico 20. Está 21. alemán 22. es 23. ser 24. estupenda

(continúa)

B. Comparación Ahora, complete las comparaciones según la información de los párrafos anteriores.

1. Las tapas del Bar Estrella son _____ (mejor / peor) _____ (como / que) las tapas del Bar Flores.

2. Manolo debe tener _____ (más / menos) _____ (de / que) quince tipos de licores en su bar.

3. Doña Pepita no tenía _____ (tan / tanto) ganas de seguir con el negocio _____ (como / que) Manolo.

4. Doña Pepita está _____ (tan / tanta) contenta _____ (como / que) Manolo con la venta de su bar.

5. Al nuevo bar irán _____ (más / menos) clientes _____ (de / que) antes.

6. El Bar Estrella es el _____ (mejor / peor) bar _____ (de / que) la zona.

RESPUESTAS: 1. mejores, que 2. más, de 3. tantas, como 4. tan, como 5. más, que 6. mejor, de

ACTIVIDADES

Las siguientes actividades le darán la oportunidad de hacer descripciones y comparaciones.

A. El botellón ¿Sabe Ud. qué es un botellón? El nombre viene de la palabra **botella** (*bottle*) y se ha convertido en una costumbre muy popular en España. Los jóvenes españoles compran botellas grandes de vino tinto y Coca-Cola®, las mezclan y luego van a las plazas en donde pasan toda la noche, hasta las 6:00 de la mañana, bebiendo esa mezcla que llaman «kalimotxos*». Los vecinos de las plazas no están contentos con esta costumbre, pero a los jóvenes les parece muy guay y bastante económica. El gobierno ha tenido poco éxito tratando de limitar y controlar esta costumbre. Por eso, en algunos lugares de España se han construido macroespacios (a veces en estadios grandes) donde los jóvenes pueden consumir bebidas alcohólicas y no molestar a los vecinos de la zona.

©Otto Pohl
El botellón en una plaza central de Madrid

©Francisco Bonilla/Reuters
La mañana después de un botellón

---

*Un kalimotxo (palabra de origen vasco) es una mezcla de partes iguales de vino tinto y Coca-Cola.

Paso 1 En parejas, completen la tabla con el artículo definido correcto y con uno de los adjetivos de la lista a continuación, para prepararse para describir el fenómeno del «botellón».

chistoso/a   grosero/a   repugnante
económico/a   lleno/a   ruidoso/a (*noisy*)
español(a)   problemático/a   sucio/a (*dirty*)

ARTÍCULO DEFINIDO	SUSTANTIVO	ADJETIVO
	costumbre	
	gente	
	jóvenes	
	plazas	
	problema	
	situación	
	vecinos	

Paso 2 En las mismas parejas, describan el botellón que se ve en la foto. Escriban cuatro oraciones usando cuatro sustantivos diferentes de la tabla arriba. Dos de las oraciones deben usar **ser** y dos deben usar **estar**. Cuidado con el uso de **ser** y **estar** y con la concordancia.

Paso 3 En parejas, completen las oraciones con la palabra que mejor describa la situación.

alucinante, degradante, deprimente, emocionante, preocupante, repugnante

1. Para los jóvenes sin mucho dinero, la costumbre del botellón es _____ porque...
2. Para los vecinos, ver sus calles llenas de basura (*trash*) la mañana después de un botellón es _____ ya que...
3. Para el Ministerio de Turismo, la costumbre del botellón es _____ puesto que...

Paso 4 En parejas, comenten lo siguiente.

1. ¿Qué tipo de persona va a un botellón? ¿A qué tipo de joven no le interesaría participar en un botellón?
2. ¿Le interesaría a Ud. participar en un botellón? ¿Qué le gusta del concepto de un botellón?
3. Haga una comparación entre un «botellón» de España y una fiesta de *fraternity* (u otro tipo de fiesta) a la que Ud. haya asistido.

DESCRIBIR

GUSTOS

COMPARAR

COMPARAR DESCRIBIR

B. Joaquín Sorolla y Pablo Picasso: dos pintores, dos visiones De Valencia, Joaquín Sorolla es un pintor famoso por sus pinturas impresionistas llenas de la luz intensa y el color vibrante del Mediterráneo. Pintó *Paseo a orillas del mar* en 1909. Su famosísimo compatriota, Pablo Picasso, pintó *La tragedia* en 1903, durante esa misma década. Las obras que Picasso realizó en esa década forman parte de su «período azul». Al mirar los dos cuadros, ¿qué puede deducir Ud. en cuanto a la distinta visión que cada artista tiene sobre el momento histórico en el que pinta?

Paso 1 En parejas, terminen las oraciones para describir cada cuadro por separado.

©Strolling along the Seashore, 1909 (oil on canvas)/Sorolla y Bastida,
Joaquin (1863–1923)/Museo Sorolla, Madrid, Spain/Bridgeman Images
Paseo a orillas del mar, de Joaquín Sorolla (1863–1923)

©akg-images/ akg-images/Superstock
La tragedia, de Pablo Picasso
(1881–1973)

Paseo a orillas del mar

1. Las dos mujeres son...
2. Hoy, ellas están...
3. La ropa que llevan es...
4. La mujer de la izquierda es tan... como la de la derecha.

La tragedia

1. La familia está...
2. Los padres son...
3. El niño es... y hoy está...
4. La madre está tan... como el padre.

Paso 2 Hagan algunas comparaciones entre el cuadro de Picasso y el de Sorolla. Usen **más/menos que,** y **tan... como, tanto/a/os/as... como.**

Paso 3 Ahora, preparen un diálogo entre las señoritas del cuadro de Sorolla y las tres personas del cuadro de Picasso. Luego, preséntenlo a la clase.

DESCRIBIR

C. La naturaleza humana Los programas de telerrealidad son muy populares en todo el mundo. Programas como *Big Brother, Survivor, American Idol, America's Next Top Model* y otros tienen sus contrapartidas en otros países: *El gran hermano, Supervivientes: Expedición Robinson, El aprendiz, Operación triunfo* y *Supermodelo.* Lea los comentarios de una española, Montserrat Ayala, y un norteamericano, Daniel Cifuentes, sobre este fenómeno.

Paso 1 Llene los espacios en blanco con la forma correcta de **ser** o **estar.**

MONTSERRAT

«Los programas de telerrealidad _____[1] escapistas. Nos permiten imaginar otra realidad cuando nuestra vida no _____[2] tan fascinante ni complicada. Acepto que estos programas _____[3] de moda y _____[4] (yo) de acuerdo con que pueden ser inocuos.[a] Sin embargo, tienen su lado negativo. Casi sin excepción estos programas humillan a sus participantes. Sí, _____[5] verdad que pueden salir con un nuevo cuerpo, una casa remodelada, su pareja ideal o un millón de dólares. Pero en el proceso tienen que revelarlo todo, desnudarse[b] emocionalmente, y a veces literalmente, ante el país entero. Pierden la dignidad ante la cámara y _____,[6] francamente, degradante.»

[a]*harmless* [b]*lay themselves bare*

DANIEL

«Para mí, *Survivor* _____[7] un programa para toda la familia. Lo empecé a ver con mis hijos desde su comienzo. Los engaños,[c] las traiciones,[d] las mentiras, la manipulación _____[8] cosas que se enseñan en Naturaleza Humana 101. Yo _____[9] fascinado con los dilemas alucinantes que nos presentan. Mis hijos han visto a gente de color desmentir[e] y reforzar los estereotipos, a mujeres mayores que _____[10] fuertes y hombres jóvenes que _____[11] a punto de llorar, a conductores de camiones súper inteligentes y a abogados tontos. Yo _____[12] contento cuando surgen[f] preguntas como '¿_____[13] aceptable mentir bajo ciertas circunstancias?' y '¿_____[14] la lealtad[g] tan importante?' La verdad es que le han ofrecido a mi familia una oportunidad para comentar temas muy importantes sobre la vida real.»

[c]*deceptions* [d]*betrayals* [e]*contradict* [f]*arise* [g]*loyalty*

Paso 2 ¿Cuál es su opinión sobre estos programas y sus participantes? Complete la frase modelo con su opinión sobre cada uno de los cuatro tipos de programas de telerrealidad, y su descripción de las personas que participan en estos programas. Luego compare sus respuestas con las de un compañero / una compañera. ¿Están de acuerdo? Expliquen.

MODELO: Este tipo de programa es _____ (alucinante, degradante, deprimente, emocionante, ridículo...). En mi opinión, los participantes son _____.

1. programas para encontrar el hombre o la mujer de sus sueños
2. programas que ponen a los participantes en peligro en un lugar exótico
3. programas que les dan a los participantes la oportunidad de ser cantantes
4. programas que dan la oportunidad de ser un cocinero (*chef*) famoso / una cocinera famosa

Paso 3 Los siguientes son nombres de programas de telerrealidad en España. En grupos de tres, traten de adivinar el propósito principal de cada programa y el tipo de participante que necesitan para cada uno. Luego compartan sus ideas con la clase. Después su profesor/profesora revelará de qué se trata cada programa de realidad.

1. *Generación Ni-Ni**
2. *Casados a primera vista*
3. *Nadie es perfecto*

---

*Originalmente el término nini (o ni-ni) (ni estudia ni trabaja) se usaba para referirse al 20% de los jóvenes entre 15 y 30 años que, por decisión propia, no estudiaba ni trabajaba. Ahora también se refiere a los jóvenes que ya han terminado sus estudios, pero no encuentran trabajo por falta de oportunidades laborales.

Paso 4   En parejas, contesten las preguntas.

1.   ¿Está Ud. de acuerdo con Montserrat o con Daniel? ¿Tiene una opinión completamente diferente? Explique.

2.   Si Ud. pudiera participar en un programa de telerrealidad, ¿en cuál participaría? ¿Por qué? ¿Cuáles son las características que Ud. posee que le permitirían ganar en ese programa?

3.   ¿Por qué cree Ud. que los programas de telerrealidad son tan populares?

4.   ¿Qué piensa de los videoblogueros o youtubers? Describa un videobloguero o youtuber popular. ¿Por qué cree que esa persona es tan interesante para los jóvenes de hoy?

D. Los estereotipos

Paso 1   En parejas, contesten las preguntas.

¿Qué es un estereotipo? ¿De dónde viene la información que se utiliza para crear la imagen de una persona de otra región de su país o de otra cultura?

DESCRIBIR

Paso 2   Lea lo que dicen los españoles de la gente de varias regiones o comunidades autónomas de España. Luego, en parejas, elijan dos o tres adjetivos que describan a los habitantes de las siguientes regiones de los Estados Unidos, según los estereotipos que Uds. conozcan.

Sevilla

Midland

a.   «Los gallegos son supersticiosos e introvertidos.»

b.   «Los andaluces son graciosos, vagos, alegres y juerguistas (*partyers*).»

c.   «Los aragoneses son brutos y testarudos.»

d.   «Los catalanes son arrogantes y tacaños.»

1.   los tejanos

2.   los de la ciudad de Nueva York

3.   los jóvenes de Orange County, California

4.   los de la Florida

COMPARAR

Paso 3   Ahora, con otra persona, usen los adjetivos que apuntaron en el **Paso 2** y hagan tres comparaciones entre los grupos regionales.

Paso 4   Luego, contesten las preguntas.

1.   ¿Pueden nombrar a gente de cada región (políticos, actores, deportistas, activistas, amigos, etcétera)? ¿Corresponden esas personas a los estereotipos?

2. ¿Qué adjetivos piensan Uds. que los extranjeros utilizan para describir a los norteamericanos en general? ¿Qué adjetivos utiliza la gente para describir a los hispanos en general?

3. ¿Cuál es el papel de las películas y la televisión en reforzar los estereotipos de un país o una cultura? Piensen en tres programas o películas populares. ¿Cuál es la imagen que presentan de los norteamericanos? ¿de los hispanos? ¿de otras etnias o culturas?

E. **Las apariencias engañan** ¿Cuáles son los factores que influyen en las diferentes reacciones que experimenta la gente ante las mismas personas, situaciones o cosas?

Paso 1 En parejas, observen las fotos. A primera vista, ¿qué impresión tienen Uds. de estas tres personas? Por su apariencia física, ¿qué tipo de persona es cada una? ¿cuál es su profesión? Recuerden utilizar el vocabulario nuevo en sus descripciones. **¡OJO!** Acuérdense de que las apariencias engañan.

©Max Mumby/Indigo/Getty Images
1.

©Eduardo Parra/Getty Images
2.

©Carlos Alvarez/Getty Images
3.

©INTERFOTO/Personalities/Alamy Stock Photo
4.

COMPARAR

Paso 2 Ahora, en grupos de cuatro, comparen algunas de las impresiones que Uds. tienen de estas personas. Expliquen también en qué se basaron para llegar a cada conclusión.

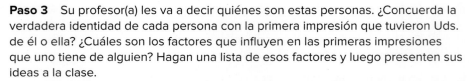

COMPARAR DESCRIBIR

Paso 3 Su profesor(a) les va a decir quiénes son estas personas. ¿Concuerda la verdadera identidad de cada persona con la primera impresión que tuvieron Uds. de él o ella? ¿Cuáles son los factores que influyen en las primeras impresiones que uno tiene de alguien? Hagan una lista de esos factores y luego presenten sus ideas a la clase.

©McGraw-Hill Education

F. La entrevista Para su programa de radio, Sara entrevista a un profesor español sobre la relación entre la historia y el arte. Antes de escuchar, mire los nombres y lugares importantes a los que se hará referencia en la entrevista.

Artistas: Goya, Picasso, Gaudí, Dalí y Calatrava

Guerras: La Guerra de Independencia, la Guerra Civil

Lugares en Madrid: El Palacio Real, El Parque del Retiro, El Mercado de San Miguel

Paso 1 Escuche el programa y conteste las preguntas.

1. ¿Cuál es el enfoque principal del curso?
2. ¿Cuántas ciudades van a visitar?
3. ¿Porque son deprimentes los cuadros de Goya y Picasso?
4. ¿Cuál será el enfoque de las visitas a Barcelona y Valencia?
5. ¿Cuál de las visitas le parece la más interesante?

Paso 2 En parejas, digan si están de acuerdo con las siguientes oraciones. Expliquen sus respuestas.

1. Me gusta el arte de Picasso.
2. El tema de las guerras civiles es fascinante.
3. Para mí, la arquitectura es más interesante que la pintura.
4. Me parece intrigante el Museo de Dalí en Figueres.
5. Me gustaría estudiar en España.

¡A escribir!

A. Lluvia de ideas

Paso 1 Lea la opinión sobre los programas de telerrealidad, expresada por un ex concursante.

Ser concursante es muy emocionante: hay fotos de paparazzi, entrevistas para las revistas de chismes, dinero, fiestas con celebridades. La posibilidad de ser rico y famoso te afecta mucho. Salir en la tele y saborear la fama es alucinante. Pero nada está garantizado. Tienes que tener cuidado y no dejar que se te suba a la cabeza.

Paso 2 La clase entera debe hablar sobre cómo la fama puede afectar la vida de la gente desconocida que de repente se vuelve famosa. Su profesor(a) puede anotar en la pizarra algunas de las ideas sobresalientes.

B. Composición

Opción guiada: Narración Imagínese que su profesor(a) o su mejor amigo/a o un familiar ha salido ganador en un programa de telerrealidad (por ejemplo, *The Amazing Race, Survivor, The Voice*). Su vida ha cambiado completamente. Escriba un artículo para una revista de chismes sobre su nueva vida. Exagere la información para hacer el artículo más interesante. Siga el bosquejo.

- elegir un título llamativo (por ejemplo: **Ganador de *The Voice* en una villa privada de Mallorca con Kanye West** o **Nuevos negocios del ganador de *Survivor* conectados con la Mafia**)

- escribir una oración introductoria, usando por lo menos tres adjetivos para describir a la persona y el programa en el que participó   DESCRIBIR

- escribir un párrafo que describa la vida de esta persona antes de participar en la competencia de _____ (nombre del programa); **(Era..., Tenía..., Iba a..., Salía con..., Estaba...)**   PASADO

- describir su vida actual y cómo ha cambiado después de la competencia; hablar sobre sus gustos y preferencias en cuanto a la moda, sus vacaciones, la gente famosa con quien pasa tiempo ahora, etcétera.   COMPARAR GUSTOS

- revelar algo escandaloso o fascinante que haya hecho esta persona recientemente   PASADO

- hablar de sus planes para el futuro   FUTURO

- escribir una conclusión

Opción abierta Vuelva a considerar las preguntas en la primera página del capítulo. Luego elija un tema y escriba un ensayo que incluya una introducción, un argumento y una conclusión.

Opción gráfica Use su imaginación para describir el cuadro en la primera página del capítulo. Organice su composición de una manera coherente que incluya descripciones y comparaciones.   DESCRIBIR COMPARAR

Hablando del tema

SÍNTESIS

Antes de empezar a conversar con sus compañeros de clase sobre estos temas, prepare una ficha para la conversación y otra para el debate. Cada ficha debe tener tres sustantivos, tres verbos y tres adjetivos. Vea el modelo.

Dinámicas de grupo		
la bonda	la interacción	los vínculos
compartir	comunicar	socializar
amable	unido/a	variado/a

Al dorso (*on the back*) de cada ficha debe añadir lo siguiente:

1. Para la **Conversación,** escriba una oración, utilizando una de las nueve palabras y tres diferentes metas comunicativas. En este caso, una oración con una descripción, una con una comparación y otra que puede incluir cualquier meta que sea apropiada para expresar sus ideas.
2. Para el **Debate,** escriba tres de sus argumentos a favor del tema y tres en contra.

Luego, siga las indicaciones para cada tema. Verá cómo las fichas lo/la ayudarán a conversar con mayor facilidad.

A. **Conversación: Dinámicas de grupo** Revise las expresiones de **Para conversar mejor.** Luego, en parejas o grupos de tres, conversen sobre los puntos.

Para conversar mejor

Qué interesante.	En mi/nuestro caso...
Parece que....	No lo puedo creer.
(No) Estoy de acuerdo.	Para mí, es evidente que...
¿De veras?	Y tú, ¿qué opinas?

- ¿Cómo es el grupo de personas con el que Ud. pasa más tiempo? ¿Quiénes son? (compañeros de dormitorio, miembros de un club o de una fraternidad/ sororidad, compañeros de trabajo, etc.) Describa a las personas que forman parte de este grupo.
- Compare a dos o tres personas del grupo. ¿Se parecen mucho o son muy diferentes? ¿Quién es el más atrevido/a, reservado/a, chistoso/a, tacaño/a, testarudo/a, etcétera.?
- Describa la dinámica de grupo. ¿Todos se llevan bien? ¿Hay alguien del grupo que a Ud. le cae mal? En su opinión, ¿qué factores contribuyen a que las personas de un grupo se lleven bien o mal?

B. **Debate: El derecho de vestirse tal como uno quiera** Revise las expresiones de **Para debatir mejor.** Después, prepare tres argumentos a favor y tres en contra de la afirmación abajo. Luego, en grupos de cuatro (dos parejas) presenten sus argumentos en un debate energético. No sabrán cuál de los puntos de vista tendrán que defender hasta que su profesor(a) se lo indique.

Para debatir mejor

A FAVOR	EN CONTRA
Así es.	De ninguna manera.
Exacto.	Lo siento, pero...
Podría ser.	No sabes lo que dices.
Tienes razón.	Temo que estés equivocado/a.

«Las instituciones educativas y las corporaciones tienen el derecho de dictar reglas sobre la apariencia física de sus estudiantes o empleados.»

Lugares fascinantes para estudiar:

España

Estudiar en el extranjero es una experiencia alucinante. Salir de su propia cultura y meterse en otra le enseña mucho. Lea los blogs de cuatro estudiantes que están estudiando en España y vea los videoblogs de Gabriela y Santiago, dos videógrafos que están preparando una serie de vídeos para promocionar programas de estudio en países hispanohablantes.

¡Hola! Soy Gabriela. Este mes me llevó a España, donde filmé en cuatro ciudades extraordinarias. Antes de filmar, leí los blogs de unos estudiantes norteamericanos que estudian en esos lugares. Como Ud. verá, en cada lugar, lo están pasando bomba. Mire lo que dicen...

©Jupiterimages/Getty Images

Barcelona

Elegí Barcelona por varias razones. Además de las prestigiosas universidades que atraen estudiantes españoles y extranjeros de todas partes, es una ciudad cosmopolita con mucha marcha. Entre sí, los barceloneses hablan catalán, aunque todos dominan también el español. El corazón de la ciudad es Las Ramblas. Me encanta pasear por esta zona vibrante porque es muy animada, con músicos, vendedores de flores, estatuas humanas, espectáculos improvisados de teatro y espectáculos de títeres.[1] Los innumerables restaurantes, discotecas, clubes de *jazz* y playas garantizan una vida social extraordinaria. Pero la razón principal por haber elegido Barcelona es que mi especialización académica es arquitectura y esta ciudad es conocida en todo el mundo por su arquitectura. Barcelona tiene edificios góticos y contemporáneos renombrados, pero por ahora me quedo obsesionado con las obras de Antoni Gaudí. La primera vez que vi la Casa Milà y la Casa Batlló me quedé sin aliento. Gaudí utilizó materiales tradicionales, como piedras, ladrillos[2] y azulejos,[3] de una manera totalmente original y trató de evitar completamente las líneas rectas. El parque Güell es quizá la obra más creativa de Gaudí. Hay bancos coloridos en forma de serpientes de mar, una fuente con una escultura de dragón cubierta de mosaicos y una gran plaza abierta rodeada de paredes onduladas.[4] Pero la obra que me fascina más que cualquier otra es la Basílica la Sagrada Familia. No puedo pensar en ningún lugar más perfecto para contemplar la creatividad del ser humano que Barcelona.

©Pixtal/AGE Fotostock

La Casa Batlló en Barcelona

—**Robert G. / University of Massachusetts**

Sevilla

Pasar la primavera en Sevilla ha sido un sueño para mí desde que empecé a tomar clases de guitarra a los 12 años. Ahora estudio la guitarra flamenca y como es de imaginar, estar en esta famosa ciudad andaluza, con su gente amable, sus fiestas fascinantes, su alucinante vida nocturna, su gran riqueza

(continúa)

[1]espectáculos... *puppet shows*   [2]*bricks*   [3]*tiles*   [4]*wavy*

©julio donoso/Sygma/Getty Images
La Feria de Abril, Sevilla

histórica y arquitectónica y la constante presencia de música flamenca, es la gloria. En la primavera la ciudad se transforma. Las calles se empapan[5] del olor de los naranjos en flor y la gente se prepara para los dos eventos culturales más importantes del año. El primero, la Semana Santa, es una celebración religiosa a la que asisten miles de personas. Durante la semana antes del Domingo de Resurrección,[6] la gente se reúne en las calles para ver pasar las procesiones realizadas por diversas cofradías.[7] Poco después de la Pascua, da inicio la Feria de Abril, que empezó en 1847 como una feria de ganado[8] con diecinueve casetas[9] y ahora cuenta con más de mil. La Feria paraliza la ciudad durante una semana entera y la convierte en un lugar sin igual, con el desfile de caballos y enganches,[10] las casetas coloridas, la música de las sevillanas y las tradicionales corridas de toros. Sin duda, este momento del año es glorioso para la ciudad. Pero Sevilla es mucho más. Vale la pena pasear por el Barrio de Santa Cruz, antigua judería,[11] o por la calle Betis, paralela al Guadalquivir, río de suma importancia en la época del descubrimiento de América. No hay que olvidar el Parque María Luisa, sede de la Exposición de 1929, con su magnífica Plaza de España adornada con azulejos[12] hechos en el monasterio de la Cartuja. Pasear por las calles de Sevilla es meterse en su historia, folclor y tradición. Va a ser dificilísimo marcharme de Sevilla a finales de mayo.

—Stephanie W. / San Diego State

Toledo

©Stefan Cioata/Getty Images
El Alcázar (castillo) de Toledo

Estudio en Toledo porque durante la época medieval, Toledo era uno de los centros intelectuales y culturales más importantes de Europa. Con mi especialización en historia y mi interés en religiones mundiales, no puedo estar en un mejor lugar. Desde 711 hasta 1492, España estuvo bajo el control de los moros,[13] quienes establecieron en Toledo un centro donde convivían las tres grandes culturas de la región: la árabe, la cristiana y la judía.[14] Caminar por las calles de Toledo es como regresar a la Edad Media. Uno puede visitar edificios que antes eran sinagogas y mezquitas[15] y que en el siglo XVI se convirtieron en iglesias católicas sin perder por completo su carácter original. También durante la época medieval funcionaba la importantísima Escuela de traductores, que traducía documentos en árabe, castellano y latín. Sin esta escuela, es posible que nunca hubiéramos conocido la obra de filósofos tan importantes como Aristóteles, o la de matemáticos, médicos y astrónomos fundamentales de la Grecia antigua. Hoy en día, Toledo aún ofrece al visitante la oportunidad de apreciar su historia multicultural. También se puede admirar la pintura religiosa de El Greco en varios edificios e iglesias de la ciudad o visitar los baños árabes de Tenerías, construidos en el siglo X. Aunque es una ciudad pequeña, es muy fácil llegar a Madrid por el AVE,[16] así que tengo lo mejor de dos mundos.

—Seth R. / Oberlin College

Bilbao

©Jean-Pierre Lescourret/Getty Images
El Museo Guggenheim en Bilbao

Me fascinan los idiomas y siendo bilingüe en español e inglés, quería explorar la lengua y la cultura de mi bisabuelo, quien llegó a Idaho desde el País Vasco[17] hace más de 100 años. Estudiar en Bilbao, una ciudad bicultural y bilingüe, me ha dado la oportunidad de explorar parte de mi herencia. La gente habla vasco, una lengua no románica cuyos orígenes no se saben a ciencia cierta. Estoy seguro que va a ser bastante difícil aprenderlo. Desde hace mucho tiempo, algunos vascos quieren que su región se separe de España y tenga autonomía.

[5]*se... are permeated*   [6]Domingo... *Easter Sunday*   [7]*religious brotherhoods*   [8]*cattle*   [9]*booths*   [10]*wagons*   [11]*Jewish quarter*   [12]*tiles*   [13]*Moors*   [14]*Jewish*   [15]*mosques*   [16]*speed train*   [17]País... *Basque Country*

La ETA es un grupo separatista militante cuyas actividades terroristas han resultado en tragedias nacionales. Pero después de 53 años, el 20 de octubre de 2011, ETA anunció el final de su actividad armada. Ese cese de violencia provee la esperanza de poder vivir en paz a todos los españoles, aunque seguramente todavía habrá diferencias políticas tensas.

Bilbao ha sido un centro comercial desde el siglo XIV, y durante el siglo XIX tuvo un papel importante en la industrialización del país. Si bien durante la Revolución Industrial Bilbao se conocía por sus fábricas de acero,[18] su construcción de buques,[19] sus plantas químicas y su contaminación, ahora en la época posindustrial, Bilbao ha recreado su imagen. En 1997 se abrió el Museo Guggenheim, una belleza arquitectónica y un centro artístico para toda Europa. Artistas e investigadores de todas partes del mundo van para estudiar en el Guggenheim y en el Museo de Bellas Artes. También la ciudad hace mucho para promover lo mejor de la cultura vasca: su lengua, literatura, arte, historia y, por supuesto, su famosa cocina,[20] «la nueva cocina vasca.»

—Iñigo E. / Boise State

[18]fábricas... *steel mills*   [19]*ships*   [20]*cuisine*

ACTIVIDADES

A. **Comprensión** En parejas, después de leer los blogs y de ver el vídeo de Gabriela, contesten las preguntas sobre los cuatro lugares fascinantes.

1. ¿Cuáles son algunos de los elementos originales que Gaudí incorporó en sus edificios y parques que han impresionado a Robert G.?

2. ¿Por qué le gusta a Stephanie W. estar en Sevilla en primavera? Si Ud. pudiera asistir a una sola de las fiestas sevillanas descritas aquí, ¿a cuál iría? ¿Por qué?

3. ¿Por qué le fascina Toledo a Seth R.?

4. ¿Cuáles son los indicios de que Bilbao es un centro comercial importante? ¿Cuáles son algunos de los aspectos culturales más interesantes de Bilbao?

5. Hagan comparaciones entre Toledo y Bilbao o entre Sevilla y Barcelona.

6. ¿Cómo cambiaron sus impresiones de cada ciudad al ver el vídeo de Gabriela?

7. ¿En cuál de las cuatro ciudades les gustaría estudiar? ¿Por qué? ¿Cómo contribuiría a su plan de estudios?

B. **¿Cómo es España?** Ahora, completen las oraciones a continuación como si fueran Gabriela, hablando con una amiga que piensa ir a España. **¡OJO!** No se olviden de usar el subjuntivo para expresar deseos, recomendaciones, reacciones subjetivas o dudas.

1. En Las Ramblas hay mucha actividad. Es increíble que _____ (haber) tantos artistas y músicos en la calle. Cuando vayas a Barcelona, te recomiendo que...

2. Durante la Feria de Abril en Sevilla toda la ciudad está de fiesta. Dudo que nadie _____ (dormir). Cuando visites Sevilla, te sugiero que...

3. En Toledo, uno se siente como si estuviera en la Edad Media. Me parece fascinante que los edificios _____ (mostrar) la influencia de las tres culturas. Si vas a Toledo, es importante que...

4. Bilbao es una ciudad moderna e industrial. Es sorprendente que haya muchas personas que _____ (ser) bilingües y biculturales. Antes de que vayas a Bilbao, te recomiendo que...

¡Viaje conmigo a España!

©Medioimages/Photodisc/Getty Images

Vamos a Barcelona, Sevilla, Toledo y Bilbao para ver de cerca el ambiente que experimentan los estudiantes que estudian allí.

Vaya a Connect para ver el vídeo.

Video footage provided by

BBC Motion Gallery

REACCIONAR

RECOMENDAR

Mar Cantábrico
FRANCIA
Galicia
Bilbao
Santiago de Compostela
Pamplona
País Vasco
Navarra
Cataluña
Océano Atlántico
Salamanca
Barcelona
PORTUGAL
Madrid
★ Madrid
Valencia
Toledo
Menorca
Extremadura
Mallorca
Mérida
ESPAÑA
Buñol
Valencia
Ibiza
Islas Baleares
Mar Mediterráneo
Córdoba
Andalucía
Sevilla
Granada
Islas Canarias
Tenerife
Gran Canaria

✏ **C. Mi blog** Escriba una entrada en un blog sobre un viaje imaginario que Ud. haya hecho durante las vacaciones de primavera para visitar a uno de sus amigos / una de sus amigas que estudia en España. Siga el bosquejo y use todo el vocabulario nuevo de este capítulo que pueda.

P PASADO

Iba a visitar a _____ (*nombre del / de la estudiante*), quien estudiaba en _____ porque...
Él/Ella es _____ y le gusta _____, pero yo soy más _____ y prefiero...
Por eso al final decidí ir a... porque...
Primero,... Luego,... Otro día...

R REACCIONAR / RECOMENDAR

Pero lo mejor fue que un día conocí a (*una persona famosa*) en...
Como pueden ver, fue un viaje _____.
Si mis amigos piensan visitar España, les recomiendo que...

D. Un viaje a España En parejas, hagan los papeles de dos amigos/as que se encuentran después de las vacaciones. Los dos han estado en España y conversan sobre sus experiencias en ese país. Usen el viaje imaginario que describieron en sus blogs como base para la conversación. También utilicen algunas de las expresiones útiles que se encuentran en esta página.

Expresiones útiles

Las siguientes expresiones le pueden servir para conversar mejor.

Para iniciar una conversación

Hola, ¿qué tal las vacaciones?
¡Cuánto tiempo sin verte!

Para reaccionar ante el viaje de su amigo/a

¡Qué guay/raro!
¡No me digas!
¡Genial/Fenomenal!
¿En serio?
¡No me lo puedo creer!

Para pedir más información

Dime más sobre...

Para terminar la conversación

¡Fue un gusto verte!
Disculpa, tengo que...

Un artista hispano:

Santiago Calatrava

Santiago Calatrava es un arquitecto e ingeniero valenciano conocido particularmente por sus construcciones de puentes y de estaciones de trenes, pero también ha diseñado museos, teatros y edificios de vivienda. Aunque sus construcciones se encuentran en todas partes del mundo, ningún lugar ha sido tan impactado por sus creaciones como Valencia. Sus diseños se inspiran tanto en el cuerpo humano como en los animales y la naturaleza. En Valencia, se aprecia La Ciudad de Artes y Ciencias, un complejo de museos al lado del mar, que incorpora el agua como elemento artístico central. Dentro de ese complejo, tenemos L'Hemisfèric, un planetario y teatro IMAX, cuya forma evoca un ojo humano.

Las alas[1] son un tema recurrente en su obra. La estación del ferrocarril del aeropuerto de Lyon, Francia, por ejemplo, parece un pájaro con las alas extendidas—una alusión simbólica al vuelo de los aviones. Otra innovación de los diseños de Calatrava son sus partes movibles. El Museo de Arte de Milwaukee tiene una cubierta solar que abre por la

©Gonzalo Azumendi/Getty Images
L'Hemisfèric, un planetario y teatro IMAX

©Erick Saillet/Photononstop/Getty Images
La estación de ferrocarril del aeropuerto de Lyon, Francia

[1]*wings*

(continúa)

mañana y cierra por la noche, como las alas de un pájaro. Otras de sus obras importantes incluyen el intercambiador de transportes[2] del World Trade Center en Nueva York, una nueva estación de metro y autobuses —con sectores comerciales y residenciales— en Londres y una futura torre de observación en Dubai, que pretende ser la torre más alta del mundo.

Calatrava ha sido recipiente de los premios más prestigiosos de su profesión. Algunos critican su obra por ser demasiado impráctica, extravagante y costosa, pero no cabe duda de que Calatrava es uno de los artistas más originales hoy en día.

[2]transportation hub

ACTIVIDADES

A. Comprensión En parejas, contesten las preguntas.

DESCRIBIR

1. Calatrava es considerado uno de los arquitectos contemporáneos más originales del mundo. ¿Cuáles son los elementos que hacen sus estructuras tan originales? ¿Qué impresión tienen Uds. sobre su estilo?

HIPÓTESIS

2. ¿Cómo es el estilo de arquitectura en su recinto (*campus*) universitario? ¿Puede imaginar un edificio del estilo de Calatrava allí? ¿Dónde localizaría ese edificio? ¿Cómo sería? ¿Permitiría el presidente / la presidenta de su universidad la construcción de algo tan original? Expliquen.

B. Un proyecto importante En 2016, se inauguró el intercambiador de transportes en la zona cero (*ground zero*) en Manhattan. Lea la carta editorial de un neoyorquino sobre el controvertido proyecto de Calatrava. En parejas, llenen los espacios en blanco con **ser** o **estar,** según el contexto. Después, contesten las preguntas.

Antes que nada, tengo que admitir que _____[1] totalmente obsesionado con las obras de Calatrava. Su diseño del intercambiador de transportes _____[2] inspirado por la imagen de un pájaro liberado por las manos de un niño. No _____[3] posible negar el significado emocional de esta representación. Sin embargo, entiendo por qué los ciudadanos y los administradores _____[4] frustrados con el proyecto. En primer lugar, con su precio final de más de 4 mil millones de dólares, costó el doble del presupuesto original. Pero hay que tener en cuenta que este complejo incluye no solamente la parte visible, sino también la parte enorme que _____[5] debajo de la tierra y que incluye cinco vías de trenes y doce líneas de metro, más tiendas y restaurantes. La parte exterior _____[6] formada por un arco ovalado de cristal y acero que permite que entre la luz al metro. Ciertamente, yo pienso _____[7] allí, cada 11 de septiembre, cuando se abra el techo de la estación para revelar el cielo en homenaje a las víctimas del ataque a las Torres Gemelas (*Twin Towers*). Sé que Calatrava tiene muchos críticos, pero _____[8] convencido de que _____[9] una obra maravillosa de la que todos los neoyorquinos se sentirán orgullosos.

©fla/123RF

Monumento para conmemorar el 11 de septiembre. Zona cero, New York

1. ¿De qué se quejan los administradores y los ciudadanos de Nueva York?
2. Describa la visión de Calatrava para el intercambiador de transportes en la zona cero.

C. ¿Qué piensa Ud.? Busque imágenes en el Internet de los puentes de Calatrava. Presente la imagen más alucinante a la clase con una breve descripción. Pida reacciones de sus compañeros de clase. Utilice expresiones como **Es fascinante, impresionante, alucinante, sorprendente que...**

DESCRIBIR

REACCIONAR

RECOMENDAR

♪ La música española

©RFM/Getty Images

El flamenco «clásico» viene de la cultura gitana en el sur de España. En reuniones familiares y fiestas particulares, se reunían los gitanos andaluces para tocar guitarra, bailar y cantar canciones de temas melancólicos o dolorosos. Hoy en día sigue siendo una música muy social tocada en fiestas que empiezan a las 10:00 de la noche y terminan al día siguiente. Varios guitarristas se turnan cantando y tocando mientras que el público acompaña a los músicos y bailaores,[1] haciendo ritmo con las palmas.[2] Hay que notar también la manera de cantar, el cante jondo, un canto profundo, de lamento o tristeza. Así que la voz, la guitarra, el cajón[3] y las palmas son los «instrumentos» que se asocian con el flamenco clásico.

A mediados de los años 70, con la llegada del guitarrista Paco de Lucía y luego Camarón de la Isla, empezó lo que se conocía como el «flamenco contemporáneo». A través de los años, el contacto con géneros diferentes ha provocado una fusión que hoy en día vemos en flamenco-*blues*, flamenco *chill*, flamenco *jazz*, flamenco pop, flamenco punk, flamenco *rap*, flamenco *rock* y flamenco salsa. Son estilos que han captado el interés de las nuevas generaciones. La música *rock* y pop en España empezó a florecer después de la dictadura de Franco en 1975. Hay cantantes como Miguel Bosé y Alaska de esa época que siguen siendo populares hoy en día. Algunos de los cantantes más populares entre la gente joven de hoy son Alejandro Sanz, David Bisbal, Antonio José, Manuel Carrasco, la Mala y Marta Sánchez. Otros grupos musicales impresionantes son Jarabe de Palo, Taburete y La oreja de Van Gogh.

©C Squared Studios/Getty Images

[1]*flamenco dancer*   [2]*palms of the hand*   [3]*percussion instrument*

ACTIVIDADES

A. Comprensión En parejas, contesten las preguntas.

1. ¿Cuál es el origen del flamenco clásico?
2. ¿Cuáles son los temas del cante jondo?
3. ¿Cuál de los géneros del flamenco fusión les interesaría escuchar?
4. ¿Cuál les parece la fusión más rara? ¿Por qué?
5. ¿Han oído la música de alguno de los cantantes de pop o *rock* mencionados?

GUSTOS   RECOMENDAR
REACCIONAR

B. ¡A escuchar! Para apreciar más el flamenco contemporáneo, vaya a YouTube™ y escuche la música de Paco de Lucía o Camarón de la Isla. Para conocer el flamenco fusión, escuche a Bebe (flamenco-punk), Malú (flamenco-pop), Pata Negra (flamenco-*blues*), Chambao (flamenco-*chill*), Concha Buika (flamenco-africano), La Shica (flamenco-rap) o Pitingo (flamenco-góspel). Luego, con sus compañeros de clase, comparta sus impresiones sobre la letra, la videografía y su impresión general. Utilice frases como **Me gusta(n)... porque...** , **Me encanta que...** , **Es fantástico/ impresionante que...** , **Me sorprende que...** y **Es evidente que...**

©Paul White/AP Images
La cantante Concha Buika

C. ¡A escribir! Escriba un comentario para YouTube en el que describa su impresión sobre la calidad del vídeo, las letras y si le interesaría escuchar más de su música.

Lo hispano en los Estados Unidos
España: Ana y David

Ana, una profesora española, habla con su hijo David sobre su vida bicultural, comparando su vida estadounidense y su vida cuando visita a sus familiares en Sevilla.

©McGraw-Hill Education

A. Antes de ver En grupos de tres, contesten las preguntas.

1. ¿Con qué frecuencia se reúnen Uds. con sus abuelos, tíos y primos? ¿Cómo son esas reuniones? ¿Armoniosas o conflictivas? ¿Formales o informales? ¿Tranquilas o ruidosas? ¿?

2. En su ciudad universitaria, ¿es posible tener una vida social activa sin utilizar su coche? Expliquen.

3. Cuando están Uds. con su familia, ¿es importante vestirse bien? ¿Sus abuelos o padres tienen expectativas diferentes a las suyas en cuanto a cómo se debe vestir en ciertas ocasiones? Expliquen.

Vocabulario útil

alrededor	*around*
arreglado/a	*dressed up*
atado/a al	*tied to*
las chanclas	*flip flops*
cotidiano/a	*daily*
un enfado	*(verbal) fight; strong disagreement*
no nos podemos arreglar	*we can't get dressed up*

B. A ver el vídeo

1. Mientras ve el segmento **Recuerdos de España: Un ritmo de vida un poco diferente,** ponga una X si escucha las siguientes frases o palabras.

   _____ la vida cotidiana _____ los bares _____ la piscina _____ atado al coche

2. Mientras ve el segmento **Una diferencia de cultura,** ponga una X si escucha las siguientes frases o palabras.

   _____ buena imagen _____ cómo se visten _____ discutir _____ elegante

C. Después de ver

Paso 1 Escuche las afirmaciones sobre los segmentos de vídeo que acaba de ver e indique si son ciertas (C) o falsas (F).

1. _____ 2. _____ 3. _____ 4. _____ 5. _____

COMPARAR DESCRIBIR

Paso 2 En parejas y basándose en el vídeo que acaban de ver, completen el párrafo con ser o estar o con una comparación utilizando la información entre paréntesis.

Ana y David _____[1] de acuerdo con que cuando van a España, _____[2] con amigos y familiares constantemente. Y eso _____[3] lo que les encanta de España. Evidentemente, la familia del marido de Ana _____[4] _____[5] (- intenso) _____[6] (de / que) la familia de Ana. Pero por lo visto, su marido ya _____[7] acostumbrado a sus discusiones ruidosas. En general, la vida social en España _____[8] _____[9] (+ espontáneo) _____[10] (de / que) la vida social en los

Estados Unidos. Es más fácil _____[11] sociable porque los españoles caminan mucho y no usan los coches _____[12] (=) los estadounidenses. Finalmente, otra diferencia interesante es que los españoles se arreglan _____[13] (+) _____[14] (de / que) los estadounidenses.

Paso 3 En grupos de tres, contesten las preguntas.

1. Según Ana y David, la vida cotidiana en España es más espontánea que en los Estados Unidos. En sus propias vidas, ¿es posible ser espontáneos? ¿Por qué sí o por qué no? ¿Creen que será más o menos difícil ser espontáneos en el futuro, después de la universidad? Expliquen.

2. ¿Cuál es su percepción de la manera de vestirse de los estadounidenses?

3. ¿Cuáles son algunos de los estereotipos que tienen las personas de otros países acerca de los estadounidenses? ¿Piensan Uds. que estos estereotipos son ciertos? Expliquen.

D. Lo hispano a mi alrededor

©Thomas Larsen/Digital Vision/Getty Images

Paso 1 Primero, lea sobre adónde puede ir Ud. para gozar de los siguientes aspectos de la cultura española en los Estados Unidos. Luego, elija uno de los sitios mencionados que le interesaría explorar. Por último, en grupos de tres, expliquen por qué les interesa.

El fútbol Para los españoles, el fútbol provoca fuertes sentimientos. Aunque los que viven en los Estados Unidos pueden ver los partidos más importantes en casa con amigos, algunas veces prefieren reunirse en un centro cultural o un bar deportivo para gozar de un ambiente más bullicioso (*lively*) entre aficionados. La Nacional, un centro cultural español en Nueva York que se fundó en 1868, es un lugar ideal para reunirse en un ambiente de estilo madrileño, comer tapas y compartir la pasión por el fútbol con otros aficionados.

Las tapas Un chef innovador de gran renombre, José Andrés nació en España y llegó a la cumbre de su carrera en los Estados Unidos. Ayudó a crear el boom de comida española en los Estados Unidos cuando abrió Jaleo en Washington D.C., uno de los primeros restaurantes de tapas (*small plates*) en este país. Además de sus varios restaurantes, en 2011 fundó World Central Kitchen para dar de comer a las víctimas de desastres mundiales.

El flamenco El flamenco, la música y baile provenientes de Andalucía en el sur de España, ha captado el interés del público estadounidense. Desde 2001 el Flamenco Festival USA ha ofrecido espectáculos en los teatros más grandes norteamericanos a audiencias encantadas por la pasión, la grandeza y la autenticidad de los bailaores (*flamenco dancers*) y cantaores (*flamenco singers*) españoles. También es notable que algunos de los primeros pioneros del flamenco en los Estados Unidos se hayan establecido en Santa Fe. Hoy en día Nuevo México es considerado el centro del flamenco en los Estados Unidos.

Paso 2 En grupos de tres o cuatro, contesten las preguntas.

¿Hay restaurantes españoles, centros culturales españoles o unos lugares para ver espectáculos de flamenco donde Ud. vive o en la ciudad donde estudia? ¿Dónde? ¿Cómo son?

Un evento histórico

La Guerra Civil española

La Guerra Civil española (julio de 1936 a abril de 1939) fue el resultado de profundas divisiones políticas, económicas y culturales entre «las dos Españas», como las llamó el aclamado poeta Antonio Machado. Por un lado, los seguidores del gobierno del momento, conocidos como los «republicanos», eran en su mayor parte los más liberales de la sociedad: socialistas, comunistas, anarquistas y nacionalistas catalanes y vascos. Por otro lado, los «nacionalistas», bajo el liderazgo de Francisco Franco, representaban las fuerzas más conservadoras del país: la élite terrateniente,[1] la burguesía[2] y la Iglesia católica.

Las fuerzas internacionales que participaron en la Guerra incluían las «Brigadas Internacionales», unos 40.000 idealistas norteamericanos, latinoamericanos y europeos que apoyaban a los republicanos. También llegaron al frente escritores, artistas e intelectuales, como George Orwell, Pablo Picasso y Ernest Hemingway, que crearon un cuerpo de obras inolvidables en solidaridad con los republicanos. Los republicanos además recibieron ayuda directa de la Unión Soviética. Para apoyar a los nacionalistas, tanto Hitler como Mussolini mandaron fuerzas que aprovecharon el momento como entrenamiento[3] para la Segunda Guerra Mundial.

Al final, triunfaron los nacionalistas y Franco asumió el poder, instalando en el país una dictadura fascista que duró 36 años. Como toda guerra civil, fue una confrontación sumamente violenta y trágica. Mientras la cifra de muertos no se sabe a ciencia cierta, se estima que España perdió entre medio millón y un millón de habitantes.

Con la muerte de Franco en 1975, España pasó a ser una monarquía parlamentaria constitucional. Franco mismo nombró al Rey Juan Carlos I como su sucesor pensando que iba a imponer una monarquía autoritaria. Sin embargo, el rey estableció una monarquía democrática y las primeras elecciones generales tuvieron lugar en 1977. Juan Carlos I reinó por 39 años; en 2014 abdicó del trono y su hijo, Felipe VI, accedió a la Corona de España.

[1]landholding [2]bourgeoisie [3]training

©Bettmann/Getty Images
Francisco Franco, 1937

MÁS ALLÁ DEL RINCÓN CULTURAL

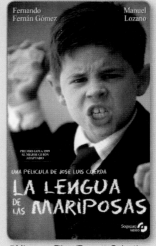

©Miramax Films/Everett Colection

***La lengua de las mariposas* es una película excelente que trata la época de la Guerra Civil española. Vea la película y haga las actividades relacionadas que se encuentran en Connect.**

For copyright reasons, McGraw-Hill does not provide the feature films referenced in *Más allá del Rincón cultural*. These films are readily available through retailers or online rental sites such as Amazon, iTunes or Netflix. Please consult your instructor for details on how to view this film.

Para leer más sobre el impacto de la Guerra Civil española en la España de hoy y hacer actividades relacionadas con este tema, vaya a Connect.

ACTIVIDAD

Comprensión

Paso 1 Escuche las oraciones sobre este evento histórico e indique si son ciertas (C) o falsas (F).

1. _____   2. _____   3. _____   4. _____   5. _____

Paso 2 Conteste las preguntas.

1. ¿Quiénes participaron en la Guerra Civil española?
2. ¿Qué representaba cada lado?
3. ¿Cuál fue la participación internacional en ese conflicto?
4. ¿Quién triunfó y qué tipo de gobierno instaló?
5. Con la muerte de Franco, ¿cómo cambió la situación política en España?

Lectura

En esta lectura van a aprender facetas intrigantes de la vida y la personalidad del artista español, Salvador Dalí.

NOTA HISTÓRICA

Salvador Dalí fue uno de los pintores más importantes del arte moderno. Captó la atención del mundo no solo por su genio artístico manifestado en sus cuadros, esculturas, ilustraciones de libros, escenarios y vestuario de ballet, publicidad y diseño de joyas, sino también por su personalidad provocadora, su apariencia física llamativa y su excentricidad. Dalí escribió numerosos libros en los que explica sus ideas sobre el arte. En una entrevista declaró lo siguiente:

«El surrealismo soy yo. Soy el único surrealista perfecto y trabajo dentro de la gran tradición española... Tuve la certeza de que yo era el salvador del arte moderno, el único capaz de sublimar, integrar y racionalizar todas las experiencias revolucionarias de los tiempos modernos, dentro de la gran tradición clásica del realismo y el misticismo, que es la misión suprema y gloriosa de España... »

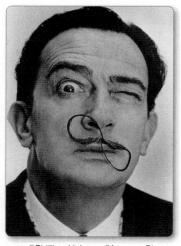

©Phillipe Halsman/Magnum Photos
Salvador Dalí

ANTES DE LEER

A. **Para comentar** En parejas, miren la foto de Dalí y discutan los temas.

1. Describan la apariencia física de Dalí en la foto. ¿Cómo influye la apariencia física del artista en cómo percibimos su personalidad? Basándose en este retrato de Dalí, describan su personalidad con muchos detalles.

2. Si vieran a una persona así caminando por la calle, ¿qué pensarían y qué harían?

3. Nombren otras personas famosas cuya apariencia física es especialmente llamativa. ¿Qué impresión tienen Uds. de su personalidad?

4. ¿Creen Uds. que la sociedad tolera el hecho de que los artistas, actores y cantantes tengan una apariencia física rara y personalidad extravagante? ¿Por qué?

B. **Acercándose al tema** Lea el título de la ficha «Un estudiante excéntrico» y las nueve palabras y frases asociadas con el tema de la vida estudiantil de Salvador Dalí. En parejas, decidan si los espacios en blanco requieren un sustantivo, un verbo o un adjetivo. Luego, completen las oraciones con la forma apropiada de las palabras de la ficha.

Un estudiante excéntrico		
la apariencia	la falta de	el payaso[1]
física	respeto	
exclamar	subir	no tener pelos en la lengua
extravagante	llamativo/a	raro/a

1. Desde joven, _____ de Dalí era algo rara con su pelo largo y sus patillas _____.

2. En la Escuela de Bellas Artes de San Fernando, fue conocido por su manera _____ de vestir.

3. El día de su examen final, Dalí llevaba una chaqueta de cuadros y una gardenia enorme y olorosa. A los que lo vieron les parecía _____.

[1]*clown*

4. Un día, Dalí _____ que los profesores eran incompetentes para examinarlo y salió del salón; lo expulsaron de la escuela por su _____.

5. Para promocionarse a sí mismo _____; decía cualquier cosa absurda para llamar la atención.

6. Hacía cosas sumamente _____ y destructivas; una noche _____ un caballo blanco a su habitación de un hotel en París.

¡Ojo!

VISUALIZAR = Al ver este icono Ud. debe imaginarse lo que se describe o lo que pasa en esa parte del relato.

VOCABULARIO = Si no sabe el significado de una palabra, piense en las palabras relacionadas, búsquela en un diccionario u olvídela por completo.

Un vistazo a las locuras más absurdas de Dalí

Izquierdo Unai

¿Cuánto hay de verdad y cuánto de mentira en Salvador Dalí? Eso solo lo sabe su espejo.[1] El propio pintor creó un personaje que hizo grande su figura.

Dalí de joven

De nombre profético según él, sus padres le pusieron el mismo nombre que llevaba su hermano, difunto[2] a los pocos años de edad. ¿Por qué la elección de **Salvador**? El artista aseguraba que había llegado al mundo para «salvar la pintura del arte abstracto, del surrealismo que enseñaban en las escuelas y de todos los '**ismos** restantes,» que él desdeñaba.[3]

Cuando tenía seis años quiso ser cocinera, como si cocinero de género masculino no fuera suficiente ambición. Aprendió a mezclar los colores con ayuda de un amigo de su padre y vivió una infancia de luces y sombras[4] influido por el viento de la tramontana.[5]

VOCABULARIO

Dalí en La Escuela de Bellas Artes de San Fernando

En la Residencia de Estudiantes le llamaban **el músico** o **el polaco** por su manera extravagante de vestir. **Y a su estilo de dandi le añadió el bigote.** Además de transferirle una personalidad única, le permitía ejecutar **una ceremonia de diminutos movimientos para calmar su ansiedad.** Ese era uno de sus rasgos principales. Otro, la falta de humildad.

VOCABULARIO
VISUALIZAR
VISUALIZAR

Le echaron de la Academia de San Fernando, donde fue a estudiar, por esta intervención en una prueba: «Yo sé tanto de Rafael, mucho más que estos tres profesores juntos, que no puedo examinarme». Así lo demuestra en su versión de lo acontecido,[6] otras lenguas aseguran que inició revueltas entre el resto de los alumnos.

VOCABULARIO

¿Quién(es)? ¿Dónde? ¿Qué pasó?

VERIFICAR

Dalí y sus locuras

Pero Dalí, además de ser un gran creador artístico fue el inventor del marketing. Creó el logo que conocemos de Chupa chups,[7] fue la imagen en

(continúa)

[1]mirror [2]deceased [3]despised [4]shadows [5]el viento... *a cold northern wind that blows through the northeastern Iberian peninsula* [6]lo... the events [7]Chupa chups... *a brand of lollipops*

---

*Visualizar icons refer to words and phrases that are written in purple text. **Vocabulario** icons in the margin refer to words and phrases that are underlined within the text.

VOCABULARIO

VISUALIZAR

VOCABULARIO

VOCABULARIO

VERIFICAR

VOCABULARIO

VOCABULARIO

Un vistazo a las locuras más absurdas de Dalí (continuado)

televisión de los chocolates Lanvin y el protagonista de un spot de las pastillas Alka-Seltzer; pero sus verdaderas <u>campañas</u> las basó en fundamentos de la performance: subió un caballo blanco a su habitación de un hotel en París **y arrojó[8] una bañera[9] de una exposición que diseñó contra el escaparate[10] de unos grandes almacenes de Manhattan porque habían cambiado parte de su** <u>montaje</u>. Le costó una noche en el <u>calabozo</u>. Un día de Navidad también salió a las calles de Nueva York con una campana,[11] agitándola siempre que consideraba que los <u>viandantes</u> no le prestaban la suficiente atención.

¿Quién?   ¿Dónde?   ¿Qué pasó?

La autoevaluación de Dalí mismo

Los pocos que se han atrevido a descifrarle (la mayoría de libros que cuentan su vida son autobiográficos) advierten al lector desde el prólogo que para la investigación han sudado la gota gorda.[12] ¿Dónde empieza Dalí y dónde acaba Salvador? ¿Cuáles son los límites entre el genio y el loco? La fórmula es la misma aunque se <u>inviertan</u> los factores.

Este era Salvador Dalí: polimorfo, surrealista, <u>ávido de dólares</u>… (Avida Dollars fue un sobrenombre despectivo que le colocó André Breton), excelso, déspota y profundamente inseguro. «La gente no entiende nada. Y a Dalí, casi nadie. La prueba es que hace muchos años que me estoy describiendo para ver quién soy». Y el enigma seguirá siempre que miremos a sus pinturas.

[8]*tossed*   [9]*bathtub*   [10]*store window*   [11]*bell*   [12]*sudar… sweat blood*

Izquierdo Unai, "Un vistazo a las locuras más absurdas de Dalí," *ElCorreo.com*, January 27, 2014. Copyright ©2014 by El Correo. All rights reserved. Used with permission.

DESPUÉS DE LEER

A. Comprensión Conteste las preguntas, según la lectura.

1. Según Dalí, ¿por qué le dieron sus padres el nombre Salvador?

2. ¿Qué pensaron los otros estudiantes de Dalí? ¿Por qué?

3. ¿Por qué fue expulsado de San Fernando?

4. ¿Por qué dice el autor que Dalí fue el inventor del marketing? ¿Se puede decir que hizo marketing de sí mismo? Explique.

5. De las locuras mencionadas en el artículo, ¿cuál le parece la más absurda?

6. Los siguientes adjetivos son unos que usaba la gente para describir a Dalí: excéntrico, escandaloso, brillante, irreverente, visionario, inseguro, egomaníaco, exhibicionista, bizarro, creativo y presumido. ¿Cree Ud. que era un genio o un loco? Explique.

B. Citas dalianas Las palabras de Dalí eran tan extravagantes como sus obras de arte. En parejas, lean las citas. Después, elijan el adjetivo de la pregunta 6 de la **Actividad A** que un(a) terapista usaría para describir a Dalí si lo escuchara decir la cita.

1. «Cada mañana cuando me levanto, experimento una exquisita alegría, la alegría de ser Salvador Dalí, y me pregunto en éxtasis: ¿Qué cosas maravillosas logrará hoy este Salvador Dalí?»

2. «Creo que la vida debe ser una fiesta continua.»

3. «No tomo drogas. Yo soy una droga.»

4. «De ninguna manera volveré a México. No soporto estar en un país más surrealista que mis pinturas.»

5. «Voy a vivir para siempre. Los genios no mueren.»

6. «Solo hay dos cosas malas que pueden pasarte en la vida, ser Pablo Picasso o no ser Salvador Dalí.»

C. El Museo de Dalí Complete el párrafo con la forma correcta de **ser** o **estar,** según el contexto. Trate de visualizar este alucinante museo mientras lee.

DESCRIBIR

El Museo de Dalí se encuentra en Figueres, un pueblo que _____¹ a tan solo una hora y media de Barcelona. Vale la pena ir porque _____² uno de los museos más fascinantes de España. El visitante debe _____³ preparado para vivir una experiencia única. Al llegar a Figueres, lo primero que sorprende al visitante _____⁴ que el techo del edificio _____⁵ decorado con más de veinte huevos blancos gigantescos. Cada cuarto del museo _____⁶ lleno de una extravagante combinación de pinturas, muebles, esculturas, joyas y decoraciones surrealistas. En el interior del complejo se encuentra la tumba donde _____⁷ enterrado el artista. Visitar la casa y el museo de Dalí _____⁸ como entrar en otro mundo: un mundo surrealista.

D. Dalí News En 1945, Dalí creó su propio diario, el *Dalí News*. Junto a la información sobre las actividades del pintor, este diario contenía anuncios de productos inventados por él, como el «Dalinal».

Paso 1 Imagínese que Ud. es periodista y tiene que entrevistar a Dalí sobre su nuevo diario. Un(a) estudiante hace el papel del periodista y otro/a el del excéntrico Dalí. Juntos preparen una lista de preguntas para hacer la entrevista, y luego presenten su diálogo delante de la clase.

Paso 2 En grupos pequeños, preparen algunos testimonios sobre la efectividad de «Dalinal». Escriban un párrafo para presentar a la clase, describiendo cómo cambió su vida. Pueden empezar así: **«Dalinal» es alucinante. Antes tenía..., era..., sufría de.... Ahora...**

E. Para discutir En grupos pequeños, contesten las preguntas.

1. En su opinión, ¿qué artista o celebridad de esta época es el/la equivalente a Salvador Dalí? Hagan una comparación entre Dalí y esa persona.

   C
   COMPARAR

2. Cuando las personas famosas hacen cosas extravagantes para llamar la atención, ¿cuál es su reacción? ¿Le interesa saber más? ¿le molesta? ¿le da igual? ¿? ¿Es la reacción de sus padres o abuelos igual a la suya?

   G
   GUSTOS

3. ¿Está Ud. de acuerdo con el dicho de que no hay publicidad mala? Explique.

   R
   REACCIONAR
   RECOMENDAR

F. Autorretrato blando con beicon frito El mismo Dalí definió este autorretrato como «el guante (*glove*) de mí mismo», ya que quiere ser un autorretrato antipsicológico en el que en vez de pintar el alma —es decir, lo interior—, decidió pintar únicamente lo exterior, o sea, la piel. «Como soy el más generoso de todos los pintores, me ofrezco siempre como alimento para de esta manera alimentar nuestra época de forma suculenta», declaró Dalí en 1962.

1. ¿Cuál es la impresión inmediata que tienen Uds. al ver el autorretrato de Dalí?

2. ¿Cuáles son los adjetivos que Uds. utilizarían para describir *Autorretrato blando con beicon frito*?

3. ¿Qué piensan Uds. de la explicación que nos dio Dalí sobre su autorretrato?

©Gonzalo Azumendi/Getty Images
El Museo de Dalí

Dalinal

¿Sufre Ud. tristeza intelectual periódica? ¿Depresión maníaca, *mediocridad congénita, imbecilidad gelatinosa,* piedras de diamante en los riñones, impotencia o frigidez? Tome **Dalinal,** la chispa artificial que logrará estimular su ánimo de nuevo.

©The Granger Collection, New York
Autorretrato blando con beicon frito

¿CÓMO LE VA CON ESTOS PUNTOS CLAVE?

A. Prueba diagnóstica

C COMPARAR D DESCRIBIR

©Prestige/Everett Collection

Complete el párrafo con la forma correcta de la palabra apropiada entre paréntesis, para ver cómo le va con las metas comunicativas **Descripción** y **Comparación**.

Este semestre (yo) ___________[1] (ser / estar) encantada con mi clase de Historia contemporánea de España. Mi profe ___________[2] (ser / estar) de Barcelona y ___________[3] (ser / estar) aquí en Madrid por un año para dar clases en mi universidad. Su clase es más interesante ___________[4] (de / que) mis clases de historia ___________[5] (norteamericano) porque todo es nuevo para mí. Vamos a ver más ___________[6] (de / que) cinco películas este semestre. ___________[7] (Ser / Estar) súper contenta porque para mí, las películas que tratan temas de la realidad ___________[8] (histórico) de cualquier país son tan importantes ___________[9] (que / como) los reportajes ___________[10] (periodístico) y los libros de historia. Vamos a ver *¡Ay, Carmela!,* una película ___________[11] (cómico) que tiene lugar durante la Guerra Civil ___________[12] (español). Los protagonistas, Carmela y Paulino, ___________[13] (ser / estar) dos artistas de teatro que entretienen a los soldados del ejército ___________[14] (republicano) que luchan contra Francisco Franco, el líder fascista de los nacionalistas. Rumbo[a] a Valencia son capturados y ___________[15] (ser / estar) a punto de ser fusilados.[b] Pero cuando un oficial italiano se entera de que los dos son cómicos, en vez de matarlos les pide que hagan algo que los hacen sentir ___________[16] (tan / tanto) angustiados como se sentían pensando en que iban a morir. El oficial quiere que presenten a las tropas ___________[17] (republicano) un espectáculo glorificando a Hitler y a Mussolini. La película trata el tema ___________[18] (ético) que este dilema presenta. Carmela tiene ___________[19] (tan / tanto) miedo ___________[20] (de / como) Paulino de los nacionalistas. Ella es ___________[21] (tan / tanto) patriótica ___________[22] (que / como) él, pero el problema es que ella es mucho más ___________[23] (testarudo) ___________[24] (de / que) él. Vamos a ver qué decisión toman y qué pasa.

[a]*On the way* [b]*shot*

RESPUESTAS: 1. estoy 2. es 3. está 4. que 5. norteamericana 6. de 7. Estoy 8. histórica 9. como 10. periodísticos 11. cómica 12. española 13. son 14. republicano 15. están 16. tan 17. republicanas 18. ético 19. tanto 20. como 21. tan 22. como 23. testaruda 24. que

¡Ojo!

If you are still having trouble with these **Metas comunicativas,** you can complete (or redo) the LearnSmart modules for this chapter for additional practice.

B. Autoevaluación Complete la autoevaluación de su progreso en estas metas comunicativas.

META COMUNICATIVA	MUY BIEN	BIEN	NO MUY BIEN
D DESCRIBIR Descripción	☐	☐	☐
C COMPARAR Comparación	☐	☐	☐

Un barrio de La Habana (Cuba)

©Heather Jarry

CAPÍTULO 2

Conexiones

Nuestras raíces

Meta comunicativa

PASADO

Temas centrales

- conexiones
- relaciones entre las generaciones
- la familia y la inmigración

Zona de enfoque

- el Caribe

En este capítulo, Ud. va a explorar el tema de los lazos (*ties*) que tiene con la familia y con el lugar donde nació o se crió (*you were raised*).

Preguntas para considerar

- ¿Cómo es Ud. en comparación con sus padres?
- ¿Es natural que haya conflictos familiares entre parientes de diferentes generaciones?
- ¿Cómo se sentiría si tuviera que dejar su país de origen y nunca pudiera regresar?
- ¿Cómo cambian las relaciones entre personas de diferentes generaciones cuando también hay diferencias culturales?
- ¿Qué tradiciones tiene su familia que recuerden sus raíces étnicas y culturales?
- ¿Cuántas generaciones se representan en el cuadro que se ve en esta página?
- ¿Es raro ver a personas de diferentes generaciones interactuando en el barrio donde Ud. vive, o es algo común?

La historia

¡La quiero mucho, pero me vuelve loco!

Situación: Hace cinco días la madre de Javier llegó de Puerto Rico para visitarlo en Austin. Javier habla con Laura sobre la visita y las **expectativas** que su madre tiene de él. Lea el diálogo y preste especial atención al uso del vocabulario nuevo que está **en negrilla.**

©McGraw-Hill Education

¿Se queja Ud. de sus padres cuando está con sus amigos?

LAURA: ¿Por qué estás tan callado, Javi? Todo va bien con la visita de tu madre, ¿no?

JAVIER: Bueno, tú sabes cómo es cuando viene. **Me vuelve loco.**

LAURA: La verdad es que me parece menos **exigente** esta vez. No te **regañó** ni una vez en todo el fin de semana. Y es tan **cariñosa** como siempre.

JAVIER: Pues tienes razón. **Se portó** bien, aunque en privado me dijo varias veces que me ve más americanizado que nunca. Y no deja de **quejarse** de que mi hermano Jacobo **se haya mudado** a Filadelfia después del huracán María.*

LAURA: ¿Crees que ella se siente **decepcionada** de que su vida familiar no sea lo que esperaba?

JAVIER: Probablemente, aunque es demasiado **orgullosa** para admitirlo. Siempre hemos sido una familia **unida**; para ella es **insoportable** que sus hijos estén lejos.

LAURA: ¿Qué le preocupa?

JAVIER: Que perdamos nuestros **valores** culturales y nuestra conexión con la isla.

LAURA: Pero ¿ha leído tus artículos sobre los éxitos de Lin-Manuel Miranda, o sobre la inmigración puertorriqueña después del huracán? Casi todo lo que publicas tiene que ver con tus **raíces** hispanas. ¿No es cierto?

JAVIER: Sí, sí. Está muy **orgullosa** de mí y siempre **alaba** mis logros, pero al mismo tiempo le gusta **quejarse** de sus hijos **rebeldes** y **egoístas.**

LAURA: Las relaciones familiares a larga distancia son **desafiantes.** Es posible que ella se sienta un poco **rechazada** por sus hijos. Quiere que su «tribu» esté cerca de ella. Eso lo entiendo.

JAVIER: Es difícil. A mí me encanta Puerto Rico. De hecho, si no vuelvo cada seis meses lo **extraño** mucho, pero como tú sabes, mi vida aquí ha sido fenomenal. ¡Tengo tantas oportunidades **enriquecedoras!** En realidad, como tantos de mi generación, **pertenezco a** dos mundos, dos culturas.

LAURA: Estoy segura de que, en el fondo,[a] tu madre lo entiende. Habla con ella y pídele su **apoyo.**

JAVIER: Tienes razón. Debo hablar de modo más **abierto** con ella.

[a]en... *deep down*

---

*Después del huracán María, que devastó la isla en 2017, muchos puertorriqueños emigraron de la isla y se establecieron en los Estados Unidos contiguos.

ACTIVIDADES

A. Comprensión Escuche las oraciones sobre **La historia** e indique si son ciertas (C) o falsas (F).

1. _____ 2. _____ 3. _____ 4. _____ 5. _____

B. Detective Busque en el diálogo ejemplos de las siguientes metas comunicativas: Comparación (C), Reacciones y recomendaciones (R), Narración en el pasado (P) y Hablar de los gustos (G). Subraye cada palabra o frase que represente una (o una combinación) de estas metas comunicativas. Luego, escriba al margen la(s) letra(s) que corresponde(n) a cada ejemplo subrayado (C, R, P o G).

MODELOS: No te <u>regañó</u> ni una vez en todo el fin de semana. (P)
Es posible que ella <u>se sienta</u> un poco rechazada por sus hijos. (R)

C. Preguntas Conteste las preguntas, según el diálogo.

1. ¿Cómo se ha portado la madre de Javier durante esta visita?
2. ¿Javier tiene paciencia con su madre? Explique su respuesta.
3. ¿Cómo expresa Javier su aprecio por su cultura?
4. Aunque a Javier le encanta Puerto Rico, ¿por qué no vive allí?
5. ¿Qué le aconseja Laura a Javier?

D. Reacciones y recomendaciones Complete las oraciones, basándose en la situación de Javier y utilizando un conector en cada oración.

Conectores	
además	besides
para que + *subjuntivo*	so that
por eso	therefore
por otro lado	on the other hand
puesto que	since
sin embargo	nevertheless

MODELO: A la Sra. de Mercado no le gusta que sus hijos estén tan lejos, puesto que los quiere mucho.

1. A Javier no le gusta que su madre...
2. Yo recomiendo que Javier...
3. Es una lástima que el hermano de Javier...
4. Es obvio que la madre de Javier...

E. Twitter Escriba un tuit sobre la conversación que escuchó en Ruta Maya entre Laura y Javier.

Vocabulario del tema

PARA DESCRIBIR A LOS PARIENTES*

abierto/a	open
comprensivo/a	understanding
decepcionado/a	disappointed
entrometido/a	meddlesome
exigente	demanding
involucrado/a	involved
mandón/mandona	bossy
orgulloso/a	proud
quejón/quejona	complaining

COGNADOS: **conservador, estricto, indulgente, protector**

PARA DESCRIBIR A LOS NIÑOS†

cariñoso/a	loving
egoísta	selfish
ensimismado/a	self-centered
inquieto/a	restless
insoportable	unbearable
malcriado/a	ill-mannered
mimado/a	spoiled
rebelde	rebellious
sumiso/a	submissive
travieso/a	mischievous

COGNADOS: **cooperador(a), cortés, envidioso/a, obediente**

PARA HABLAR DE LAS RELACIONES FAMILIARES

alabar	to praise
apoyar	to support (emotionally)
castigar	to punish
compartir	to share
criar(se) (me crío)	to bring up; to be raised
cuidar (de)	to take care of
heredar	to inherit
mimar	to spoil
mudarse	to move (*residence*)
obedecer (obedezco)	to obey
pelearse	to fight

Compare a la mamá y la abuela.

portarse	to behave
quejarse (de)	to complain (about)
regañar	to scold
soportar	to tolerate
volverle loco/a	to drive (someone) crazy

PARA DESCRIBIR LAS RELACIONES FAMILIARES

cercano/a	close
pésimo/a	abysmal, terrible
unido/a	close-knit

COGNADOS: **disfuncional, estable, sólido/a, la armonía, la estabilidad, la protección, la unidad**

Repaso: Los miembros de la familia

los antepasados	ancestors
el/la gemelo/a	twin
el/la hermanastro/a	stepbrother, stepsister
el/la hijo/a adoptivo/a	adopted child
el/la hijo/a único/a	only child
la madrastra	stepmother
el/la medio/a hermano/a	half brother, half sister
el padrastro	stepfather

---

*Remember to use **ser** with adjectives when describing inherent characteristics and **estar** when referring to emotional or physical states.

†These terms can also be used to describe adults. See the **Vocabulario del tema** from **Capítulo 1** for more adjectives used to describe people.

PARA HABLAR DE LAS RELACIONES INTERGENERACIONALES

la brecha generacional	generation gap
el comportamiento	behavior
la comprensión	understanding
la desilusión	disappointment
la esperanza	hope
la expectativa	expectation
el malentendido	misunderstanding
los modales	manners
las raíces	roots
los valores	values

PARA HABLAR DE LA INMIGRACIÓN

acostumbrarse (a)	to adjust (to)
experimentar	to experience
extrañar (a)*	to miss
pertenecer (pertenezco)	to belong

COGNADOS: **asimilarse; mantenerse en contacto**

aislado/a	isolated
abrumado/a	overwhelmed
confundido/a	confused
perdido/a	lost
rechazado/a	rejected
desafiante	challenging
enriquecedor/a	enriching
ilusionante	exciting, hopeful

ACTIVIDADES

A. **Vocabulario en contexto** En parejas, completen las oraciones con la palabra más apropiada, según el contexto. Hagan los cambios necesarios para que haya concordancia. Luego, ofrezcan su opinión o un consejo para cada situación.

1. Es posible que un hijo único se sienta _____ (inquieto / envidioso) cuando llega un nuevo hermanito. Por eso, pienso que los padres...

2. Es probable que la hija menor de una familia sea _____ (entrometido / mimado). Para que no se porte mal, toda la familia debe...

3. Es normal que los adolescentes sean un poco _____ (rebelde / sumiso). Para mantener unas relaciones cercanas con ellos, los padres deben...

4. A los niños no les gusta que sus padres los _____ (regañen / extrañen) en público. Pero a veces...

5. Un niño / una niña que se cría en un ambiente _____ (estable / estricto) puede ser rebelde durante la adolescencia. Por eso, creo que...

6. Los padres tacaños no quieren que sus propios hijos _____ (hereden / apoyen) su dinero. Si los hijos quieren el dinero, deben...

7. Los psicólogos sugieren que los padres _____ (castiguen / apoyen) a sus hijos cuando tengan problemas morales. Si no lo hacen...

8. Muchas veces los malentendidos ocurren por falta de (*lack of*) _____ (comprensión / comportamiento) entre las generaciones. Es importante...

9. Los nuevos inmigrantes deben _____ (mantenerse en contacto / experimentar) con los parientes y amigos de su país de origen porque...

10. Una persona que inmigra a otro país donde no se habla su idioma, se puede sentir _____ (orgulloso / aislado). Por eso, debe...

---

*This verb expresses the emotion that people feel when they are far from someone or something they love. To express the same emotion in Spain, the phrase **echar de menos** is used.

B. WhatsApp Federico, quien tiene gemelos de cinco años, llama a su madre en Venezuela. Ud. escuchará la mitad de la conversación —lo que Federico le dice a su madre. La primera vez que escuche la conversación, no escriba nada. La segunda vez escriba solo las preguntas y, al final, la despedida de Federico. Después, en parejas, inventen respuestas lógicas de la madre para completar la conversación.

MODELO: Ud. oye: FEDERICO: Hola, Mami, hace demasiado tiempo que no hablamos. ¿Cómo has estado?

Ud. escribe: FEDERICO: ¿Cómo has estado? _____

MADRE: Bastante bien. Tú sabes, siempre tengo un montón de proyectos. Y tú, ¿qué tal?

1. FEDERICO (pregunta): _____
    MADRE: _____

2. FEDERICO (pregunta): _____
    MADRE: _____

3. FEDERICO (pregunta): _____
    MADRE: _____

4. FEDERICO (despedida): _____
    MADRE: _____

C. Las relaciones intergeneracionales Menaka, sus padres y sus abuelos son inmigrantes de la República Dominicana. Se llevan muy bien pero, como en cualquier familia, tienen sus problemas.

©ColorBlind Images/Blend Images/Corbis

Menaka con su madre y su abuela

Paso 1 En parejas, lean las descripciones de cada mujer y contesten las preguntas. Luego, compartan sus respuestas con el resto de la clase.

1. A veces, la madre puede ser mandona. ¿Qué hace ella que le vuelve loca a su hija?
2. La abuela es indulgente. ¿Qué hace para mimar a su nieta?
3. Últimamente (*recently*), Menaka está un poco ensimismada. ¿Qué hace que le molesta a su madre?
4. La madre es quejona. ¿De qué comportamientos de Menaka se queja?
5. La abuela es muy protectora. ¿Qué no permite que haga Menaka?

Paso 2 Recién llegados a los Estados Unidos, los miembros de la familia experimentaron diferentes emociones respecto a su asimilación a la cultura estadounidense. En parejas, traten de imaginar cómo fue la vida para la familia durante los primeros años. Completen las oraciones como si Uds. fueran Menaka; presten atención a la concordancia. Usen el **Vocabulario del tema** cuando sea posible.

1. Cuando tenía mucha tarea y mi madre pedía que la ayudara en casa, me sentía _____ (emocionado / abrumado) porque...

2. Durante el primer semestre de quinto grado de la escuela primaria, no hablaba casi nada de inglés y muchas veces me sentía _____ (orgulloso / confundido) porque... Pero cuando mi inglés mejoró...

3. Al principio, para mí, el comportamiento de las familias estadounidenses era raro. Los padres eran _____ (protector / indulgente); se lo permitían todo a los hijos. A mis padres, los hijos les parecían _____ (educado / malcriado); tenían pésimos modales. Sin embargo, en mi familia, los padres eran... y los hijos...

D. Ser inmigrante En grupos de tres discutan estas preguntas.

DESCRIBIR

1. ¿Cuáles son las expectativas de los inmigrantes recién llegados?
2. ¿Cómo se sienten al llegar a una nueva comunidad?
3. ¿Por qué es tan desafiante inmigrar a un país nuevo?
4. ¿Qué aspectos de empezar una nueva vida deben ser los más ilusionantes? ¿y los más insoportables?
5. ¿Podría Ud. dejar su país y emigrar a otro?

E. Preguntas personales En parejas, hagan y contesten las preguntas. Reaccione ante las respuestas de su compañero/a con las frases de **Para conversar mejor.** Después, compartan sus respuestas con el resto de la clase.

Para conversar mejor

¡Qué bien/difícil!	¡Qué malo/a eras!
¡Qué suerte!	(No) Estoy de acuerdo.
¡Qué horror!	(No) Tienes razón.
No me digas. / No lo puedo creer.	Claro. / Por supuesto.
¿De veras? / ¿En serio?	Suena bien, pero...

1. ¿Cómo era Ud. cuando tenía 5 años? ¿y cuando tenía 15 años? ¿Qué travesuras hacía en su niñez?

PASADO

2. ¿Cómo eran sus padres cuando Ud. era niño/a o adolescente? ¿Estrictos, conservadores, protectores? ¿Abiertos, indulgentes? ¿...? ¿Son diferentes ahora que Ud. es adulto/a? Explique.

3. ¿Qué recomienda Ud. que hagan los padres divorciados para mantener sus relaciones con sus hijos? ¿Qué problemas puede haber entre hermanastros?

REACCIONAR
RECOMENDAR

4. Cuando era joven, ¿vivía en el mismo lugar o se mudaba mucho su familia? ¿Vivía cerca de otros parientes? ¿Piensa que es importante elegir una universidad o un trabajo que le permita estar cerca de sus parientes?

PASADO

COMPARAR

F. «De tal palo, tal astilla»*

Paso 1 ¿Cómo es Ud. en comparación con sus padres? Lea las características personales e indique si Ud. es más (+), menos (–) o igual (=) que su padre y su madre.

¿MÁS, MENOS O IGUAL?		
CARACTERÍSTICAS	MI PADRE	MI MADRE
ambicioso/a		
sensible		
involucrado/a en la política		
tiquismiquis		
quejón, quejona		
abierto/a		
rebelde		
religioso/a		
exigente		
conservador(a)		

©Alistair Berg/Getty Images

¿Se lleva bien con su padre?

Paso 2 En grupos de cuatro, comparen sus respuestas y comenten lo siguiente.

1. ¿Es Ud. muy parecido a sus padres o muy diferente?
2. ¿Cree Ud. que las diferencias tienen que ver más con la personalidad de cada uno, con el sexo o con el hecho de que son de generaciones distintas?
3. ¿Se lleva Ud. mejor con el padre al que más se parece o con el padre al que menos se parece? ¿En qué sentido? ¿Por qué cree Ud. que es así?

HIPÓTESIS

OPTATIVO

Paso 3 Hoy en día los avances en el campo de la genética son alucinantes. Es posible que en el futuro podamos diseñar a nuestros hijos. ¿Diseñaría Ud. a su hijo/a si pudiera? Explique por qué. Si lo hiciera, ¿qué características tendría? ¿En qué aspectos se parecería a Ud.? ¿En qué aspectos sería diferente?

---

*De tal palo, tal astilla** is a saying whose English equivalent is *Like father, like son.*

G. Problemas cotidianos Entre todos, revisen los problemas y hagan una lista de las palabras nuevas de este capítulo y del **Capítulo 1** que usarían para conversar con facilidad sobre cada uno. Después, en parejas, preparen un diálogo espontáneo sobre cada problema.

1. Ud. es maestro/a de primer grado. Está exasperado/a por el comportamiento de un estudiante, Nacho. Llame al padre / a la madre del niño para decirle que su hijo está portándose muy mal en la escuela. El padre / La madre insiste en que su hijo es un angelito inocente.

2. Un hijo mimado / Una hija mimada pelea con su padre/madre porque quiere un carro nuevo y más dinero para comprar ropa de última moda. El padre / La madre quiere complacerlo/a (*please him/her*), pero sabe que debe ser más estricto/a.

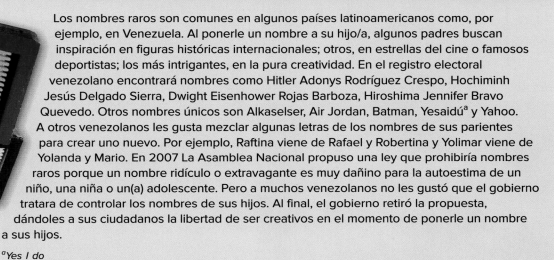

NOTA CULTURAL • Nombres raros: El caso de Venezuela

Los nombres raros son comunes en algunos países latinoamericanos como, por ejemplo, en Venezuela. Al ponerle un nombre a su hijo/a, algunos padres buscan inspiración en figuras históricas internacionales; otros, en estrellas del cine o famosos deportistas; los más intrigantes, en la pura creatividad. En el registro electoral venezolano encontrará nombres como Hitler Adonys Rodríguez Crespo, Hochiminh Jesús Delgado Sierra, Dwight Eisenhower Rojas Barboza, Hiroshima Jennifer Bravo Quevedo. Otros nombres únicos son Alkaselser, Air Jordan, Batman, Yesaidú[a] y Yahoo. A otros venezolanos les gusta mezclar algunas letras de los nombres de sus parientes para crear uno nuevo. Por ejemplo, Raftina viene de Rafael y Robertina y Yolimar viene de Yolanda y Mario. En 2007 La Asamblea Nacional propuso una ley que prohibiría nombres raros porque un nombre ridículo o extravagante es muy dañino para la autoestima de un niño, una niña o un(a) adolescente. Pero a muchos venezolanos no les gustó que el gobierno tratara de controlar los nombres de sus hijos. Al final, el gobierno retiró la propuesta, dándoles a sus ciudadanos la libertad de ser creativos en el momento de ponerle un nombre a sus hijos.

[a]*Yes I do*

©Comstock/Getty Images

Preguntas

1. ¿Qué le parece la creatividad de algunos venezolanos al elegir nombres para sus hijos?
2. ¿Qué opina de la idea de ser nombrado/a en honor de un lugar? ¿Le gustan los nombres como París, Dakota, Cleveland, Austin, Madison?
3. ¿Cuáles son los nombres más raros que Ud. ha escuchado? Piense en los nombres que las celebridades les ponen a sus hijos. ¿Por qué cree Ud. que los padres eligieron esos nombres para sus hijos?
4. ¿Por qué elegieron sus padres su nombre? ¿Sabe Ud. qué significa? ¿Le gusta?

Actividad

COMPARAR

Imagínese que Ud. está casado/a con una persona venezolana y que van a tener un bebé. Su dilema es que la familia venezolana tiene expectativas sobre el nombre que le pondrá a su hijo/a. Todos los hermanos de su esposo/a venezolano/a les han puesto a sus hijos nombres que combinan los nombres de parientes queridos. Vea la lista que debe usar para inventar un nombre original. María, Lucía, Gabriela, Marta, Isabel, Héctor, Roberto, José, Ignacio, Fernando. Cree un nombre para una niña y uno para un niño. Luego, comparta los nombres con la clase y decidan cuál es el más bonito, el más feo y el más original.

Puntos clave

Narración en el pasado

En esta sección del capítulo, Ud. va a practicar la narración en el pasado. Para hacerlo bien, hay que utilizar las estructuras gramaticales (los puntos clave) de la tabla que pertenecen a la meta comunicativa. Antes de continuar, estudie las explicaciones de estas estructuras gramaticales en las páginas moradas que están al final del libro.

LA META COMUNICATIVA DE ESTE CAPÍTULO

ICONO	META COMUNICATIVA	PUNTOS CLAVE
P PASADO	Narración en el pasado	• el pretérito • el imperfecto • los tiempos perfectos • **hace... que**

©JR – José Parlá

Las arrugas de la ciudad, de JR y José Parlá Batista, Cuba, 2012

PRUEBA DIAGNÓSTICA

Lea el siguiente párrafo sobre las experiencias de un fotógrafo cubano-americano durante una visita a Cuba. Luego, llene los espacios en blanco con la forma apropiada del pretérito o del imperfecto (según el contexto) de los verbos que están entre paréntesis. Elija entre **ser** y **estar** cuando sea necesario.

El año pasado _____¹ (ser / estar) en la Habana por diez días con un grupo de fotógrafos. _____² (Ser / Estar) una experiencia alucinante. (Nosotros) _____³ (Visitar) varias galerías y _____⁴ (conocer) a unos artistas muy talentosos. Toda la gente _____⁵ (ser / estar) muy amable. El proyecto que más me _____⁶ (fascinar) _____⁷ (ser / estar) una instalación mural llamada *Las arrugas de la ciudad*. El artista francés, JR, _____⁸ (trabajar) con el artista estadounidense José Parlá, de origen cubano, para crear unos murales enormes pintados sobre edificios viejos alrededor de La Habana. JR _____⁹ (entrevistar) y _____¹⁰ (fotografiar) a veinticinco personas mayores que _____¹¹ (vivir) la Revolución cubana. JR _____¹² (decir) que _____¹³ (querer) «redefinir la noción de héroes», poniendo las caras de personas reales en lugares públicos. No pueden imaginar lo emocionante que _____¹⁴ (ser / estar) andar por las calles y de repente encontrar uno de estos murales con las gigantescas fotos de caras ancianas y con la caligrafía de Parlá. (Yo) _____¹⁵ (poner) aquí una foto de uno de los murales que me _____¹⁶ (gustar) mucho para darles una idea de lo impresionante que son. Pero también (yo) _____¹⁷ (comprar) un libro con los retratos, breves biografías de los sujetos y las fotografías de estos murales pintados alrededor de La Habana.

RESPUESTAS: 1. estuve 2. Fue 3. Visitamos 4. conocimos 5. era 6. fascinó 7. fue 8. trabajó 9. entrevistó 10. fotografió 11. vivieron 12. dijo 13. quería 14. era 15. Puse 16. gustó 17. compré

ACTIVIDADES

Las siguientes actividades le darán la oportunidad de narrar en el pasado. Recuerde que se suele usar el imperfecto para hacer descripciones en el pasado y para hablar de lo que hacía una persona habitualmente. En cambio, se usa el pretérito para adelantar (*advance*) el argumento de una historia.

A. Un día en un bosque lluvioso de Venezuela

Paso 1 Con un compañero / una compañera, indiquen si deben usar el pretérito o el imperfecto en cada caso. Luego, describan en el pasado la escena representada en el dibujo. Escriban una oración por cada circunstancia, fijándose primero en el tiempo verbal que se tiene que usar.

1. para dar información de trasfondo (*background*) (pretérito / imperfecto)
   a. la fecha y la hora
   b. el clima
   c. el número de personas presentes
   d. el ambiente

2. para describir condiciones físicas y estados emocionales (pretérito / imperfecto)
   a. la apariencia de Hugo, el mesero de la cantina
   b. la apariencia de Zulema y el estado de ánimo de Rubén
   c. los sentimientos de Néstor, el guía
   d. las opiniones de los turistas sobre la excursión

3. para describir acciones completas (pretérito / imperfecto)
   a. tres acciones hechas antes de llegar a la cantina
   b. una acción cumplida en la cantina
   c. el precio de la excursión

4. para hablar de acciones habituales en el pasado (pretérito / imperfecto)
   a. las acciones habituales de Hugo antes de conseguir el trabajo en la cantina
   b. las acciones habituales del mono antes de ser el compañero de Néstor

5. para describir algo que pasaba antes de que otra acción lo interrumpió (pretérito / imperfecto)
   a. las acciones de Anabel
   b. las acciones de las otras chicas

6. para resumir un evento entero desde el principio hasta el final (pretérito / imperfecto)
   a. un resumen de la experiencia en el bosque lluvioso

Posibles actividades en el Orinoco

caminar por el bosque buscando tucanes y monos
navegar el río en canoa
observar de lejos las serpientes gigantescas y los cocodrilos
visitar los pueblos indígenas warao

Paso 2 Usando las oraciones que acaba de escribir con su compañero/a además de otras ideas, imagine que Ud. es Anabel. Escriba una entrada en su blog describiendo la noche que pasó en la cantina.

B. **Cuando era más joven** En parejas, miren las oraciones y decidan si cada oración necesita el pretérito o el imperfecto. Para ayudar con la decisión, pongan un círculo alrededor de la palabra o frase que les da la pista (*hint*). En la primera sección, llenen los espacios en blanco para saber cómo pasaba Javier los veranos en su juventud. En las otras secciones, cada uno/a debe terminar cada oración según su propia experiencia. Mientras hable su compañero/a, escuche, reaccione y trate de conseguir más detalles. Utilice diferentes palabras interrogativas, como **¿Quién? ¿Con quién? ¿Cuándo? ¿Dónde? ¿Por qué? ¿Cuánto? ¿Qué? ¿Cómo?**

Habla Javier:

Mis veranos en Puerto Rico

1. Todos los veranos, mi hermano y yo _____ (ir) a Dorado a la casa de playa de nuestros abuelos. Siempre _____ (nadar) y _____ (jugar) en la playa. Casi nunca _____ (ver) televisión porque _____ (pasar) todo el día al aire libre.

2. Pero un verano, cuando _____ (tener, yo) 10 años, yo _____ (romperse) la pierna y no _____ (poder) salir a jugar con los amigos del barrio. _____ (Pasar, yo) el verano completo en casa jugando juegos de vídeo. _____ (Ser) el verano más triste de mi vida.

Hablo yo:

En la escuela

3. Cuando estaba en la escuela primaria, siempre... pero casi nunca...

4. Un día, cuando estaba en _____ (primer, tercer, quinto) grado,...

De vacaciones

5. Durante los veranos, normalmente mi familia...

6. Un verano en particular,...

C. **Verdades y mentiras**

Paso 1 Conjugue el verbo que está entre paréntesis para hacer las preguntas a un compañero / una compañera y responda a las mismas preguntas cuando él/ella se las haga. **¡OJO!** Cuando responda, debe **mentir** en sus respuestas por lo menos **dos** veces.

¿Alguna vez has...

1. (utilizar) un documento de identidad falso?
2. (estar) obsesionado/a con una persona famosa?
3. (decir) una mentira gorda a tus padres?
4. (salir) con alguien que conociste a través de un app de teléfono?
5. (heredar) dinero que no esperabas?
6. (compartir) un secreto que habías prometido guardar?
7. (viajar) a un país de habla española?
8. (portarse) de una manera insoportable enfrente de tus amigos?

Paso 2 Ahora, Ud. va a tratar de adivinar (*guess*) cuándo su compañero/a ha mentido. Mire las respuestas de su compañero/a. Pídale detalles sobre las respuestas que Ud. cree que son mentiras. Algunas preguntas posibles para pedir detalles son: **¿Qué pasó? ¿Cuántos años tenías? ¿Se enojaron tus padres? ¿Cómo te sentiste?**

Paso 3 Después de interrogar a su compañero/a, presente a la clase la afirmación de su compañero/a que le parezca la más interesante o atrevida. La clase decidirá si es verdad o mentira.

Expresiones útiles

Las siguientes expresiones le pueden servir para narrar en el pasado.

Para empezar una historia

Te voy a contar algo increíble.
Escucha lo que sucedió.

Para reaccionar ante una historia

¡Increíble!
¡Qué locura! (*How crazy*)
¡Pobrecito/a!
¡Qué mala onda/pata! (*What a bummer!*)
¡Qué suerte! (*How lucky!*)

Para continuar la historia

Pero eso no fue nada.
Ahora viene lo peor.
Se dio cuenta de que... (*He/she/You* (Ud.) *realized*)
De repente,...

Para terminar la historia

Como ves, fue...
Todo salió bien/mal

D. Junot Díaz Junot Díaz es un escritor dominicano-americano cuyas obras tratan el tema de la inmigración. De niño en Nueva Jersey sufría de discriminación racial y de pobreza, y se refugiaba en los libros. Terminó graduándose de la Universidad de Rutgers y de Cornell y ahora es profesor de escritura creativa en el Massachusetts Institute of Technology. Su primera novela, *The Brief Wonderous Life of Oscar Wao*, ganó el premio Pulitzer en 2008.

©JIM MCKNIGHT/AP Images

Paso 1   La niñez de Junot Díaz Complete el párrafo con la forma apropiada del pretérito o imperfecto para saber más sobre la juventud del escritor.

Junot Díaz _____[1] (nacer) en Santo Domingo en 1968. Cuando solo _____[2] (tener) 6 años, su madre _____[3] (llevar) a la familia a vivir en Nueva Jersey para estar con su padre que _____[4] (trabajar) allí. Poco después, el padre los _____[5] (abandonar). Según Junot, su padre _____[6] (ser/estar) un monstruo que _____[7] (tratar) a la familia como si fuera un dictador: «Mi papá _____[8] (mantener) a Trujillo vivo en nuestra casa».

Cuando era joven, su familia _____[9] (recibir) asistencia económica del gobierno y _____[10] (usar) cupones de alimentos. De adolescente, Junot _____[11] (lavar) platos en restaurantes y _____[12] (llevar) mesas de billar[a] a las casas de los ricos. Para entretenerse _____[13] (bailar) merengue y bachata y _____[14] (leer) libros prestados de la biblioteca pública cerca de su casa.

Cuando Junot _____[15] (llegar) a Nueva Jersey, no _____[16] (hablar) ni una palabra de inglés. Al principio _____[17] (sentirse) abrumado y perdido. Pero una vez que _____[18] (empezar) la escuela, pronto _____[19] (incorporar) los modismos típicos de Nueva Jersey y _____[20] (desarrollar) las particularidades notorias de su habla y su escritura que sus fanáticos[b] aprecian tanto.

[a]*pool*   [b]*fans*

Paso 2   Comprensión Escuche las oraciones sobre la niñez de Junot Díaz e indique si son ciertas (C) o falsas (F), según la información del **Paso 1**.

1. _____ 2. _____ 3. _____ 4. _____ 5. _____

Paso 3   Curiosidades sobre Junot Díaz En parejas, lean más sobre Junot Díaz y completen las oraciones.

REACCIONAR

R   G

RECOMENDAR   GUSTOS

1. Cuando alguien le preguntó a Junot si era un *nerd* como Oscar Wao, el protagonista de su novela, dijo que era «*nerd-nerd-nerd*», pero no tanto como Oscar. Calificó a Oscar con un 8 en la escala *nerd* y a sí mismo con solo un 3.

   a. (No) Pienso que hoy en día ser un *nerd* _____ (tener) connotaciones negativas, porque...
   b. Sugiero que un *nerd* como Junot...
   c. A los *nerds* famosos como Bill Gates y Mark Zuckerberg, (no) les interesa(n)...

2. Cuando Junot da discursos tiene un estilo muy llamativo y exuberante, y tiene fama de salpicar (*sprinkle*) sus discursos con palabrotas (*curse words*).

   a. Algunos están sorprendidos de que un profesor de MIT _____ (usar) palabrotas porque...
   b. Aconsejo que Junot...
   c. A sus estudiantes (no) les importa(n)...

E. La inmigración y las nuevas generaciones

Paso 1 Lea esta entrevista que tiene opiniones de tres inmigrantes caribeños sobre cómo vivir en los Estados Unidos ha afectado su vida familiar.

El entrevistador: ¿Cómo te sientes, más latinoamericano o más estadounidense? ¿Eso afecta tus relaciones con tu familia?

©Jacqueline Veissid/Getty Images

Yolanda Rodríguez, dominicano-americana (21 años). «Llegué aquí a los 15 años, así que vamos a decir que todavía me siento como dominicana, pero con claras influencias norteamericanas. Mis padres quieren que estudie, que tenga una carrera buena, pero también se espera que yo esté muy apegada[a] a la familia; que ayude a cuidar a mis abuelitos, por ejemplo. Veo que mis amigos estadounidenses no tienen tantas obligaciones familiares y que a ellos les importa más su vida social que su vida familiar.»

©Hola Images/Getty Images

Julio Martínez, puertorriqueño (48 años). «Yo soy 100% boricua,[b] pero mi familia... no tanto. Mis hijos llevan una vida muy ocupada aquí en Nueva York y me parece que sus amigos son más importantes que su propia familia. Mis nietos no hablan ni una palabra de español y no saben nada de la historia de Puerto Rico. Me gustaría poder cantarles y leerles en mi idioma. Creo que nuestras relaciones son afectadas por la distancia cultural. Ellos no me entienden.»

©Alistair Berg/Getty Images

Ana Rosario Pozo, cubano-americana (14 años). «Llegué a los Estados Unidos de bebé, así que me crie aquí. Aunque valoro mi herencia cubana, tengo que admitir que me siento más estadounidense que cubana. Muchas veces mis padres no me entienden para nada. Quiero poder salir con mis amigas, quizás tener un novio, pero mi madre es muy estricta. Necesito más libertad que la que ella tenía en Cuba. Ella llevaba una vida muy protegida y nunca discutía[c] con sus padres. Yo la respeto, pero quiero que entienda que estoy en los Estados Unidos ahora.»

[a]*attached* [b]*Puerto Rican* [c]*argued*

Paso 2 En parejas, imagínense lo que hizo cada entrevistado/a en cada situación.

a. Yolanda le dijo a su madre que iba a la biblioteca para estudiar, pero en realidad...

b. Julio llamó a sus nietos diciéndoles que estaba muy enfermo, pero en realidad...

c. Ana le dijo a su madre que salía con sus amigas, Brooke y Maya, pero en realidad...

Paso 3 En grupos de tres, ofrezcan un consejo a Yolanda, a Julio y a Ana utilizando las formas verbales indicadas abajo. Intercambien papeles para que cada uno/a tenga la oportunidad de practicar las diferentes formas verbales. Escriban sus consejos en un papel.

ESTUDIANTE A: Utilice «Debe...»

ESTUDIANTE B: Utilice «Tiene que...»

ESTUDIANTE C: Utilice «Recomiendo que...»

F. Un chico rebelde Miren los dibujos y usen su imaginación para escribir una narración de lo que pasó cuando Héctor salió de la casa sin permiso. Revisen los usos del pretérito e imperfecto antes de empezar y usen el vocabulario nuevo cuando sea posible.

G. ¿Sabía que...? Repase estos datos sobre Venezuela y marque el que, en su opinión, es el más interesante. Después, en grupos de tres, comenten sobre cada dato utilizando las siguientes expresiones.

REACCIONAR
R
RECOMENDAR

No sabía que...
Pensaba que...
Es fascinante que...
Es preocupante que...

1. Una de sus ciudadanas más famosas es **Carolina Herrera**, quien lleva más de 40 años como una de las modistas más célebres del mundo. Fue amiga de Jacqueline Kennedy, para quien diseñaba ropa, y sus creaciones siempre lucen en la alfombra roja de los Premios Óscar. Su marca se vende en más de 280 tiendas en 104 países, e incluye ropa elegante, accesorios, perfumes y diseños para bodas.

©Ovidiu Hrubaru/Shutterstock

©Mathew Imaging/WireImage/Getty Images

2. Conocido por su energía, pasión y magnetismo, el director de orquestas venezolano **Gustavo Dudamel** es tan famoso como cualquier estrella de *rock*. Desde 2009, desempeña una función doble, como director tanto de la Orquesta Filarmónica de Los Ángeles como de la Orquesta Sinfónica Simón Bolívar de Venezuela. En 2017, empezó a criticar fuertemente las políticas represivas del gobierno venezolano, quien canceló varias giras (*tours*) de la Orquesta Simón Bolívar como respuesta.

3. Venezuela es **un país petrolero** importantísimo. Cuenta con una de las reservas de petróleo más grandes del mundo, con cerca de 300 mil millones de barriles de petróleo. Aun con esa fuente de riqueza, se estimaba en 2017 que más del 80% de los venezolanos vivía por debajo del nivel de pobreza.

4. El gran «Libertador» de las Américas, **Simón Bolívar**, nació en Caracas en 1783. En 1998, **Hugo Chávez** (elegido democráticamente) se inspiró en esta persona icónica para su «Revolución bolivariana». Pero su proyecto socialista y populista eventualmente llevó al país a una profunda crisis económica y política. Y en los últimos años, la política del nuevo presidente, Nicolás Maduro, parece encaminar al país hacia prácticas represivas preocupantes.

H. *Noches Bacardi* Esta pintura, del pintor dominicano José Morillo, representa el ambiente social en un barrio en la República Dominicana. En grupos de cuatro, utilicen su imaginación para inventar un relato sobre el grupo de amigos en la mesa o sobre la mesera detrás del bar. La primera persona empieza el relato con una oración, luego cada persona del grupo añade un elemento nuevo al relato, hasta llegar a una conclusión natural.

©Jose Morillo/fineartamerica.com

F. **La entrevista** Para su programa de radio, Sara entrevista a su amiga, Leonor Delgado Casas, una periodista cubana que inmigró de Cuba hace tres años. Antes de escuchar, mire el nombre y los temas importantes a los que harán referencia en la entrevista.

©McGraw-Hill Education

Persona: la bloguera Yoani Sánchez

Tema: La Revolución Cubana, la censura, la migración

Paso 1 Escuche el programa y conteste las preguntas.

1. ¿En qué áreas del periodismo trabajaba Leonor?
2. Según Leonor, ¿por qué puede ser difícil ser periodista en Cuba?
3. ¿Es imposible criticar al gobierno en Cuba?
4. ¿Qué es lo que Leonor más extraña de Cuba?
5. ¿Por qué no pueden visitarla sus padres?

Paso 2 En parejas, comenten las oraciones.

©Juan Naharro Gimenez/Getty Images

1. Me gustaría ser periodista de televisión.
2. A veces, la censura de la prensa es necesaria.
3. Es bueno que en los Estados Unidos la prensa pueda decir cualquier cosa sobre el gobierno.
4. No hay mucho que extrañaría de mi país si tuviera que emigrar.
5. Es importante que Cuba y los Estados Unidos tengan buenas relaciones.

¡A escribir!

A. Lluvia de ideas

Paso 1 Lea las opiniones de Adela, una joven dominicana, y de un abuelo estadounidense.

ADELA: Veo a mis padres y mis abuelos casi todos los días. Me encanta el apoyo y la seguridad que me dan, pero a veces me siento atrapada sin la posibilidad de explorar y ver el mundo.

ABUELO: Solo veo a mis hijos y mis nietos dos o tres veces al año porque viven lejos de nosotros. Todos tienen una carrera excelente que les gusta y tienen muchos amigos. Pero tengo poca influencia en la vida de ellos, y me siento muy frustrado y triste al no poder compartir mi herencia cultural y un poco de mi sabiduría (*wisdom*) con mis nietos.

Paso 2 Ahora, entre todos en la clase preparen una lista de las ventajas de vivir cerca de su familia y otra lista de las desventajas.

Conectores

al contrario
en cambio
por otro lado

©Brand X Pictures/Getty Images

DESCRIBIR

DESCRIBIR COMPARAR

DESCRIBIR COMPARAR

REACCIONAR

RECOMENDAR

B. Composición

Opción guiada: Ventajas y desventajas
Imagínese que Ud. es periodista y escriba un artículo sobre las diversas dinámicas que pueda haber en la vida familiar. Siga el bosquejo.

- elegir un título provocativo
- escribir una oración introductoria usando como mínimo dos adjetivos
- describir las ventajas de convivir con la familia utilizando ejemplos específicos
- describir las desventajas de vivir cerca de los parientes utilizando ejemplos específicos
- ofrecerles consejos a los que vivan cerca de su familia para independizarse, y consejos a los que vivan lejos para mantener las relaciones familiares a larga distancia
- escribir la conclusión

Opción abierta Vuelva a considerar las preguntas en la primera página del capítulo. Luego elija un tema y escriba un ensayo que incluya una introducción, un argumento y una conclusión.

Opción gráfica Use su imaginación para describir el cuadro en la primera página del capítulo. Organice su composición de una manera coherente que incluya descripciones, comparaciones y narración en el pasado.

DESCRIBIR

COMPARAR

PASADO

Hablando del tema

Antes de empezar a conversar con sus compañeros de clase sobre los temas de este capítulo, prepare una ficha para la conversación y otra para el debate. Revise las instrucciones sobre cómo preparar una ficha de vocabulario que se encuentran en **Hablando del tema** del **Capítulo 1.**

A. **Conversación: Los padres helicóptero o velcro** Revise las expresiones de **Para conversar mejor.** Luego, en parejas o grupos de tres, conversen sobre los siguientes puntos.

Para conversar mejor

Desde mi punto de vista...
Es deprimente/preocupante que...
Dudo que...
Lo mejor/peor es que...

Me fastidia (que)...
Mi situación ha sido diferente.
Para mí, es evidente que...
Pensaba que...

- Hable sobre las ventajas y desventajas de tener padres muy involucrados en su vida.
- ¿Cuánta influencia deben tener los padres en la vida de sus hijos mayores?
- ¿Qué le recomienda a un amigo / una amiga cuyos padres se meten constantemente en su vida y que quiere librarse de ellos?

B. **Debate: La política inmigratoria** Revise las expresiones de **Para debatir mejor.** Después, prepare tres argumentos a favor y tres en contra de la siguiente afirmación. Luego, en grupos de cuatro (dos parejas), presenten sus argumentos en un debate apasionado. No sabrán qué lado les toca defender hasta que su profesor(a) se los indique.

Para debatir mejor

A FAVOR
Eso es.
Estoy de acuerdo.
Muy bien dicho.
No cabe duda.

EN CONTRA
No es siempre así.
¿Hablas en serio?
Lo siento, pero...
Todo lo contrario.

«Es mejor aceptar inmigrantes a los Estados Unidos que ya puedan hablar inglés y que sean «altamente cualificados» para contribuir a nuestra economía. No debemos aceptar inmigrantes solo porque ya tienen parientes ciudadanos en los Estados Unidos.»

Lugares fascinantes para estudiar:

El Caribe

Estudiar en el extranjero cambia la forma de ver su propio país y amplía su perspectiva sobre los diferentes lugares, personas y culturas del mundo.

Hola, soy Santiago y ahora me encuentro gozando del sol del Caribe. ¡Me encanta este trabajo! Acabo de filmar en cuatro países diferentes. Después de leer los blogs de los estudiantes, sabía que iba a ser muy chévere explorar estos lugares. ¡Tuve razón!

©Paul Burns/Getty Images

El Malecón, La Habana

©Lissa Harrison

La Habana, Cuba

Estoy pasando el mes de enero en Cuba tomando una clase de historia caribeña. Me fascina La Habana. Lo primero que se nota son los carros estadounidenses de los años 50 en muy buenas condiciones. Se ve por todas partes un montón de bicicletas y coco taxis—estos son motocicletas de tres ruedas en forma de coco y pintadas de amarillo. Tampoco se puede perder la referencia constante a la Revolución cubana. En muchos lugares hay murales pintados con la cara del revolucionario Che Guevara y con frases sobre los beneficios del socialismo.

Por la mañana tenemos clase y luego por la tarde hacemos visitas culturales que me fascinan. Antes de la Revolución cubana, La Habana era la ciudad más cosmopolita del Caribe. Hoy, aunque muchos de los edificios necesitan reparaciones, hay museos y monumentos de gran interés y belleza. El capitolio,[1] por ejemplo, es casi igual en estilo y tamaño al que hay en Washington, D.C. Otros lugares fascinantes incluyen el Museo de la Revolución, el Museo de Bellas Artes, el majestuoso Gran Teatro de La Habana, sede del famoso Ballet Nacional de Cuba, el Teatro Lírico Nacional de Cuba, Ópera Nacional de Cuba, y el castillo de l Morro construido en el siglo XVI para proteger la ciudad de ataques militares y de piratas. El Museo Nacional de Música me fascinó. Tiene una colección impresionante de tambores[2] africanos que muestra la historia y el desarrollo de la música cubana. Cuba tiene fama por su riqueza artística: hay festivales de *hip hop* cubano; de música contemporánea, ballet y *jazz*; de nuevo cine latinoamericano y mucho más.

[1]*capitol building*　[2]*drums*

Como es de imaginar, estar en el Caribe en enero es maravilloso. Disfrutamos de pasear por las calles y nos encanta pasar las tardes en la playa. El Malecón, una avenida marítima de siete kilómetros, es conocido como «el sofá habanero» por ser un lugar donde la gente se sienta para charlar, cantar y ver la puesta del sol.

Estoy aprendiendo mucho pero no es fácil procesar todo lo que significa ser cubano. Aquí hay cosas maravillosas y a la vez cosas que no funcionan. Pero también hay un espíritu entre los cubanos que he conocido que me ha impresionado profundamente. Creo que poco a poco su país va cambiando y espero poder volver algún día para ser testigo de los cambios.

—Courtney G. / George Mason University

San Pedro de Macorís, República Dominicana

Cada año mi universidad ofrece a los estudiantes del departamento de trabajo social la oportunidad de pasar una semana en la República Dominicana durante las vacaciones de primavera. El año pasado pasé la semana cerca de Santo Domingo trabajando en la fundación Batey. Este año he vuelto por mi cuenta.[3]

©ANDRES LEIGHTON/AP Images

Niños jugando béisbol, San Pedro de Macorís

Dado que soy muy aficionado al béisbol, San Pedro de Macorís me pareció el lugar perfecto porque es bien sabido que este deporte es una obsesión aquí. Muchos de los jugadores de esta ciudad terminan en las ligas mayores estadounidenses, como por ejemplo, Sammy Sosa. Cada año, entre octubre y febrero, los aficionados al béisbol acuden[4] a la ciudad para ver los partidos de la temporada de invierno.

Pero además de su fama como centro beisbolístico, San Pedro tiene mucha importancia histórica. Fue el lugar donde se instaló la primera estación telefónica del país en el siglo XIX. Y la ciudad ha sido un centro de producción de azúcar, lo cual la convirtió en un centro de riqueza a principios del siglo XX. Por la producción azucarera llegaron a la zona trabajadores de ascendencia africana, quienes han contribuido de manera profunda a la cultura, la música, la danza y las prácticas religiosas de la ciudad. Nos interesó mucho visitar los ingenios[5] y aprender sobre la producción de azúcar. Hoy en día, San Pedro está experimentando un renacimiento, con la atención que recibe por sus contribuciones al béisbol y por su industria.

Marzo no es el mes ideal para ver los partidos, pero pude jugar un poco con unos estudiantes de la Universidad Central del Este. Participé en una serie de conversaciones con los universitarios que estudian inglés. Luego, por las tardes visité otros lugares de interés con un grupo de voluntarios.

Me quedan dos días más. La última noche la pasaré en la playa con los estudiantes dominicanos que conocí en la universidad. Seguramente habrá una fiesta de despedida con música chévere y promesas de volver a esta isla con su gente amigable y generosa.

—Marshall T. / University of New Hampshire

[3]*by myself* [4]*van* [5]*sugar mills*

El Viejo San Juan, Puerto Rico

Estoy por terminar mi programa de artes culinarias y hace varios años asistí a unos seminarios en Puerto Rico ofrecidos por La Escuela Hotelera de San Juan. Los tres seminarios eran Caribe fusión, Salsas y Cocina nueva latina. Puerto Rico era un lugar ideal para estudiar todo lo que tiene que ver con el turismo. Los grandes cruceros paraban allí y los turistas bajaban para gozar de una gastronomía muy variada con influencias criollas, francesas, españolas, mexicanas y cubanas. Además de los seminarios, pude comer en restaurantes exquisitos, como Pikayo, un restaurante de cocina «fusión» puertorriqueña, del renombrado Chef Wilo Benet.

Nunca había visitado el Caribe y estaba en la gloria. Me quedé en el Viejo San Juan, el centro colonial que ofrece una fascinante mezcla de lo viejo y lo nuevo. Visité fortalezas[6] españolas como El Morro y San Cristóbal; la Catedral de San Juan, donde yacen[7] los restos del conquistador Juan Ponce de León; las murallas[8] originales que protegían la ciudad y casas coloniales que datan de los siglos XVI y XVII.

©Alfredo Maiquez/Getty Images
El Viejo San Juan

Cuando no tenía clases, paseaba por las calles empedradas[9] y visitaba las hermosas plazas, como el Parque de las Palomas, donde cada día se reúnen familias puertorriqueñas para dar de comer a los centenares de palomas que habitan en la plaza. Por la noche, el centro colonial se convierte en una zona de entretenimiento, con bares, clubes de salsa y teatros, frecuentados por puertorriqueños jóvenes y mayores. También aprendí que San Juan tiene uno de los puertos más importantes de las Américas y, junto con la zona metropolitana, es un centro burocrático, financiero y farmacéutico. Un día, para escaparme de la intensidad de la vida urbana, fui al Yunque, un bosque lluvioso que queda a solo veintidós millas de San Juan. ¡Qué maravilla!

Me dio mucha pena cuando el huracán María pasó por la isla, devastando los lugares que recordaba con tanto cariño. Pienso regresar pronto, ahora con un programa de voluntarios, para ayudar en lo que pueda con la reconstrucción de esa isla extraordinaria.

—Jill D. / Oregon Culinary Institute

Mérida, Venezuela

Estudio este semestre en Mérida, Venezuela, una ciudad localizada entre los picos[10] más altos de los Andes venezolanos. La Universidad de los Andes atrae a muchos estudiantes, incluso a los extranjeros. Estudio para maestro bilingüe y creo que es un lugar perfecto porque además de asistir a clases, tengo la oportunidad de dar clases de inglés en una escuela primaria. He podido ver de cerca el programa que se llama «El Sistema», que les da a estudiantes de bajos recursos[11] la oportunidad de aprender a tocar un instrumento. Es fenomenal.

©LEONARDO LEON/AP Images
El teleférico de Mérida

También, dado que Mérida es un centro cultural, ofrece muchos eventos, los cuales garantizan que uno no se puede aburrir nunca. Hay conciertos, lecturas de poesía, exposiciones de arte, visitas a museos y varios festivales internacionales.

Otro «evento» semanal que a todos los estudiantes les encanta es visitar la heladería más famosa del mundo, la Heladería Coromoto. Desde 1991 esta heladería aparece en el *Libro Guinness de los Récords* porque ofrece más de 860 sabores de helado. Algunos de los sabores son pasta con parmesano, rosas, cerveza, whisky y ajo.

[6]*fortresses* [7]*lie buried* [8]*city walls* [9]*cobblestoned* [10]*mountain peaks* [11]*de... low income*

Otra ventaja de estudiar en Mérida es que hay tantas actividades que se pueden hacer al aire libre y aprovechamos al tope las posibilidades de explorar. La ciudad es famosa por sus deportes de aventura, como el andinismo,[12] el esquí, el parapente,[13] la bicicleta de montaña y el *rafting* en aguas blancas. Para llegar a los puntos de partida para muchas de esas actividades, se puede experimentar otra aventura: ¡montarse en el teleférico[14] más alto y largo del mundo! Dos excursiones que no se pueden perder son una visita al pueblo Los Nevados (hay que llegar en mula) y una visita al Salto Ángel, la cascada más alta del mundo (veinte veces más alta que las cataratas del Niágara). Como pueden ver, pasar un semestre en Venezuela es interesantísimo.

—Kevin M. / University of Minnesota

[12]*mountain climbing*   [13]*paragliding*   [14]*cable car*

ACTIVIDADES

A. Comprensión En parejas, después de leer las entradas de los blogs y ver el vídeo de Santiago, contesten las preguntas sobre los cuatro lugares fascinantes.

1. ¿Cuáles son los atractivos culturales de La Habana, Cuba, que le encantan a Courtney? ¿A cuál de estos lugares les gustaría visitar a Uds. y por qué?

2. ¿Por qué le interesa a Marshall San Pedro de Macorís? ¿Cuáles son otras actividades que hizo Marshall en la República Dominicana?

3. ¿De qué manera es el Viejo San Juan, en Puerto Rico, una mezcla de lo antiguo y lo moderno? ¿Por qué era un lugar ideal para estudiar las artes culinarias?

4. ¿Por qué es Mérida una ciudad perfecta para Kevin? ¿Cuál de las actividades deportivas les interesaría a Uds.? Expliquen.

5. ¿Cómo cambiaron las impresiones que tenían Uds. de cada ciudad al ver el vídeo de Santiago?

6. ¿Conocen a un(a) estudiante que se beneficiaría de una estancia en uno de estos lugares del Caribe? ¿Quién es? ¿Cómo coincide lo que ofrece esta ciudad con sus intereses académicos? ¿Cuáles son los rasgos de su personalidad que les hacen pensar que este lugar sería ideal para él/ella?

¡Viaje conmigo al Caribe!

©Al Rod/AGE Fotostock

Vamos al Caribe para ver de cerca el ambiente que experimentan los estudiantes allí.

Vaya a Connect para ver el vídeo.

Video footage provided by

BBC Motion Gallery

B. ¿Cómo es el Caribe? Ahora, completen las oraciones como si Uds. fueran Santiago, hablando con una amiga que piensa ir a Cuba. ¿Qué tiempo verbal hará falta para completarlas?

1. En Cuba no hay muchos recursos modernos. Siempre hay que «resolver» (*make do*). Es impresionante que _____ (haber) tantos carros antiguos que funcionan. Cuando estés en Cuba, es importante que...

2. En San Pedro de Macorís, escuché mucho el merengue y la bachata. Es impresionante ver que tantos dominicanos _____ (bailar) tan bien. Antes de ir a la República Dominicana, recomiendo que...

3. San Juan tiene una fascinante mezcla de lo viejo y lo moderno. Es increíble que el Viejo San Juan, con 500 años de historia, _____ (tener) tantos edificios antiguos. Cuando vayas a San Juan, te sugiero que...

4. Mérida tiene algo para todos los gustos. Es impresionante que uno _____ (poder) practicar tantos deportes extremos en ese lugar. Cuando visites Mérida, ojalá que...

C. Viaje de familia Imagínese que Ud. es agente de viajes. Escriba un correo electrónico al padre de la familia López Montero dándole recomendaciones para su reunión familiar en el Caribe. Hay seis personas que viajan: la abuela, el padre, la madrastra, unos gemelos de 17 años y la hija menor de 8 años. Siga el bosquejo.

- Creo que el mejor lugar para su reunión es _____ por varias razones. En primer lugar...
- Entiendo que a algunos de Uds. les gusta..., pero a otros les interesa...
- El año pasado otro cliente fue con su familia a esta misma ciudad y les gustó mucho...
- Estoy seguro/a de que... Y por eso recomiendo que...

D. Una reunión familiar En parejas, hagan los papeles de dos miembros de la familia López Montero: la abuela y la madrastra, el padre y el hijo o el hermano y la hermanastra. Hablen sobre el lugar ideal para la reunión. No están de acuerdo y deben tratar de convencer a la otra persona de que el lugar que cada quien ha elegido es el mejor para toda la familia. Usen el correo electrónico del agente de viajes que prepararon en la **Actividad C** como base para la conversación. También utilicen algunas de las expresiones útiles para persuadir a su compañero/a.

Expresiones útiles

Para pedir una opinión

¿Qué opinas tú?
¿Qué piensas de...?

Para dar una opinión

En mi opinión...
A mí me parece que...
Francamente pienso/creo que...
Siento decirte esto, pero...

Para expresar frustración y dificultad en creer algo

Estoy desilusionado/a contigo porque...
¡No (me) lo puedo creer!
Esto es el colmo.
¿En serio?
No tiene sentido lo que dices.

Para persuadir

Es importante que...
Debemos (+ *infinitivo*)...
No quiero perder esta oportunidad de...

Una artista hispana:
Rita Indiana

La dominicana Rita Indiana Hernández Sánchez es una de las artistas más originales y magnéticas del Caribe. Nacida en 1977 en Santo Domingo, esta artista multimedia es conocida por sus obras de ficción, canciones y vídeos de música. Dos de sus primeras novelas tratan el tema de la niñez y la adolescencia dentro de la realidad social dominicana. La pérdida de la inocencia es un tema que siempre está presente en estas novelas. *La estrategia de Chochueca* (2000) es contada por una adolescente de los años 90 que quiere escaparse de su vida restrictiva. *Papi* (2005) describe la vida de un narcotraficante desde la perspectiva de su hija pequeña. Su novela más alabada y premiada es *La mucama de Omicunlé* (2015) que nos transporta entre el pasado, el presente y el futuro en el Caribe de 2037. Rita Indiana dice «mi literatura es una bomba de temas urgentes del Caribe». Rita Indiana tiene un enorme talento para jugar con las palabras, dar un ritmo al lenguaje escrito y mezclar la jerga[1] dominicana con el inglés para crear universos mágicos inspirados en la realidad sociocultural dominicana.

©Jemal Countess/Getty Images

Rita Indiana es abiertamente lesbiana y su arte multimedia explora la diversidad sexual, racial y de género. Su música es difícil de clasificar, aunque unos llaman a su estilo «merengue psicodélico». «¡Esta tipa es una montra[2]!» dice la gente que se vuelve loca con su música, sus vídeos y su literatura. En 2010, su grupo Rita Indiana y los Misterios lanzó el álbum *El juidero*,[3] que usa la música electro-merengue para tratar temas como la inmigración, las relaciones amorosas, la raza, el género y las relaciones tensas entre Haití y la República Dominicana. El mensaje de su canción sobre las experiencias duras de la inmigración, «La hora de volvé[4]», es conmovedor; la coreografía del vídeo es alucinante y las imágenes son surreales. La obra de Rita Indiana ha tenido mucho impacto fuera de su país natal; su canción «El blu del ping pong» formó parte de la banda sonora[5] de la serie *Orange Is the New Black*.

A Rita Indiana no le interesan las redes sociales; no tiene ni una cuenta activa de Twitter ni una página oficial de Internet. Su canción «Maldito Feisbu» se burla de la obsesión que tantas personas tienen con Facebook. A pesar de sus éxitos musicales, en 2011 Rita Indiana renunció al mundo de la música, diciendo que no volvería ni por «un millón de dólares» porque no soportaba todos los problemas que venían con la ultra-fama. Por suerte, cambió de parecer y en 2017 salió el exitazo «El castigador» que denuncia la corrupción política que ha hecho tanto daño en Latinoamérica.

Los mensajes en sus novelas y sus canciones tratan el sufrimiento de la gente más dañada por el sistema social y político de su país. Pero Rita Indiana dice que su intención artística es crear consciencia con el fin de inspirar compasión y empatía.

[1]*slang*   [2]la palabra *monstrua* (*monster*) con acento local   [3]*one who flees*   [4]volver   [5]*soundtrack*

©Jamie McCarthy/Getty Images

ACTIVIDADES

A. Comprensión y conversación En parejas, contesten las preguntas.

1. ¿Cuáles son los temas que inspiran a Rita Indiana?
2. ¿Cómo se describe su literatura?
3. Por las descripciones, ¿creen que a Uds. les gustarían sus canciones? ¿Por qué?
4. ¿Por qué creen que a Rita Indiana no le gustan las redes sociales y le molestó la fama? ¿Qué les dicen estos hechos sobre su personalidad?
5. ¿Cuáles son los tres adjetivos que mejor describen a esta artista? Expliquen.

PASADO

B. Rita Indiana de joven

Paso 1 En parejas, llenen los espacios en blanco con la forma correcta del pretérito o el imperfecto para saber un poco más sobre la niñez de Rita Indiana. Después, contesten la pregunta que sigue el párrafo.

Rita Indiana _____¹ (nacer) y _____² (criarse) en Santo Domingo. Ella recuerda que cuando _____³ (ser / estar) niña, su abuela le _____⁴ (contar) historias maravillosas con seres mágicos. Su madre le _____⁵ (leer) obras de Oscar Wilde y Mark Twain. Cuando _____⁶ (ser / estar) adolescente, como_____⁷ (ser / estar) altísima y _____⁸ (tener) un aspecto andrógino interesante, su madre la _____⁹ (meter) en clases de modelaje. Por un tiempo _____¹⁰ (ser / estar) modelo, pero siempre _____¹¹ (tener) otros intereses. Como _____¹² (ser / estar) la única hija de su madre, _____¹³ (pasar) mucho tiempo sola y _____¹⁴ (ver) mucha televisión dominicana e internacional. Así _____¹⁵ (aprender) sobre la cultura popular de diferentes partes del mundo. De manera abierta _____¹⁶ (escuchar) música *rock* y _____¹⁷ (ser / estar) obsesionada con Jon Bon Jovi y Jim Morrison, pero en casa y en las calles _____¹⁸ (ser / estar) rodeada de música más tradicional, como el merengue. Esas experiencias _____¹⁹ (marcar) profundamente a la artista.

En el párrafo, ¿qué tiempo verbal predomina, el pretérito o el imperfecto? Expliquen por qué.

REACCIONAR
RECOMENDAR

Paso 2 Usando todo lo que conoce de la artista, complete las oraciones de manera original.

1. Es sorprendente que Rita Indiana...
2. A su mamá (no) le gusta que Rita Indiana...
3. El probable que un público internacional...

COMPARAR

C. Vídeos musicales alucinantes Mire dos de los siguientes vídeos musicales de Rita Indiana: «El juidero», «La hora de volvé», «Da pa lo do» o «El castigador». Compárelos en cuanto al tema, el estilo y los símbolos.

La música caribeña

La mayoría de la música que se conoce en los Estados Unidos como «música latina» o «salsa» es realmente un conjunto de diversos estilos musicales originarios del Caribe. Estos tipos de música provienen en parte de la historia rica y compleja de dos tradiciones culturales que se fusionaron en el Caribe: la africana y la europea. Los instrumentos esenciales para crear los ritmos latinos incluyen las claves, las maracas, los bongós, los timbales, las congas, la guitarra y el bajo, entre otros. Cada país tiene sus propios estilos: el son y la guajira de Cuba, el merengue y la bachata de la República Dominicana o la bomba y la plena de Puerto Rico. Lo que se conoce como «salsa» es en realidad una fusión de *jazz* y ritmos caribeños que se originó en Nueva York, aunque hoy en día el epicentro de la salsa se encuentra en Puerto Rico. El éxito sorprendente del grupo Gloria Estefan and Miami Sound Machine, de la película *Buena Vista Social Club* y de la canción «Livin' la Vida Loca» de Ricky

©Serkan Bigay/Getty Images

©Paul Bergen/Getty Images
Eduardo José Cabra Martínez y René Pérez Joglar de Calle 13

Martin ha contribuido al interés en la música caribeña a nivel mundial. Hoy en día hemos visto canciones como «Gasolina» de Daddy Yankee, «Despacito» de Luis Fonsi y Daddy Yankee y «La tortura» de Shakira entre las 40 canciones más exitosas en los Estados Unidos. También cada vez más artistas latinos hacen el *crossover* y cantan con artistas norteamericanos, como ha sido el caso de Luis Fonsi, Daddy Yankee y Justin Bieber, Romeo y Usher, Shakira y Beyoncé, y Juanes y Nelly Furtado.

©Stockbyte/Getty Images

ACTIVIDADES

A. **Comprensión** En parejas, contesten las preguntas.

1. ¿Cuáles son las tradiciones musicales que influyen en la música caribeña?
2. ¿Cuáles son algunos de los estilos que se asocian con cada país?
3. ¿De dónde viene la salsa?
4. ¿Cuáles son algunos de los instrumentos musicales más importantes en la tradición caribeña?
5. ¿Qué cantantes caribeños han tenido éxito en los Estados Unidos?

B. **¡A escuchar!** Para apreciar la gran variedad de música caribeña, vaya a YouTube™ y escuche unos de los siguientes cantantes o grupos: música tradicional (Celia Cruz, Tito Puente), nueva trova cubana (Pablo Milanés, Silvio Rodríguez), reguetón (Daddy Yankee, Don Omar), rap cubano (Orishas), merengue y bachata (Juan Luis Guerra, Prince Royce, Romeo Santos), merengue electrónico (Rita Indiana y Maffia) y *Latin Soul* (Calma Carmona). Unas canciones que tienen que ver con el tema de la identidad son «La hora de volvé» de Rita Indiana, «Latinoamérica» de Calle 13, «Cuba Isla Bella» de Orishas y «Cuba libre» de Gloria Estefan. Después de ver los vídeos, comparta sus impresiones sobre la letra, el videografía y su impresión general. Utilice frases como **Me gusta(n)... porque..., Es impresionante que..., Me sorprende que...** y **Es evidente que...**

REACCIONAR
G **R**
GUSTOS RECOMENDAR

C. **¡A escribir!** Escriba un comentario para Amazon.com en el que describa su impresión sobre la calidad del vídeo, y la letra y si le interesaría escuchar más de su música.

▓▌ Lo hispano en los Estados Unidos

El Caribe: Alberto y Xianix

©McGraw-Hill Education

Alberto, un guitarrista catalán de Barcelona que está en «la Gran Manzana» con una visa de artista, y Xianix, una bailaora (*flamenco dancer*) dominicana-puertorriqueña, nos hablan de la migración entre España, el Caribe y Nueva York.

A. Antes de ver En grupos de tres, contesten las preguntas.

1. ¿Sueñan Uds. con probar suerte algún día en Nueva York u otro lugar glamoroso?

2. Si no pudieran encontrar un buen trabajo en los Estados Unidos después de graduarse, ¿buscarían un trabajo o una práctica (pasantía) en un país angloparlante como Inglaterra, Irlanda o Australia?

3. Si Uds. se mudaran a Inglaterra, ¿empezarían a hablar inglés con un acento británico? ¿Usarían expresiones como *go on holiday* en vez de *go on vacation*? ¿Llamarían su apartamento un *flat*? Expliquen.

B. A ver el vídeo

Mientras ve el segmento **España, el Caribe y Nueva York,** ponga una **X** si escucha referencias a alguna de las siguientes migraciones:
_____ españoles al Caribe
_____ dominicanos a España _____ centroamericanos a España
_____ dominicanos y puertorriqueños a Nueva York

C. Después de ver

Paso 1 Escuche las afirmaciones sobre el vídeo que acaba de ver e indique si son ciertas (C) o falsas (F).

1. _____   2. _____   3. _____   4. _____

Paso 2 En parejas y basándose en el vídeo que acaban de ver, completen el párrafo con la forma apropiada del verbo entre paréntesis.

Es obvio que _____[1] (haber) mucha migración entre España, el Caribe y Nueva York. Es interesante que la mudanza de Alberto a Nueva York le _____[2] (haber dar) la oportunidad de conocer la cultura caribeña íntimamente. Poco a poco Alberto _____[3] (estar) acostumbrándose a las expresiones caribeñas. Por ejemplo, al principio, cuando Xianix le _____[4] (llamar) «papi», a Alberto le _____[5] (parecer) raro. Pero ahora es normal que Alberto _____[6] (usar) expresiones como «mami» cuando habla con las chicas del barrio, aunque Xianix prefiere que Alberto no les _____[7] (decir) «mami» a otras chicas.

Paso 3 En grupos de tres, contesten las preguntas.

1. Xianix explica que en Nueva York muchos dominicanos viven en el barrio de Washington Heights y muchos puertorriqueños viven en Loisaida (*Lower East Side*). ¿Hay barrios donde ciertas comunidades se concentran en la ciudad donde Uds. viven o en otras ciudades que conocen? ¿Cómo son? ¿Cómo enriquecen la ciudad estas comunidades?

2. ¿Tienen amigos o parientes que se hayan mudado a otros estados o países en busca de mejores oportunidades laborales? ¿Adónde fueron? ¿Les gusta su nuevo hogar?

3. ¿Tienen amigos que hayan ido a universidades en diferentes regiones de los Estados Unidos? ¿Han cambiado su acento regional, su opinión política o su visión del mundo? Expliquen.

REACCIONAR

P   **R**

PASADO   RECOMENDAR

D. Lo hispano a mi alrededor

Paso 1 Primero, lea sobre los lugares y eventos que reflejan la rica cultura caribeña de Nueva York. Luego, elija uno que a Ud. le interesaría explorar. Por último, en grupos de tres, expliquen por qué les interesaría saber más sobre ese lugar o evento.

©Lars A. Niki

Nuyorrican Poets Cafe Por más de 40 años, «El Nuyorrican» ha sido una de las organizaciones culturales más importantes para la comunidad latina en Nueva York. Allí se reúnen y presentan poetas, actores, cineastas y músicos, no solo latinos sino personas de todas partes que esperan lanzar sus carreras artísticas o simplemente escuchar y ser parte de un ambiente sumamente creativo y atrevido. Las famosísimas noches de slam de poesía atraen a mucha gente para celebrar la palabra hablada.

Museo del Barrio Localizado en la Quinta Avenida al cruzar la calle del Parque Central, esta institución histórica nació en los años sesenta como parte de los movimientos de justica social afroamericanos y latinos. Su propósito original era proveer programas artísticos y culturales para niños puertorriqueños. Ahora, mantiene una colección impresionante de arte y mucha programación cultural. Además de su colección permanente, siempre hay nuevas exhibiciones y eventos que celebran el enorme talento de artistas latinos de todas partes.

El desfile nacional puertorriqueño de Nueva York Este desfile, que tiene lugar cada junio en la Quinta Avenida, honra a los puertorriqueños de la isla y los del continente. Celebra con orgullo y alegría la vibrante cultura y tradiciones de los puertorriqueños, con música, baile, trajes regionales, máscaras y miles de banderas puertorriqueñas. Asisten muchas celebridades de la comunidad puertorriqueña como Calle 13, Daddy Yankee y Jennifer López. Con casi dos millones de espectadores, es uno de los desfiles más grandes de Nueva York.

Paso 2 En grupos de tres o cuatro, contesten las preguntas.

¿Hay algún lugar o evento que celebre las culturas hispanas del Caribe donde Ud. vive o en la ciudad donde estudia? Describa el lugar o evento y diga si Ud. lo ha visitado o ha ido a un evento.

Un evento histórico:

La Revolución cubana

En 1959, después de casi seis años de resistencia y rebeliones, Fidel Castro y sus tropas revolucionarias tomaron control de La Habana, poniendo fin a la dictadura totalitaria y sanguinaria de Fulgencio Batista. Al asumir el poder, Castro y sus seguidores, entre los que se encontraban su hermano Raúl y el legendario Ernesto «Che» Guevara, optaron por el modelo económico socialista y se aliaron con el bloque soviético. El nuevo régimen nacionalizó las tierras y negocios de dueños extranjeros, además de las propiedades de la Iglesia Católica y plantaciones y compañías de los cubanos ricos. También, implementó una serie de cambios políticos y estructurales, entre ellos estaban la reforma del sistema escolar nacional, la reforma agraria y la implementación de un sistema de salud para todos. También hubo esfuerzos dirigidos a eliminar las clases sociales y a disminuir el prejuicio racista y sexista. Por esta razón, recibió mucho apoyo de la gente más pobre. Por otro lado, alienó a los que no estaban de acuerdo con los ideales marxistas ni con el apoyo económico que la Unión Soviética proveía al

©Dave Moyer

Un mural de Che Guevara en La Habana

régimen de Castro. Muchas de estas personas, mayormente de las clases media alta y alta, perdieron los beneficios que habían gozado bajo el régimen de Batista. Por eso, dejaron la isla y se mudaron a los Estados Unidos y a España. Aunque la Revolución trajo cambios positivos, el régimen sigue manteniendo un control estricto sobre la actividad política y limita la libertad de expresión.

Por razones de salud, en 2012 Fidel Castro pasó la presidencia a su hermano Raúl. En 2018, Miguel Díaz-Canel, también miembro del partido comunista, asumió la presidencia. Desde el principio de la Revolución, las relaciones entre los Estados Unidos y Cuba han sido muy conflictivas. Aunque bajo la administración de Barack Obama hubo esfuerzos para normalizarlas, por ahora el futuro diplomático entre estos países vecinos no queda claro.

Para leer más sobre el impacto de la Revolución cubana en la Cuba de hoy y para hacer actividades relacionadas con este tema, vaya a Connect.

©ANDREW ALVAREZ/Getty Images

Fidel Castro

MÁS ALLÁ DEL RINCÓN CULTURAL

©Miramax/Courtesy Everett Collection

***Fresa y chocolate* es una película cubana sobre cómo la amistad puede vencer la intolerancia y los prejuicios. Vea la película y haga las actividades relacionadas que se encuentran en Connect.**

For copyright reasons, McGraw-Hill does not provide the feature films referenced in *Más allá del Rincón cultural*. These films are readily available through retailers or online rental sites such as Amazon, iTunes or Netflix. Please consult your instructor for details on how to view this film.

ACTIVIDAD

Comprensión

 Paso 1 Escuche las oraciones sobre este evento histórico e indique si son ciertas (C) o falsas (F).

1. _____   2. _____   3. _____   4. _____   5. _____

Paso 2 Conteste las preguntas.

1. ¿Quiénes eran algunos de los líderes de la Revolución cubana?

2. ¿Cuáles han sido algunos de los beneficios de la Revolución?

3. ¿Cuáles son algunos de los problemas del régimen de Castro?

4. ¿Quién asumió la presidencia de Cuba en 2018? ¿Representó un cambio político en Cuba?

5. ¿Cree Ud. que las relaciones entre los Estados Unidos y Cuba deben normalizarse? ¿Por qué?

Lectura

Lin-Manuel Miranda, hijo de padres puertorriqueños, nació en un barrio de inmigrantes en Nueva York en 1980. De niño, sus padres siempre tocaban discos de los musicales de Broadway en casa y en el carro. Aunque su familia no tenía suficiente dinero para asistir a muchos espectáculos en Broadway, Miranda se enamoró del teatro. En su barrio siempre escuchaba música salsa y a su hermana mayor le fascinaba el *hip-hop*. Así que, desde una edad temprana la música fue una parte integral de su vida.

©Gladys Vega/Getty Images

Asistió a Hunter College High School y luego a Wesleyan University donde se especializó en teatro. Allí conoció a un grupo de latinos, todos líderes activos de sus comunidades. Gracias a esa influencia, empezó a escribir sobre la experiencia de ser inmigrante en los Estados Unidos, un tema que se refleja en su primera obra, *In the Heights*, que ganó el premio Tony como mejor musical en 2008.

En esta lectura va a aprender sobre el genio de Lin-Manuel Miranda y el proceso que sigue al escribir el guion (*script*), componer las 50 canciones y actuar como protagonista de *Hamilton,* uno de los musicales más electrizantes en la historia de Broadway. Cuando Miranda leyó la biografía de Alexander Hamilton, descubrió a un hombre elocuente, un provocador con un ego enorme y una ambición ilimitada, siempre listo para el combate. Según Miranda, son precisamente estas las características de un rapero. Y de allí surgió la idea de su musical *Hamilton*. A través del *hip-hop* y el *rap*, Miranda nos da una nueva perspectiva sobre cómo nació la democracia estadounidense y el sueño americano. La exitosa carrera de Miranda ya ha sido premiada con un Grammy, un Pulitzer, una beca de la Fundación MacArthur y 16 nominaciones al Tony.

ANTES DE LEER

A. Para comentar En parejas, contesten las preguntas.

1. ¿Recuerdan Uds. algún tipo de música o algunas canciones específicas que les gustaban cuando tenían 12 años? ¿Todavía les gustan esas canciones?

2. A Miranda siempre le ha fascinado la capacidad que tienen el teatro musical y la música *hip-hop* de transmitir una enorme cantidad de información y de narrar historias mediante la letra (*the lyrics*) de las canciones. En *Hamilton* hay más de 20.000 palabras pronunciadas a un ritmo medio de 144 palabras por minuto. ¿Les gusta el *hip-hop*? ¿Tiene la letra de esta música un valor social o educativo?

3. ¿Les gusta ver obras de teatro? ¿Hay alguna que les haya impresionado de manera particular?

4. ¿Hay un evento, una clase, un lugar, un maestro / una maestra o un grupo de amigos que haya tenido un impacto fuerte en su trayectoria académica o personal? Expliquen cómo afectó su vida.

B. **Acercándose al tema** Lea el título de la ficha y las palabras nuevas asociadas con la lectura. En parejas, indiquen si los espacios en blanco necesitan un sustantivo, un verbo o un adjetivo. Luego, elijan la palabra apropiada de la ficha para completar las oraciones.

Cómo nació un éxito de Broadway		
el duelo[1]	el fundador	la redacción[2]
componer	crear	pegar[3]
elogiado/a[4]	intrigado/a	sospechoso/a

[1]*duel* [2]*drafting* [3]*fit* [4]*praised*

1. Es sorprendente que un musical sobre los _____ de los Estados Unidos haya tenido tanto éxito.

2. Miranda _____ la música para uno de los espectáculos de Broadway más _____ de la última década.

3. Antes de leer su biografía, Miranda solo sabía que Alexander Hamilton era el rostro en los billetes de diez dólares y que murió en un _____ con Aaron Burr.

4. Al leer más de su biografía, Miranda se sintió _____ por el hecho de que Hamilton era un inmigrante caribeño, al igual que el padre de Miranda.

5. A pesar de que John Adams, James Madison y Thomas Jefferson pensaban que Hamilton era _____ por ser inmigrante, él se convirtió en secretario de George Washington, participó en la _____ de la Constitución, fue el primer secretario del Tesoro y estableció el primer banco del país.

6. Miranda _____ un musical sumamente original, no solo por haber elegido exclusivamente a actores afroamericanos y latinos para interpretar los papeles de los fundadores blancos, sino también por su uso de *hip-hop* y *rap*.

7. Para Miranda el *hip-hop* _____ perfectamente con ese momento histórico porque refleja las emociones y la energía de los jóvenes rebeldes que luchaban por la independencia.

Lin-Manuel Miranda revoluciona Broadway con Hamilton *a ritmo de* hip-hop

Ruth E. Hernández Beltrán

Después del éxito de *In The Heights*, Lin-Manuel Miranda vuelve a revolucionar Broadway con un musical a ritmo de *hip-hop* que cuenta la vida de Alexander Hamilton, uno de los padres fundadores de EE.UU., que ya ha contado con el mismo presidente Barack Obama entre el público.

«Antes de leer su biografía solo sabía que Hamilton era el rostro en los billetes de diez dólares y que murió a balazos porque hice un reporte para la escuela», confiesa en una entrevista a EFE* el dramaturgo,[1] que también compuso la música y protagoniza uno de los musicales más elogiados[2] en la última década.

VOCABULARIO

[1]*playwright* [2]alabados

*EFE se refiere a la agencia noticiera (*news agency*) que edita y distribuye el artículo.

(continúa)

Lin-Manuel Miranda revoluciona Broadway con Hamilton a ritmo de hip-hop (continuado)

El actor de origen puertorriqueño aseguró que tras <u>adentrarse</u> en la historia del personaje se sintió atraído por el hecho de que Hamilton (1755–1804) era un inmigrante caribeño[†] «igual que mi papá», con facilidad de palabra desde muy joven, que llegó a la ciudad de Nueva York en 1787.

©Bruce Glikas/Getty Images

VOCABULARIO

«Este es el cuento de un inmigrante que viene para tener una mejor vida, que cambió a este país, ayudó a <u>forjar</u> a EE.UU pero que fue visto como sospechoso por ser un inmigrante», dijo y destacó[3] que por ello no lo querían John Adams (se convirtió en el segundo presidente del país), Thomas Jefferson (el tercero) y James Madison (el cuarto).

VOCABULARIO

¿Quién(es)?   ¿Dónde?   ¿Qué pasó?

VERIFICAR

Llevar la obra a un escenario[4] le tomó seis años, según explicó Miranda en la entrevista a EFE, en la que aseguró que a la hora de escribir y componer siempre están presentes sus raíces latinas «porque es lo que soy», un hijo de puertorriqueños nacido en la Gran Manzana.

«Hamilton», en el que solo participan actores afroamericanos y latinos «porque refleja lo que es nuestra nación», según el dramaturgo, ha logrado tal conexión con el público, que se ha <u>volcado</u> con salas llenas desde su debut «off Broadway» a finales del pasado enero.

VOCABULARIO

Hamilton luchó en la guerra de independencia, fue secretario de George Washington, formó parte en la redacción de la Constitución, fundó y dirigió el Partido Federal y fue el primer secretario del Tesoro y estableció el primer banco del país. Murió un 12 de julio de 1804 en un duelo con el entonces vicepresidente Aaron Burr.

¿Quién(es)?   ¿Dónde?   ¿Qué pasó?

VERIFICAR

«Ser alguien de afuera es un tema que sigue regresando en lo que escribo», afirmó el también rapero, cuyo primer éxito fue con *In The Heights*, primer musical latino que llegó a Broadway sobre los deseos de esta comunidad de progresar sin perder sus raíces, que lo ayudó a ganar cuatro premios Tony.

VISUALIZAR

Como parte de su proyecto, Miranda visitó la isla de Nieves, lugar de nacimiento de Hamilton, y asegura que le transportó al pueblo donde creció su padre en Puerto Rico, donde pasaba las vacaciones en su infancia. «Podía imaginar a Hamilton, como mi padre, diciendo: 'me tengo que ir de aquí, no hay muchas oportunidades para mí'».

Para el dramaturgo, la clave del éxito de la obra es que el público «siente mi interés en contar la historia que aprendí. Yo me fasciné tanto con ella que creo que la gente siente mi entusiasmo», argumentó.

[3]*highlighted*   [4]*stage*

[†]Alexander Hamilton nació en la isla de Nieves en el Caribe.

(continúa)

Lin-Manuel Miranda revoluciona Broadway con Hamilton a ritmo de hip-hop (continuado)

«Lo que me encanta de escribir para Broadway es que no se trata de solo un género, sino un espectáculo que absorbe muchas culturas», indicó Miranda, quien pese a haber obtenido varios premios como actor prefiere dedicarse a escribir. «Quiero estar en el club de los que escriban tres o cuatro musicales en Broadway», concluyó.

Desde el presidente Obama y su esposa Michelle hasta la cantante Madonna o el actor Robert de Niro figuran entre las celebridades que ya han visto el nuevo musical. «Siempre es interesante cuando tus héroes vienen a verte y me siento muy honrado cuando eso pasa», reconoció Miranda.

Miranda trae esa historia al presente a través del *hip-hop*, un género que nació en el sur del Bronx y que no es nuevo en Broadway, pero que ha sido clave en la forma en que el puertorriqueño cuenta la vida de Hamilton.

«El *hip-hop* es la música de la revolución, tiene gran energía. La gente olvida que cuando empezó esa guerra (de independencia) los rebeldes eran jóvenes y creo que el *hip-hop* pega[5] con ese momento», afirma.

[5]*fits*

Beltrán, Ruth E. Hernández, "Lin Manuel Miranda revoluciona Broadway con "Hamilton" a ritmo de hip-hop," *EFE.com*, July 30, 2015. Copyright ©2015 by Agencia EFE. All rights reserved. Used with permission.

DESPUÉS DE LEER

A. Comprensión Conteste las preguntas según la lectura.

1. ¿Por qué sentía Miranda una conexión fuerte entre Alexander Hamilton y su padre?
2. ¿Qué sabía Miranda de Hamilton antes de leer su biografía?
3. ¿Cuáles fueron las contribuciones de Hamilton a su país adoptado?
4. ¿De qué trata el primer musical de Miranda, *In the Heights*?
5. ¿Por qué cree Miranda que el *hip-hop* es la música perfecta para contar la historia de la revolución estadounidense?

REACCIONAR

PASADO GUSTOS RECOMENDAR

B. Las creaciones de Miranda Para aprender más sobre la obra de Lin-Manuel Miranda, complete los párrafos con la forma correcta del pretérito, imperfecto, presente perfecto o pluscuamperfecto. Después, complete las oraciones que siguen.

1. *In the Heights*

De joven Miranda _____ (vivir) en un barrio de inmigrantes latinos en el norte de Manhattan. A pesar de los problemas que _____ (haber), él _____ (criarse) en un ambiente muy conectado a los valores familiares. La gente a su alrededor _____ (conocerse) y _____ (ayudarse) mutuamente. Pero Miranda nunca _____ (ver) en la

televisión o en el cine retratos positivos de su barrio y su gente. Solo
_____ (hablarse) de la delincuencia y el crimen. Con su primera obra
musical, *In the Heights*, _____ (querer) presentar un retrato más
humano de la realidad de su barrio.

a. A Miranda _____ (fastidiar) la ausencia de programas que
   retrataban aspectos positivos de la cultura latina en los Estados Unidos.
b. Es triste que…
c. Es evidente que…

2. **No quiero perder mi momento (*My Shot*)**

El mensaje de una de las canciones más conocidas de *Hamilton* presenta al
público lo que _____ (haber / pasar) en la vida de Alexander
Hamilton antes de su llegada a las colonias norteamericanas y ayuda a
entender de dónde _____ (provenir) su ambición sin límites. Su
padre lo_____ (haber / abandonar) tres años antes de la muerte de
su madre. A los trece años Alexander ya _____ (ser / estar)
huérfano (*orphan*). Cuatro años más tarde un huracán fuerte _____
(destruir) la isla caribeña donde _____ (vivir), dejando a la gente
desesperada y sin recursos para sobrevivir. Algunas personas mayores
(*elders*) de la isla _____ (reconocer) el enorme talento de Hamilton
para expresarse porque _____ (haber / escribir) un impresionante
artículo describiendo elocuentemente los efectos horripilantes del huracán.
Por eso, _____ (decidir) mandar al joven Alexander a las colonias
para recibir una educación avanzada. La canción expresa el feroz deseo de
Hamilton de dejar su huella (*mark*) en la historia.

a. A los jóvenes que tienen juventudes inestables les _____
   (convenir) tener el apoyo de adultos comprensivos y generosos.
b. Es impresionante que un joven con tantas desventajas…
c. Está claro que Alexander Hamilton…

3. ***Hamilton* está creando aficionados a la historia (*history buffs*)**

La popularidad de *Hamilton* entre los jóvenes estudiantes
_____ (haber / ser) fenomenal. Hay miles de estudiantes
que _____ (haber / memorizar) la letra de muchas de las
canciones del musical. Evidentemente muchos estudiantes
_____ (haber / sentir) una conexión visceral con la obra,
y en particular con su lenguaje poético. Es obvio que Miranda
_____ (haber / cautivar) a este público joven con su
ingeniosa idea de contar la historia nacional con un estilo
moderno usando el *hip-hop* y el *rap*. Miles de estudiantes
neoyorquinos con pocos recursos_____ (haber / poder)
experimentar este musical espectacular en vivo por una
iniciativa de la Fundación Rockefeller que _____ (haber / apoyar)
una serie de matinés estudiantiles donde las entradas cuestan solo $10.
Ahora en cada ciudad donde se estrena *Hamilton*, Miranda _____
(haber / garantizar) descuentos para los estudiantes.

©Walter McBride/Getty Images

a. A miles de jóvenes _____ (fascinar) la letra y el estilo *hip-hop* del
   musical.
b. Es fantástico que Miranda…
c. Espero que…

©Nicholas Hunt/Getty Images

C. Las influencias del genio

Paso 1 Lea sobre algunas de las importantes influencias en la vida de Lin-Manuel Miranda.

a. <u>Lugares</u>: Iba a Vega Alta en Puerto Rico cada verano para visitar a sus abuelos.

b. <u>Parientes</u>: Su abuelo era un líder comunitario en Puerto Rico y su padre era consultor político en Nueva York. Fundó La Federación Hispana con el propósito de ayudar a países latinos con necesidades.

c. <u>Amistades</u>: Sus compañeros universitarios eran líderes y activistas en la comunidad latina.

d. <u>Pasiones</u>: Le encantaban los musicales de Broadway, el *hip-hop* y el *rap*.

Paso 2 Lea cómo estas cuatro influencias siguen impactando su vida.

Su pasión por los musicales de Broadway y su interés en combatir la retórica «anti inmigrante» lo inspiraron a crear conciencia sobre las aportaciones de los inmigrantes a través de sus musicales *In the Heights* y *Hamilton*. En 2017, después de ver cómo el huracán María había destruido gran parte de su querido Puerto Rico, junto con la Federación Hispana lanzó el proyecto Amanece (*It's dawning*), un fondo de 2,5 millones de dólares para ayudar a la isla a recuperarse de la devastación. Gran parte del dinero recaudado (*raised*) proviene de la venta de la canción «Almost Like Praying», que incluye la participación de sus amigos Marc Anthony, Luis Fonsi, John Leguizamo, Jennifer López y Rita Moreno, entre otros.

Paso 3 Tome apuntes sobre los factores que han tenido un impacto importante en su propia vida, usando estas categorías.

a. Lugares:

b. Parientes:

c. Amistades:

d. Pasiones:

Paso 4 En parejas, entrevístense para conseguir información sobre cómo estos factores han impactado sus vidas hasta ahora y cómo creen que impactarán sus futuros. Luego, usando sus apuntes, escriba un breve artículo sobre las influencias más importantes en la vida de su compañero.

D. Para discutir

1. Aunque los personajes en *Hamilton* se basan en personas históricas de ascendencia europea, Miranda eligió un elenco (*cast*) hispano y afroamericano que canta música asociada en gran parte con los latinos y afroamericanos. ¿Por qué cree Ud. que funcionaron con tanto éxito estas decisiones creativas y atrevidas?

2. Hay una teoría de que las necesidades emocionales de la actuación fomentan en los actores un mayor sentido de empatía y una mayor capacidad de entender situaciones y personas fuera de sus propios entornos. ¿Alguna vez ha actuado Ud. en una obra de teatro? ¿Cree que es verdad lo que se dice sobre la empatía de los actores? Si es verdad, ¿cree que debemos darle más importancia al teatro en las escuelas primarias y secundarias?

3. En una canción del musical, «Los inmigrantes, cumplimos» (*"Immigrants, we get the job done!"*), Miranda enfatiza el aporte valioso de los inmigrantes. ¿Conoce Ud. personalmente a algún inmigrante? ¿De qué país? ¿Cómo han sido para esa persona la experiencia de integración y los esfuerzos por mantener conexiones con sus raíces?

4. Miranda no ha ocultado su frustración con la retórica «anti-inmigrante». También critica la falta de acción y la ausencia de fondos para ayudar a Puerto Rico después del huracán María. ¿Le gusta o le molesta que las celebridades usen su fama para promover sus ideales políticos? Explique.

¿CÓMO LE VA CON ESTOS PUNTOS CLAVE?

A. Prueba diagnóstica

PASADO COMPARAR DESCRIBIR

Paso 1 Complete el párrafo con la forma correcta de la palabra apropiada entre paréntesis, para ver cómo le va con las metas comunicativas Descripción, Comparación y Narración en el pasado. Conjugue los verbos en letra normal en el pasado, eligiendo entre **ser** y **estar** cuando sea necesario, y ponga los adjetivos en la forma correcta. Forme adjetivos con los verbos en **negrilla,** usando el participio pasado y teniendo cuidado con la concordancia.

Patricia, Dedé, Minerva y María Teresa _____[1] (ser / estar) cuatro hermanas que fueron _____[2] (**criar**) en una vida relativamente _____[3] (**acomodar**) durante la dictadura de Rafael Leonides Trujillo en la República Dominicana (1928–1961). La dictadura _____[4] (ser / estar) _____[5] (totalitario), _____[6] (opresivo) y _____[7] (sangriento[a]). En la escuela secundaria, Patricia, Minerva y María Teresa, _____[8] (**conocer**) como «las Mariposas», _____[9] (empezar) a trabajar por la resistencia _____[10] (clandestino). _____[11] (Ser / Estar) un trabajo sumamente _____[12] (peligroso) ya que Trujillo _____[13] (castigar) a sus opositores con la tortura y hasta con la muerte. De hecho, por sus actividades, las tres _____[14] (ser / estar) _____[15] (**encarcelar**[b]) por un tiempo en el famoso centro de tortura, «La 40». El 25 de noviembre de 1960, después de salir de «La 40», _____[16] (ser / estar) _____[17] (**asesinar**) mientras _____[18] (viajar) a ver a sus esposos, quienes también _____[19] (encontrarse) en la cárcel. _____[20] (**Morir**) las tres, _____[21] (dejar) solo a Dedé, quien _____[22] (quedarse) en el país, cuidando el legado[c] de sus hermanas. La historia de las hermanas Mirabal _____[23] (ser / estar) _____[24] (**contar**) por la escritora dominicana Julia Álvarez, en su novela *En el tiempo de las mariposas.*

[a]*bloody* [b]*to jail* [c]*legacy*

RESPUESTAS: 1. eran 2. criadas 3. acomodada 4. era 5. totalitaria 6. opresiva 7. sangrienta 8. conocidas 9. empezaron 10. clandestina 11. Era 12. peligroso 13. castigaba 14. fueron 15. encarceladas 16. fueron 17. asesinadas 18. viajaban 19. se encontraban 20. Muertas 21. dejaron 22. se quedó 23. fue 24. contada

Paso 2 Ahora, haga comparaciones en el pasado, utilizando las siguientes indicaciones. Cuando tenga que hacer una comparación con un adjetivo, elija entre **ser** y **estar** para realizar la comparación.

1. Las maestras de las hermanas Mirabal // preocupado // sus parientes (=)
2. Patricia, Minerva y María Teresa // pasar // un año en la cárcel (+)
3. Dedé // rebelde // sus hermanas (−)
4. Con la muerte de sus hermanas, Dedé // llorar // los esposos de ellas (=)
5. «Las Mariposas» // tener admiradores // otros héroes nacionales (=)

RESPUESTAS: 1. Las maestras de las hermanas Mirabal estaban tan preocupadas como sus parientes. 2. Patricia, Minerva y María Teresa pasaron más de un año en la cárcel. 3. Dedé era menos rebelde que sus hermanas. 4. Con la muerte de sus hermanas, Dedé lloró tanto como sus esposos. 5. «Las mariposas>> tienen tantos admiradores como otros héroes nacionales.

©McGraw-Hill Education/Sadie Ray, photographer

Patricia, Minerva y María Teresa Mirabal

B. Autoevaluación

Complete la autoevaluación de su progreso en estas metas comunicativas.

META COMUNICATIVA	MUY BIEN	BIEN	NO TAN BIEN
D DESCRIBIR Descripción	☐	☐	☐
C COMPARAR Comparación	☐	☐	☐
P PASADO Narración en el pasado	☐	☐	☐

¡Ojo!

If you are still having trouble with these **Metas comunicativas,** you can complete (or redo) the LearnSmart modules for this chapter for additional practice.

El Callejón del Beso (Guanajuato, México)

©Heather Jarry

CAPÍTULO 3
Pasiones y sentimientos
Las relaciones humanas

Meta comunicativa

REACCIONAR

RECOMENDAR

Temas centrales

- el amor
- los sentimientos
- las pasiones

Zona de enfoque

- México

En este capítulo Ud. va a explorar los temas de las pasiones y las relaciones sentimentales.

Preguntas para considerar

- ¿Qué nos atrae de otra persona?
- ¿Qué hace que las relaciones sentimentales sean duraderas (*lasting*) o pasajeras (*fleeting*)?
- ¿Qué emociones surgen en las relaciones humanas?
- ¿Tienen sus amigos más cercanos los mismos intereses que tiene Ud.? ¿Cuáles son las cualidades que espera de sus amistades más íntimas?
- En el cuadro que se ve en esta página, se representa el amor prohibido. Hoy en día, ¿tienen los padres una influencia fuerte en la selección de la pareja de sus hijos?

La historia

Buscando el equilibrio

Situación: Diego le habla a Sergio sobre una reunión emocionante que tuvo hace dos días. También le confiesa que sus **relaciones sentimentales** con su novia Cristina han sufrido recientemente por su obsesión con el trabajo. Lea el diálogo y preste especial atención al uso del vocabulario nuevo, que está **en negrilla**.

©McGraw-Hill Education

Sergio le da consejos a su primo Diego.

SERGIO: Hombre, qué gusto verte aquí en Ruta Maya. ¿Qué me cuentas?

DIEGO: Pues estoy muy **emocionado** y tenía que compartir unas noticias con alguien.

SERGIO: Dime.

DIEGO: Bueno, anteayer me reuní con Lupe Flores, la nueva directora del Museo Mexic-Arte, para hablar del proyecto que propuse hace tres meses.

SERGIO: ¿Te refieres a la exposición de pinturas y fotos de parejas mexicanas famosas?

DIEGO: Sí. Lupe está tan entusiasmada como yo con la posibilidad de montar la exhibición en febrero.

SERGIO: ¿Ya han escogido las parejas?

DIEGO: Pensamos incluir a Diego Rivera y Frida Kahlo, a La Malinche y Hernán Cortés, y a Felipe Carrillo Puerto y Alma Reed, entre otros. Hace años que **sueño con** este proyecto.

SERGIO: ¡Qué padre! Así que conseguiste **un compromiso** oficial de Lupe para hacerlo.

DIEGO: Pues oficial, oficial, no. Lupe quiere reunirse conmigo de nuevo.

SERGIO: Uy, primo, ¿estás seguro de que es necesario reunirse tanto?

DIEGO: ¿Qué estás insinuando?

SERGIO: Nada, nada. No quiero **meterme en líos** con Cristina.

DIEGO: Espera, ¿qué pasa?

SERGIO: Es que hablé con Cristina ayer y me dijo que la **dejaste plantada** y ahora, escuchándote, creo que fue la noche en que estuviste con Lupe.

DIEGO: Sí, ya lo sé. Cristina está muy **enojada** conmigo. **Se puso rabiosa** y hasta me dijo que quería **romper conmigo.**

SERGIO: La entiendo, mano. Cristina **te quiere** mucho y **merece** mejor **trato.** Uds. son **almas gemelas** y no quiero que algún día lamentes tus decisiones por culpa de Lupita y tu trabajo.

DIEGO: Tienes toda la razón. Conversar con alguien tan **apasionada** por el arte como Lupe fue **genial.** Se me fue el tiempo por completo.

SERGIO: ¡Cuidado con Lupita!

DIEGO: No, no es lo que tú estás pensando. **Coqueteamos** un poco, pero no hay absolutamente nada entre nosotros.

SERGIO: ¿Dirías lo mismo si fuera Cristina reuniéndose con otro hombre y **dejándote plantado** a ti?

ACTIVIDADES

A. Comprensión Escuche las oraciones sobre **La historia** e indique si son ciertas (C) o falsas (F).

1. _____   2. _____   3. _____   4. _____   5. _____

B. Detective Busque en el diálogo ejemplos de las siguientes metas comunicativas: Descripción (D), Narración en el pasado (P), Comparación (C) y Reaccionar y recomendar (R). Subraye cada palabra o frase que represente una (o una combinación) de estas metas comunicativas. Luego, escriba al margen la(s) letra(s) que corresponde(n) a cada ejemplo subrayado (D, P, C o R).

MODELOS: Se puso rabiosa y hasta me dijo que quería romper conmigo. (P)
Pues estoy muy emocionado. (D)

C. Preguntas Conteste las preguntas, según el diálogo.

1. ¿Por qué está emocionado Diego?
2. ¿Cuál es la exposición que piensa montar?
3. ¿Por qué puede causarle problemas con Cristina este trabajo?
4. ¿Por qué piensa Sergio que lo que está haciendo Diego es peligroso?

REACCIONAR
RECOMENDAR

D. Reacciones y recomendaciones Complete las oraciones, basándose en la situación de Diego y Cristina y utilizando en cada oración un conector de la lista.

Conectores

en cambio
para que + *subjuntivo*
por eso
porque
sin embargo
ya que

MODELO: Es una lástima que Diego trabaje tanto porque ahora no tiene tiempo para sus amigos.

1. Es fantástico que el museo Mexic-Arte...
2. A Cristina no le gusta que...
3. Sergio cree que...
4. Dudo que Diego y Cristina...

E. Twitter Escriba un tuit sobre la conversación que escuchó en Ruta Maya entre Diego y Sergio.

Vocabulario del tema

PARA HABLAR DE LAS RELACIONES SENTIMENTALES

abrazar	to hug
atraer (*irreg.*)	to attract
besar	to kiss
casarse (con)	to marry, get married (to)
coquetear	to flirt
dejar a alguien	to leave someone
dejar plantado/a	to stand (someone) up
discutir	to argue
divorciarse (de)	to get a divorce (from)
enamorarse (de)	to fall in love (with)
merecer (merezco)	to deserve
meterse en líos	to get into trouble
odiar	to hate
piropear	to compliment (romantically)*
ponerse (*irreg.*)	to become, get[+]
querer (*irreg.*)	to love
romper con	to break up with
salir (*irreg.*) con	to date
ser fiel	to be faithful
soñar (ue) con	to dream about

VERBOS PARA INFLUIR

aconsejar	to advise
recomendar (ie)	to recommend
rogar (ue)	to beg
sugerir (ie, i)	to suggest

PARA DESCRIBIR LAS RELACIONES SENTIMENTALES[‡]

dañino/a	harmful
duradero/a	lasting
exitoso/a	successful
genial	wonderful
inolvidable	unforgettable
íntimo/a	close, intimate
pasajero/a	fleeting
tempestuoso/a	stormy

©JM Nieto. All rights reserved. Used with permission.

Describa las emociones que expresó la mujer esa noche.

PARA DESCRIBIR LAS EMOCIONES[‡]

alucinado/a	amazed
apasionado/a	passionate
apenado/a	pained, sad
asustado/a	frightened
avergonzado/a	embarrassed
cauteloso/a[§]	cautious
celoso/a	jealous
deprimido/a	depressed
emocionado/a	excited
enojado/a	angry
halagado/a	flattered
harto/a (de)	fed up (with), sick (of)
nostálgico/a	nostalgic; homesick
rabioso/a	furious
satisfecho/a	satisfied

MÁS SOBRE LAS RELACIONES SENTIMENTALES

el alma gemela	soul mate
la amistad	friendship
el compromiso	commitment
el equilibrio	balance
el fracaso	failure
la media naranja[¶]	other half
el soltero / la soltera	single person
el trato	treatment

---

*Piropear carries a special significance in Hispanic culture. See the **Nota cultural Los piropos** in this chapter.

[+]Remember that **ponerse** is used with adjectives to communicate the English concept of *to become/ get + adjective* when describing emotional or physical states.

Me puse nerviosa.	I became/got nervous.
Él se puso rojo.	He blushed. (*Literally:* He became/got red.)

[‡]Remember to use **ser** with adjectives when describing inherent characteristics and **estar** when referring to emotional or physical states.

[§]**Cauteloso/a** is only used with **ser**.

[¶]Literally: *the half of an orange*.

A. Vocabulario en contexto En parejas, lean las afirmaciones y comenten por qué están de acuerdo o no con ellas. Deben reaccionar ante las opiniones de su compañero/a.

Para conversar mejor

Desde mi punto de vista...	No estoy de acuerdo en absoluto.
En mi opinión... / Yo creo que...	Pero, ¿qué dices?
Estoy completamente de acuerdo.	¡Qué barbaridad!
Me sorprende que creas eso.	Tienes toda la razón.

1. No es prudente salir con alguien que siempre coquetea con otros.
2. Es natural sentirse enojado/a si alguien lo/la deja plantado/a.
3. Es esencial hacer todo lo posible para no divorciarse nunca.
4. Una amistad entre personas sin intereses similares es imposible.
5. No es una buena idea casarse con una persona súper guapa.
6. Enamorarse de una persona de otro país es meterse en líos.
7. Las personas apasionadas con su trabajo no hacen buenos amigos.
8. Sería genial conocer a la futura pareja a través del Internet.
9. Ser fiel a su pareja es lo más importante en una relación amorosa.

«El divorcio express D.F.» y los matrimonios renovables

Septiembre de 2011

En la Ciudad de México la mitad de los matrimonios terminan en divorcio. En 2008, hubo tantos divorcios en el D.F. que crearon un proceso llamado «Divorcio express D.F.» que permite disolver un matrimonio en cuatro semanas. En los primeros tres años, hubo cerca de 60.000 divorcios.

Semejantemente, en 2011, unos diputados[1] propusieron una solución radical para reducir el número de divorcios: contratos matrimoniales renovables. Querían ofrecerle a cualquier pareja la opción de renovar su matrimonio cada dos años. Al final del contrato, los esposos podrían decidir si querían seguir casados o separarse, sin pasar por el proceso costoso y doloroso[2] del divorcio. En su opinión, de esa manera, romper con la pareja sería menos traumático y vergonzoso.

[1]*legislators* [2]*painful*

La mitad de los matrimonios en el Distrito Federal terminan en divorcio.

©Purestock/SuperStock

B. Matrimonios renovables Una idea radical propone cambiar completamente la forma en que se lleva a cabo el matrimonio en México. En parejas, lean el artículo periodístico y completen las actividades.

Paso 1 Mire los adjetivos en la tabla de la siguiente página y fíjese en la diferencia entre las terminaciones **-ado/a** (del participio pasado) y **-ante** o **-ente** y en los verbos que se usan en cada caso.

ESTAR		SER	
alucinado/a	*amazed*	alucinante	*amazing*
deprimido/a	*depressed*	deprimente	*depressing*
emocionado/a	*excited*	emocionante	*exciting*
fascinado/a	*fascinated*	fascinante	*fascinating*
impresionado/a	*impressed*	impresionante	*impressive*
preocupado/a	*worried*	preocupante	*worrisome*
relajado/a	*relaxed*	relajante	*relaxing*
sorprendido/a	*surprised*	sorprendente	*surprising*

Paso 2 Lea las reacciones de dos mexicanos ante la propuesta de los matrimonios renovables y complételas con la forma correcta del adjetivo más apropiado.

GLORIA: Esa propuesta es _____[1] (alucinado / alucinante). No puedo creer que hayan propuesto algo así.

SALVADOR: Bueno, estoy tan _____[2] (sorprendido / sorprendente) como tú, pero no me parece tan _____[3] (preocupado / preocupante). De hecho, es _____[4] (fascinado / fascinante) pensar en las ramificaciones sociales y legales que implica.

GLORIA: Pues sí, normalmente, el principio de un matrimonio es _____[5] (emocionado / emocionante). Todos piensan que sus relaciones serán duraderas.

SALVADOR: Es a los dos años, aproximadamente, que las cosas se ponen difíciles. Los esposos están _____[6] (estresado / estresante) por el trabajo y _____[7] (preocupado / preocupante) por su situación económica. No tienen ni un centavo para tomarse unas vacaciones _____[8] (relajado / relajante).

GLORIA: Qué _____[9] (deprimido / deprimente) es verlo así, pero es cierto. Muchos matrimonios fracasan en los primeros años. Quizás la idea de un contrato renovable no sea tan ridícula.

Paso 3 Complete las frases de manera original, usando la información sobre el artículo.

REACCIONAR

R

RECOMENDAR

1. Dudo que... 2. Es posible que... 3. Es una lástima que...

C. WhatsApp Lourdes habla con su mejor amiga, Estela. Ud. escuchará la mitad de la conversación —lo que Lourdes le dice a Estela. La primera vez que escuche, no escriba nada. La segunda vez escriba las preguntas y, al final, la despedida de Lourdes. Después, en parejas, inventen respuestas lógicas para completar la conversación.

MODELO: Ud. oye: LOURDES: Hola, Estela. ¿Cómo te va?

Ud. escribe: LOURDES: ¿Cómo te va? _____

ESTELA: Pues, bien, nada nuevo. ¿Y tú? _____

1. LOURDES (pregunta): _____

   ESTELA: _____

2. LOURDES (pregunta): _____

   ESTELA: _____

3. LOURDES (pregunta): _____

   ESTELA: _____

4. LOURDES (despedida): _____

   ESTELA: _____

D. Preguntas personales En parejas, contesten las preguntas, utilizando palabras del **Vocabulario del tema.** Escuche a su compañero/a y reaccione con algunas expresiones de **Para conversar mejor.**

Para conversar mejor

¡Qué chévere/guay/padre!	¡Fenomenal!
¡Qué horror!	¿De veras? ¿En serio?
¡Qué lío!	Sí, tienes razón.
¡Qué suerte!	¿Tú crees?
¡Qué vergüenza!	Dime más.

 PASADO

 GUSTOS

REACCIONAR RECOMENDAR

 COMPARAR HIPÓTESIS

1. ¿Recuerda algún incidente de su niñez en el que se haya sentido muy avergonzado/a, asustado/a o halagado/a? ¿Cuántos años tenía? ¿Qué pasó?

2. ¿Qué actividades le apasionan a Ud.? ¿Cree que pasa demasiado tiempo haciendo estas actividades? Explique. ¿Ha hecho amistades a través de esas actividades? ¿Cómo son?

3. Una amiga acaba de decirle que va a textear a su novio para romper con él. ¿Qué opina de esta idea y qué sugerencias le puede ofrecer?

4. Haga una comparación entre el comportamiento de una pareja que tiene relaciones exitosas y el de una pareja que tiene relaciones dañinas. ¿Qué haría Ud. para no meterse en líos en sus relaciones sentimentales?

E. Problemas sentimentales En parejas, terminen las oraciones en el tiempo pasado para dar más información sobre los problemas presentados. Luego, ofrezcan sugerencias a su compañero/a para remediar cada situación. Utilicen una frase diferente para cada una de las situaciones.

©Jupiterimages/Getty Images

¿Por qué tendrá esta pareja problemas sentimentales?

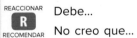 REACCIONAR RECOMENDAR

Debe...	Es necesario...	Es evidente que...
No creo que...	Recomiendo que...	Tiene que...

1. Mi nueva relación sentimental es muy tempestuosa. La semana pasada, tres veces...

2. No hay equilibrio en mi vida. Mi novio dice que trabajo demasiado. Por ejemplo, anteayer...

3. Mi novio es súper guapo. Yo soy celosa y me pongo rabiosa cuando las otras mujeres lo miran. Por ejemplo, el día de mi cumpleaños...

4. Estoy muy enojada con mis amigos porque dicen que merezco un novio más sensible. Ellos lo odian porque una vez...

5. Estoy apenado/a porque después de un largo noviazgo, me di cuenta de que mi pareja no es mi media naranja. Lo sé porque...

6. La amistad más importante en mi vida es la que tengo con mi vecino, David. Nos conocimos cuando teníamos 8 años. El problema es que mi nuevo novio no cree que las personas del sexo opuesto puedan ser solo amigos. La última vez que David me saludó con un beso, mi novio...

F. **¿Qué nos atrae?** Piense en su grupo de amigos íntimos. ¿Tienen todos una personalidad semejante? ¿Tienen Uds. los mismos intereses?

DESCRIBIR

Paso 1 Indique con una X los adjetivos que describan su personalidad y la de su mejor amigo/a. Luego, indique las actividades que les interesan a Ud. y a su mejor amigo/a. Finalmente, puede añadir algunas características e intereses que no aparezcan en la tabla.

CARACTERÍSTICAS			INTERESES		
ADJETIVOS	YO	MI MEJOR AMIGO/A	ACTIVIDADES	YO	MI MEJOR AMIGO/A
atrevido/a			chismear (*to gossip*)		
cómico/a			hacer ejercicio		
estudioso/a			ir a los bares		
fiestero/a			ir de compras		
hablador(a)			jugar videojuegos		
religioso/a			leer		
testarudo/a			mirar deportes		
tranquilo/a			mirar telenovelas		
¿?			¿?		

Paso 2 Ahora, calcule los resultados.

1. ¿Cuántas características tienen en común?
2. ¿Cuántos intereses comparten?
3. Comparta esta información con un compañero / una compañera de clase, explicándole por qué ha sido exitosa su amistad con su mejor amigo/a.

Paso 3 En grupos de tres, compartan los resultados y contesten las preguntas.

1. ¿Cree Ud. en la idea de que los polos opuestos se atraen?
2. ¿Pueden ser exitosas las relaciones entre personas muy diferentes?
3. En una amistad duradera, ¿qué es más importante: poseer características personales similares o compartir muchos intereses?
4. ¿De qué manera puede una pasión interferir en las relaciones interpersonales?
5. ¿Conoce Ud. a alguien que tenga una pasión que lo/la haya alejado (*has distanced him/her*) de sus amigos o familiares?

G. **Problemas cotidianos** Con la clase entera, revisen los dos problemas y hagan una lista del vocabulario necesario para conversar bien sobre estos temas. Después, en parejas, preparen un diálogo espontáneo sobre cada problema.

1. Un novio / Una novia acaba de mandarle una tarjeta virtual (o flores virtuales) para el Día de San Valentín a través del Internet en vez de una tarjeta convencional o flores de verdad. Su pareja está furiosa y él/ella no comprende su reacción.
2. Una persona acaba de conocer a un hombre / una mujer a través del Internet. Su mejor amigo/a es muy cauteloso/a y cree sin la menor duda que no es prudente salir con esa persona, pero la primera persona está seguro/a de que esa persona es su media naranja.

NOTA CULTURAL • Los piropos

Imagínese la siguiente situación: Varios chicos están reunidos en un lugar público, charlando.[1] De repente, ven pasar un coche descapotable,[2] último modelo, de una buena empresa[3] automovilística. Uno de los chicos exclama: «¡Vaya máquina!». Ahora tenemos una situación similar, pero esta vez los chicos ven pasar a una chica muy guapa y no pueden evitar un comentario: «¡Vaya monumento!». Estos chicos acaban de piropear a una joven atractiva. El piropo es una forma de expresión muy hispana que los chicos usan normalmente para halagar a las chicas. Cuando los piropos son alabanzas discretas, cuando tienen gracia[4] y son inofensivos, pueden ser bien recibidos por las chicas. Por desgracia, las cosas que se dicen no siempre son una manera inocente de coquetear. Es posible que reflejen el mal gusto y la grosería de quien las dice y, por lo tanto, pierden su validez como piropos y pasan a ser algo diferente y desagradable. Cuando esto ocurre, la reacción de la chica será de disgusto y rechazo.

A algunas mujeres hispanas les puede agradar que las piropeen por la calle, siempre que se trate de un verdadero piropo y no de una barbaridad obscena. Es indudable que hasta los piropos más simpáticos implican una coquetería «sensual», pero cuando un chico traspasa los límites permitidos ya no se trata de un sencillo piropo, sino de una agresión que nunca será bien recibida.

[1]hablando   [2]*convertible*   [3]compañía   [4]tienen... *they're charming*

Preguntas

1. En grupos de tres, comenten la costumbre de piropear a las mujeres. ¿Son sexistas los piropos?

2. ¿Piensan que a los hombres les gustaría escuchar piropos sobre su aspecto físico mientras caminan por la calle? Expliquen.

Actividad

COMPARAR

En grupos de tres, lean los siguientes piropos e indiquen cuál es el más cursi, el más romántico, el más poético y el más tonto.

1. Si yo fuera pintor, te haría un retrato y lo llamaría *Perfección.*

2. Estoy celoso hasta de tu espejo (*mirror*).

3. ¡Tantas curvas y yo sin frenos!

4. Si mi corazón volara, tu alma sería mi aeropuerto.

5. Estoy buscando diosas para una nueva religión y acabo de elegirte a ti.

6. Jennifer López es una bruja (*witch*) junto a ti.

7. Eres mi príncipe y siempre lo serás, y yo tu princesa hasta la eternidad.

8. Quisiera ser gato para vivir siete vidas a tu lado.*

---

*Note that while, in English, cats are said to have nine lives, in Spanish they are said to have seven.

©Stockbyte/Getty Images

Puntos clave

Reacciones y recomendaciones

REACCIONAR
R
RECOMENDAR

En esta sección del capítulo, Ud. va a practicar las reacciones y recomendaciones. Para hacerlo bien, hay que utilizar las estructuras gramaticales (los puntos clave) de la siguiente tabla que pertenecen a la meta comunicativa. Antes de continuar, estudie las explicaciones de estas estructuras gramaticales en las páginas moradas que están al final del libro.

LA META COMUNICATIVA DE ESTE CAPÍTULO		
ICONO	META COMUNICATIVA	PUNTOS CLAVE
REACCIONAR **R** RECOMENDAR	Reacciones y recomendaciones	• el subjuntivo en cláusulas nominales • los mandatos

PRUEBA DIAGNÓSTICA

A. El subjuntivo Las estudiantinas son grupos de jóvenes universitarios que pasean por la ciudad de noche, vestidos de trovadores medievales, cantando canciones tradicionales y serenatas románticas. La costumbre empezó en España en el siglo XIII e inmigró a las Américas. Además de ser una gran diversión, es una buena manera de ganarse un poco de dinero para los gastos de la universidad. Lea la siguiente historia sobre unos futuros tunos y llene los espacios en blanco con la forma apropiada de los verbos que están entre paréntesis.

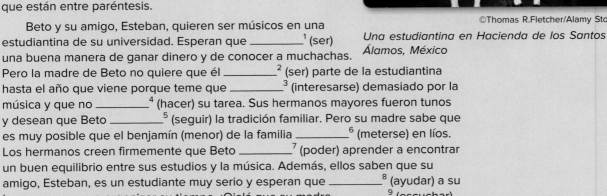

©Thomas R.Fletcher/Alamy Stock Photo

Una estudiantina en Hacienda de los Santos Álamos, México

Beto y su amigo, Esteban, quieren ser músicos en una estudiantina de su universidad. Esperan que _____[1] (ser) una buena manera de ganar dinero y de conocer a muchachas. Pero la madre de Beto no quiere que él _____[2] (ser) parte de la estudiantina hasta el año que viene porque teme que _____[3] (interesarse) demasiado por la música y que no _____[4] (hacer) su tarea. Sus hermanos mayores fueron tunos y desean que Beto _____[5] (seguir) la tradición familiar. Pero su madre sabe que es muy posible que el benjamín (menor) de la familia _____[6] (meterse) en líos. Los hermanos creen firmemente que Beto _____[7] (poder) aprender a encontrar un buen equilibrio entre sus estudios y la música. Además, ellos saben que su amigo, Esteban, es un estudiante muy serio y esperan que _____[8] (ayudar) a su hermano menor a organizar su tiempo. ¡Ojalá que su madre _____[9] (escuchar) a sus hijos mayores!

RESPUESTAS: 1. sea 2. sea 3. se interese 4. haga 5. siga 6. se meta 7. puede 8. ayude 9. escuche

(continúa)

B. Los mandatos Beto y Esteban ya son tunos. Complete las oraciones con los mandatos que les da el director de la estudiantina. Como el director es también estudiante, utilice la forma informal del imperativo.

1. «Beto, _____ (hacer) la tarea antes de practicar con la estudiantina. No _____ (posponer) el trabajo.»

2. «Esteban y Beto, _____ (divertirse) durante sus presentaciones, pero no _____ (coquetear) tanto con las muchachas del público.»

3. «Beto, _____ (venir) a la plaza para tocar a las 10:00 de la noche. No _____ (llegar) tarde.»

4. «Muchachos, _____ (practicar) sus instrumentos todos los días. No _____ (olvidarse) de su compromiso con la estudiantina.»

RESPUESTAS: 1. haz, pospongas 2. diviértanse, coqueteen 3. ven, llegues 4. practiquen, se olviden

ACTIVIDADES

REACCIONAR
R
RECOMENDAR

Las siguientes actividades le darán la oportunidad de practicar la expresión de reacciones y recomendaciones. Recuerde que debe usar el subjuntivo en la mayoría de los casos y a veces los mandatos.

A. Una visita a Guanajuato Imagínese que Ud. conoce Guanajuato muy bien y unos amigos van a estudiar allí el semestre que viene. Haga comentarios sobre la ciudad completando las siguientes oraciones con la cláusula más apropiada. Luego compare sus respuestas con las de un compañero / una compañera. ¿Es posible que los dos estén correctos? Explique la razón por la cual su respuesta es correcta.

Dudo que	Espero que	Recomiendo que
Es alucinante que	Estoy seguro/a de que	Sé que
Es posible que	Me gusta que	Sugiero que
Es una lástima que	Ojalá que	Temo que

©Kim Karpeles/Alamy Stock Photo

Varias personas construyen altares para el Día de los Muertos en la Universidad de Guanajuato.

1. _____ hay muchos estudiantes internacionales en Guanajuato.

2. _____ visiten el museo de la Momias y la casa natal de Diego Rivera.

3. _____ coman en el restaurante Trucha 7. El ambiente es fantástico.

4. _____ las enchiladas mineras son deliciosas y los postres también.

5. _____ haya muchos turistas durante los festivales.

6. _____ puedan escuchar la música de la estudiantina los fines de semana.

7. _____ traten de comprar entradas para el festival «El Cervantino» pronto. Es muy popular.

8. _____ puedan asistir a muchos conciertos en el Teatro Juárez.

9. _____ sea posible conseguir una habitación cerca del centro durante la celebración del Día de los Muertos.

10. _____ se enamoren de esta ciudad porque es muy romántica.

B. El Callejón del Beso

Paso 1 Hay muchas versiones de la leyenda del «Callejón del Beso», lugar de una historia romántica en la ciudad de Guanajuato, México. En parejas, lean la siguiente versión y llenen los espacios en blanco con la forma apropiada del pretérito o del imperfecto de los verbos entre paréntesis.

Carmen, hija de españoles ricos, _____[1] (enamorarse) de Carlos, un pobre minero mexicano que _____[2] (vivir) en una casa al cruzar la calle. Los dos _____[3] (estar) locamente enamorados y _____[4] (llevar) unas relaciones románticas clandestinas a pesar de la fuerte oposición de los padres de Carmen. Los encuentros inocentes de los novios desde los balcones de sus respectivos cuartos, que estaban tan próximos que casi se _____,[5] (tocar) _____[6] (terminar) trágicamente cuando el padre de Carmen los _____[7] (descubrir) besándose de balcón a balcón. En una furia apasionada, el padre _____[8] (matar) a su hija ante los ojos de su amado.

Courtesy of Sharon Foerster and Anne Lambright

El Callejón del Beso, Guanajuato, México

Hoy en día, según la leyenda, si dos enamorados se besan en el tercer escalón (*step*) del mismo callejón, tendrán quince años de buena fortuna. Si pasan sin darse el beso, tendrán siete años de mala suerte.

Paso 2 Complete las oraciones con la forma apropiada de los verbos entre paréntesis para saber los pensamientos íntimos de Carmen. ¿Qué regla gramatical usó Ud. para determinar sus respuestas?

1. Quiero _____ (casarse) con Carlos.

   Mi padre quiere que (yo) _____ (casarse) con un hombre rico.

2. Carlos espera _____ (coquetear) conmigo esta noche en el balcón.

   Mi padre prohíbe que Carlos y yo _____ (coquetear) en el balcón.

3. Es necesario _____ (esconder) nuestro amor.

   Es necesario que (nosotros) _____ (esconder) nuestro amor.

4. Tengo miedo de _____ (meterse en líos) con mis padres.

   Tengo miedo de que (nosotros) _____ (meterse en líos) con nuestras familias.

5. No quiero _____ (sentirse) deprimida cuando pienso en el futuro.

   Tampoco quiero que mi padre _____ (sentirse) enojado conmigo.

Paso 3 En parejas, llenen los espacios en blanco para saber los pensamientos del padre. Luego, analicen por qué cada oración requiere el indicativo o el subjuntivo, poniendo la letra apropiada al lado de cada oración.

- Se usa el indicativo para expresar (a) hechos (*facts*), certeza y objetividad.
- Se usa el subjuntivo para (b) influir en algo o alguien, (c) expresar emoción o deseo, (d) hacer evaluaciones subjetivas, (e) indicar duda o falta de certeza.

1. Estoy seguro de que mi hija no _____ (saber) tomar buenas decisiones. _____

   Espero que Carmen _____ (saber) tomar la decisión correcta. _____

2. Es cierto que Carlos _____ (ser) un hombre trabajador y serio. _____

   No es posible que Carlos _____ (ser) un buen marido para Carmen. _____

3. Dudo que ese minero _____ (tener) intenciones honradas. _____

   Es obvio que él _____ (tener) ganas de aprovecharse de mi hija. _____

4. Prefiero que Carlos _____ (irse) a otro pueblo a buscar su media naranja. _____

   Sé que él no _____ (irse) si Carmen está aquí. _____

Expresiones útiles

Las siguientes expresiones le pueden servir para expresar sus sentimientos y sus opiniones. ¿Cuáles de ellas requieren el subjuntivo?

Para quejarse

¡Esto es el colmo!	*This is the last straw!*
Estoy decepcionado/a porque...	*I'm disappointed because . . .*
No me gusta que...	*I don't like it that . . .*
Estoy harto/a (de que...)	*I'm fed up (that) . . .*
Ya no puedo soportarlo/la más.	*I can't stand it/him/her anymore.*

Para pedir perdón

Lo siento mucho.	*I'm very sorry.*
Mil disculpas/perdones.	*A thousand pardons.*
Perdón, me equivoqué.	*Sorry, I made a mistake.*
Se me olvidó por completo.	*I totally forgot.*
Siento que...	*I'm sorry that . . .*

Para enfatizar una respuesta negativa

Me importa tres narices/un pepino (que...)	*I couldn't care less.*
¡Ni hablar!	*No way!*
Ni lo pienses.	*Don't even think about it.*
¡Ni soñarlo!	*In your dreams!*

Para reaccionar ante una situación

No es para tanto.	*It's not such a big deal.*
¡Qué chévere/guay/padre!	*How cool!*
¡Qué cara tiene!	*What nerve he/she has!*
¡Qué horror!	*How awful!*
¡Qué vergüenza (que...)!	*How embarrassing!*

C. Algunas situaciones delicadas En parejas, hagan un diálogo para las siguientes situaciones. Luego, añadan su opinión sobre cada situación. Utilicen algunas de las Expresiones útiles.

1. Dos novios discuten en una fiesta porque la novia piensa que el novio está coqueteando con otra mujer.

   EL NOVIO AVERGONZADO: Perdóname, mi amor. Siento que...

   LA NOVIA CELOSA: ¡Esto es el colmo! Estoy harta de que...

   ¿Creen Uds. que la novia debe perdonar a su novio? Expliquen.

2. Una madre se queja porque su hija y su nuevo novio se besan en público constantemente.

   LA MADRE ESTRICTA: Es preocupante que Uds.... Estoy decepcionada porque...

   LA HIJA EGOÍSTA: No es para tanto, mamá. Me importa un pepino que...

   ¿Creen Uds. que la madre tiene una preocupación razonable? Expliquen.

3. Dos amigas discuten porque una deja plantada a la otra constantemente. Lo acaba de hacer por tercera vez este mes.

   LA AMIGA HARTA: ¡Ya no puedo soportarlo más! Me molesta que... Tienes que...

   LA AMIGA DESPISTADA: Se me olvidó por completo. Siento que... Pero espero que...

   ¿Creen Uds. que esta amistad vaya a durar mucho más? Expliquen.

D. El amor a primera vista Lea la serie de acciones que forma la columna (*backbone*) de la historia de cómo se conocieron Diego y Cristina. Note que cada acción avanza la historia en el tiempo. Luego, en parejas, añadan detalles para describir qué llevaban, cómo se sentían, qué querían, etcétera.

- Cristina fue a Tesoros para comprarle un regalo a su hermana.
- Diego la vio entrar.
- Fue inmediatamente a atenderla.
- Le enseñó un regalo perfecto.
- Hablaron sobre los artesanos y sobre su amor mutuo por México.
- Decidieron tomar un café en Ruta Maya esa noche.
- Se quedaron en Ruta Maya hasta las 2:00 de la madrugada.
- Fue una cita muy especial para los dos.

E. Una noche desilusionante

Paso 1 En parejas, miren los dibujos y comenten lo que les pasó a Diego y Cristina la semana pasada.

Paso 2 ¿Qué consejos le daría a Cristina el día después de que Diego la dejó plantada? En parejas, preparen un diálogo en el cual un amigo / una amiga le da consejos y Cristina reacciona.

F. Los polos opuestos

Paso 1 Lea sobre los dilemas de tres parejas. Luego, con un compañero / una compañera, utilice mandatos para completar las mini-conversaciones. Uds. verán cómo los mandatos son más directos y a veces más fuertes que el subjuntivo.

- Lola es una chica muy tiquismiquis. Su novio Miguel es muy dominante. En un mercado de Oaxaca, Miguel compra chapulines (*grasshoppers*) fritos y quiere que Lola los pruebe.

  MIGUEL: Lola, _____ (probar) los chapulines. No _____ (ser) tan tiquismiquis.

  LOLA: _____ (dejarme) en paz, Miguel.

- Catalina es una mujer culta y seria. Sale con Fernando por primera vez y se nota inmediatamente que él es muy chistoso y la hace reír mucho, pero a veces tiene ideas locas. Por ejemplo, Fernando quiere que los dos tomen clases para aprender a cantar mariachi.

  FERNANDO: _____ (Ser) más aventurera. _____ (Aprender) a cantar conmigo.

  CATALINA: No _____ (hacerme) intentar algo que me incomoda tanto. _____ (Ir) con tu amigo Gilberto.

- Óscar es un chico reservado y muy cuidadoso con su dinero, hasta tacaño a veces. Su novia, Bárbara, es dulce, algo llamativa en su manera de vestirse y no tiene límites para gastar dinero. Bárbara quiere ir a un concierto de Julieta Venegas y llegar en limosina.

  ÓSCAR: No _____ (gastar) tanto dinero. _____ (Ahorrar) para cosas más importantes.

  BÁRBARA: No me _____ (mandar). _____ (Divertirse) más. _____ (Venir) conmigo al concierto.

Paso 2 Ahora en parejas, imagínense que son los miembros de una de las parejas. Conversen entre sí, tratando de imponer sus ideas y ganar la discusión. Utilicen expresiones como **Quiero que...**, **Espero que...**, **No me gusta que...**, **Me molesta que...**, **Insisto en que...**, **No creo que...**, **Dudo que...** Para suavizar la discusión, añadan expresiones como **amor mío, cariño, mi cielo, mi vida, querido/a,** etcétera. Después, presenten uno de los diálogos frente a la clase.

PASADO

Paso 3 En grupos de tres, túrnense para explicar lo que pasó en cada caso.

1. Ayer Lola probó chapulines fritos por primera vez...
2. Para sorprender a Catalina el día de su cumpleaños, Fernando pagó por clases privadas para los dos para aprender a cantar mariachi...
3. Anoche Bárbara llegó al concierto en limosina...

©AP Photo

Diego Rivera y Frida Kahlo

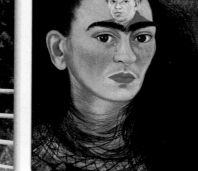

©The Granger Collection, New York

Diego y yo, *de Frida Kahlo* (*1907–1954*)

PASADO

G. Una pareja famosa Las tempestuosas pero apasionadas relaciones sentimentales entre Diego Rivera y Frida Kahlo son ya famosísimas. Se casaron, se divorciaron y se casaron de nuevo, pero las aventuras amorosas de los dos imposibilitaron su felicidad absoluta. Diego mismo admitió que cuanto más amaba a Frida más quería hacerle daño. Este conflicto se refleja a menudo en los cuadros de Frida.

Aquí hay un artículo sobre cómo se enamoraron Diego y Frida. Lea el artículo. Encierre en un círculo los verbos que están en el pretérito y subraye los que están en el imperfecto. Luego, en parejas, comenten las razones posibles por las que se usaron esos tiempos verbales en cada caso.

¿QUÉ VIERON EL UNO EN EL OTRO? LA HISTORIA DE LA CHISPA¹ QUE INCENDIÓ² ESTOS CORAZONES

La pintora mexicana Frida Kahlo se enamoró locamente del pintor Diego Rivera cuando ella apenas tenía 15 años. «Mi ambición es tener algún día un hijo de Diego Rivera», les dijo Frida a sus amigas. «Algún día se lo voy a hacer saber.»

Como Rivera estaba casado y tenía veinte años más que ella, Frida no llegó a conseguir su objetivo hasta siete años más tarde, cuando la voluntariosa³ estudiante volvió a «la carga⁴»: fue a ver a Diego a la Escuela de Arte, lo hizo bajar de una enorme escalera desde la que trabajaba en un mural, le pidió su opinión sobre las pinturas de ella... y el pintor se sintió muy intrigado por la atrevida chica que había sufrido un espantoso accidente y tenía una pierna destrozada,

pero que tenía una cara exótica y bella y mostraba un espíritu indomable. Así fue como, ya divorciado y lleno de curiosidad por aquella mujer con quien «podía hablar de todos los temas de la Tierra», la empezó a cortejar,⁵ hasta que Guillermo Kahlo, el padre de Frida, decidió hablarle a Diego. «Mire, Rivera, quiero hacerle una advertencia. Mi hija Frida es una chica inteligente, pero... tiene un demonio oculto.⁶» A lo que el pintor contestó: «Yo lo sé, Sr. Kahlo, yo lo sé.» Kahlo respiró tranquilo: «Ah, qué bien, Rivera, he cumplido con mi deber y ya me siento en paz habiéndole advertido.» Y con esa semibendición del padre de Frida, la pareja contrajo matrimonio el 21 de agosto de 1929, sin que nunca Diego le propusiera matrimonio.

---

¹spark ²ignited ³willful ⁴la... *the task at hand* ⁵court ⁶hidden

H. La entrevista Para su programa de radio, Sara entrevista a su amigo, Diego Ponce Flores, dueño de la tienda Tesoros. Hablan del ambiente que Diego ha creado en su tienda y su pasión por compartir el arte mexicano con sus clientes estadounidenses. Antes de escuchar, mire los nombres y temas importantes a los que se hará referencia en la entrevista.

©McGraw-Hill Education

Nombres: Frida Kahlo, Diego Rivera, José Guadalupe Posada, Pancho Villa, el Grupo Fantasma, Carrie Rodríguez

Temas: El Día de los Muertos, la Revolución mexicana, los corridos

Paso 1 Escuche el programa y conteste las preguntas.

1. ¿De qué habla Diego en el programa de Sara?
2. ¿Qué tipos de productos se venden en Tesoros?
3. ¿Cuál es el tema principal de la conferencia que organiza Diego?
4. ¿Qué tipo de música se presentará en la conferencia?

Paso 2 En parejas, digan si están de acuerdo con las siguientes oraciones. Expliquen sus respuestas.

1. Me encanta el arte folklórico.
2. Sé lo suficiente sobre la historia de México.
3. Me parece bellísimo el arte mexicano.
4. El Día de los Muertos es una fiesta fascinante.
5. Tengo ganas de aprender más sobre la música mexicana tradicional.

A. Lluvia de ideas En grupos pequeños, generen ideas para crear una historia de amor que cada uno/a de Uds. va a escribir como composición.

1. **¿Dónde?** Hagan una lista de cinco lugares posibles donde pueda empezar la acción de su cuento.

2. **¿Quién(es)?** Luego, hagan una lista de cinco personas que puedan formar parte del conflicto entre los amantes de su historia.

3. **¿Qué pasó?** Finalmente, hagan una lista de cinco situaciones que puedan utilizar en la trama de su historia.

B. Composición

Opción guiada: Narración en el pasado Elija un lugar, una persona y una trama para su historia de amor. Siga el bosquejo.

- escoger un título intrigante

- escribir un párrafo introductorio explicando dónde se conocieron los amantes de su historia de amor

- describir a los amantes con detalles, su apariencia física y sus sentimientos

- explicar cómo una tercera persona complica la vida de los amantes

- escribir una conclusión describiendo cómo terminó la historia

Opción abierta Vuelva a considerar las preguntas en la primera página del capítulo. Luego elija un tema y escriba un ensayo que incluya una introducción, un argumento y una conclusión.

Opción gráfica Use su imaginación para describir el cuadro en la primera página del capítulo. Organice su composición de una manera coherente que incluya descripciones, comparaciones y narración en el pasado.

Hablando del tema

Antes de empezar a conversar con sus compañeros de clase sobre los siguientes temas, prepare una ficha para la conversación y otra para el debate.

A. Conversación: Las relaciones exitosas Revise las expresiones en **Para conversar mejor.** Luego, en parejas o grupos de tres, conversen sobre los siguientes puntos.

Para conversar mejor

En principio pienso que...	No hay ninguna duda que...
Creo que...	Está claro que....
En este caso...	Es evidente que...
Es alucinante/interesante que...	Tienen... en común.

- Describa a una pareja o a dos amigos cercanos que Ud. admira. ¿Quiénes son?
- ¿Son semejantes en cuanto a su personalidad e intereses?
- Explique por qué piensa que la relación de ellos ha sido exitosa.

B. Debate: Los matrimonios interculturales Revise las expresiones en **Para debatir mejor.** Después, prepare tres argumentos a favor y tres en contra de la afirmación de abajo. Luego, presente sus argumentos en un debate. No sabrá qué lado tendrá que defender hasta que su profesor(a) se lo indique.

Para debatir mejor

A FAVOR	EN CONTRA
Así es.	De ninguna manera.
Exacto.	Lo siento, pero...
Podría ser.	No sabes lo que dices.
Tienes razón.	Temo que estés equivocado/a.

«Teniendo en cuenta las diferencias en cuanto a religión, tradición, idioma, la manera de criar a los niños y la comida, entre otras cosas, los matrimonios interculturales están destinados al fracaso.»

Lugares fascinantes para estudiar:

México

Visitar los lugares hermosos y sagrados de otro país es un punto de partida para comprender y apreciar a la gente y sus historias personales.

¡Saludos! Soy Gabriela de nuevo. Esta vez me encuentro en México, donde grabé otra serie de vídeos sobre lugares, costumbres, comidas, ruinas prehispánicas y festivales padrísmos, como dicen los mexicanos.

©Jupiterimages/Getty Images

©Mislik/Shutterstock

La Basílica Colegiata de Nuestra Señora de Guanajuato

Guanajuato

Pasar el otoño en Guanajuato es increíble. Mi especialización académica es español y mi proyecto final es sobre la guerra de independencia de México. He pasado horas en la Alhóndiga de Granaditas, uno de los lugares donde empezó la Guerra en 1810. Aprender la historia en el lugar donde ocurrieron eventos importantes ha sido fenomenal. Pero además de esto, Guanajuato tiene muchos otros atractivos. Por ejemplo, hay el Museo de Diego Rivera, que está en la casa donde nació el artista, y el Teatro Juárez, considerado uno de los mejores de México. El otoño es la temporada para experimentar dos eventos extraordinarios. En octubre se celebra el Festival Internacional Cervantino que atrae a artistas, músicos, bailarines, actores, cantantes y más de 150.000 visitantes de todas partes del mundo. Sabía de este festival porque Ashland, Oregón, donde vivo, es la Ciudad Hermana de Guanajuato. También el 1° de noviembre empieza la celebración del Día de los Muertos. La familia con la que vivo me ha invitado a ir al cementerio con ellos para observar cómo celebran y recuerdan a sus parientes y amigos muertos. He aprendido que los mexicanos tienen una relación más cómoda y natural con la muerte que nosotros. Una experiencia que no me gustó tanto fue la visita al Museo de las Momias. En Guanajuato, los cadáveres se momifican de forma natural a causa de los minerales que existen en la tierra y el agua que bebe la gente. Hoy en día hay más de cien momias que forman parte de inventario del museo.

La verdad es que esta ciudad es un lugar muy romántico también. Entre la bella arquitectura colonial, el Jardín de la Unión, el Callejón del Beso,[1] las serenatas de las estudiantinas y las calles estrechas con flores colgadas de los balcones, es fácil enamorarse.

La mejor decisión de mi vida ha sido estudiar en Guanajuato. Sé que voy a volver algún día, quizás para pasar mi luna de miel aquí. ¿Quién sabe?

—**Lindsay B. / Southern Oregon University**

[1]Callejón... Véase la **Actividad B** de la sección **Puntos clave**.

La Ciudad de México

Estudiar en la capital de México, una megaciudad con más de 20 millones de habitantes, es un cambio radical para mí. Soy de una ciudad pequeña cerca de San Antonio, Texas. Desde edad temprana, me interesaba la historia, y poder vivir en esta ciudad con una historia tan compleja es un sueño. Fue una ciudad construida encima de Tenochtitlán, la antigua capital de los aztecas, cuyas ruinas no se encontraron sino hasta el siglo XX, durante las excavaciones para la construcción del metro. Siempre ha sido el centro político y cultural del país. Al igual que muchas ciudades latinoamericanas, la Ciudad de México es un lugar donde coexiste lo viejo con lo moderno. Hay elegantes casas coloniales, iglesias barrocas y rascacielos que sirven de testigos de la larga historia de la ciudad. Una de las joyas de la Ciudad de México es el Museo Nacional de Antropología, cuyos edificios hospedan tesoros de las culturas indígenas del país.

©Byelikova Oksana/Shutterstock

El Zócalo en la Ciudad de México

Aparte, es una ciudad con muchos lugares públicos para pasear, como el Parque Alameda, el Zócalo y el Parque de Chapultepec, donde muchas familias pasan sus días libres. También están los famosos canales de Xochimilco. Hace siglos, estos canales interminables formaban una parte importante del comercio de la ciudad. Hoy en día, los canales, con sus trajineras[2] adornadas de flores, le ofrecen a todo el mundo una manera agradable de disfrutar de la naturaleza y uno de los sitios más pintorescos del Distrito Federal.

Entre mis clases, las excursiones a diferentes museos y mis intercambios con estudiantes mexicanos estoy aprendiendo un montón.

—Jorge H. / University of the Incarnate Word

Yucatán

Muchos conocen esta región sobre todo por sus bellas playas, como las de Cozumel y Cancún, pero la península de Yucatán tiene mucho más que ofrecer. Este semestre estudio arqueología en La Universidad Autónoma de Yucatán localizada en Mérida, una ciudad colonial que me encanta. Esta semana estamos pasando unos días en Cozumel para descansar un poco en sus playas hermosas, visitar Xcaret, un parque de diversiones y espectáculos culturales, y conocer Sian Ka'an, una reserva biológica donde se puede observar más de 200 proyectos de conservación y preservación de los ecosistemas del área. Pero el propósito principal de esta excursión es visitar las ruinas de Chichén Itzá y Tulum. La Península del Yucatán fue la cuna[3] de la civilización maya y allí se encuentran algunas de las ruinas precolombinas más importantes del continente americano. Tulum, una de las últimas ciudades mayas, está localizada a orillas del mar. En su apogeo,[4] del siglo XIII al siglo XV, fue un puerto y centro comercial para toda la zona del Yucatán. Chichén Itzá fue un centro religioso de los mayas. «El castillo», el templo mayor, da evidencia de los avances de los mayas en la arquitectura, las matemáticas y la astronomía. En el equinoccio de primavera (el 21 de marzo) el juego de luz solar en las crestas de la escalera norte del templo crea la ilusión de que una serpiente desciende hacia el pie de la pirámide. Este efecto les indicaba a los mayas que era hora de sembrar[5] el maíz. En contraste, en el equinoccio de otoño (el 21 de septiembre), el ascenso de la serpiente indicaba el inicio de la cosecha.[6] Actualmente, todos los años hay grandes festivales en estas fechas para celebrar el inicio de la primavera o la llegada del otoño. Llegan personas de todas partes del mundo para conectarse con la espiritualidad del lugar. Es realmente fascinante.

©Eye Ubiquitous/Getty Images

«El castillo», la gran pirámide de Chichén Itzá

—Emily G. / Northwestern University

[2]*decorative boats for hire*   [3]*cradle*   [4]*peak, height*   [5]*to plant/sow*   [6]*harvest*

©Rodrigo Torres/Glow Images

La Guelaguetza en Oaxaca

Oaxaca

Mi universidad ofrece un curso de cuatro semanas en Oaxaca, una de las más diversas y bellas ciudades de México. El zócalo[7] es el centro de la vida oaxaqueña, con sus mercados al aire libre, iglesias coloniales, puestos llenos de tejidos[8] y artesanías, y sus cafés y restaurantes. Por todas partes se nota claramente la fuerte herencia de las culturas prehispánicas en su cocina, en su música, sus fiestas, calles y mercados.

En mi programa, estudiamos por la mañana en La Universidad Autónoma Benito Juárez. Por la tarde hay clases de cocina y baile. Me apunté a la clase de cocina porque me fascinan las comidas y bebidas típicas de esta región. Entre los platos que hemos cocinado hay una sopa de flor de calabaza,[9] chapulines[10] fritos, varios moles[11] (hechos con más de 30 tipos de chile) y el café de olla hervido con canela y caña de azúcar. Algunos de mis compañeros no son tan atrevidos como yo, así que ni piensan probar esos platos.

Los fines de semana hay excursiones guiadas a los pueblos cercanos para ver los mercados típicos o visitar a famosos artesanos. Cerca de Oaxaca se encuentra la zona arqueológica de Monte Albán, donde los zapotecas construyeron su ciudad sagrada —aún muy bien preservada— alrededor del año 500 a. C.[12]

Aunque todo lo que acabo de describir es fenomenal, la parte más alucinante fue la clase de una semana en la Costa Chica en el Pacífico donde visitamos pueblos remotos afromexicanos (los pueblos negros). Hay unos 40 pueblos cuyos habitantes son descendientes de esclavos negros. Esta rama afromexicana de la diáspora africana no es bien conocida. Aprendimos algo de su historia e hicimos servicio comunitario. Fue un viaje increíble. Nos encantó.

Ha sido una experiencia inolvidable pasar un mes en Oaxaca. Espero volver en julio para el festival de la Guelaguetza. En esta gran fiesta relacionada con el ciclo agrícola, los indígenas de las siete regiones del estado hacen demostraciones de la música y baile de su región y hacen ofrendas de los productos típicos de su tierra.

—Jamal K. / Morehouse College

[7]*plaza principal*   [8]*weavings*   [9]*sopa… squash blossom soup*   [10]*grasshoppers*   [11]*flavorful sauces*
[12]*«antes de Cristo»*

¡Viaje conmigo a México!

©Chepe Nicoli/Shutterstock

■◖ Vamos a México para ver el ambiente que experimentan los estudiantes allí.

Vaya a Connect para ver el vídeo.

Video footage provided by

BBC Motion Gallery

ACTIVIDADES

A. Comprensión Después de leer los testimonios y de ver el vídeo de Gabriela, en parejas, contesten las preguntas sobre los cuatro lugares fascinantes.

1. ¿Cuáles son algunas de las atracciones culturales de Guanajuato que le encantan a Lindsay?
2. ¿Por qué es Guanajuato un buen lugar para una luna de miel?
3. ¿Por qué le fascina la Ciudad de México a Jorge?
4. ¿Qué fue Tenochtitlán y cuál fue su importancia?
5. ¿Por qué se considera el Museo Nacional de Antropología una joya de la Ciudad de México?
6. ¿Por qué le podría interesar a un estudiante de arqueología visitar la península de Yucatán?
7. ¿Qué lugares en Oaxaca le interesaría visitar y qué comidas o bebidas le gustaría probar allí?
8. ¿Qué hizo Jamal con sus compañeros de clase en la Costa Chica?
9. ¿En cuál de los cuatro lugares le gustaría estudiar? ¿Por qué? ¿En qué coincide lo que ofrece ese lugar con los intereses suyos?

B. Recomendaciones Ahora, completen las oraciones a continuación como si Uds. fueran Gabriela, hablando con una amiga que piensa ir a México. ¿Qué tiempo verbal hará falta para completarlas?

1. Guanajuato es una ciudad muy romántica. Cuando estés allí, te recomiendo que...

2. ¡Hay tanto tráfico en la Ciudad de México! Si piensas pasar mucho tiempo allí, es importante que...

3. En la península de Yucatán puedes ver ruinas mayas. Antes de que vayas, debes...

4. El mercado de Oaxaca es fascinante. Tan pronto como llegues, te sugiero que...

C. Mi blog Escriba una entrada en un blog sobre un viaje imaginario que Ud. haya hecho con su novio/a a uno de los lugares fascinantes de México. Describa lo que hicieron y explique por qué siguen siendo pareja o por qué han roto. Siga el bosquejo.

Nuestro viaje a _____ fue _____

Primero..., Luego..., Más tarde..., Finalmente...

(narración en el pasado con cuatro verbos en el pretérito y cuatro en el imperfecto)

Nos encantó / Nos encantaron...,

Durante el viaje me di cuenta de que él/ella...,

Al final de diez días juntos, decidimos que nuestra relación...,

Si una pareja piensa ir a México para su luna de miel, (no) recomiendo que... porque...

D. Un viaje a México En parejas, hagan los papeles de dos amigos que se encuentran después de sus vacaciones en México. Conversen sobre sus respectivos viajes, interrumpiéndose con preguntas y comentarios como se hace en una conversación entre amigos. Usen el viaje imaginario que describieron en sus blogs como base para la conversación, y utilicen las expresiones útiles para conversar mejor.

Expresiones útiles

Para iniciar una conversación

Hola, ¿qué tal las vacaciones?
¡Qué gusto verte!

Para reaccionar ante el viaje de tu amigo/a

¡Qué padre/raro!
¡Vaya!
¡No me digas!
¡Genial!/¡Fenomenal!
¿En serio?
¡Qué pena!
¡No (me) lo puedo creer!

Para pedir más información

Dime más sobre...

Para terminar la conversación

En fin... (*Anyway...*)
Me alegro tanto de que...
Siento mucho que...

Un artista hispano:
José Guadalupe Posada

©James Todd, Jose Posada and Friends (Portraits of Printmakers series), wood engraving, 1993, 12 x 16". Missoula Art Museum Collection. Photo: Courtesy of the Missoula Art Museum

José Posada and Friends *de James Todd*

El artista mexicano José Guadalupe Posada nació en Aguascalientes en 1852. Desde muy pequeño le gustaba dibujar. A los 19 años hizo sus primeras caricaturas políticas para una revista local. En 1888 se marchó[1] a la capital, donde empezó a producir miles de grabados[2] que reflejaban los intereses, los miedos y la conciencia del pueblo mexicano.

Posada fue prolífico. Hizo más de 20.000 dibujos a lo largo de su vida. Gran parte de su obra artística se centra en «las calaveras[3]». En estas caricaturas, Posada capta un tema muy presente en la conciencia mexicana: la muerte. Sin embargo, sus calaveras no representan la muerte triste y solemne, sino la humanidad, la vanidad y la alegría de la vida. Creó miles de «calaveras» de gente humilde, políticos, revolucionarios, ricos y criminales haciendo todo tipo de actividades humanas. Posada también documentó en sus grabados una gran variedad de escándalos, chismes, crímenes horribles y catástrofes naturales. A través de sus dibujos trazó una crítica social con sentido del humor.

Los grabados de Posada aparecieron en muchísimos periódicos: foro público donde la gente mexicana podía apreciar su arte. Por esta razón, para los muralistas Diego Rivera y José Clemente Orozco, Posada fue un precursor del movimiento nacionalista en el arte público. Diego Rivera dijo: «Analizando la obra de José Guadalupe Posada puede realizarse el análisis más completo de la vida social del pueblo de México».

[1]se... se fue   [2]engravings   [3]skulls

ACTIVIDADES

A. **Comprensión** En parejas, contesten las preguntas.

1. ¿Qué tipo de arte hizo Posada? ¿Cuáles eran los temas más importantes para él?

2. ¿Qué tipo de figura usa para representar la muerte? ¿Cómo retrata esas figuras?

3. ¿Dónde publicaba su arte? ¿Por qué era bueno publicar su arte así?

4. ¿Por qué opinaba Diego Rivera que el arte de Posada es clave para realizar un análisis social del pueblo mexicano?

5. Al igual que durante el tiempo de Posada, hoy en día las caricaturas políticas son muy populares en muchas culturas. Tratan temas relevantes del día presentados con humor y hacen que los lectores se rían y reflexionen ante unas situaciones graves. ¿A Uds. les gustan las caricaturas políticas? Se dice que sirven de catarsis para mitigar la gravedad de los problemas del día. ¿Están Uds. de acuerdo? ¿Cómo se sienten Uds. al ver una caricatura que se burla de una figura política que les guste?

6. A los mexicanos no les molesta celebrar abiertamente la íntima conexión entre los vivos y los muertos. Según los aztecas, las personas tienen dos muertes: una cuando el cuerpo deja de moverse y otra cuando la gente en nuestra vida se olvida de nosotros. ¿Cómo se comparan las actitudes hacia la muerte en los Estados Unidos y México?

7. En 2017 la película *Coco* salió con gran éxito en México y en los Estados Unidos. Esta película no solo da vida a la cultura del Día de los Muertos, sino que también expone al público a muchas tradiciones y símbolos arraigados en la vida mexicana. ¿Han visto esta película? Si la vieron, ¿qué les gustó de la película? ¿Fue extraño reírse ante tantos esqueletos?

B. Las calaveras más populares Lea sobre las calaveras más populares de Posada. Luego, reaccione ante cada grabado terminando la oración con el verbo apropiado, según el contexto.

REACCIONAR
RECOMENDAR

1. ***Don Chepito Marihuano:*** Entre las calaveras más populares de Posada están las de *Don Chepito Marihuano,* un soltero de la clase alta, rico y cursi. Los grabados de Don Chepito relatan una serie de aventuras de amor, peligro y violencia. Representa al pseudointelectual que se cree culto y mejor que nadie pero que en realidad es ridículo. Su nombre viene de su adicción a la marihuana.

   a. Es gracioso que...
   b. No sabía que...
   c. No creo que Don Chepito...

2. ***La Calavera Catrina:*** La calavera más famosa de Posada es *la Calavera Catrina.* Esta imagen de una mujer joven de la clase alta, con un sombrero elegante, se ha convertido en icono mexicano. Se puede encontrar a Catrina reproducida en múltiples espacios culturales en México. Una de las reproducciones más famosas es su inclusión en el mural de Diego Rivera *Sueño de una tarde dominical en la Alameda.*

   a. (No) Me gusta que Posada...
   b. No creo que la Calavera Catrina...
   c. Está claro que (a) la gente mexicana...

3. ***Baile de las Calaveras:*** En el grabado *Baile de las calaveras* se ven los esqueletos coqueteando, bailando, bebiendo y cantando, imitando las mismas actividades que muchos mexicanos de la época hacían en vida.

   a. Es repugnante que...
   b. Es bueno que los mexicanos...
   c. Me sorprende que...

C. La Calavera Catrina Este icono está presente en muchos géneros del arte mexicano. Busque en el Internet los diferentes tipos de imágenes de calaveras que se ven durante la celebración del Día de los Muertos en México. Presente la imagen más interesante a la clase y comente las diversas expresiones artísticas que celebran esta fiesta de los muertos.

D DESCRIBIR

©Don Chepito Torero, from 'Les Aventures de Don Chepito' (zincograph) (b/w photo)/Posada, Jose Guadalupe (1851–1913)/ Private Collection/Bridgeman Images

Don Chepito Marihuano

©'La Calavera de la Catrina', 1913 (zinc etching) (b/w photo)/ Posada, Jose Guadalupe (1851–1913)/Private Collection/ Bridgeman Images

La Calavera Catrina

©The Granger Collection, New York

Baile de las calaveras

🎵 La música mexicana

©Mauricio Yazigi Musicio/
SoundExpres/Getty Images

¿Qué es la música mexicana? Muchas personas, al hablar de la música mexicana, piensan en los grupos de mariachis con sus trajes de charro, sombreros enormes y guitarras, trompetas y violines. Esta es ciertamente una de las formas de la música mexicana que ha penetrado en la imaginación popular estadounidense. Sin embargo, «mariachi» no se refiere a un estilo de música, sino a un grupo de músicos que toca varios estilos de música de diferentes regiones de México. Cada estilo tiene su propio ritmo e instrumentos, además de su propio baile y traje típicos. También, la variedad de guitarras que se usan en la interpretación de la música mexicana es sorprendente. Los diversos géneros tradicionales como la chilena, el gusto, la polka, el ranchero, el son, el huapango y el norteño, forman una parte integral de la cultura mexicana. Esta cultura se ha transmitido de generación a generación porque los niños típicamente aprenden las canciones y

©Ga Fullner/Shutterstock
Jesse y Joy

los bailes de su región en las escuelas primarias, además de géneros musicales de otras regiones. Saber bailar o cantar piezas de la propia región es saber expresar con orgullo el amor por la tierra natal.

A partir de los años 90 aparecieron cantantes y grupos que incorporaron elementos de la música tradicional y la música pop. Por ejemplo, Luis Miguel volvió a inventar el bolero para un público contemporáneo, Alejandro Fernández combinó los estilos ranchero, mariachi y pop al igual que Los Tucanes de Tijuana con su música norteña. En esa misma época el famoso grupo de *rock* mexicano Maná y el grupo Café Tacuba tuvieron mucho éxito. Hoy entre la gente joven, cantantes como Lila Downs, Reyli Barba, Paulina Rubio, Thalía, Julieta Venegas, Jesse y Joy, y grupos como Belanova, Reik y Camila son muy populares.

©Stockbyte/Getty Images

ACTIVIDADES

A. Comprensión En parejas, contesten las preguntas.

1. ¿Cuál es la imagen estereotípica de la música mexicana?
2. ¿A qué se refiere el término «mariachi»?
3. ¿Cómo se han transmitido la música y danza regionales de generación en generación?
4. ¿Cuáles son algunos de los cantantes o grupos populares hoy en día?
5. ¿Ha escuchado Ud. alguna vez música mexicana? ¿Qué escuchó? ¿Le gustó?

REACCIONAR
G R
GUSTOS RECOMENDAR

B. ¡A escuchar! Para apreciar más la gran variedad de música mexicana regional, vaya a YouTube™ y escuche la música de Luis Miguel (boleros), Los Tigres del Norte (norteño), Los Panchos o Lucero. Luego, para conocer la música contemporánea de México, escuche a Julieta Venegas, Paulina Rubio, Víctor García, Maná, Jesse y Joy, Cristián Castro o a Thalía. Unas canciones románticas que han tenido mucho éxito son «365 Días» de Los Tucanes de Tijuana, «Amor del Bueno» de Reyli, «Eres para mí» de Julieta Venegas y «Corre, corre» de Jesse y Joy. Luego, comparta con sus compañeros de clase sus impresiones sobre los artistas y las canciones que escuchó utilizando frases como **Me gusta(n)…, porque…, Me encanta que…, Es impresionante/fantástico que…, Me sorprende que…** y **Es evidente que….**

C. ¡A escribir! Escriba para Amazon.com un comentario describiendo sus impresiones sobre la calidad del vídeo y la letra de una canción de uno de los artistas mencionados en la **Actividad B.** También, mencione si le interesaría escuchar más de su música.

◼️📹 Lo hispano en los Estados Unidos
México: Juan y Verónika

Juan, un mexicano que se crio en Texas, y su esposa Verónika, una peruana-americana de Nueva Jersey, se conocieron en la escuela de postgrado. Nos hablan del día en que Juan le propuso el matrimonio a Verónika y nos dan consejos para tener relaciones amorosas duraderas.

©McGraw-Hill Education

A. Antes de ver En grupos de tres, contesten las preguntas.

1. Si se casan Uds. algún día, ¿esperarán sus padres ciertas formalidades o tendrán expectativas particulares sobre la boda?

2. ¿Creen que es importante que los esposos lleven un anillo para mostrar al mundo que están casados? Expliquen.

3. ¿Cuáles son los valores que una pareja debe compartir?

Vocabulario útil

el anillo	*ring*
el atraso	*delay*
el compromiso	*engagement*
la joyería	*jewelry store*
el joyero	*jeweler*
la pulsera	*bracelet*
el suegro	*father-in-law*

B. A ver el vídeo

1. Mientras ve el segmento **La petición de mano,** ponga una X si escucha las siguientes frases o palabras.

    _____ la joyería   _____ mucho valor   _____ la sorpresa   _____ la suegra

2. Mientras ve el segmento **¿Algunos consejos?,** ponga una X si escucha las siguientes frases o palabras.

    _____ el comienzo   _____ nuestro caso   _____ pareja   _____ una tormenta

C. Después de ver

Paso 1 Escuche las afirmaciones sobre el vídeo que acaba de ver e indique si son ciertas (C) o falsas (F).

1. _____   2. _____   3. _____   4. _____   5. _____   6. _____

Paso 2 En parejas y basándose en el vídeo que acaban de ver, completen el párrafo con la forma correcta del verbo apropiado.

P PASADO   **R** REACCIONAR RECOMENDAR

Juan y Verónika _____¹ (conocerse) cuando _____² (asistir) a la Universidad de Texas. No _____³ (ser) amor a primera vista. Según Verónika, _____⁴ (ser / estar) mejores amigos y para ella la amistad _____⁵ (haber ser) lo que _____⁶ (haber hacer) su relación tan genial. Otro factor importante es que Juan _____⁷ (ser / estar) muy romántico y sentimental. Por ejemplo, le _____⁸ (proponer) matrimonio en el mismo parque donde sus padres _____⁹ (pasear) de novios. _____¹⁰ (Ser / Estar) muy romántico a pesar de que le _____¹¹ (dar) una pulsera de compromiso en vez de un anillo. _____¹² (Ser / Estar) seguros de que _____¹³ (ser /estar) almas gemelas y esperan que su amor _____¹⁴ (seguir) creciendo año tras año.

Paso 3 En grupos de tres, contesten las preguntas.

1. ¿Creen Uds. en el amor a primera vista? ¿Es algo superficial y químico, y nada más? ¿o puede ser el comienzo de unas relaciones duraderas?

2. Si los novios no son almas gemelas o mejores amigos, ¿creen que es posible tener un matrimonio duradero? Expliquen.

3. El amor entre dos personas puede sufrir si hay fuertes diferencias religiosas, étnicas, económicas o políticas. ¿Cuál de las diferencias mencionadas les parece a Uds. la más difícil de superar (*overcome*)? ¿Por qué?

D. Lo hispano a mi alrededor

©Education Images/Getty Images

Paso 1 Primero, lea sobre algunos aspectos de la cultura mexicana que se han convertido en una parte de la cultura en los Estados Unidos. Luego, elija uno que le interesaría explorar. Por último, en grupos de tres, expliquen por qué les interesa este aspecto de la cultura mexicana.

El Ballet Folclórico de México El Ballet Folclórico de México celebra la rica historia de México con danzas tradicionales, música mariachi y un vestuario deslumbrante. Fue fundado por la bailarina Amalia Hernández en 1952, y hoy en día en los Estados Unidos hay compañías y competencias de ballet folclórico mexicano en Los Ángeles, Chicago, Milwaukee, Dartmouth y muchas otras ciudades. También en escuelas públicas, estudios privados y universidades ofrecen clases de baile folclórico y mariachi.

Cinco de Mayo Este día famoso conmemora la Batalla de Puebla, México, cuando en 1862 el ejército mexicano logró vencer al poderoso ejército francés de Napoleón III. Se celebró el Cinco de Mayo por primera vez en California en 1863 como muestra de solidaridad con México. Es curioso que esta fiesta se celebre más en los Estados Unidos que en México. De hecho, la celebración más grande del mundo tiene lugar en Los Ángeles. El Cinco de Mayo se ha convertido en una linda celebración de orgullo mexicano.

Los Murales Uno de los tres grandes muralistas mexicanos, José Clemente Orozco, pintó «La épica de la civilización americana» en Dartmouth College en los años 30. Es enorme con 24 paneles gigantescos de figuras mitológicas e históricas. Inspirado por el arte público de los muralistas mexicanos, el movimiento muralista chicano comenzó en la década de los sesenta. Unos ejemplos son «Gulliver en Wonderland» en el barrio Pilsen de Chicago que retrata a Gulliver como un inmigrante que lucha para liberarse, y «la Gran Muralla de Los Ángeles» que cuenta la historia de California. Diseñado por Judith F. Baca, este trabajo de arte colectivo mide media milla de largo —es uno de los más grandes del mundo. Fue completado durante cinco veranos y más de 400 jóvenes de la comunidad y artistas participaron en su creación.

Paso 2 En grupos de tres o cuatro, contesten las preguntas.

¿Hay espectáculos o clases de baile folclórico mexicano, celebraciones de Cinco de Mayo o murales mexicanos donde Ud. vive o en la ciudad donde estudia? ¿Dónde? ¿Cómo son?

Un evento histórico

La Revolución mexicana

La Revolución mexicana se inició en 1910 bajo el mando de Francisco Madero y produjo líderes importantes como Pancho Villa (en el norte) y Emiliano Zapata (en el sur). Estos luchaban junto con campesinos y obreros en contra de los abusos de poder de la dictadura de Porfirio Díaz (cuya administración controló el gobierno mexicano por más de 30 años [1876–1911]).

El choque entre los federales (los representantes del gobierno) y los revolucionarios (quienes también tenían conflictos internos) destrozó el país. La Constitución de 1917 fue la más radical de su época y estableció las pautas legales de la Revolución, específicamente: (1) apropiación de tierras de la Iglesia Católica, (2) confirmación del derecho del estado de limitar la propiedad privada, (3) establecimiento de escuelas seculares dirigidas por el estado y (4) garantía del derecho laboral de organizar sindicatos. La violencia terminó cuando se realizaron las elecciones de 1920 y con el nuevo gobierno de Álvaro Obregón, que realizó importantes cambios políticos, laborales, educativos y culturales.

No fue sino hasta el gobierno de Lázaro Cárdenas (1934–1940) que los ideales de la Constitución de 1917 realmente se implementaron. Pronto después comenzó una serie de administraciones conservadoras que se alejaron de estos ideales. Eventualmente se consolidó el poder en un solo partido político, el «Partido Revolucionario Institucional» (PRI). El PRI controló el gobierno mexicano por más de 50 años.

Para leer sobre el impacto de la Revolución mexicana en el México de hoy y para hacer actividades relacionadas con este tema, vaya a Connect.

©Bettmann/Getty Images

Emiliano Zapata

ACTIVIDAD

Comprensión

Paso 1 Escuche las oraciones sobre este evento histórico e indique si son ciertas (C) o falsas (F).

1. _____   2. _____   3. _____   4. _____   5. _____

Paso 2 Conteste las preguntas.

1. ¿Quiénes eran algunos de los líderes de la Revolución mexicana?
2. ¿Cuáles eran algunos de los principios de la Constitución de 1917? ¿Está Ud. de acuerdo con estos principios o no?
3. ¿Qué es el PRI y cuál es su importancia?

MÁS ALLÁ DEL RINCÓN CULTURAL

***Como agua para chocolate* explora el tema de las relaciones románticas en un pueblo rural mexicano durante la época de la Revolución. Vea la película y haga las actividades relacionadas que se encuentran en Connect.**

For copyright reasons, McGraw-Hill does not provide the feature films referenced in *Más allá del Rincón cultural*. These films are readily available through retailers or online rental sites such as Amazon, iTunes, or Netflix. Please consult your instructor for details on how to view this film.

©Miramax Pictures/Courtesy Everett Collection

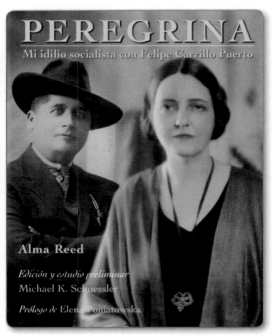

PEREGRINA
Mi idilio socialista con Felipe Carrillo Puerto

Alma Reed

Edición y estudio preliminar
Michael K. Schuessler

Prólogo de Elena Poniatowska

©Michael Schuessler

Aunque en este país se sabe poco de las relaciones románticas entre el gobernador socialista del estado de Yucatán, Felipe Carrillo Puerto, y la periodista estadounidense Alma Reed, su historia es fascinante.* Tiene lugar en la década de 1920, justo después de la Revolución mexicana (ver **Un evento histórico** en este capítulo) y su historia de amor incluye sueños utópicos, ideales políticos apasionados, descubrimientos arqueológicos, complots secretos y hasta asesinatos. En esta lectura, Arturo Ortega Morán nos da un resumen de esta trágica historia de amor, la cual inspiró una de las canciones más populares y duraderas en la historia de México, «La Peregrina». Ortega Morán es ingeniero y escritor, y contribuye a un

programa de radio nacional en México, *«Cápsulas de lengua»*. Su interés personal en la historia de Alma Reed y Felipe Carrillo Puerto viene de la importancia de «La Peregrina» en su tradición familiar: era la canción favorita de su suegra. En una ocasión, su suegro acompañó en piano a un coro de niños que cantaba «La Peregrina» en el teatro de Bellas Artes en la Ciudad de México. Al terminar la canción, de entre el público se paró una anciana de ojos intensamente azules y con trabajo subió al escenario para darle un beso a cada uno de los niños y, al final, a su suegro. Era Alma Reed, quien, emocionada, acababa de escuchar un concierto conmovedor, quizá su último, ya que al poco tiempo murió.

NOTA HISTÓRICA

Felipe Carrillo Puerto fue elegido gobernador del estado de Yucatán en 1922 y empezó a poner en marcha las metas de la Revolución mexicana detalladas en la Constitución de 1917. Fue conocido como «El Dragón de los Ojos Verdes» y «El Apóstol de la Raza de Bronce» por su apoyo feroz a la gente indígena. Solo gobernó veinte meses, pero su gobierno socialista abrió 417 escuelas, fundó la Universidad Nacional del Sureste, dio a la gente indígena cargos públicos, otorgó derechos políticos a la mujer —incluyendo el voto—, comenzó el reparto de tierras y apoyó la exploración de las ruinas mayas en las zonas arqueológicas de la región.

---

*La autobiografía de Alma Reed, *Peregrina: mi idilio socialista con Felipe Carrillo Puerto* (2007, editada por Michael K. Schuessler con prólogo de Elena Poniatowska) le da al público un punto de vista más íntimo del período de la Revolución mexicana, época muy importante para la historia de México.

A. Para comentar En grupos de tres, contesten las preguntas.

1. ¿Qué políticos de este u otro país han sido defensores de los pobres? ¿Cuál era/es su visión para la gente menos afortunada o explotada?

2. ¿Se ha enamorado Ud. alguna vez de algún lugar que haya visitado, ya sea en su propio país o en el extranjero? ¿Por qué se enamoró de ese lugar?

3. ¿Conoce Ud. alguna canción cuya letra haya sido inspirada por una persona real?

B. Acercándose al tema Lea el título de esta ficha y las nueve palabras asociadas con el tema del amor trágico. En parejas, decidan si los espacios en blanco requieren un sustantivo, un verbo o un adjetivo. Luego, completen las oraciones con la forma apropiada de las palabras de la ficha.

Una historia de amor		
el dolor	la crisis	el preparativo
dejar	divorciarse	enamorarse
apasionado/a	apenado/a	utópico/a

1. Al llegar a Yucatán, Alma conoció a Felipe y _____ de inmediato de ese hombre _____ y visionario.

2. Creció entre ellos un amor intenso. Compartían ideales similares, enmarcados por sus sueños _____ de crear un mundo más justo.

3. Pero Felipe estaba casado con hijos y su relación con Alma les causó mucho _____. Sin embargo, su amor por Alma era tan fuerte que _____ de su mujer e hizo planes para casarse con Alma.

4. Alma volvió a San Francisco para empezar los _____ para la boda, pero Felipe, mientras tanto, se encontró con una _____ política de fuertes dimensiones en Yucatán.

5. Doce días antes de la boda, Felipe fue asesinado por los enemigos del estado. Así _____ a su alma gemela destrozada y profundamente _____.

Peregrina

Arturo Ortega Morán

«Por la tarde había llovido, y al cruzar por la barriada del suburbio de San Sebastián, la vegetación y la tierra recién <u>humedecidas</u> por el aguacero[1] exhalaban esa penetrante fragancia que les es peculiar en tales casos. Alma aspiró profundamente aquel perfume, y dijo: «qué bien huele[2]», y yo, por gastarle una galantería[3] le repliqué: «Sí, huele porque usted pasa. Las flores silvestres[4] se abren para perfumarla... » Carrillo Puerto dijo al punto: «Eso se lo vas a decir a Alma en una poesía». No, le repliqué yo, se lo diré en una canción. Y en efecto, en esa misma noche hice la letra[5] y al siguiente día vi a Ricardo Palmerín y se la entregué para que le pusiera música. Así nació «La Peregrina».

Courtesy of Michael Schuessler

Alma Reed

Con estas palabras narró Luis Rosado Vega, el poeta, el momento que dio origen a una de las más hermosas canciones yucatecas.

Alma Marie Sullivan fue de las primeras mujeres que <u>ejercieron</u> el periodismo en San Francisco, California. De un breve matrimonio con Samuel Payne Reed, tomó el apellido y desde entonces fue conocida como Alma Reed. Escribía una columna llamada «Mrs. Goodfellow» en la que daba consejos legales a familias de inmigrantes ilegales que padecían[6] los abusos de aquella sociedad. En 1921, su labor periodística logró salvar la vida de un joven de 17 años condenado a muerte, de origen mexicano, llamado Simón Ruiz; de este caso resultó que las Leyes de California modificaron la manera de juzgar a los menores. La relevancia de este trabajo motivó que el presidente Álvaro Obregón la invitara a México y así, en 1922, por primera vez visitó a nuestro país, del que se enamoró profundamente.

¿Quién(es)?   ¿Dónde?   ¿Qué pasó?

A su regreso a San Francisco, la esperaba un ofrecimiento de trabajo del *New York Times,* el que aceptó y fue asignada para cubrir los trabajos arqueológicos en la zona maya, en Yucatán. Ahí entrevistó a Edward Thompson, el arqueólogo que tenía años excavando en la zona. Éste le confesó que había sacado muchas piezas <u>valiosas</u> del Cenote Sagrado de Chichén Itzá y las había enviado al Museo Peabody de Harvard. Alma Reed inició una serie de reportajes denunciando este hecho y a la larga, se logró la repatriación de muchas de estas piezas.

En febrero de 1923, su camino se cruzó con el de Felipe Carrillo Puerto, gobernador de Yucatán y personaje de fuerte personalidad e ideas socialistas, que tenía años luchando por los indígenas mayas y que se encontraba en <u>la cúspide</u> de su carrera. Dicen, quienes fueron testigos,[7] que fue un amor a primera vista. Durante ese año, vivieron un intenso romance que desembocó[8]

---

[1]*downpour*   [2]*it smells*   [3]*por... to be gallant toward her*   [4]*wild*   [5]*lyrics*   [6]*sufrían*   [7]*witnesses*   [8]*culminated*

(continúa)

VOCABULARIO
VISUALIZAR

VOCABULARIO

VERIFICAR

VOCABULARIO

VOCABULARIO

Peregrina (continuado)

en el divorcio de Carrillo Puerto y una promesa de boda que nunca se consumó. Este tiempo, vio coincidir[9] a una pareja de soñadores enamorados, a un poeta (Luis Rosado Vega) y a un músico (Ricardo Palmerín); que en una canción dejaron una eterna huella[10] de aquella historia.*

¿Quién(es)?   ¿Dónde?   ¿Qué pasó?

VERIFICAR

©Paul Fearn/Alamy Stock Photo

Felipe Carrillo Puerto

El 3 de enero de 1924, mientras Alma Reed hacía los preparativos para la boda en San Francisco, Carrillo Puerto moría fusilado[11] en la ciudad de Mérida por tropas de Adolfo de la Huerta que se habían rebelado contra el presidente Álvaro Obregón. **Se cuenta que, cuando era conducido al paredón,[12] sacó de uno de sus bolsos un anillo[13] y le pidió a uno de sus ejecutores que lo entregara a Pixan Halel, en maya: Alma y Caña (Reed).** <u>La herida</u> en el corazón de Alma Reed nunca cerró. No obstante, siguió trabajando intensamente en lo que le gustaba... el periodismo. En 1928, conoció a José Clemente Orozco y se convirtió en su admiradora y promotora, exponiendo sus trabajos en New York. Cuentan <u>las malas lenguas</u> que hubo

VISUALIZAR

VOCABULARIO

entre ellos una relación sentimental, que no llegó a mayores porque Orozco era casado y Alma nunca olvidó a Felipe. Su labor de promotora de artistas mexicanos se extendió también a David Alfaro Siqueiros. En 1961, el presidente Adolfo López Mateos reconoció el amor que Alma Reed tenía por México y le otorgó el Águila Azteca.[14]

VOCABULARIO

¿Quién(es)?   ¿Dónde?   ¿Qué pasó?

VERIFICAR

VISUALIZAR

En un día del año 1965, **una anciana de mirada azul dormido, se acercó al entonces senador por Yucatán,** Carlos Loret de Mola y le dijo: «Usted ocupará algún día la silla de Felipe, yo no lo veré como gobernador porque moriré pronto; pero quiero pedirle que cuando yo muera, me sepulten[15] en Mérida, cerca de Felipe». Unos meses después, el 20 de noviembre de 1966, Alma Reed murió a los 77 años en la Ciudad de México, a causa de un cáncer en el estómago. Tuvo que esperar casi un año para que uno de sus viejos amigos recuperara sus cenizas[16] que habían quedado retenidas por falta de pago en las funerarias Gayosso. Fue entonces que Loret de Mola, aún sin ser gobernador, cumplió el último deseo de Alma Reed y hoy sus restos yacen[17] en la Ciudad Blanca, muy cerca de los de Felipe Carrillo Puerto. Así respondió «La Peregrina» a esa plegaria[18] que nació cuando coincidieron: un par de soñadores enamorados, un músico y un poeta.

[9]vio... *saw the coming together of* [10]*print, mark* [11]*shot* [12]lugar de fusilamiento [13]*ring*
[14]Águila... *The Order of the Aztec Eagle, the highest honor awarded by the Mexican government to a foreign national, for services given to Mexico or humankind in general*
[15]*bury* [16]*ashes* [17]*lie* [18]*prayer*

Morán, Arturo Ortega, "Peregrina." Copyright © Arturo Ortega Morán. Reprinted by permission of Arturo Ortega Morán, independent writer and columnist.

*Se refiere aquí a la canción «La Peregrina».

DESPUÉS DE LEER

A. Comprensión Conteste las preguntas sobre la nota histórica y la lectura.

1. ¿Qué hacía Alma Reed antes de ir a México? ¿Qué evento hizo que viajara a México?
2. ¿Qúe hizo Alma después de entrevistar al arqueólogo Edward Thompson?
3. ¿Por qué fue Felipe Carrillo Puerto tan importante para la gente indígena yucateca?
4. ¿Cuál era la situación matrimonial de Carrillo cuando conoció a Reed?
5. ¿Qué pasó días antes de la boda de Alma y Felipe?
6. ¿Qué hizo Felipe minutos antes de ser fusilado?
7. ¿Cómo mantuvo Alma contacto con su querido México después de perder a su alma gemela?
8. ¿Qué favor quería Alma del senador Carlos Loret de Mola?

B. La famosa canción «La Peregrina»

Paso 1 Complete el párrafo con la forma correcta del pretérito, del imperfecto o del pluscuamperfecto (según el contexto).

Alma Reed llegó a México por primera vez en 1921. Al bajar del tren un grupo de mariachis _____1 (estar) allí para cantar una serenata a la esposa de un diplomático mexicano que _____2 (haber / viajar) en el mismo tren con Alma. La primera canción que _____3 (cantar) fue «Alma de mi alma». Alma _____4 (pensar) que la canción _____5 (ser) para ella y _____6 (estar) tan afectada que _____7 (empezar) a llorar. Luego, _____8 (abrazar) al representante del presidente Obregón, que _____9 (haber / venir) a recogerla. Dos años más tarde, al escuchar la historia de la reacción emotiva de Alma ante la canción «Alma de mi alma», Felipe _____10 (querer) regalarle una canción que contara la historia de una joven de California que _____11 (haber / venir) a México para entrevistar al gobernador y cómo ellos _____12 (haber / enamorarse). Con la ayuda del poeta Luis Rosado Vega y el compositor Ricardo Palmerín _____13 (nacer) la famosísima canción «La Peregrina».

Paso 2 En parejas, contesten las preguntas.

1. ¿Cómo piensa que Alma se sintió cuando se dio cuenta de que la canción no era para ella?
2. ¿Cómo se sentiría si alguien escribiera una canción dedicada a Ud. y luego esta canción se convirtiera en una canción popular a nivel nacional?

La Peregrina

Cuando dejes mis palmeras
y mi tierra,
Peregrina del semblante
encantador:
No te olvides, no te olvides
de mi tierra,
no te olvides, no te olvides
de mi amor.

---

118   CAPÍTULO 3 / Pasiones y sentimientos: Las relaciones humanas

C. Para discutir En grupos de tres o cuatro, discutan lo siguiente.

1. El padre de Alma le contaba cuentos sobre sus viajes a México. Estos cuentos despertaron en la niña un profundo interés en México y su gente. ¿Recuerda Ud. algunas historias de su infancia que todavía tengan un impacto en su vida? ¿Le contaron sus padres o abuelos cuentos de otros lugares o personas que hayan hecho que Ud. quisiera aprender más sobre otras culturas o viajar a otros países?

2. Algunas personas se sienten atraídas por personas de otras culturas. Otros creen que las diferencias culturales tienen un impacto negativo en las relaciones. ¿Cuál es su opinión? ¿Se casaría Ud. o saldría con una persona de otra cultura? En su opinión, ¿se aceptan las relaciones interétnicas o interculturales en su comunidad?

3. Los editores de Alma Reed le pidieron que fuera a México para entrevistar al gobernador socialista de Yucatán, al que le decían «la copia tropical de Abraham Lincoln». ¿Qué dos o tres preguntas habrá preparado Reed para hacerle a Felipe Carrillo antes de conocerlo?

4. Hoy en día, en este país la palabra «socialista» evoca pánico para mucha gente. ¿Por qué cree Ud. que esta palabra está tan cargada de connotaciones negativas?

REACCIONAR

R

RECOMENDAR

D. Reacciones En parejas, imagínense que son mexicanos/as que viven durante la época de Alma Reed y Felipe Carrillo Puerto. Lean las oraciones y reaccionen ante cada una con una expresión como **Es triste que... , Es increíble que... , Es bueno que...** Expliquen su reacción a cada una.

1. Alma defiende a jóvenes mexicanos en los Estados Unidos y, en particular, a uno que es acusado falsamente de asesinato.

2. Como el nuevo gobernador de Yucatán, Felipe Carrillo Puerto le da su primer discurso al público en la lengua maya.

3. Aunque Felipe está casado con otra mujer, Alma y Felipe son almas gemelas. Están verdaderamente enamorados y comparten los mismos ideales y sueños utópicos.

4. Un momento antes de ser fusilado, el gobernante yucateco llama a uno de sus ejecutores, pone en sus manos un anillo y le dice: «Entrégaselo a *Pixán Halal*».*

Source: Inri

Las tumbas de Alma Reed y Felipe Carrillo Puerto (en el fondo)

PASADO

E. El telegrama Alma estaba ensayando para su boda en el Hotel Fairmont de San Francisco, con su vestido de novia y azahares (*orange blossoms*) tras las orejas, cuando de repente le pasaron un telegrama que acababa de llegar al hotel donde vivía. El telegrama decía: «Felipe Carrillo Puerto asesinado».

Paso 1 En parejas, escriban cuatro o cinco oraciones describiendo lo que pasó cuando Alma leyó el telegrama.

Paso 2 Escríbanle a Alma un breve mensaje de pésame (*condolence*). Palabras útiles: **afectado/a, el dolor, el sentimiento, la tristeza.**

Pixán significa **alma** (*soul*) en lenguaje maya-quiché y *Halal* significa **junco** (*reed*).

¿CÓMO LE VA CON ESTOS PUNTOS CLAVE?

REACCIONAR

D DESCRIBIR **C** COMPARAR **P** PASADO **R** RECOMENDAR

A. Prueba diagnóstica

Paso 1 Complete el párrafo con la forma correcta de los verbos entre paréntesis para ver cómo le va con las metas comunicativas **Descripción, Comparación, Narración en el pasado** y **Reacciones y recomendaciones.**

©Miramax Pictures/Courtesy Everett Collection

Frida, interpretada por Salma Hayek

Hace muchos años, cuando Salma Hayek _____[1] (oír) hablar del proyecto de hacer una película sobre la vida de Frida Kahlo, _____[2] (decidir) que _____[3] (querer) el papel principal. Pero en esos años todavía _____[4] (ser / estar) una actriz desconocida. Los directores le dijeron: «Es necesario que nosotros _____[5] (encontrar) una actriz más famosa. También queremos que _____[6] (ser / estar) mayor que tú. Y además, dudamos que tu aspecto físico _____[7] (ser / estar) apropiado para este rol». Pero años más tarde, Salma _____[8] (conseguir) el papel de Frida y también _____[9] (participar) en la producción de la película.

Para parecerse a Frida, Salma _____[10] (tener) que añadir a su apariencia dos rasgos característicos de la pintora: las cejas unidas y el bigote. Los artistas de maquillaje siempre _____[11] (ser / estar) preparados para convertir a un actor en otra persona. Cuando Hayek _____[12] (aparecer) el primer día en el estudio, todos _____[13] (decir): «Es alucinante que una belleza como Salma _____[14] (poder) convertirse en Frida».

Hayek espera que al ver la película *Frida,* los espectadores _____[15] (salir) sabiendo apreciar la pasión, el talento excepcional y la valentía de Frida Kahlo. Ojalá que también _____[16] (entender) mejor la importante época histórica en la que Frida Kahlo y Diego Rivera _____[17] (vivir).

RESPUESTAS: 1. oyó **2.** decidió **3.** quería **4.** era **5.** encontremos **6.** sea **7.** sea **8.** consiguió **9.** participó **10.** tuvo **11.** están **12.** apareció **13.** dijeron **14.** pueda **15.** salgan **16.** entiendan **17.** vivieron

Paso 2 Ahora, haga comparaciones utilizando las siguientes indicaciones.

1. Salma Hayek / Frida Kahlo (+ guapo)
2. Salma Hayek / Frida Kahlo (= tener talento)
3. Ser pintora / ser actriz (= divertido)
4. Salma Hayek / $1 millón por película (+ ganar)
5. Frida Kahlo / Salma Hayek (= trabajar)

RESPUESTAS: 1. Salma Hayek es más guapa que Frida Kahlo. **2.** Salma Hayek tiene tanto talento como Frida Kahlo. **3.** Ser pintora es tan divertido como ser actriz. **4.** Salma Hayek gana más de un millón de dólares por película. **5.** Frida Kahlo trabaja tanto como Salma Hayek.

B. Autoevaluación

Complete la autoevaluación de su progreso en estas metas comunicativas.

META COMUNICATIVA	MUY BIEN	BIEN	NO TAN BIEN
D DESCRIBIR Descripción	☐	☐	☐
C COMPARAR Comparación	☐	☐	☐
P PASADO Narración en el pasado	☐	☐	☐
REACCIONAR **R** RECOMENDAR Reacción y recomendación	☐	☐	☐

¡Ojo!

If you are still having trouble with these **Metas comunicativas,** you can complete (or redo) the LearnSmart modules for this chapter for additional practice.

La Plaza Dorrego en Buenos Aires

©Heather Jarry

CAPÍTULO 4

La vida moderna

Las obligaciones y el tiempo libre

Meta comunicativa

GUSTOS

Temas centrales

- el estrés
- el ocio
- el humor
- los medios sociales

Zona de enfoque

- El Cono Sur

En este capítulo Ud. va a explorar el tema de sus obligaciones, en cuanto a sus estudios y el trabajo, y lo que hace para pasarlo bien y relajarse.

Preguntas para considerar

- ¿Se siente Ud. estresado/a por sus obligaciones académicas y su trabajo?
- ¿Qué hace para aliviar el estrés?
- ¿Cuáles son las actividades que lo/la ayudan a relajarse?
- ¿Tiene Ud. un lugar especial para escaparse de vez en cuando?
- ¿Cuáles son las ventajas y desventajas del acceso constante a la tecnología?
- ¿Qué aparato o aplicación podría dejar de usar? ¿Cuál sería imposible de dejar de usar?
- La escena que se ve en esta página muestra uno de los escapes de la vida diaria en la Argentina. ¿Qué papel desempeñan la música y el baile en su vida?

La historia

Hay que ser más fiesteros

Situación: Diego y Sara hablan del negocio de Diego y de los diferentes cambios que este está haciendo para **aumentar** las ventas y **disminuir** las tensiones y el estrés que él experimenta en el trabajo. Lea el diálogo y preste especial atención al uso del vocabulario nuevo, que está **en negrilla.**

©McGraw-Hill Education

¡Tienes que relajarte, Diego!

DIEGO: La próxima semana viajo al Cono Sur a buscar nuevos productos para vender en Tesoros.

SARA: Ay, Diego. ¿Tienes que viajar otra vez? **Trabajas como una mula.** Me preocupa que estés tan **tenso** y **agobiado** estos días.

DIEGO: Aprecio tu preocupación por mi **bienestar,** pero me fascina mi trabajo. No me gusta estar de **vago.** Sin embargo, acabo de contratar a un ayudante, Francisco Ramos.

SARA: ¡Fenomenal! Francisco es buenísima gente. Me encanta su sentido de humor. Y está claro que él le cae bien a todo el mundo.

DIEGO: Sí, pues. Además, es experto en las redes sociales. Ya ha rediseñado mi **página Web**, y yo empecé un blog para Tesoros.

SARA: Estupendo.

DIEGO: También hemos **subido** fotos de nuestros productos y puedes **descargar** vídeos de las entrevistas con los artesanos que los producen.

SARA: Te veo muy **animado** con estos cambios —es importante **ponerse al día** con los avances tecnológicos. Y, ¿qué piensas hacer en el Cono Sur?

DIEGO: **Aprovecharé** los primeros días en Buenos Aires para comprar productos de cuero (*leather*) en la calle Murillo. Después cruzaré el Río de la Plata para reunirme con unos artesanos de productos de lana (*wool*) en Montevideo. Y luego, en Paraguay, hacen unas hamacas extraordinarias...

SARA: Oye, oye, Diego. Es importante que **realices** tus metas empresariales, pero debes **tratar de disfrutar de** la vida también. Buenos Aires **tiene mucha marcha** y Montevideo es una ciudad fantástica...

DIEGO: Claro, claro. En mis **ratos libres** iré al teatro y a la ópera, que son realmente extraordinarios en Buenos Aires. Seguramente veré algún **espectáculo** de tango. Y te aseguro que **lo pasaré** de maravilla en los restaurantes excelentes que mis contactos conocen.

SARA: Será mejor que no **te desveles** todas las noches. Volverás a Austin **agotado**.

DIEGO: Ay ay ay, Sara, acabas de decirme que debo disfrutar de la vida porteña. Te prometo que me portaré bien.

A. **Comprensión** Escuche las oraciones sobre La historia e indique si son ciertas (C) o falsas (F).

1. _____ 2. _____ 3. _____ 4. _____ 5. _____

B. **Detective** Busque en el diálogo ejemplos de las siguientes metas comunicativas: Reacciones y recomendaciones (R), Narración en el pasado (P), Hablar de los gustos y las opiniones (G) y Hablar del futuro (F). Subraye cada palabra o frase que represente una (o una combinación) de estas metas comunicativas. Luego, escriba al margen la(s) letra(s) que corresponde(n) a cada ejemplo subrayado (R, P, G o F).

MODELO: Aprecio tu preocupación por mi bienestar, pero <u>me fascina</u> mi trabajo. (G)

C. **Preguntas** Conteste las preguntas, según el diálogo.

1. ¿Por qué está preocupada Sara?
2. ¿Qué cambio va a ayudar a Diego a relajarse un poco?
3. ¿Qué hizo Francisco ya para modernizar el negocio de Diego?
4. ¿Por qué va al Cono Sur Diego?
5. ¿Cuáles son algunos de los planes de Diego para entretenerse en Buenos Aires?

D. **Reacciones y recomendaciones** Complete las oraciones sobre la conversación de Diego y Sara, utilizando un conector en cada oración.

REACCIONAR
R
RECOMENDAR

Conectores

además
en cambio
para que + *subjuntivo*
por lo tanto
porque
puesto que
sin embargo
ya que

MODELO: Es bueno que Diego pueda tomar un poco de tiempo para cargar las pilas, ya que trabajar demasiado no es bueno para la salud.

1. A sus amigos no les gusta que Diego...
2. Es fantástico que su amigo Francisco...
3. Sara teme que Diego...
4. A los clientes de Tesoros les va a gustar que...

E. **Twitter** Escriba un tuit sobre la conversación que escuchó en Tesoros entre Diego y Sara.

Vocabulario del tema

PARA HABLAR DE LAS OBLIGACIONES

aprovechar(se) (de)	to take advantage of
aumentar	to increase
desvelarse	to stay awake all night
disminuir	to decrease
madrugar	to get up early
mejorar	to improve (make better)
ponerse al día	to catch up
posponer (like poner)	to postpone
realizar	to accomplish, fulfill (a goal)
seguir + -ndo	to keep doing something
tener éxito	to be successful
trabajar como una mula	to work like a dog
tratar de	to try to

PARA DESCRIBIR EL ESTADO DE ÁNIMO

agobiado/a	overwhelmed
agotado/a	exhausted
angustiado/a	distressed
animado/a	in good spirits
desanimado/a	bummed
descansado/a	rested
dispuesto/a (a)	willing (to)
entusiasmado/a	enthusiastic
estresado/a	stressed (out)
harto/a	fed up
hasta las narices	fed up to here
quemado/a	burned out
renovado/a	renewed
satisfecho/a	satisfied
tenso/a	tense
vago/a	lazy

PARA HABLAR DEL TIEMPO LIBRE

aliviar	to relieve
bromear	to joke around
cargar las pilas	to recharge one's batteries
disfrutar de	to enjoy
entretener(se) (like tener)	to entertain (oneself)
estar de buen/mal humor	to be in a good/bad mood
levantar el ánimo	to lift one's spirits
pasarlo bien/mal	to have a good/bad time
reírse a carcajadas	to laugh out loud / to laugh one's head off

©Remy Simard. All rights reserved. Used with permission.

¿Por qué es graciosa esta tira cómica? ¿Le hizo reírse?

relajarse	to relax
reunirse (me reúno) (con)	to get together (with)
tener mucha marcha	to have a lively social scene

PARA DESCRIBIR LAS DIVERSIONES

el/la aguafiestas	party pooper
el bienestar	well-being
el chisme	gossip
el espectáculo	show, performance
la madrugada	early morning
los ratos libres	free time
el recreo	recreation
la resaca	hangover

PARA HABLAR DE LOS MEDIOS SOCIALES

bloguear	to blog
chatear	to chat
conectar	to connect
descargar	to download
enterarse de	to find out about
enviar (envío) / mandar un mensaje de texto	to text
un correo electrónico*	to e-mail
googlear	to google
postear/poner	to post
subir	to upload
tuitear	to tweet

COGNADOS: **la aplicación (la app), el ciberespacio, el Internet, la página Web, la realidad virtual, la tecnología digital, el (teléfono) celular/móvil**

---

*Por la influencia del inglés, en algunos países también se dice un **e-mail** y, como chiste (as a joke), un **emilio**. Esta última es una transformación de la palabra inglesa e-mail en el nombre español de persona **Emilio**.

A. Vocabulario en contexto

Paso 1 Indique quién hace las siguientes cosas: Ud., su madre, padre, hermano/a, hijo/a, amigo/a, compañero/a de cuarto, nadie, etcétera.

1. Les levanta el ánimo a los que están quemados.
2. Trabaja como una mula y no es capaz de relajarse.
3. Está dispuesto/a a desvelarse para ayudar a un amigo con un proyecto.
4. Sabe los chismes de todos sus amigos y también de los ricos y famosos.
5. Le es imposible dejar de mandar mensajes de texto mientras maneja.
6. No le importa su privacidad, por eso postea cualquier cosa en Facebook sin pensarlo dos veces.
7. Está angustiado/a porque con frecuencia pospone el trabajo que tiene que hacer.
8. Aprovecha sus ratos libres para ponerse al día con los estudios o el trabajo.
9. Está agobiado por el número de mensajes de texto que recibe cada día.
10. Se entretiene sin reunirse cara a cara con nadie, porque pasa mucho tiempo jugando juegos virtuales.

Paso 2 En parejas, compartan sus respuestas del **Paso 1.** Elijan dos situaciones y amplíen sus respuestas para dar ejemplos concretos de lo que hace la persona indicada en cada situación.

B. Decisiones

Paso 1 En parejas, contesten las preguntas y explíquense sus respuestas.

HIPÓTESIS

1. Después de haberse desvelado en una fiesta fantástica, ¿madrugaría Ud. al día siguiente para hacer ejercicio antes de asistir a su primera clase?
2. ¿Pospondría una entrevista para un trabajo importante si tuviera la oportunidad de asistir a un concierto de su grupo musical favorito?
3. ¿Iría a clase con una resaca tremenda?
4. ¿Estaría dispuesto/a a suspender sus estudios por un año para trabajar en Cancún?
5. ¿Gastaría más de 500 dólares en una de las siguientes cosas: un partido de fútbol, una obra de teatro de *Broadway* en Nueva York, un concierto, una botella de vino, un suéter, un masaje?
6. ¿Iría de compras para aliviar el estrés?
7. Después de trabajar como una mula todo el día, ¿iría a un lugar con mucha marcha para pasarlo bien?
8. Después de romper con su novio/a, ¿seguiría siendo su amigo/a en Facebook?

Paso 2 Según las respuestas y las explicaciones, ¿es su compañero/a una persona atrevida o cautelosa? Explique por qué.

¿Qué haría yo?

C. Adicto al Internet

Paso 1 En grupos de tres, contesten las preguntas.

1. ¿Conoce Ud. a alguna persona adicta al Internet, a Facebook o a su celular? ¿Cómo es esa persona? ¿Cómo afecta esta adicción a su vida diaria? A Ud., ¿le molesta estar con esta persona o le parece normal su comportamiento?

2. ¿Qué aparato o aplicación podría Ud. dejar de usar? ¿Cuál le sería imposible dejar de usar? Explique.

HIPÓTESIS

Paso 2 Complete las oraciones con la forma correcta del verbo entre paréntesis y añada un adjetivo del vocabulario nuevo para describir su estado de ánimo en cada caso. Luego, comparta sus respuestas con un compañero / una compañera.

1. Si no pudiera googlear para buscar información, _____ (sentirse)...

2. Si un amigo posteara una foto muy fea de mí en Facebook, _____ (estar)...

3. Si tuviera que terminar un ensayo importante para una clase y mi novio/a insistiera en chatear, _____ (estar)...

4. Si perdiera mi celular, _____ (sentirse)...

5. Si recibiera más de 100 correos electrónicos en un día, _____ (sentirse)...

6. Si inventara una app muy exitosa, _____ (estar)...

PASADO

Paso 3 ¿Le ha pasado a Ud. o a alguien que conoce alguno de los incidentes mencionados en el **Paso 2**? Hablen en parejas sobre lo que pasó, las complicaciones de la situación, cómo se sintió Ud. o la persona involucrada y cómo se resolvió el caso.

D. Preguntas personales En parejas, contesten las preguntas. Mientras escucha a su compañero/a, reaccione con algunas expresiones de **Para conversar mejor.** Luego, revelen a la clase lo que cada uno/a averiguó de su compañero/a.

Para conversar mejor

¡Increíble!	Estoy de acuerdo.
¡Qué chistoso!	Es igual para mí.
¿De veras?	Yo (A mí) también/tampoco.
¿En serio?	¡Fenomenal!
¡Qué horror!	¡Qué idea más buena!

DESCRIBIR GUSTOS

1. Describa a la persona más fiestera que Ud. conozca. ¿Qué le gusta hacer a esta persona en las fiestas?

DESCRIBIR PASADO

2. ¿Qué hace el aguafiestas típico? ¿Ha sido alguna vez un(a) aguafiestas? Explique su respuesta.

GUSTOS HIPÓTESIS

3. ¿Qué le gusta hacer para aliviar el estrés? Si fuera el decano / la decana (dean) encargado/a de (in charge of) los servicios estudiantiles, ¿qué recursos ofrecería para ayudar a los estudiantes a disminuir el estrés?

DESCRIBIR

4. ¿Por qué cree que los medios sociales son tan importantes para la sociedad? ¿Hay algo negativo en la conectividad constante? Explique.

E. Para combatir el estrés

Paso 1 Lea las descripciones de tres lugares excelentes para divertirse en el Cono Sur durante el mes de febrero, cuando las temperaturas del verano son perfectas y el ambiente es alucinante.

1. **Punta del Este, Uruguay** Es una ciudad que está en la costa del Océano Atlántico y es un lugar favorito de los ricos y famosos para veranear. Se considera como «la Riviera de Sudamérica». La playa está rodeada de bellos bosques de pinos; las olas, de más de diez pies de altura, son perfectas para hacer surf. Hay grandes mansiones, pistas de golf y tenis y casinos lujosos.

2. **Viña del Mar, Chile** Es una ciudad balnearia[1] que fue fundada hace más de 100 años. Tiene lujosas villas de comienzos del siglo XX con torrecillas miradores[2] que dan al mar,[3] así como casas modernas de estilo elegante. Cada mes de febrero se celebra allí el gran Festival de Música de Viña del Mar, en el que tocan músicos hispanos de todo el mundo. Este festival es tal vez la reunión de estrellas hispanas más grande del mundo.

3. **Buenos Aires, Argentina** Es conocida como «el París de Sudamérica». Se pueden encontrar cafés en casi todas las esquinas, desde los más elegantes y caros hasta los más sencillos. En el centro de la ciudad hay más de 70 cines. Las representaciones teatrales en Buenos Aires, por otro lado, son más numerosas que en París o Nueva York. La vida nocturna es alucinante. Se dice que la avenida Corrientes, la calle principal, nunca duerme. ¡Las discotecas y los clubes no cierran hasta la madrugada!

[1]resort [2]torrecillas... *little watchtowers* [3]dan... *face the sea*

Paso 2 Ahora, lea las descripciones de tres paraguayos estresados que necesitan escaparse de su rutina. En parejas, recomienden el lugar más apropiado para cada uno para aliviar el estrés, divertirse y cargar las pilas. Compartan sus sugerencias con otra pareja. ¿Están todos de acuerdo?

REACCIONAR
R
RECOMENDAR

1. Arturo Baca, un actor que está angustiado porque no consiguió un papel en un espectáculo, dado que no sabe bailar bien.

   Arturo, sabemos que Ud.... Por lo tanto, le aconsejamos que...

2. Teresa Palacios, una estudiante que está hasta las narices con sus estudios y con su ex novio, quien sigue llamándola tres veces al día.

   Teresa, es muy importante que Ud.... Por eso sugerimos que...

3. Carolina Castañeda, una bibliotecaria que está desanimada porque vive en un pueblo pequeño, sin mucha marcha.

   Carolina, recomendamos que... porque...

Paso 3 Imagínense que los tres ya han vuelto de sus vacaciones. Utilizando algunas de las **Expresiones útiles**, preparen un diálogo entre dos de los viajeros en el que

a. se pregunten sobre sus respectivos viajes

b. digan adónde fueron y cómo lo pasaron

c. pidan más detalles y recomendaciones

d. cada uno/a diga que irá al lugar donde estuvo el otro / la otra y se deseen un buen viaje

F. WhatsApp
Paula llama a su hermano David, un estudiante de la Universidad de la República en Montevideo. David está estresado y Paula quiere animarlo. Ud. escuchará la mitad de la conversación—lo que Paula le dice a David. La primera vez que escuche, no escriba nada. La segunda vez escriba solo las preguntas y, al final, la despedida que le hace Paula. Después, en parejas, inventen respuestas lógicas de David para completar la conversación.

Expresiones útiles

Para hablar del tiempo libre

¿Cómo lo pasaste / pasó / pasaron?

Lo pasé muy bien / de maravilla / fatal.

¡Que lo pases / pase / pasen bien!

¡Que te diviertas / se divierta / se diviertan!

MODELO: Ud. oye: PAULA: Hola, David, ¡qué bueno escuchar tu voz! ¿Hace cuánto tiempo que no hablamos?

Ud. escribe: PAULA: ¿Hace cuánto tiempo que no hablamos?

DAVID: Hace demasiado, hermana. Te extraño.

1. PAULA (pregunta): _____

   DAVID: _____

2. PAULA (pregunta): _____

   DAVID: _____

3. PAULA (pregunta): _____

   DAVID: _____

4. PAULA (despedida): _____

   DAVID: _____

G. **Problemas cotidianos** Entre todos, revisen los problemas y hagan una lista de palabras nuevas de este capítulo y de los capítulos anteriores que los ayuden a conversar con facilidad sobre cada problema repentino. Después, en parejas, preparen un diálogo espontáneo sobre cada problema.

1. Un consejero / Una consejera y una persona que está «quemada» por el exceso de trabajo están en una sesión de terapia. El/La paciente se queja de su trabajo y el consejero / la consejera sugiere que tome clases de baile o música para aliviar el estrés. Al cliente le parece ridícula la idea.

2. Dos personas están saliendo en una cita por primera vez. Una de ellas se lo pasa mirando los mensajes de texto que recibe en su celular. La otra persona está harta de su comportamiento, el cual considera maleducado.

NOTA CULTURAL • ¿Quiénes son los más fiesteros?

La primera vez que Diego recibió una invitación para ir a una fiesta en los Estados Unidos, se sorprendió mucho. ¡La invitación indicaba la hora en que iba a terminar la fiesta! Eso nunca pasaría en el mundo hispano, en donde se indica la hora en que comienza una fiesta (algo que no siempre se respeta), pero se considera de mala educación decirles a los invitados que tienen que irse a una hora determinada. La costumbre estadounidense puede resultar un choque cultural para los hispanos. De hecho, a Javier le molesta tanto que él se niega a ir a una fiesta si la invitación indica cuándo va a terminar.

En el mundo hispano, el invitado puede quedarse todo el tiempo que quiera en una reunión o una fiesta y el anfitrión está encantado de atenderlo. En el Ecuador, Laura asistió a una boda que empezó a las 7:00 de la noche y no terminó hasta las 7:00 de la mañana del día siguiente. Era muy diferente de las bodas estadounidenses que ella conocía, pero no parecía que los novios estuvieran enojados con sus invitados. Al contrario, se rieron, cantaron y bailaron con los otros hasta que se fue la última persona. Sergio también prefiere las fiestas alegres y largas de su familia mexicana a las cenas cortas y secas que tiene con su familia de los Estados Unidos.

©Martin Mistretta/Getty Images

En fin, cada cultura es diferente y hay que respetar las costumbres especiales. Sin embargo, cuando Ud. vaya a una fiesta en un país hispano, ¡no se sorprenda si no termina nunca!

Preguntas

1. ¿Por qué sería de mal gusto ponerle horas fijas a una fiesta en Latinoamérica?

2. ¿Qué le parece a Ud. la flexibilidad que hay en el mundo hispano en cuanto al horario de las fiestas? ¿Por qué?

3. ¿A qué hora suelen empezar y terminar las bodas en su país? ¿Le gustaría ir a una boda que durara hasta la mañana siguiente?

Actividad

En parejas, escriban un diálogo en el que uno de Uds. haga el papel de un anfitrión / una anfitriona estadounidense que está cansado/a y quiere pedirles a sus invitados, de manera educada, que se vayan. La otra persona será un invitado hispano / una invitada hispana que no entiende las indirectas (discreet hints) de su anfitrión/anfitriona.

Hablar de los gustos y las opiniones

En esta sección del capítulo, Ud. va a practicar la meta comunicativa **Hablar de los gustos y las opiniones.** Para hacerlo bien, hay que utilizar las estructuras gramaticales (los puntos clave) de la tabla que pertenecen a la meta comunicativa. Antes de continuar, estudie las explicaciones de estas estructuras gramaticales en las páginas moradas que están al final del libro.

LA META COMUNICATIVA DE ESTE CAPÍTULO		
ICONO	META COMUNICATIVA	PUNTOS CLAVE
G GUSTOS	Hablar de los gustos y las opiniones	• los verbos como **gustar** • los pronombres de complemento indirecto • el subjuntivo después de **me gusta que, no creo que, no pienso que**

PRUEBA DIAGNÓSTICA

Un amigo argentino de Javier nos habla de la importancia del fútbol en su país. Llene los espacios en blanco con la forma más apropiada del verbo que está entre paréntesis, junto con el pronombre de complemento indirecto adecuado.

Desde niño, (a mí) _____[1] (encantar) ver el fútbol con mi padre y mi abuelo. (A nosotros) _____[2] (emocionar) especialmente los campeonatos[a] grandes, como la Copa Libertadores o la Copa Mundial.

No somos solamente fanáticos «de sofá». Mi padre juega en una liga de hombres de su edad y, cuando yo siento mucho estrés, _____[3] (dar ganas de[b]) correr por el campo de fútbol y patear la pelota duro.[c] Desde luego, _____[4] (convenir) hacer ejercicios para aliviar las tensiones en vez de fumar o tomar alcohol.

En contra de lo que se suele pensar, el fútbol no es un espacio exclusivamente masculino. Es cierto que a mi madre y a mi abuela _____[5] (aburrir) los partidos de fútbol, pero a muchas chicas jóvenes _____[6] (fascinar) este deporte tanto como a los chicos. Hay cada vez más ligas femeninas. A algunos de mis amigos _____[7] (fastidiar) que las chicas ocupen «sus» campos de fútbol en los parques, pero a mí no. De hecho, _____[8] (caer fenomenal) las chicas deportistas.

[a]*championships*   [b]*get a desire/craving to*   [c]*patear... kick the ball hard*

RESPUESTAS: 1. me encanta 2. Nos emocionan 3. me da ganas de 4. me conviene 5. les aburren 6. les fascina 7. les fastidia 8. me caen fenomenal

©AIZAR RALDES/Getty Images

Un partido eliminatorio entre Bolivia y la Argentina

Expresiones útiles*

Para hablar de lo que le gusta

me apetece(n)	*I feel like*
me cae(n) bien/fenomenal	*I really like (person or people)*
me conviene(n)	*It's good (a good idea) for me to*
me da(n) ganas de	*I feel like*
me emociona(n)	*I'm excited by*
me encanta(n)	*I love, really like*
me fascina(n)	*I'm fascinated by*
me importa(n)	*I care about*
me interesa(n)	*I'm interested in*

Para expresar lo que no le gusta

me aburre(n)	*I'm bored by*
me cae(n) mal/fatal	*I don't like (person or people)*
me da(n) asco	*I'm disgusted by*
me disgusta(n)	*I don't like*
me fastidia(n) me molesta(n)	*I'm annoyed by, I'm bothered by*
me preocupa(n)	*I'm worried about*

Para expresar indiferencia

me da igual me da lo mismo me es igual	*I don't care, it's all the same to me*
no me importa(n)	*I don't care (about)*
no me interesa(n)	*I'm not interested (in)*

ACTIVIDADES

GUSTOS

Las siguientes actividades le darán la oportunidad de practicar las metas comunicativas. Habrá un énfasis particular en expresar los gustos.

A. Unos empleados de Fiestaturs a quienes les encanta su trabajo Las siguientes personas trabajan en la Argentina para Fiestaturs, una agencia de viajes. Esteban lleva a los clientes en excursiones al aire libre, Cecilia enseña clases de cocina y lleva a los turistas a comer a varios restaurantes y Daniela da clases de tango. Mire las fotos y lea lo que los clientes están pensando en su interior acerca de sus instructores.

---

*Note that for all of these **gustar**-like constructions, if they are immediately followed by **que** + *verb phrase*, the verb in that following verb phrase must be in the subjunctive.

Me molesta *que* **mis vecinos** *hagan* **ruido después de la medianoche.**
but
Me molesta *el ruido.* (followed by a noun)
and
Me molesta *desvelarme* **por el ruido que hacen mis vecinos.** (followed by an infinitive)

Paso 1 Lea las conversaciones y complete cada oración con el objeto indirecto correcto y luego seleccione la forma apropiada del verbo.

1. Esteban lleva a algunos clientes miedosos a escalar montañas en la Patagonia.

©Brand X Pictures/Superstock
«Hombre, ¿estás loco? ¡Nos asustas!»

    ESTEBAN: (A mí) _____ (apasiona / apasionan) los deportes extremos.

    LOS CLIENTES: Pues (a nosotros) _____ (preocupa / preocupan) no tener la práctica necesaria para hacer lo que propones.

    ESTEBAN: A los clientes atrevidos no _____ (importa / importan) los riesgos.

    LOS CLIENTES: ¡Y parece que a ti no _____ (molesta / molestan) perder clientes!

2. Cecilia ofrece una clase que muestra la diversidad culinaria de la Argentina, influida por los diversos grupos inmigrantes a ese país. Normalmente, ella les cae bien a los clientes y se hacen amigos, pero esta vez tiene un cliente muy tiquismiquis.

©Ethan Vogt, Casa Diego, Buenos Aires
«No me caes bien, eres una cocinera mediocre y no me gustan tus clases.»

    CECILIA: A muchos clientes _____ (fascina / fascinan) los platos exóticos. A otros, _____ (interesa / interesan) más aprender las técnicas de cocina. ¿Qué le interesa a Ud.?

    EL CLIENTE TIQUISMIQUIS: Pues, no _____ (apetece / apetecen) probar platos muy raros. Pero sí _____ (interesa / interesan) aprender a cocinar un buen bife con salsa chimichurri.

3. Daniela es excelente maestra de tango. Ya que el tango es un baile muy sensual, a veces sus clientes se enamoran.

    CLIENTE 1: El tango es un baile muy complicado. Aunque tengo un poco de experiencia, siempre _____ (conviene / convienen) tomar clases de repaso.

    CLIENTE 2: No tengo talento para bailar. _____ (fastidia / fastidian) los pasos complicados. ¡Pero tengo muchas ganas de aprender! Espero que tengas paciencia conmigo.

    CLIENTE 1: La verdad es que _____ (encanta / encantan) los principiantes con una actitud positiva. Te ayudaré con los pasos difíciles.

    CLIENTE 2: Bueno, si a ti no _____ (importa / importan) mis dos pies izquierdos, haré un esfuerzo enorme por hacerlo bien. Te lo prometo.

Paso 2 En parejas, preparen un diálogo entre el dueño de Fiestaturs y un/una cliente que está tratando de decidir entre las tres clases. El/La cliente le hace preguntas sobre los instructores y luego expresa sus intereses y sus preocupaciones. Primero, el dueño hace una comparación entre Esteban, Cecilia y Daniela y luego habla de cuál de las clases será la mejor para él/ella.

C COMPARAR
G GUSTOS
R REACCIONAR RECOMENDAR
D DESCRIBIR

Me interesa(n)...

Me preocupa que...

Tengo miedo de...

Eso no significa que...

Está claro que...

Recomiendo que...

©Sharon Foerster
«Me gustas,* ¿podemos practicar el tango en un boliche esta noche?»

---

*Remember that with verbs like **gustar,** in general the subject of the sentence is what would be the direct object in English and the subject in English becomes the indirect object in Spanish. Thus, in the sentence **nos caes súper bien, tú** is the subject and **nosotros** is the indirect object. The sentence is translated as *we really like you.* Likewise, **me gustas** means *I like you* (*Lit.: you are pleasing to me*). For example, **Me gustas tal como eres:** *I like you just the way you are.*

B. Algunos pasatiempos en el Cono Sur

GUSTOS

REACCIONAR
RECOMENDAR

Paso 1 Lea cada descripción y luego, en parejas, hagan oraciones completas con los elementos dados.

©Outdoor-Archiv/Alamy Stock Photo

Un gaucho con su mate

©Demetrio Carrasco/Getty Images

Un boliche argentino

1. *El mate: un ritual de la amistad:* El ritual del mate refleja la esencia del Cono Sur. El mate se hace de yerba mate, una hierba amarga (*bitter*), similar al té. Para beber el mate, es típico utilizar un recipiente especial que también se llama «mate». Se pasa este recipiente de persona a persona y cada uno bebe por la misma bombilla (*drinking straw*).
   a. los uruguayos / gustar / el ritual del mate
   b. los extranjeros / molestar que / la gente / usar la misma bombilla para beber mate, porque...
   c. No pienso que...

2. *Buenos Aires tiene mucha marcha:* Se dice que los argentinos nunca duermen. Buenos Aires es una ciudad con mucha marcha. Muchos extranjeros que visitan esta capital porteña quedan alucinados por su intensa actividad nocturna. En los clubes, a la medianoche termina la primera sesión designada para los chicos menores de 18 años y empieza la marcha de verdad. Los boliches (discotecas) permanecen abiertos hasta las 5:00 de la madrugada.
   a. los porteños menores de 18 años / encantar / bailar en los boliches
   b. los jóvenes / no gustar que / terminar la primera sesión a la medianoche, porque...
   c. Creo que...

3. *El ciberespacio:* Según Sergio Balardini, un psicólogo argentino, los chicos se sienten más libres en el ciberespacio. Les parece que el Internet no está controlado por los adultos —sean sus padres, sus maestros o el gobierno.
   a. los padres de los jóvenes / preocupar / los posibles peligros presentes en el ciberespacio
   b. los jóvenes / molestar que / sus padres vigilar sus actividades en el Internet, porque
   c. No creo que...

H HIPÓTESIS

Paso 2 Cada quien tiene su propia manera de manejar su estado de ánimo cuando se siente estresado; algunos medios son más saludables que otros. Conteste las dos preguntas. Luego compare sus respuestas con un compañero / una compañera utilizando las **Expresiones útiles**.

©Ryan Smith/Getty Images

Una joven juega un videojuego

Expresiones útiles

Para comparar gustos	**De acuerdo**	**No de acuerdo**
Me apasionan los deportes.	*A mí, también.*	*A mí, no.*
No me entusiasma la música popular.	*A mí, tampoco.*	*A mí, sí.*
Para otras comparaciones		
Estudio mucho.	*Yo, también.*	*Yo, no.*
No soy muy seria.	*Yo, tampoco.*	*Yo, sí.*

1. ¿Qué le gusta comer o beber cuando se siente estresado/a?
   Me gusta(n) _____
   No me gusta(n) _____

2. ¿Qué hace para cargar las pilas?
   Prefiero _____
   No puedo _____

C. Noticias de Montevideo Anita está pasando un semestre estudiando en Montevideo.

Paso 1 Mire esta serie de mensajes entre Anita y su mejor amiga Lana, sobre la experiencia de Anita durante su semestre en Uruguay. Primero, complete los mensajes de Anita. Después, invente una reacción o un consejo y una pregunta de Lana.

Para reaccionar: **es lógico / normal / fascinante / increíble / emocionante...**

Para aconsejar: **recomiendo que... , sugiero que... , es importante que...**

Para hacer preguntas: **¿Por qué? ¿Dónde? ¿Cuándo? ¿Cómo?**

©Thinkstock Images/
Getty Images

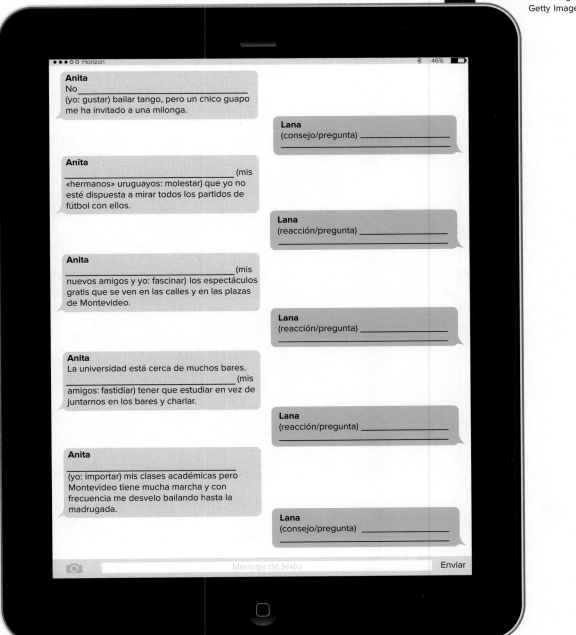

Anita
No _____
(yo: gustar) bailar tango, pero un chico guapo me ha invitado a una milonga.

Lana
(consejo/pregunta) _____

Anita
_____ (mis «hermanos» uruguayos: molestar) que yo no esté dispuesta a mirar todos los partidos de fútbol con ellos.

Lana
(reacción/pregunta) _____

Anita
_____ (mis nuevos amigos y yo: fascinar) los espectáculos gratis que se ven en las calles y en las plazas de Montevideo.

Lana
(reacción/pregunta) _____

Anita
La universidad está cerca de muchos bares. _____ (mis amigos: fastidiar) tener que estudiar en vez de juntarnos en los bares y charlar.

Lana
(reacción/pregunta) _____

Anita
_____ (yo: importar) mis clases académicas pero Montevideo tiene mucha marcha y con frecuencia me desvelo bailando hasta la madrugada.

Lana
(consejo/pregunta) _____

Mensaje de texto   Enviar

Paso 2 Túrnese con su compañero/a para repetir los chismes que Uds. han oído sobre Anita. Después de cada chisme su compañero/a le va a preguntar: «¿Qué dijiste?». Deben repetir el chisme, empezando su oración con: «Dije que... ». Acuérdense de respetar el orden de los tiempos verbales al repetir el chisme. Al final, su compañero/a debe reaccionar ante el chisme. Sigan el modelo.

MODELO: ESTUDIANTE A: Anita está enamorada de su hermano uruguayo.
ESTUDIANTE B: ¿Qué dijiste?
ESTUDIANTE A: Dije que Anita estaba enamorada de su «hermano» uruguayo.
ESTUDIANTE B: ¡Qué locura!

1. Anita saca malas notas.
2. A Anita le caen bien sus profesores.
3. Anita pasa mucho tiempo en las discotecas.
4. Anita tiene un novio uruguayo.
5. Anita no quiere volver a los Estados Unidos.

D. ¿Por qué se levantaron fatal los dos?

Paso 1 En parejas, miren los dibujos y usen su imaginación para escribir una narración de lo que hicieron anoche el empollón (*bookworm*) Eduardo y el fiestero Fernando. Revisen los usos del pretérito e imperfecto antes de empezar y usen el vocabulario nuevo de este capítulo cuando sea posible.

Paso 2 Preparen un diálogo entre los dos en el que expresen lo que le molesta a cada uno de los hábitos de su compañero. Utilicen expresiones como: **No soporto que... Me molesta que... Me disgusta que...**

Paso 3 Eduardo y Fernando necesitan mejor equilibrio en sus vidas. En parejas, preparen dos reacciones a sus vidas actuales y digan qué pasará si siguen haciendo todo lo que están haciendo. Finalmente, ofrezcan recomendaciones a cada uno sobre cómo tener una vida más equilibrada.

E. Unas empresas creativas

Paso 1 En parejas, lean las descripciones de proyectos creativos de algunos artistas del Cono Sur. Después, completen las oraciones de manera original, prestando atención especial a los tiempos verbales. En la primera oración de cada grupo, simplemente rellenen los espacios en blanco, prestando atención al uso del imperfecto del subjuntivo.

1. *Un arma de instrucción masiva:* El artista argentino Raúl Lemesoff convirtió un Ford Falcón de 1979 —el mismo tipo de coche que usaban los militares durante la dictadura represiva en su país en los años 80— de un símbolo de represión y destrucción a un arma para educar y crear comunidad. El vehículo es ahora una biblioteca móvil que pasa por las calles de Buenos Aires repartiendo libros gratis a cualquier persona que quiera leer. La biblioteca, que contiene unos 900 libros, se mantiene a base de donaciones. Lemesoff considera su creación una contribución a la paz por medio de la literatura.

©Gianni Muratore/Alamy Stock Photo

Un tanque convertido en un arma de instrucción masiva

   a. A la mayoría de la gente le gusta que Lemesoff _____ (repartir) libros gratis, pero ayer el dueño de una librería dijo que no le gustaba que Lemesoff _____ (repartir) libros enfrente de su tienda.

   b. Regalar libros en la calle es _____ (+/−/=, efectivo/a, que/como) otras maneras de promover la paz porque...

   c. Es sorprendente que... puesto que...

   d. (No) Creo que... porque...

   e. (No) Me interesa(n)...

2. *Una orquesta reciclada:* Cuando el director de orquesta Luis Szarán y el profesor de música Favio Chávez decidieron enseñar clases de música en el barrio pobre de Cateura, Paraguay, se encontraron con el problema de que no había suficientes instrumentos para todos los niños interesados —en Cateura un violín cuesta más que una casa. Cateura se había establecido al lado de un vertedero (*landfill*) y la basura forma parte de la vida de los habitantes. ¿Por qué no usarla para hacer los instrumentos? Así fue que se empezó a fabricar una orquesta completa de basura reciclada. Los resultados son realmente alucinantes. Se puede aprender más sobre la historia de la Orquesta Reciclada en el documental *Landfill Harmonics*.

©Jorge Saenz/AP Images

Unos jóvenes paraguayos y sus instrumentos reciclados

   a. A los padres les entusiasma que sus hijos _____ (tener) clases de música y les entusiasmó de manera particular que un renombrado director de orquesta _____ (tener) interés en la educación de los niños.

   b. Dar clases de música en barrios pobres es _____ (+/−/=, impactante, que/como) construir más escuelas porque...

   c. Me parece alucinante que... porque...

   d. (No) Pienso que...

   e. (No) Me sorprende...

Paso 2 En grupos de tres, contesten las preguntas.

1. ¿Cuál es el papel de la literatura —novela, cuento o poesía— en la vida personal de Uds. o en la vida de los de su generación? ¿Leen algo aparte de lo que está asignado para sus cursos? ¿Prefieren leer libros en su tableta en vez de leer libros de manera tradicional?

2. El director de orquesta Luis Szarán dice: «Para mí, la música es como la sonrisa del alma». ¿Cuál es el papel de la música en la vida de Uds. y en la vida de los de su generación? ¿Qué tipo de música escuchan? ¿Piensan que la letra de una canción es tan importante como su ritmo?

REACCIONAR
R **F**
RECOMENDAR FUTURO

F. **¿En serio?** En parejas, lean sobre cada tema y expresen sus opiniones. Luego, completen las oraciones. Vean la pista caliente antes de empezar.

Pista caliente Use el contexto para elegir el tiempo y modo verbal apropiados.
Cuando visita, siempre vamos al lago. (hábito)
Cuando visitó, fuimos al lago. (acción completa)
Cuando visite, iremos al lago. (acción pendiente)

©Stock-Asso/Shutterstock

1. Argentina es el país con más psicólogos per cápita del mundo y Buenos Aires es una de las ciudades con más ciudadanos aficionados al psicoanálisis. La mayoría de los porteños no asocia la terapia con una enfermedad mental, sino la ven como parte natural de un proceso de autoconocimiento y maduración.

   Opinión: Me parece beneficioso/ridículo que los argentinos _____ porque...

   Cuando Sonia, mi amiga argentina, _____ (salir) de una cita con su analista, siempre se siente...

   Cuando Sonia _____ (ver) a su analista la última vez, le dijo que...

   Cuando Sonia _____ (volver) a ver a su analista, le hablará sobre...

©NeonShot/Shutterstock

2. Reírse a carcajadas es mejor que cualquier receta farmacéutica o terapia psicológica para aliviar el estrés. Para promover más risa entre la gente, hay un profesional licenciado que entrena a «risoterapeutas», expertos que ayudan a la gente a reírse, como una manera de relajarse y conectarse con su niño interior. Es posible encontrar varios talleres de risoterapia en Buenos Aires.

   Opinión: (No) Creo que la risoterapia _____ (ser) efectiva porque...

   Cuando mi hija, que tiene un doctorado en psicología, _____ (decidir) obtener un certificado en risoterapia, pensé que...

   Pero ahora cuando sus pacientes _____ (llegar) de mal humor, ella aplica las técnicas de la risoterapia y siempre salen...

   Cuando mi hija _____ (poder), me llevará a un taller de risoterapia porque...

©Ekkamai Chaikanta/Shutterstock

3. Iván, un argentino, consiguió un puesto de trabajo en San José, California, sin pensar en la gravedad de lo siguiente: Silicon Valley no tiene ninguna intención de promover una vida equilibrada. Según la cultura tec, trabajar de 9 a 5 es para débiles y perdedores. El mensaje es que los que no trabajan como mulas dieciocho horas al día, sin tomar vacaciones, no podrán tener éxito, especialmente si piensan empezar su propio negocio.

   Opinión: Es triste/comprensible que la cultura en Silicon Valley... puesto que...

   Cuando Iván _____ (llegar) a casa a las dos de la madrugada, estaba...

   Cuando Iván _____ (ir) a la oficina mañana, tiene que...

   Cuando Iván _____ (aconsejar) a sus amigos argentinos sobre trabajos en los Estados Unidos, les dice que...

136 CAPÍTULO 4 / La vida moderna: Las obligaciones y el tiempo libre

G. Entrevista Para su programa de radio, Sara entrevista a la profesora María Silvina Persino, directora del Departamento de Estudios Latinoamericanos, sobre un congreso que se llama «Imágenes de la Argentina».

Paso 1 Escuche el programa y conteste las preguntas.

1. ¿Qué tipos de comida habrá en la cena que abre el congreso?
2. ¿Por qué se puede decir que la Argentina es un país de inmigrantes?
3. ¿De dónde viene la mayoría de los inmigrantes a la Argentina hoy en día?
4. ¿Qué es el lunfardo?
5. ¿De qué se tratan las exhibiciones fotográficas?

©McGraw-Hill Education

Paso 2 En grupos de tres, contesten las preguntas.

1. Si fueran a viajar a Latinoamérica, ¿preferirían viajar a un lugar con mucha influencia europea, como Buenos Aires, o a un lugar con una cultura más indígena o mestiza?
2. Argentina es un país compuesto por inmigrantes. Hoy en día recibe a muchos refugiados, sobre todo de Siria, aunque también de países latinoamericanos como Venezuela y Cuba y países africanos como Ghana y Nigeria. ¿Cuál es el efecto de la llegada de refugiados a un país? ¿Es importante que los países estables abran sus puertas a los refugiados? ¿O es peligroso?

¡A escribir!

A. Lluvia de ideas

Paso 1 Hay diferentes métodos de aliviar el estrés y cada uno tiene su remedio. En grupos de tres, hagan una lista de unos métodos efectivos que hayan utilizado. Puede ser actividades físicas, algo que tenga que ver con la comida o bebida, algo relajante, etc étera.

Paso 2 Ahora lea sobre **la fiaca,** un concepto argentino. En parejas describan lo que hacen cuando no tienen ganas de hacer nada. ¿Es su «nada» verdaderamente nada?

La fiaca es una palabra lunfarda, una palabra italiana que ha entrado en el léxico popular de la Argentina. Significa ganas de no hacer nada, a pesar de que tengas muchas cosas que hacer. Pero no es algo premeditado. Por eso algunos argentinos dicen que la fiaca es «digna de todo respeto».

B. Composición

Opción guiada: Consejos Escriba un artículo para un periódico universitario en el que presente unas alternativas para aliviar el estrés.

- Elegir un título creativo que atraiga a los lectores

 DESCRIBIR
- Escribir un párrafo introductorio describiendo los aspectos estresantes en la vida de un estudiante universitario / una estudiante universitaria

 DESCRIBIR
- Hablar de cómo se siente un(a) estudiante que sufre del estrés

  DESCRIBIR GUSTOS
- Describir los métodos típicos que utilizan los estudiantes para aliviar el estrés, según sus diferentes gustos e intereses.

REACCIONAR RECOMENDAR
- Ofrecer a sus lectores recomendaciones alternativas, como desconectarse del Internet, caminar solo por espacio natural o sentarse unos minutos para meditar.

©Stuart O'Sullivan/Corbis

- Terminar el artículo dándoles a los lectores permiso para regalarse espontáneamente breves momentos de fiaca, sin sentirse culpables.

Opción abierta Vuelva a considerar las preguntas en la primera página del capítulo. Luego elija un tema y escriba un ensayo que incluya una introducción, un argumento y una conclusión.

DESCRIBIR COMPARAR PASADO

Opción gráfica Use su imaginación para describir el cuadro en la primera página del capítulo. Organice su composición de una manera coherente que incluya descripciones, comparaciones y narración en el pasado.

Antes de empezar a conversar con sus compañeros de clase sobre los temas de este capítulo, prepare una ficha para la conversación y otra para el debate. Cada ficha debe tener tres sustantivos, tres verbos y tres adjetivos.

A. **Conversación: El papel de la música en nuestra vida** Revise las expresiones en **Para conversar mejor.** Luego, en parejas o grupos de tres, conversen sobre los siguientes puntos.

Para conversar mejor

A mí también.	Me encantaba(n)...
A mí tampoco.	Me fascina(n)...
Claro que sí.	¡Qué gracioso!
¿En serio?	¡Qué horror!
En cambio...	¡Qué suerte!

- ¿Es la música una parte importante de su vida? Explique.
- ¿Qué tipo de música le gusta? Qué tipo de música no le gusta para nada?
- Compare los cantantes y las bandas que le encantaban en la secundaria con los que le gustan ahora.
- ¿Le gusta la música de la generación de sus padres? ¿Por qué?
- ¿Tiene amigos cuyos gustos musicales son muy diferentes de los suyos?
- ¿Ha asistido a algún concierto inolvidable? Explique.
- ¿Podrías tener una relación sentimental con una persona que no baile?

B. **Debate: El uso constante de los teléfonos inteligentes** Revise las expresiones en **Para debatir mejor.** Después, prepare tres argumentos a favor y tres en contra sobre la omnipresencia de la tecnología en nuestra vida. Luego, en grupos de cuatro (dos parejas) presenten sus argumentos en un debate. No sabrán qué lado tendrán que defender hasta que su profesor(a) se lo indique.

Para debatir mejor

A FAVOR	EN CONTRA
Eso es.	Eso no tiene sentido.
Estoy de acuerdo.	¿Hablas en serio?
Muy bien dicho.	Lo siento, pero...
No cabe duda.	Todo lo contrario.

«Los medios sociales están creando una generación que ha perdido todo sentido de cortesía y la habilidad de estar presente en el momento. Es preocupante que utilicen sus teléfonos constantemente y en cualquier lugar para ver mensajes de texto, Instagram o Facebook.»

Rincón cultural

Lugares fascinantes para estudiar: El Cono Sur

Puede ser difícil adaptarse a una cultura diferente. Para hacerlo bien, hace falta una mente abierta y un buen sentido de humor.

©Paul Burns/Getty Images

¡Hola! Soy Santiago, de nuevo, y este mes me ha llevado al Cono Sur. ¡Tenía mucho terreno que cubrir! Aproveché al tope el «trabajo» que realicé. Me van a ver en las montañas, en la pampa, en el desierto y también relajándome tomando mate y bailando tango. ¡Me divertí un montón!

La Patagonia, Argentina

©Glow Images/Superstock

La Patagonia, Argentina

Esta primavera estoy pasando el semestre en Buenos Aires, donde tomo clases en la Universidad de Belgrano. Ha sido una experiencia bárbara como dicen acá en la Argentina. Acabo de entregar un ensayo sobre la figura emblemática del gaucho para la clase de Estudios Culturales Argentinos y tengo un examen final más para la clase de Latinoamérica y la Economía Global. Voy a extrañar Buenos Aires. Es una ciudad maravillosa, con tantas oportunidades. Me ha encantado. Pero pasado mañana salgo para la Patagonia. He leído mucho sobre esta zona y me fascina. Es un terreno muy diverso con llanos desiertos,[1] un distrito de lagos y montañas (los Andes). Allí se han encontrado importantes restos de dinosaurios. Charles Darwin pasó por la Patagonia y fue uno de los lugares que más le intrigó. También las famosas aventuras de Butch Cassidy y el Sundance Kid los llevaron a la Patagonia para escaparse de las autoridades.

En la clase de Ecología en la Argentina vimos imágenes sobre los parques nacionales y voy al Parque nacional Nahuel Huapi, una reserva natural protegida de 700.000 hectáreas[2] creado para preservar la flora y la fauna nativas de la zona. También me emociona poder visitar el Parque nacional Los Glaciares donde está el famoso Glaciar Perito Moreno, uno de los pocos glaciares del mundo que sigue avanzando; y la Cueva de las Manos, donde las paredes están marcadas de huellas[3] de manos humanas que datan de entre 13.000 y 9.500 a. C.

Va a ser fenomenal. Pero tengo que admitir que la razón principal para explorar esta parte al extremo sur de la Argentina es que soy de Montana y los deportes de invierno son una parte integral de mi vida. ¡Poder esquiar en julio va a ser genial! He aprendido tanto durante este semestre, pero todavía hay otras partes de la Argentina que no conozco. Así que volveré un día para explorar el norte de este país que aprecio tanto.

—Brett L. / Montana State University

El Observatorio Paranal, Chile

©MARTIN BERNETTI/Getty Images

El Observatorio Paranal, Chile

Estoy pasando seis semanas en la Universidad de Chile en un programa de colaboración entre la Universidad de Yale y la Universidad de Chile. El curso es una introducción a la astrofísica y la parte práctica incluye técnicas de observación. Lo más interesante ha sido las excursiones a las instalaciones de investigación en el cerro[4]

[1]llanos... *deserted plains* [2]*a measurement of land equivalent to approximately 2.5 acres* [3]*prints* [4]*hill*

Calán y los observatorios de cerro Tololo que están ubicados al borde del desierto de Atacama.

Este lugar se considera el más seco del mundo, y es hogar de flamencos, géiseres, un valle lunar y volcanes nevados de casi 6.000 metros de altura. Es también el sitio perfecto para poner un observatorio: ofrece 350 noches despejadas[5] al año, un aire extremadamente seco y estabilidad atmosférica. Es poco probable que los seres humanos quieran vivir allá y hace falta[6] una zona aislada para que no haya contaminación[7] de luz para el observatorio. Al final del curso voy al Observatorio Paranal que está localizado encima del cerro Paranal, una montaña de 2.635 metros de altura. Allí se encuentra uno de los telescopios más grandes y avanzados del mundo. Científicos de todas partes del mundo van allí para realizar investigaciones astronómicas.

Estar en Chile y aprender de sus científicos apasionados y prestigiosos ha sido una de las experiencias más inolvidables de mi vida.

—Sanjay M. / Yale University

Montevideo, Uruguay

Estoy súper contenta de haber decidido estudiar en la Universidad de Montevideo. Es una ciudad cosmopolita donde se concentra más de la mitad de la población uruguaya, pero a la vez es un lugar tranquilo y no muy caro donde la gente tiene tiempo para gozar de la vida. Es muy fácil ir a cualquier lugar, a los museos o galerías de arte, a la rambla[8] o a la playa.

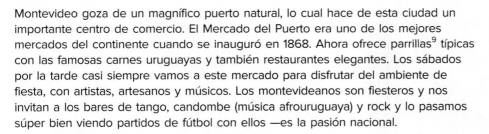
©Daniel Ferreira-Leites Ciccarino/123RF
Montevideo, Uruguay

La universidad es estupenda, con profesores muy amigables que ya conocen mi nombre y con estudiantes de todas partes. En mis clases hay alemanes, japoneses, brasileños, españoles, y lo que me gusta más que nada es que los uruguayos se mezclan con todos los estudiantes internacionales. Cuando llegamos, nos dieron una excursión de orientación al centro histórico en la Ciudad Vieja. Allí se encuentra el Mausoleo de Artigas (la tumba del héroe de la independencia uruguaya, José Gervasio Artigas) en la Plaza Independencia, y el Palacio Salvo, que, con veintiséis pisos, fue el edificio más alto de Sudamérica cuando se inauguró en 1928. Otra zona de interés es el Barrio Sur, donde a principios del siglo XIX unos esclavos fugitivos del Brasil se instalaron y establecieron las bases de la cultura afrouruguaya.

Montevideo goza de un magnífico puerto natural, lo cual hace de esta ciudad un importante centro de comercio. El Mercado del Puerto era uno de los mejores mercados del continente cuando se inauguró en 1868. Ahora ofrece parrillas[9] típicas con las famosas carnes uruguayas y también restaurantes elegantes. Los sábados por la tarde casi siempre vamos a este mercado para disfrutar del ambiente de fiesta, con artistas, artesanos y músicos. Los montevideanos son fiesteros y nos invitan a los bares de tango, candombe (música afrouruguaya) y rock y lo pasamos súper bien viendo partidos de fútbol con ellos —es la pasión nacional.

Les recomiendo que vengan al Uruguay y que estudien en la Universidad de Montevideo. Es un país poco conocido y vale la pena descubrirlo. El ambiente es relajado, la ciudad de Montevideo bellísima, la gente muy amable, la comida, especialmente el asado, fabulosa y sobre todo es un lugar que te hace sentir cómodo y que te invita a integrarte y a aprovechar su vida cultural.

—Maya I. / American University

Las cataratas del Iguazú

Ya llevo un año en el Paraguay trabajando de voluntaria con el Cuerpo de Paz. Ha sido una experiencia muy interesante, a veces frustrante y a veces muy emocionante. Aunque tengo varias tareas,

©San Hoyano/Shutterstock
Las cataratas del Iguazú

[5]*clear*   [6]*hace... there needs to be*   [7]*pollution*   [8]*promenade*   [9]*casual restaurants that serve grilled meats*

ahora mismo estoy encabezando el campamento para los niños de mi barrio. Es un evento bianual y ha tenido mucho éxito. Durante estas dos semanas los niños juegan, cantan y les presentamos lecciones sobre la prevención de los parásitos y el control y manejo de la basura. Después, un día limpiamos juntos dos partes del barrio. El evento más emocionante fue el día en que plantamos árboles alrededor de la cancha de fútbol cantando la balada de John Muir* que les enseñamos a los niños en la clase de inglés. ¡Genial! Les gustó muchísimo.

En tres semanas voy con otros voluntarios a las cataratas del Iguazú. Estas impresionantes cataratas, cuatro veces más grandes que las del Niágara, se encuentran en frontera entre la Argentina, el Brasil y el Paraguay. Dado que me especialicé en la historia, me fascinó saber del «descubrimiento» de las cataratas por el español Álvar Núñez Cabeza de Vaca en 1541. Este conquistador quedó impresionado no solo por esas fabulosas cascadas, sino también por la naturaleza que las rodeaba. Vio un bosque lleno de orquídeas, begonias, pájaros exóticos y 500 clases diferentes de mariposas. Las cataratas entran a formar parte del Río Iguazú —cuyo nombre significa «grandes aguas» en guaraní[10]— con una fuerza tremenda, creando nubes de vapor de 30 metros de altura. Dentro de las nubes el juego de luz solar crea arcoíris[11] radiantes. Otros voluntarios que ya han visitado las cataratas me han dicho que la experiencia es totalmente alucinante. Darío, un voluntario que trabaja en Asunción, se quedó en un hotel de lujo[12] con sus padres. Este hotel está ubicado dentro del Parque Nacional Iguazú y es el único que ofrece a sus huéspedes una vista exclusiva a la Garganta del Diablo, el conjunto de cascadas más espectacular de todos. Dice que el sonido del agua de las cataratas es tan fuerte que puede escucharse a todas horas desde sus habitaciones y restaurantes. Aunque no nos quedamos en ese hotel, estoy segurísima de que lo pasaremos en grande.

—Jill N. / Peace Corps Paraguay

[10]lengua indígena de la zona [11]arcos... *rainbows* [12]de... *luxury*

ACTIVIDADES

A. Comprensión En parejas, contesten las preguntas sobre los cuatro lugares fascinantes.

1. ¿Cómo es la geografía de la Patagonia? ¿Cuáles son sus atractivos turísticos?
2. ¿Por qué sería la Patagonia un lugar atractivo para una persona de Montana?
3. ¿Por qué es el cerro Paranal un lugar idóneo para poner un telescopio?
4. ¿Qué le ha interesado a Sanjay M. de sus estudios en Chile?
5. Si fuera Ud. a Montevideo, ¿qué podría hacer en el Mercado del Puerto?
6. ¿Qué tipo de trabajo hace Jill N. para el Cuerpo de Paz?
7. ¿Cuáles son los atractivos naturales de las cataratas del Iguazú?

*John Muir (1838–1914) was a North American naturalist and founder of the Sierra Club. Muir Woods in California was named in honor of his conservation efforts.

B. Recomendaciones Ahora, en parejas, completen las oraciones como si Uds. fueran Santiago, quien habla con una amiga que piensa pasar un año viajando por el Cono Sur. ¿Qué tiempo verbal deben usar? (*Pista:* Revise las reglas para las cláusulas adverbiales en **Hablar del futuro** en las páginas moradas).

1. Los asados de la Argentina son los mejores —¡especialmente los de la Pampa! Por eso, cuando tú _____ (ir) a la Patagonia, te recomiendo que...

2. El desierto de Atacama es el más árido del mundo. Por lo tanto, antes de que _____ (partir) para el Observatorio de Paranal, te sugiero que...

3. Yo no soy buen bailarín, pero mis amigos uruguayos insistieron en que fuéramos a un club de tango. Para que no _____ (sentirse) avergonzada como yo, es importante que...

4. Hay muchos animales interesantes en el Parque Nacional Iguazú. Por eso, cuando _____ (visitar) las cataratas, te recomiendo que...

GUSTOS

C. Un viaje al Cono Sur Ahora imagínese que Ud. es una de las siguientes personas que quiere hacer un viaje al Cono Sur. Escriba un correo electrónico a un agente de viajes explicándole (1) lo que le fascina sobre el Cono Sur, (2) lo que le gusta hacer cuando viaja, (3) lo que le molesta de ciertos hoteles, (4) lo que le preocupa sobre la comida y el clima y (5) lo que le interesa aprender antes de su viaje.

- Un(a) guía que hace deportes extremos quiere ir a la Patagonia.
- Un astrónomo / Una astrónoma quiere ir al desierto de Atacama.
- Un actor / Una actriz súper rico/a quiere ir a Montevideo.
- Un hombre / Una mujer que vive cerca de las cataratas del Niágara quiere ir a Iguazú.

D. La agencia de viajes En parejas, hagan los papeles de un/una agente de viajes y la persona que quiere hacer un viaje al Cono Sur. El jefe de la agencia de viajes quiere que el/la agente venda un paquete específico a _____ (elija uno de los cuatro lugares). El/la agente escucha las preferencias y preocupaciones del cliente / de la cliente y trata de convencerle que vaya al lugar que debe vender, a pesar de los criterios citados. Utilicen algunas de las expresiones útiles que se encuentran abajo.

¡Viaje conmigo al Cono Sur!

©Javier Perini CM/Image Source

🎥 Vamos al Cono Sur para ver de cerca el ambiente que experimentan los estudiantes allí.

Vaya a Connect para ver el vídeo.

Video footage provided by

 Motion Gallery

Expresiones útiles

Para pedir una opinión

¿Qué opinas tú?
¿Qué piensas de... ?

Para dar una opinión

En mi opinión,...
A mí me parece...
Francamente pienso/creo que...

Para expresar confusión

Estoy confundido/a porque...
No estoy seguro/a de que...

No creo que...
¿En serio?
No tiene sentido lo que dices.

Para persuadir

Es mejor que...
Más bien... (*rather*)
Debe (+ infinitive)...
No quiero que pierda esta oportunidad de...

Una artista hispana:
Violeta Parra

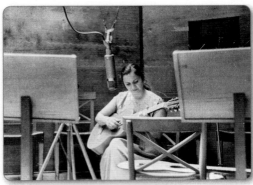

©El Mercurio/ZUMA Press/Chile/Newscom

Violeta Parra

NOTA CULTURAL

La **Nueva Canción Chilena** es un género musical que renovó el canto folclórico de los pueblos y a la vez fue un movimiento de protesta. Empezó con Violeta Parra y las canciones suyas que se extendieron por toda América Latina. Trataron las injusticias sociales, la represión, la desigualdad, el imperialismo y los derechos humanos.

Una **arpillera** es un tipo de mini-tapiz[1] hecho a base de un tejido barato y resistente como el yute.[2] Sobre su superficie las artistas bordan[3] o cosen[4] trozos de tela[5] para crear una narrativa. Al principio representaban escenas de la vida diaria. Más tarde, Violeta Parra empezó a representar temas de protesta contra la brutal dictadura de Augusto Pinochet (1973–1990), dando vida a un movimiento de arpilleras de denuncia.

[1]tapestry [2]burlap
[3]embroider [4]sew
[5]*trozos*... small pieces of cloth

La chilena Violeta Parra es considerada una de las mejores folcloristas de todos los tiempos por haber rescatado antiguas canciones populares, historias y poemas en peligro de extinción. Empezó a tocar la guitarra y cantar a los 9 años, componiendo sus primeras canciones a los 12. Cuando tenía 17 años, dejó su pueblo para vivir en Santiago, donde se dedicó a ser cantante. Al principio de los años 1950, empezó su recopilación de tradiciones musicales chilenas, terminando su investigación con más de tres mil canciones. El genio de Parra fue su habilidad y sensibilidad para adaptar los temas y las melodías de estas tradiciones rurales y convertirlos en un nuevo género de música, más tarde conocido como la Nueva Canción. Una de sus innovaciones más importantes fue la introducción de instrumentos andinos en el conjunto de acompañamiento. «Gracias a la Vida», su canción más famosa, fue popularizada en toda América Latina por Mercedes Sosa y después en los Estados Unidos por Joan Baez, y sigue siendo una de las canciones latinas más conocidas de toda la historia.

En 1955, Parra fue a Europa donde se quedó por tres años. Durante estos años, el mundo comenzó a reconocer su talento musical. Lo que menos personas saben es que también fue una talentosa artista visual. Cuando regresó a Chile en 1958 fundó y dirigió el Museo Nacional del Arte Folklórico. En 1959 se enfermó de una hepatitis severa, por lo que tuvo que estar en cama por ocho meses. Fue entonces cuando comenzó a pintar y crear sus arpilleras. Violeta decía que «las arpilleras son como canciones que se pintan». Su íntimo conocimiento de las tradiciones populares y temas de su propia juventud se reflejan en sus primeras arpilleras. Pero pronto empezó a representar los cambios sociales y la crisis política de los años 1960 en Chile. Así transformó las arpilleras de una forma tradicional de bordar escenas de las rutinas diarias en una herramienta para el activismo y la protesta política. En los años 1970 floreció un movimiento clandestino, inspirado por las arpilleras políticas de Parra, de grupos de mujeres cuyos maridos e hijos habían desaparecido bajo la cruel dictadura de Augusto Pinochet. Estas mujeres cosían arpilleras políticas que vendían a organizaciones internacionales de derechos humanos para recaudar fondos y denunciar las atrocidades de la dictadura.

Violeta Parra fue una pionera en dos movimientos importantísimos que han tenido un gran impacto mundial. Sus primeras canciones populares formaron las raíces de la Nueva Canción, un movimiento que se extendió por muchas partes del mundo. Sus primeras arpilleras fueron precursores al uso del arte tradicional para sacar a la luz los horrores de las represivas dictaduras del mundo. Su legado artístico y político no se puede subestimar.*

ACTIVIDADES

A. Comprensión Conteste las preguntas según la lectura.

1. ¿Qué tipo de arte hizo Violeta Parra?
2. ¿En qué se inspiró?
3. ¿Cuál fue su influencia en la Nueva Canción chilena?
4. ¿Por qué empezó a crear arpilleras?
5. ¿Por qué eran importantes sus arpilleras?

---

*Al final, sus matrimonios fracasados, un amor no correspondido, el clima político de los años 60 y el decreciente interés en su centro cultural, Carpa de la Reina, le provocaron una depresión profunda. En 1967, a los 49 años, se suicidó.

B. Las arpilleras de Violeta Parra

Paso 1 De joven Violeta y sus hermanos tocaron y cantaron en un circo. Examine esta parte de la arpillera «El Circo», en la que vemos la figura de un hermano tocando en el circo con una figura detrás que representa a Violeta. Después, complete el párrafo con la forma correcta del verbo en el pasado.

PASADO

Violeta _____¹ (tener) una niñez dura llena de altibajos (*ups and downs*), mudanzas y enfermedades. A una edad temprana, Violeta y sus hermanos _____² (empezar) a cantar y bailar en pequeños restaurantes, salones de baile, plazas y mercados, o en cualquier lugar donde _____³ (haber) gente para darles propina. A pesar de las dificultades, cantar y tocar la guitarra _____⁴ (ser / estar) lo que siempre le _____⁵ (levantar) el ánimo a Violeta. Cada año, el circo ambulante _____⁶ (pasar) por los pueblos chilenos y a los hermanos Parra les _____⁷ (encantar) tener la oportunidad de tocar su música y ver de cerca los actos ilusionantes que _____⁸ (presentarse) bajo la gran carpa (*tent*). Muchos años más tarde, Violeta _____⁹ (establecer) un centro cultural folclórico llamado *Carpa de la Reina*, bajo una carpa que le _____¹⁰ (recordar) el circo de su juventud.

©Fernando Lavoz/CON/LatinContent
Editorial/Getty Images
Segmento de la arpillera «El circo»

REACCIONAR

GUSTOS RECOMENDAR

Paso 2 Violeta Parra era pacifista, pero no aguantaba la pasividad. Lea sobre el uso de colores en el arte visual de Violeta Parra. Luego en parejas reaccionen ante su estilo de arte.

En su arte visual, Violeta Parra usó colores asociados con los indígenas araucanos: amarillo, negro, violeta, rojo, verde y rosado. Para ella cada uno de estos colores expresaba un sentimiento específico. Muy a menudo usaba el violeta para representarse a sí misma. Pero en su arpillera «El Circo», su propia figura está bordada en verde para expresar que estaba feliz cantando. En «Hombre con guitarra», la artista dice que «es en verde porque es la esperanza; su alma es una música; pero se escapa sin cesar como el pájaro».*

©Photo 12/Alamy Stock Photo
Una escena de la película biográfica Violeta se fue a los cielos; *a la izquierda, «Hombre con guitarra»*

1. No es sorprendente que Violeta Parra _____ (utilizar) colores asociados con los indígenas araucanos porque...

2. No es usual que _____ (representarse) a sí misma en verde dado que...

3. En «Hombre con guitarra» parece que las cuerdas (*strings*) de la guitarra _____ (ser / estar) tocados por un pájaro de tres cabezas. (No) Creo que Violeta Parra _____ (asociar) la creación de la música con la naturaleza porque...

4. A mí _____ (gustar / no gustar) el estilo de las arpilleras de Violeta Parra porque...

C. El arte de protesta

Violeta Parra inspiró un movimiento contra la represión y la violencia con sus arpilleras y con sus canciones. Elija una de las opciones para compartir con la clase.

1. Busque en el Internet ejemplos de las arpilleras que aparecieron después de su muerte en los años 1970 con el apoyo de la Vicaría de la Solidaridad.† Elija una arpillera para compartir con la clase. Describa la escena y su mensaje.

2. Escuche la canción «Cueca sola»‡ por Gala Torres y el homenaje a la cueca sola de Sting, «They Dance Alone» (en inglés) o «Ellas danzan solas» (en español). En el vídeo de Sting se ve claramente el sufrimiento de las viudas, novias, hermanas e hijas que perdieron a sus queridos durante la dictadura militar de Pinochet. Escriba una reacción al vídeo de Sting y luego en grupos de tres compartan sus comentarios.

---

*Source: "Color Violeta," Nuestro.cl, November 2004. http://www.nuestro.cl/notas/rescate/arpilleras_violeta4.htm. Accessed 2/8/2018.
†La Vicaría de la Solidaridad fue un organismo de la Iglesia católica que luchaba por los derechos humanos en Chile y apoyaba a las víctimas del régimen de Pinochet.
‡La cueca es el baile nacional de Chile.

♪ La música del Cono Sur

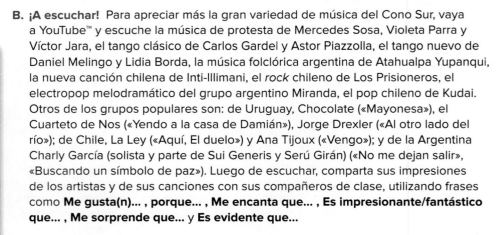

©McGraw-Hill Education

Generalmente, cuando se trata de la música del Cono Sur, lo primero que viene a la mente es, sin duda, el tango. El cantante de tango más famoso de todos los tiempos ha sido Carlos Gardel. Lo que muchos no saben es que el tango mismo proviene del candombe, un género musical de origen afrouruguayo que llegó con los esclavos que fueron llevados a la fuerza a ese país a mediados del siglo XVIII. El candombe ha sobrevivido hasta hoy. De hecho unos músicos han creado un tipo de *rock* progresivo uruguayo que es una fusión del *jazz*, del *rock* y del candombe. Pero, en el Cono Sur hay muchos otros estilos musicales: la música folclórica, la música de protesta de los años 60 y 70 conocida como «La nueva canción», la música clásica, el *rock* en español y muchos estilos más. La música popular de hoy ha incorporado en sus canciones elementos del folclor, las canciones de protesta y hasta el tango. La música en el Cono Sur no pudo florecer durante los años de represión bajo las dictaduras de la región en los años 70 y 80. Pero hoy en día la libertad de expresión entre los cantautores y conjuntos de *rock* y de *hiphop* del Cono Sur ha producido una gran variedad de géneros atrevidos e innovadores que cada año ganan más premios internacionales. Unos de los cantautores y grupos populares son los Divididos, un grupo argentino que mezcla la música folclórica y el *rock*; Nano Stern, un cantautor y guitarrista chileno cuyo disco *Las torres de sal* incluye trece canciones que combinan tradiciones folclóricas con el *jazz* y el *rock*; y No Te Va Gustar,* un grupo uruguayo que combina ritmos de reggae, de candombe, de salsa y de *ska*. Uno de los grupos más populares es el grupo uruguayo el Cuarteto de Nos. Tiene fama por su letra que rima de una manera muy original, a veces combinando palabras en inglés para exponer temas polémicos con ironía, humor y relevancia. Hay que escuchar su canción más famosa «Yendo a la casa de Damián». Otra cantante con fama mundial es Ana Tijoux, una cantante chilena de *hip-hop*, cuyas canciones tratan temas de la marginación, la justicia social y el pacifismo. Uno de los talentos más grandes del Cono Sur es Jorge Drexler, compositor y cantautor uruguayo que ganó un Óscar en 2005 por su canción original «Al otro lado del río», de la película *Diarios de motocicleta*.

©Jason Rothe/Alamy Stock Photo

A. Comprensión En parejas, contesten las preguntas.

1. ¿Cuál es el estilo de música más conocido del Cono Sur?
2. ¿Qué tipo de música se hizo popular durante los años 60 y 70?
3. ¿Por qué no hubo un buen ambiente para la música durante los años 70 y 80?
4. ¿Cuáles son algunos de los grupos o cantantes populares hoy en día?

REACCIONAR
RECOMENDAR GUSTOS

B. ¡A escuchar! Para apreciar más la gran variedad de música del Cono Sur, vaya a YouTube™ y escuche la música de protesta de Mercedes Sosa, Violeta Parra y Víctor Jara, el tango clásico de Carlos Gardel y Astor Piazzolla, el tango nuevo de Daniel Melingo y Lidia Borda, la música folclórica argentina de Atahualpa Yupanqui, la nueva canción chilena de Inti-Illimani, el *rock* chileno de Los Prisioneros, el electropop melodramático del grupo argentino Miranda, el pop chileno de Kudai. Otros de los grupos populares son: de Uruguay, Chocolate («Mayonesa»), el Cuarteto de Nos («Yendo a la casa de Damián»), Jorge Drexler («Al otro lado del río»); de Chile, La Ley («Aquí, El duelo») y Ana Tijoux («Vengo»); y de la Argentina Charly García (solista y parte de Sui Generis y Serú Girán) («No me dejan salir», «Buscando un símbolo de paz»). Luego de escuchar, comparta sus impresiones de los artistas y de sus canciones con sus compañeros de clase, utilizando frases como **Me gusta(n)... , porque... , Me encanta que... , Es impresionante/fantástico que... , Me sorprende que...** y **Es evidente que...**

*El grupo tenía muy poco tiempo para elegir un nombre para su banda porque iba a presentarse en su primer festival de música muy pronto. Después de varias horas, dos miembros de la banda escogieron un nombre que no les parecía ideal. Cuando fueron a decírselo a su baterista le dijeron: «Tenemos el nombre... No te va a gustar» a lo que respondió, «¡Está buenísimo!».

©Jeff Vespa/Getty Images

Ana Tijoux

Lo hispano en los Estados Unidos

El Cono Sur: Wálter y Ángeles

©McGraw-Hill Education

Wálter y Ángeles, dos bailarines argentinos, nos hablan de sus vidas como bailarines en Nueva York, de lo que hacen para aliviar el estrés y de la importancia del humor en sus vidas.

A. Antes de ver En grupos de tres, contesten las preguntas.

1. ¿Hay un lugar al que Uds. vayan para bailar y escuchar música? ¿Cómo es el ambiente?

2. ¿Cuál es su medio preferido para expresar sus emociones? ¿Prefieren hablar, estar solo/a, bailar, cantar, escribir o hacer otra actividad?

3. ¿Cuentan chistes bien? ¿Saben muchos chistes? ¿Tienen un buen sentido del humor o son Uds. muy serios/serias?

Vocabulario útil

acercarse	*to get close*
el afecto	*affection*
cargue	*gain*
contenido/a	*contained*
descargue	*release*
herramienta	*tool*
el refugio	*refuge*
superar	*overcome*

B. A ver el video

1. Mientras ve los segmentos **¿Qué hacen Uds.?** y **Para Uds., ¿causa o alivia el estrés el baile?**, ponga una X si escucha las siguientes frases o palabras.

   _____ los licores   _____ la milonga   _____ el refugio   _____ la tristeza

2. Mientras ve el segmento **¿Qué papel tiene el humor en la vida de Uds.?**, ponga una X si escucha las siguientes frases o palabras.

   _____ a carcajadas   _____ divertirme   _____ herramienta   _____ humor negro

C. Después de ver

Paso 1 Escuche las afirmaciones sobre los segmentos de video que acaba de ver e indique si son ciertas (C) o falsas (F).

1. _____   2. _____   3. _____   4. _____   5. _____   6. _____   7. _____

Paso 2 En parejas y basándose en el video que acaban de ver, completen el párrafo con la información entre paréntesis. ¡OJO! Recuerden hacer los cambios necesarios.

REACCIONAR
G R
GUSTOS RECOMENDAR

_____[1] (sus estudiantes / encantar) que además de sus clases, Wálter y Ángeles _____[2] (organizar) milongas semanales. _____[3] (Wálter y Ángeles / no molestar) las largas noches de dar clases porque _____[4] (encantar) su trabajo. Es obvio que cuando dan sus clases _____[5] (Wálter y Ángeles / importar) ayudar a sus estudiantes a cargar su energía positiva. Esperan que sus estudiantes _____[6] (aprovecharse) de sus horas en clase y en las milongas para desconectarse de las situaciones estresantes en su vida. La mera acción de bailar tango requiere que la pareja _____[7] (compartir) un abrazo y el afecto del compañero y que _____[8] (estar) involucrada en las emociones que la música evoca.

Paso 3   En grupos de tres, contesten las preguntas.

1. ¿Hay una actividad que Uds. hacen en su tiempo libre que les apasione y que pudiera convertirse en una carrera? Expliquen.
2. ¿Para Uds. puede ser el baile un refugio o les es más efectivo un escape a un lugar tranquilo? Expliquen.
3. ¿Han tomado clases de baile alguna vez? ¿Qué tipo de baile? ¿Considerarían tomar una clase de tango? ¿Por qué?
4. ¿Qué tipo de humor les agrada —irónico, grotesco, crudo, seco, *slapstick*, absurdo, sarcástico? ¿Creen que el humor depende mucho de la cultura? ¿Hay tipos de humor que no se entienden de una cultura a otra?

D. Lo hispano a mi alrededor

Paso 1   Primero, lea sobre el tango, la comida y los festivales argentinos en los Estados Unidos. Luego, elija uno que a Ud. le interesaría explorar. Por último, en grupos de tres, expliquen por qué.

Tango   Hoy en día el tango es escuchado y bailado en todo el mundo. Unos dicen que su popularidad se debe a que vivimos en un mundo impersonal y que el tango es una forma de conectarse en un ambiente en el que todo es irrelevante, salvo la música y el abrazo. El *New Orleans Tango Festival* es un evento anual que celebra los varios aspectos y técnicas de este baile sensual. Otro evento dedicado al tango es el *Atlanta Tango Maratón*, un evento de tres días en el que se ofrece más de 38 horas de baile acompañado por música de algunos de los mejores DJs de tango del país.

Comida argentina   Dos de los platos típicos que los restaurantes argentinos sirven son el asado, bife que viene de ganado alimentado con pasto (*grass-fed beef*), cocinado sobre fuego abierto y servido con una salsa chimichurri, y las empanadas, pasteles que se rellenan con carne, pollo, maíz, queso o verduras. Añadiendo un delicioso postre de dulce de leche y un buen vino de Mendoza, uno se siente como si estuviera en Buenos Aires. Unos de los mejores restaurantes en los Estados Unidos son *Carlitos Gardel Argentine Steakhouse* en Los Ángeles, y Buenos Aires en la ciudad de Nueva York.

Festivales argentinos   En varias ciudades estadounidenses se celebra la rica cultura argentina en festivales que presentan música y danza argentinas, desde el tango y la música folclórica al rock latino. Hay exhibiciones de artesanías y puestos que demuestran otros aspectos de las tradiciones culturales como la cultura de los gauchos, el ritual del mate y la cocina típica de la Argentina. El Festival Argentino USA en Arlington, VA ya ha celebrado su 30 aniversario y el Festival Argentino en Miami es el más grande del mundo fuera de la Argentina.

Paso 2   ¿Hay clases de tango o restaurantes argentinos donde vive Ud.? ¿Dónde? Si no, ¿hay oportunidades para explorar otros tipos de baile del mundo hispano o diferentes restaurantes hispanos? Explique.

©Esquina Tango

Un evento histórico

Las «guerras sucias» y el terrorismo estatal en el Cono Sur

Durante la segunda mitad del siglo XX, los cuatro países del Cono Sur tuvieron en diferentes momentos gobiernos militares de la extrema derecha que mantuvieron a sus ciudadanos bajo la represión y terror estatal. En la Argentina, entre 1976 y 1983 una junta militar prohibió toda actividad política y emprendió una «guerra sucia» contra la izquierda política y contra cualquier opositor al régimen, real o sospechado. Sus tácticas resultaron en miles de «desaparecidos», personas que fueron detenidas por los militares y luego eliminadas, víctimas de los escuadrones de la muerte. Muchos de los desaparecidos eran estudiantes jóvenes, y hay evidencia de que bebés nacidos en la cárcel fueron robados después de la muerte de sus padres biológicos y luego adoptados por personas que apoyaban el régimen militar.

©CRIS BOURONCLE/Getty Images

General Augusto Pinochet

En Chile, el 11 de septiembre de 1973, un golpe de estado, encabezado por militares derechistas y apoyado por los Estados Unidos, puso fin al gobierno socialista, legítimamente elegido, de Salvador Allende e instaló la dictadura del General Augusto Pinochet. Su junta militar, que duró hasta 1990, hizo encarcelar, torturar y asesinar a miles de chilenos y estableció por lo menos seis campos de concentración para sus opositores.

Entre 1973 y 1984, el Uruguay sufrió una dictadura militar con consecuencias similares. En el Paraguay, la dictadura militar de Alfredo Stroessner, de 1954 a 1989, fue también extremadamente represiva.

Los países del Cono Sur colaboraron, entre sí, con otros gobiernos represivos del continente y con el apoyo de los Estados Unidos por medio del «Plan Cóndor», una campaña internacional para eliminar la subversión socialista y marxista a través de medidas horripilantes que incluían la tortura, asesinatos y otras graves violaciones de los derechos humanos. Sin lugar a dudas, esa época fue una de las más traumáticas en la historia de la región.

Para leer más sobre el impacto de las guerras sucias en el Cono Sur de hoy y hacer actividades relacionadas con el tema, vaya a Connect.

ACTIVIDAD

Comprensión

Paso 1 Escuche las oraciones sobre este evento histórico e indica si son ciertas (C) o falsas (F).

1. _____ 2. _____ 3. _____ 4. _____ 5. _____

Paso 2 Conteste las preguntas, según la lectura.

1. ¿Cómo eran las dictaduras militares en el Cono Sur durante los años 70 y 80? ¿Cuál era su postura política?
2. ¿En qué consistía la «guerra sucia» de la Argentina?
3. ¿Quiénes eran los desaparecidos?
4. ¿Cómo llegó el General Augusto Pinochet al poder en Chile?
5. ¿Cuál era el objetivo del «Plan Cóndor»?

MÁS ALLÁ DEL RINCÓN CULTURAL

©Menemsha Entertainment/ Courtesy Everett Collection

La película *Machuca* ve las disparidades sociales en Chile desde la perspectiva de dos niños. La amistad entre los dos, pertenecientes a diferentes clases sociales, se desarrolla al final de la presidencia de Salvador Allende, justo antes del golpe de estado que lleva a Augusto Pinochet al poder. Vea la película y haga las actividades relacionadas que se encuentran en Connect.

For copyright reasons, McGraw-Hill does not provide the feature films referenced in *Más allá del Rincón cultural*. These films are readily available through retailers or online rental sites such as Amazon, iTunes or Netflix. Please consult your instructor for details on how to view this film.

Lectura

©MARTIN BERNETTI/Getty Images

Camila Vallejo

Esta lectura es sobre Camila Vallejo, una joven inteligente, carismática, apasionada y elocuente. En 2011 se convirtió en la persona más visible de Chile cuando empezó a encabezar las manifestaciones de protesta contra el costo de la educación universitaria y las grandes desigualdades evidentes en Chile. Conocida en la prensa y en las redes sociales como la «bella revolucionaria» tiene sus seguidores fieles y sus enemigos declarados. Empezó su carrera política en rigor cuando fue elegida presidenta de la Federación de Estudiantes de la Universidad de Chile en 2010. Junto con otros jóvenes líderes movilizó a gran parte del estudiantado nacional. La lucha de estos dirigentes fue descrita como «la revolución de los pingüinos». Toda la acción desarrollada por este grupo de líderes estudiantiles les permitió posteriormente llegar a ser elegidos diputados en la elección del 2013 y así incorporarse al Congreso Nacional.

Camila Vallejo ha desempeñado un papel importantísimo en la historia política de Chile, por ser mujer y joven profesional preocupada de su generación y del futuro. Van a leer sobre el comienzo de su liderazgo en el movimiento estudiantil y cómo las redes sociales han impactado su vida y su causa.

ANTES DE LEER

A. Para comentar En grupos de tres, contesten las preguntas.

1. ¿Cómo se entera Ud. de las noticias locales, nacionales e internacionales —por la prensa de su ciudad, el periódico universitario, el Internet o a través de la televisión?

2. ¿Hay mucho activismo en su universidad? ¿Cuáles son los temas que más les preocupan a los activistas?

3. ¿Quiénes son los héroes o jóvenes modelos de su generación? ¿Qué cualidades o valores poseen que provocan admiración?

4. ¿Cree Ud. que los jóvenes pueden tener impacto en su comunidad o país? ¿Puede pensar en ejemplos de algunos jóvenes que recientemente han tenido gran impacto social?

B. Acercándose al tema Lea la ficha y las oraciones sobre el artículo. En parejas, decidan si los espacios en blanco requieren un sustantivo, un verbo o un adjetivo. Luego, completen las oraciones con la palabra apropiada de la ficha.

Camila Vallejo		
conseguir	pelear	tatuarse
la adulación	la amenaza[1]	la expectativa
agotado/a	indignado/a	inesperado/a[2]

[1]threat [2]unexpected

1. La misión principal de Camila Vallejo es _____ que la educación universitaria sea gratis para todos los estudiantes chilenos. Organiza protestas para que el gobierno preste atención a las demandas de los jóvenes que se sienten _____ ante las desigualdades en el país.

2. Sus admiradores expresan su _____ de diferentes maneras, como se ve en los casos de un hombre mayor que _____ la cara de Camila en el brazo y un joven que ha inventado un videojuego inspirado en ella.

3. En otros casos ha recibido _____ en Twitter diciendo que debe tener cuidado porque puede sufrir un accidente _____.

4. Aunque a veces se siente _____, su lucha por las reformas sigue fuerte.

5. Muchas veces siente que la gente tiene la _____ de que ella sola va a cambiar a Chile. Su mensaje es que todos tienen que _____ hasta que haya mayores derechos y garantías para todos los chilenos.

Camila Vallejo, icono de la juventud indignada

Daniela Pastrana

Esta joven de 23 años se ha convertido en la imagen del movimiento estudiantil de Chile, que demanda reformas estructurales que terminen con la privatización de su sistema educativo. Comunista, joven, bella, polémica, Camila Vallejo es uno de los símbolos de una nueva generación de jóvenes chilenos que nacieron cuando la dictadura de Augusto Pinochet llegaba al ocaso.[1]

Mujer, comunista, joven, dueña de una gran belleza y una destacada[2] claridad para expresar sus ideas, Camila es un explosivo coctel para los medios de comunicación en el mundo.

El *New York Times* la definió como «la revolucionaria más glamurosa del mundo» tras considerarla como una belleza de Botticelli; fue elegida «personaje del año» por los lectores del diario británico; *Le Monde* la llamó «la indignada» y *Página 12*, «el rostro de la Primavera Chilena».

La lista de espera para conseguir una entrevista con ella es de hasta dos meses; un jubilado[3] de la ciudad de Valparaíso se tatuó su rostro en el brazo; un cantante alemán le compuso una canción. Se le ha comparado iconográficamente con el Subcomandante Marcos y con el Ché Guevara, con Dolores Ibárruri, *La Pasionaria* —histórica dirigente[4] del Partido Comunista de España. [...]

Pero no todos la quieren. El alcalde[5] de Providencia, Cristián Labbé, consideró que tiene una cara «medio <u>endemoniada</u>» y el diputado de la UDI (Unión Demócrata Independiente, el partido de la derecha chilena), Felipe Ward, la llamó «Miss Comunismo» y dijo que «solo da para <u>un concurso</u> de belleza». Una funcionaria[6] del Ministerio de Cultura fue <u>cesada</u> después de escribir en su cuenta de Twitter: «Se mata la perra, se acaba la leva», una frase coloquial que fue usada por Pinochet en el Golpe de Estado de 1973.

VOCABULARIO
VOCABULARIO
VOCABULARIO

En agosto de 2011, cuando el movimiento estaba en su cumbre[7] más alta, recibió <u>amenazas</u> en las redes sociales. En Facebook se creó un «evento» para apedrear[8] su casa, y en Twitter, un joven <u>difundió</u> la dirección de su casa y números telefónicos, precedidos por (...): «Mejor cámbiate de casa o si no sufrirás extraño accidente» (...) y «vamos a matarte por perra».

VOCABULARIO
VOCABULARIO

¿Quién?   ¿Qué pasó?   Dónde?

VERIFICAR

La causa de Camila Vallejo, que hoy tiene 24 años, es la educación en su país. Su demanda principal: que el gobierno asuma los costos de la <u>matrícula</u> universitaria y le quite a los jóvenes chilenos el peso de la <u>deuda</u> bancaria que tienen que cargar si quieren estudiar.

VOCABULARIO
VOCABULARIO

En mayo de 2011, la primera marcha de la confederación de estudiantes sumó más de 50 mil personas y terminó con un saldo[9] de 138 detenidos. El ministro de Educación y ex candidato presidencial, Joaquín Lavín, ofreció dialogar.

VISUALIZAR

«No nos vamos a sentar a ninguna mesa de trabajo sin una señal clara con respecto a recuperar la educación pública, regular el sistema privado y poner fin al lucro[10]», respondió Camila Vallejo. A final del mes, los estudiantes anunciaron el paro[11] y Lavín los acusó de poner sobre la mesa temas <u>alejados</u>

VOCABULARIO

[1]*sunset* [2]*distinguished* [3]*retired man* [4]*leader* [5]*mayor* [6]*official* [7]*summit* [8]*to throw stones at* [9]*balance* [10]*profit* [11]*strike*

(continúa)

Camila Vallejo, icono de la juventud indignada (continuado)

de su competencia, como la nacionalización del cobre[12]. El conflicto comenzaba a crecer. [...]

VOCABULARIO

A mediados de junio, en una jornada de enfrentamientos con carabineros, 80 mil estudiantes marcharon frente al palacio de La Moneda: la mayor protesta en la capital chilena desde la dictadura. El movimiento estudiantil volvió a subir su apuesta[13] y a finales de junio una nueva marcha, de casi 100 mil personas, obligó a Piñera a anunciar una <u>inversión</u> de 4 mil millones de dólares en educación y una nueva propuesta: GANE (Gran Acuerdo Nacional por la Educación). [...]

—¿Te ves en un futuro como presidenta de Chile?

VOCABULARIO

La pregunta de la reportera peruana provoca una risa ahogada[14] a Camila Vallejo. «¡No, por favor, no!... Es algo que está muy alejado de mi expectativa de vida», responde finalmente, consciente de que para muchos no es una broma. En Facebook hay una página de «Camila presidenta», y su futuro político ya es tema de especulación en Chile. Ella no descarta[15] esa opción. «Tengo una proyección personal de carácter académico, me gustaría terminar mi carrera y continuar esa <u>senda</u>. Sin embargo, concibo los cargos de representación como una responsabilidad, y en ningún caso un privilegio, por lo que a priori no puedo decir que no continuaré teniendo cargos de representación popular», dijo en enero pasado, en una entrevista al diario español *El País*. [...]

VERIFICAR

¿Quién?   ¿Qué pasó?   Dónde?

Camila Vallejo, con sus enormes ojos verdes en un rostro aniñado[16] de largos cabellos, es la heroína de una generación que combina la indignación y la política de masas con música de *rock*, películas de Hollywood y juegos de video. Antes de cumplir 14 años había leído al anarquista Mijaíl Bakunin; es admiradora de Gustav Klimt y Roberto Matta; ama bailar, le gusta el arte y todo tipo de música: *pop, rock* clásico, bossa nova, *hip hop*, cumbia, trova e *indie*. En su iPod hay música de Radiohead y su película favorita es *El Club de la Pelea*, con Brad Pitt y Edward Norton.

VISUALIZAR

Quizá no lo sepa, pero hasta un personaje de videojuego está inspirado en ella: se llama Lucrina, lucha contra el poder destructor del lucro y fue creada por un joven chileno que se dedica al diseño de aplicaciones para App Store. Felipe Hermosa, su creador, ha dicho que quería que apareciera como Camila Vallejo: **«Se ve como una figura del pueblo, que defiende intereses comunes y tiene la fuerza para reclamar por una necesidad social, porque en Chile hay consenso de que la educación debe mejorar, pero quizá no había habido una persona dispuesta a pelear y manifestarse con tanta fuerza [...] Quería un personaje simpático, tierno, que se viera bonito, como la dirigenta».**

VOCABULARIO

Camila Vallejo guarda su vida privada con «disciplina de <u>hierro</u>», dice el reportaje sobre ella del *New York Times*. ...También aceptó, en la entrevista de *El País*, sentirse cansada: «Estoy cansada física y mentalmente. Siento una carga muy grande. La gente quiere que tenga respuesta para todo y tienen la expectativa de que voy a cambiar a Chile, yo sola. En la calle me gritan: '¡Los apoyamos, no nos abandonen!'. Pero la responsabilidad, (...) es de todos».

[12]*copper* [13]*bet, gamble* [14]*choked* [15]*discard* [16]*childlike*

Daniela Pastrana, "Camila Vallejo, icono de la juventud indignada," *Magis ITESO*, June 1, 2012.
Copyright © 2012, ITESO. All rights reserved. Reprinted with permission.

A. Comprensión Indique si las oraciones son ciertas (C) o falsas (F) según la lectura. Corrija las oraciones falsas.

1. La carrera política de Camila Vallejo sale de su activismo como estudiante.

2. Vallejo es famosa solo en Chile.

3. Algunos ataques por las redes sociales animan a la gente a hacerle daño físico a Vallejo.

4. Algunas personas en el gobierno chileno piensan que Vallejo es problemática.

5. Las demandas fundamentales de los estudiantes tenían que ver con los costos de estudiar en la universidad.

6. Vallejo quiere ser la presidente de Chile en el futuro.

7. Los intereses de Vallejo son eclécticos.

8. Vallejo se siente cómoda con su fama y las expectativas que los demás tienen de ella.

B. Reacciones Lea cómo ha cambiado la vida de Camila Vallejo desde 2010 cuando fue elegida presidenta de la Federación de Estudiantes de la Universidad de Chile. En parejas, reaccionen ante cada evento que ha ocurrido en su vida personal y política.

REACCIONAR

RECOMENDAR

1. En 2013, cuatro ex líderes estudiantiles fueron elegidos al Parlamento de Chile: Camila Vallejo y Karol Cariola, ambas del Partido Comunista; Giorgio Jackson, de la Revolución Democrática; y Gabriel Boric, de la Izquierda Autónoma.
   a. Es dañino/ilusionante que estos jóvenes activistas... _____ porque ...
   b. Es muy posible que dentro de pocos años unos de mis compañeros universitarios... _____ dado que...
   c. (No) Creo que ser comunista... _____ porque...

2. Durante la campaña Camila Vallejo se quedó embarazada. Su bebé, Adela, nació poco antes de las elecciones. En 2015 se separó amigablemente de su pareja de seis años. Ha sido criticada porque a veces ha llevado a Adela al Parlamento y porque ahora sale con un músico que toca salsa y reggaetón.
   a. (No) Me sorprende que ella... _____ ya que...
   b. A muchas personas les molesta que las mujeres en la política... _____ porque (no) creen que....
   c. (No) Pienso que la vida privada de los políticos... _____ porque...

©MARTIN BERNETTI/Getty Images

3. Vallejo ha enfrentado duras críticas y hasta el odio de sus detractores. Unos dicen que tiene que ver con el machismo y el hecho de que sea una mujer joven y atractiva. A la vez, es una comunista que critica el sistema político de su país y para colmo es madre soltera. Esta mezcla es intolerable para muchos.
   a. Es ridículo/normal que... _____ a pesar de...
   b. A mucha gente le fastidia que Camila Vallejo... _____ porque...
   c. Es obvio que...

4. Los diputados jóvenes izquierdistas han tenido éxito con algunas de sus demandas de reforma educativa y ahora luchan para reducir la jornada laboral de 45 a 40 horas por semana. En 2017, el candidato de la derecha y expresidente, Sebastián Piñera, ganó las elecciones. La lucha sigue, pero podría ser mucho más difícil ahora.
   a. Es importante que las reformas educativas... _____ ya que...
   b. (No) Es importante que la jornada laboral... _____ dado que...
   c. Estoy seguro/a que...

C. El liderazgo

Paso 1   ¿Por qué y para qué piensa que entró Camila Vallejo en la política? Según lo que ha aprendido de la carrera política de Vallejo, elija las dos razones más obvias por las que ella habrá entrado en la política. Luego, en parejas, compartan y expliquen sus opiniones.

____ para ayudar a las personas
con pocos recursos

____ para cambiar el mundo

____ para combatir las injusticias

____ para relacionarse con personas famosas

____ para pasar a la historia

____ por compromiso religioso

____ por deber cívico

____ por dinero

____ por fama

____ por poder

Paso 2   ¿Qué hacen las personas para prepararse para una carrera política? En parejas, completen las oraciones.

1.   Estudian...

2.   Trabajan en...

3.   Participan en organizaciones como...

4.   Se inscriben (*sign up*) en...

5.   Hacen de voluntarios en...

6.   Tratan de conocer a...

REACCIONAR

R   **H**   **G**

RECOMENDAR   HIPÓTESIS   GUSTOS

Paso 3   En parejas elijan una de las citas y escriban por lo menos tres comentarios utilizando algunas de las siguientes frases para empezar sus comentarios: **No creo que... Si fuera Camila... Cuando haya... Es necesario que... Es importante que... No me gusta que... Ojalá que... Me da igual que... Si pudiera....** Luego compártanlos con la clase.

a.   «Para un candidato / una candidata es mejor tener carisma que ser elocuente.»

b.   «El problema del líder mujer en cualquier país es que el machismo sigue siendo vigente (*active*).»

c.   «En el parlamento chileno un diputado le decía a Camila 'mijita' y 'mi niñita' cuando discutían la ley contra acoso sexual callejero.»

d.   «Ante todos los tuits agresivos que postea la gente contra Camila, es mejor que no preste atención a lo que digan.»

D. Para discutir   En grupos de tres o cuatro, contesten las preguntas y expliquen o justifiquen sus respuestas.

1.   Uno de los aspectos que más se comenta de Camila es su belleza. En su opinión, ¿tienen las mujeres bellas una ventaja en el campo de la política o una desventaja? ¿Es difícil que la gente las tome en serio?

2.   El movimiento estudiantil chileno ha utilizado acciones de protesta creativas para promover su causa. Por ejemplo, llevaron a cabo una versión *flash mob* de *Thriller* de Michael Jackson. El motivo *zombie* representaba la muerte del sistema educativo chileno. Otra fue el «Besatón por la educación», en el cual centenares de estudiantes se besaron frente al palacio presidencial por 1.800 segundos (30 minutos) para representar los $1,8 millones de dólares que costaría financiar la educación pública. ¿Creen Uds. que este tipo de protesta puede lograr cambios en el gobierno? Si fueran líderes de una protesta universitaria contra algo que quisieran cambiar, ¿qué ideas creativas ofrecerían?

©Marcelo Hernandez/Picture Alliance/
Photoshot

El «Besatón por la educación»

3.   ¿Hay más apatía o activismo entre sus compañeros de universidad? ¿Conoce Ud. algún líder estudiantil capaz de motivar a los demás? ¿Qué ha hecho?

4.   ¿Por qué y cómo han sido tan importantes los medios sociales para promover cambios políticos y sociales?

¿CÓMO LE VA CON ESTOS PUNTOS CLAVE?

A. Prueba diagnóstica Complete el texto con la forma correcta de las palabras entre paréntesis, para ver cómo le va con las metas comunicativas **Descripción, Comparación, Narración en el pasado, Reacciones y recomendaciones** y **Hablar de los gustos y las opiniones. ¡OJO!** Cuando ve los símbolos +, – o =, debe incluir **más, menos** o **tan [tanto/a(s)]** en su respuesta, respectivamente.

D	C	P
DESCRIBIR	COMPARAR	PASADO

REACCIONAR

R	G
RECOMENDAR	GUSTOS

Recientemente mi tío Paco _____¹ (venir) a vivir con mi familia. Es musicólogo, ya retirado. Su esposa _____² (morirse) hace poco y él sigue sintiéndose triste. Mi madre quiere que yo _____³ (tratar) de conversar con él para animarlo y por eso (yo) _____⁴ (empezar) a preguntarle sobre la música que a él _____⁵ (fascinar) tanto.

Mi tío _____⁶ (decidir) darme unas «clases privadas» sobre la historia del tango. Me explicó que las raíces del tango se encuentran en el candombe, un tipo de baile africano. Los primeros tangos _____⁷ (aparecer) en barrios pobres de Buenos Aires a finales del siglo XIX. Allí la gente _____⁸ (empezar) a imitar e improvisar un baile nuevo que _____⁹ (combinar) pasos y ritmos del candombe y de la habanera cubana. Pronto _____¹⁰ (hacerse) tan popular que _____¹¹ (llegar) hasta París en 1907. Para 1913 la «tangomanía» se había extendido por Europa y _____¹² (ser / estar) de moda.

El cantante de tango _____¹³ (+ famoso) de todos los tiempos _____¹⁴ (ser / estar) Carlos Gardel. _____¹⁵ (tener) un talento musical legendario y sus admiradores lo _____¹⁶ (adorar). Desafortunadamente, _____¹⁷ (morirse) joven en un accidente de avión.

Hoy en día el tango _____¹⁸ (ser / estar) _____¹⁹ (= importante) como la música _____²⁰ (clásico) a nivel internacional. Uno de los compositores de tango _____²¹ (+ reconocido) _____²² (ser / estar) Astor Piazzolla. Si escuchas su música, no te va a sorprender que _____²³ (formar) parte del repertorio _____²⁴ (obligatorio) de las orquestas _____²⁵ (sinfónico).

Interesante ¿no? Mi tío me dijo que hoy en día le fascina el tango jazz _____²⁶ (=) _____²⁷ (que / como) el tango clásico. Eso me sorprendió. Los días en que hablamos del tango, está _____²⁸ (–) triste _____²⁹ (como / que) antes y sigue planeando mis tutorías. Tiene _____³⁰ (+) _____³¹ (que / de) 200 discos que quiere que yo _____³² (escuchar) poco a poco. Mi madre está súper contenta de que mi tío y yo _____³³ (tener) una relación tan cercana y que ahora _____³⁴ (fascinarme) escuchar una fusión de tango con la música electrónica llamado tango electrónico. ¡Qué bárbaro! ¿No?

©Roger Viollet Collection/
Getty Images

Carlos Gardel

RESPUESTAS: 1. vino 2. se murió 3. trate 4. empecé 5. le fascina 6. decidió 7. aparecieron 8. empezó 9. combinaba 10. se hizo 11. llegó 12. estaba 13. más famoso 14. era/fue 15. Tenía 16. adoraban 17. se murió 18. es 19. tan importante 20. clásica 21. más reconocidos 22. es 23. forme 24. obligatorio 25. sinfónicas 26. tanto 27. como 28. menos 29. que 30. más 31. de 32. escuche 33. tengamos 34. me fascina

B. Autoevaluación Complete la autoevaluación de su progreso en estas metas comunicativas.

META COMUNICATIVA		MUY BIEN	BIEN	NO TAN BIEN
D DESCRIBIR	Descripción	☐	☐	☐
C COMPARAR	Comparación	☐	☐	☐
P PASADO	Narración en el pasado	☐	☐	☐
REACCIONAR **R** RECOMENDAR	Reacción y recomendación	☐	☐	☐
G GUSTOS	Hablar de los gustos y las opiniones	☐	☐	☐

¡Ojo!

If you are still having trouble with these **Metas comunicativas,** you can complete (or redo) the LearnSmart modules for this chapter for additional practice.

©Heather Jarry

CAPÍTULO 5

El mundo actual

Participación cívica y acción global

Meta comunicativa

HIPÓTESIS   FUTURO

Temas centrales

- los problemas actuales
- la gente indígena
- el activismo

Zona de enfoque

- la región andina

En este capítulo, Ud. va a explorar el tema del mundo actual.

Preguntas para considerar

- ¿Cuáles son los problemas sociales más importantes de hoy?
- ¿Qué puede hacer el individuo para participar activamente en su sociedad?
- ¿Cómo nos afectan personalmente los acontecimientos mundiales?
- ¿Cómo nos afectan los cambios ecológicos? ¿Qué prácticas ecológicas debemos adoptar?
- ¿Cree Ud. que el mundo moderno puede aprender de las tradiciones de las culturas indígenas?
- ¿Qué importancia tiene la política en su vida diaria?
- La escena que se ve en esta página representa un pueblo boliviano durante una campaña presidencial. ¿Cómo cambia el ambiente en su universidad y su ciudad durante las campañas nacionales y locales?

La historia

Este mundo nuestro

Situación: Laura y Sergio están en Ruta Maya hablando sobre un viaje que Laura va a hacer al Ecuador. Lea el diálogo y conteste las preguntas que lo siguen. **¡OJO!** Preste atención especial al uso del vocabulario nuevo **en negrilla.**

LAURA: ¡Estoy emocionadísima! Salgo la semana que viene para Quito.

SERGIO: ¿Y qué vas a hacer allá?

LAURA: Habrá un congreso sobre **los desafíos** que enfrentan las culturas **indígenas** con la globalización. **Líderes** indígenas de todas partes del mundo hablarán de **cuestiones** de abusos de **los derechos humanos, la pobreza** y **el hambre, la falta** de **recursos, la explotación** de sus tierras nativas...

SERGIO: ¡Guau! Suena interesante, pero deprimente...

LAURA: Bueno, sí y no, porque de lo que más se hablará es sobre **los esfuerzos** para **colaborar** y **combatir las injusticias** que sufren muchos pueblos indígenas y **promover** su bienestar a nivel global.

©McGraw-Hill Education

¡Qué buena oportunidad!

SERGIO: Entonces será **alentador** aprender sobre sus **esfuerzos** positivos.

LAURA: Claro. Y también hablarán de maneras de preservar sus culturas frente al **poder** y la influencia de las compañías multinacionales. Además, me acompañará Javier, lo cual siempre es divertido.

SERGIO: ¿Ah, sí? ¿Por qué irá Javi contigo?

LAURA: Tremenda coincidencia. Esa misma semana hay un congreso internacional de estudiantes activistas y cuando **se enteró** de mi viaje, decidió que me acompañaría.

SERGIO: Es verdad que ya ha escrito sobre **los esfuerzos** de los jóvenes en este país para **crear conciencia** sobre **las desigualdades** económicas que han ido aumentando en los últimos años.

LAURA: Exacto. Y en el Ecuador hay **una campaña** para **promover** la participación de **los ciudadanos** jóvenes. A Javi le gustaría preparar un artículo comparando el activismo político juvenil en los Estados Unidos con el de Latinoamérica.

SERGIO: ¡Qué padre! Y me imagino que tú podrás **llevar a cabo** algún estudio para tu tesis.

LAURA: Sí. Asistiré a los discursos sobre lo que han hecho para **combatir la desnutrición** y **el analfabetismo.** También presentarán a unos chamanes activistas del Amazonas.

SERGIO: ¡Estupendo!

LAURA: Si pudiera entrevistarlos sobre sus conocimientos médicos tradicionales, tendría más información para mi tesis.

SERGIO: Sería fenomenal.

LAURA: Sí. Es como si estos dos congresos fueran creados precisamente para nosotros.

ACTIVIDADES

A. Comprensión Escuche las oraciones sobre **La historia** e indique si son ciertas (C) o falsas (F).

1. _____ 2. _____ 3. _____ 4. _____ 5. _____

B. Detective Busque en el diálogo ejemplos de las siguientes metas comunicativas: **Narración en el pasado** (P), **Hacer hipótesis** (H) y **Hablar del futuro** (F). Subraye cada palabra o frase que represente una (o una combinación) de estas metas comunicativas. Luego, escriba al margen la(s) letra(s) que corresponde(n) a cada ejemplo subrayado (P, H o F).

MODELOS: Si pudiera entrevistarlos, tendría más información para mi tesis. (H)

C. Preguntas Conteste las preguntas, según la situación.

1. ¿Por qué está tan emocionada Laura?
2. ¿Por qué cree Sergio que el congreso suena deprimente?
3. ¿Qué esfuerzos optimistas se presentarán en el congreso?
4. ¿Por qué irá Javier al Ecuador con Laura?
5. ¿Cómo ayudará el viaje a Laura en su tesis?

REACCIONAR
RECOMENDAR

D. Reacciones y recomendaciones Complete las oraciones sobre la situación, utilizando un conector en cada oración.

Conectores

además	porque
en cambio	puesto que
para que + *subjuntivo*	sin embargo
por lo tanto	ya que

MODELO: Es bueno que Laura...
Es bueno que Laura pueda regresar a Sudamérica puesto que le fascinó su último viaje allí.

1. Es genial que en el Ecuador...
2. A Laura le conviene que Javier...
3. Es obvio que el congreso...
4. Ojalá que...

E. Twitter Escriba un tuit sobre la conversación que escuchó en Ruta Maya entre Laura y Sergio.

Vocabulario del tema

PARA HABLAR DE LOS PROBLEMAS ACTUALES

el analfabetismo	illiteracy
la amenaza	threat
el calentamiento global	global warming
los derechos humanos	human rights
el desafío	challenge
la desigualdad	inequality
la desnutrición	malnutrition
la discriminación	discrimination
la explotación	exploitation
la falta (de)	lack (of)
la gente indígena (*but* los indígenas)	indigenous people
la guerra	war
el hambre (*but* mucha hambre)	hunger
la huelga	strike
la manifestación	demonstration
el medio ambiente	environment
el narcotráfico	drug traffic; drug trafficking
la pobreza	poverty
el prejuicio	prejudice
la salud	health

COGNADOS: **la crisis, la injusticia, el terrorismo, la violencia**

PARA HABLAR DE LAS SOLUCIONES

el bienestar	well-being
el comercio justo	fair trade
el desarrollo sostenible	sustainable development
el esfuerzo	effort
la lucha	fight; struggle
la organización no gubernamental (ONG)	NGO
la organización sin fines de lucro	non-profit organization
la paz	peace
el poder	power
la política	politics; policy
los recursos	resources
el tratamiento	treatment

COGNADOS: **la diplomacia, la diversidad, la filantropía, la resistencia, la tolerancia**

ACCIONES PARA RESOLVER PROBLEMAS

crear conciencia	to raise awareness
desarrollar	to develop
enterarse (de)	to become informed (about)
hacer de voluntario/a	to volunteer
invertir (ie, i)	to invest
llevar a cabo	to carry out
promover (ue)	to promote
proveer	to provide

©2017 Adrian Raeside. Used with permission. http://raesidecartoon.com

¿Por qué es irónica esta tira cómica?

recaudar fondos	to fundraise
sobrevivir	to survive

COGNADOS: **colaborar (con); combatir; defender; donar; eliminar; erradicar; financiar; garantizar; implementar; negociar; resolver (ue)**

EL LIDERAZGO

la campaña	campaign
el/la ciudadano/a	citizen
la cuestión	issue
el/la líder	leader
elegir (i, i) (elijo)	elect
postularse	to run for office

PARA DESCRIBIR UNA SITUACIÓN

alarmante	alarming
alentador(a)	encouraging
chocante	shocking
conmovedor(a)	moving
desesperante	infuriating
desilusionante	disappointing
gratificante	gratifying
horripilante	horrifying
inquietante	disturbing
polémico/a	controversial
urgente	urgent

Repaso: Para describir una situación

alucinante	**deprimente**	**impresionante**
angustiante	**emocionante**	**preocupante**
degradante	**fascinante**	**sorprendente**

A. Vocabulario en contexto

Paso 1 Complete las oraciones con la palabra más apropiada, según el contexto, y si está de acuerdo con el comentario, marque la casilla.

¿DE ACUERDO?

1. La causa principal de la pobreza es _____ (el analfabetismo / el hambre). ☐

2. La globalización es polémica porque _____ (amenazar / desarrollar) la existencia de las culturas indígenas. ☐

3. Para las corporaciones petroleras, _____ (el calentamiento global / el narcotráfico) no es una cuestión alarmante. ☐

4. El nivel de _____ (desnutrición / prejuicio) infantil es inquietante: demasiados niños no comen tres comidas al día. ☐

5. Si todos los ciudadanos _____ (hacer de voluntario / participar en una huelga) una vez por semana, podríamos resolver todos nuestros problemas sociales. ☐

6. Si los gobiernos pudieran garantizar un nivel mínimo de bienestar a sus ciudadanos, no habría _____ (manifestaciones / comercio justo). ☐

7. Un buen líder / Una buena líder debe _____ (invertir / financiar) su campaña electoral con donaciones de los ricos y poderosos. ☐

8. Es _____ (inquietante / alentador) que tan pocos ciudadanos voten en este país. ☐

9. Es importante que el gobierno haga _____ (recursos / campañas) para promover la salud en este país. ☐

Paso 2 En parejas, expliquen por qué están de acuerdo o no con cada oración.

B. Preguntas personales En parejas, contesten las preguntas, utilizando el **Vocabulario del tema.** Luego, compartan sus ideas con la clase.

D
DESCRIBIR

G
GUSTOS

R
REACCIONAR
RECOMENDAR

P
PASADO

1. Cuando piensa en los problemas del mundo actual, ¿es Ud. activista, alarmista, extremista, idealista, optimista o pesimista? ¿Por qué?

2. ¿Cómo se entera de las noticias nacionales e internacionales? ¿por los periódicos? ¿por las redes sociales? ¿Le interesan o le aburren las noticias? ¿Por qué?

3. ¿Cuáles son los problemas más urgentes de su ciudad? ¿Qué recomienda que hagan los líderes políticos para resolverlos?

4. ¿Ha recaudado fondos para una causa en algún momento? ¿Cuál fue la causa, qué hizo y cuánto recaudó? ¿Cuáles son las mejores maneras de recaudar fondos en su opinión?

C. WhatsApp Carlos llama a su madre desde el Ecuador donde hace de voluntario en un proyecto para promover el desarrollo sostenible en zonas rurales. Ud. escuchará la mitad de la conversación—lo que la madre le dice a Carlos. La primera vez que escuche la conversación, no escriba nada. La segunda vez escriba solo las preguntas, y, al final, la despedida de la madre. Después, en parejas, inventen respuestas lógicas de Carlos para completar la conversación.

MODELO: Ud. oye: MADRE: Carlos, por fin me llamas. ¿Qué tal estás?

Ud. escribe: MADRE: <u>¿Qué tal estás?</u>

CARLOS: <u>Bien, bien, Mamá. Muy contento aquí, pero</u>
<u>ocupadísimo.</u>

1. MADRE (pregunta): _____

   CARLOS: _____

2. MADRE (pregunta): _____

   CARLOS: _____

3. MADRE (pregunta): _____

   CARLOS: _____

4. MADRE (despedida): _____

   CARLOS: _____

D. Esfuerzos alentadores

REACCIONAR

F **R**

FUTURO RECOMENDAR

Paso 1 En parejas, lean los reportajes sobre distintos esfuerzos en países andinos. <u>Subrayen</u> las palabras de vocabulario que encuentren y dibujen un círculo alrededor de los cognados.

¿COMER BASURA?

En el Perú, donde 20 millones de ciudadanos sufren de desnutrición crónica, varias organizaciones invierten en soluciones para combatir el hambre y promover la salud. Una campaña llamativa es el «reciclaje culinario», desarrollado por el chef Palmiro Ocampo. Utiliza los residuos típicos de la cocina —que normalmente se echarían a la basura— para crear platos exquisitos e innovadores no solo para sus restaurantes, sino también para los comedores públicos donde las poblaciones más vulnerables comen. Con este esfuerzo, Ocampo también busca crear conciencia entre los estudiantes de las escuelas de cocina para que no desperdicien la comida y que la gastronomía peruana sea verdaderamente sostenible.

©Theo Wargo/Getty Images

ESPERANZA PARA LOS DISCAPACITADOS

Latinoamérica tardó en reconocer los derechos de los discapacitados. En el Ecuador, la situación empezó a cambiar con el presidente actual, Lenín Moreno, quien sufrió un ataque violento en 1998 que lo dejó parapléjico. Casi 300.000 ecuatorianos tienen algún tipo de discapacidad y Moreno, siendo uno de ellos, se ha dedicado a sensibilizar a la sociedad no solo sobre sus derechos humanos, sino también sobre su potencial. Antes el país tenía pocos recursos para combatir la discriminación, la escasez de educación especial, la falta de accesibilidad en el transporte público y la falta de oportunidades laborales. Ahora los ecuatorianos discapacitados sienten que han dado un paso adelante en su lucha por la inclusión social.

©AFP/Getty Images

LA FUNDACIÓN PIES DESCALZOS[1]

En 2008, las Naciones Unidas estimaron que había 3 millones de desplazados[2] en **Colombia.** La Fundación Pies Descalzos fue creada en 1995 por la cantante colombiana Shakira, con el compromiso de proveer oportunidades para los niños desplazados, víctimas de la violencia en su país. Su objetivo principal es financiar y desarrollar programas en las áreas de educación, nutrición, apoyo psicológico y salud a los ciudadanos jóvenes de pocos recursos. En la actualidad,[3] existen cinco escuelas en regiones seriamente afectadas por la violencia, donde miles de niños reciben recursos para sus necesidades. Estas escuelas son más que escuelas: son centros comunitarios donde las familias pueden reconstruir su vida y proveer a sus hijos un futuro mejor.

©Handout/Getty Images

[1]*barefoot* [2]*displaced people* [2]*En... Currently*

Paso 2 Escuche oraciones sobre las lecturas del **Paso 1.** Indique si las oraciones son ciertas (C) o falsas (F).

1. _____ 2. _____ 3. _____ 4. _____ 5. _____ 6. _____

Paso 3 Para cada reportaje, hagan una reacción y una recomendación y digan qué deben seguir haciendo para seguir teniendo éxito con ese esfuerzo en el futuro.

MODELO: Es impresionante que Shakira tenga una fundación. Recomiendo que recaude más fondos. Debe seguir apoyando a las víctimas de la violencia.

Paso 4 Hagan un pequeño reportaje oral que compare los tres esfuerzos. Usen **más que..., menos que...** y **tan/tanto como.** Después, compartan sus opiniones sobre los esfuerzos.

E. La gente indígena Hoy en día sobreviven los descendientes de las tres grandes culturas —al igual que múltiples culturas menores. Cotidianamente luchan para conservar sus lenguas, creencias, culturas, tradiciones y formas de vida frente a las amenazas de un mundo cada vez más globalizado.

Para tener una mejor idea de la presencia y el impacto de las culturas indígenas en los países andinos, revise la siguiente información.

©Joel Shawn/Shutterstock

Una madre peruana y su hija

LA DISTRIBUCIÓN ÉTNICA EN TRES PAÍSES ANDINOS		
BOLIVIA	ECUADOR	PERÚ
55% indígena (grupos dominantes: quechua, aymara) 30% mestizo 15% otro	25% indígena (grupos dominantes: quichua, shuar) 65% mestizo 10% otro	30% indígena (grupos dominantes: quechua; asháninka) 55% mestizo 15% otro

Ahora, en parejas, lean las afirmaciones y completen las oraciones que las siguen. Llenen los espacios en blanco con una de las palabras para hablar de una situación del Vocabulario del tema.

1. La Constitución de 2012 de Bolivia declaró 37 idiomas oficiales en el país. Según la Constitución, cada documento oficial tiene que traducirse por lo menos a dos de los idiomas oficiales en cada departamento (*state*).
   a. los traductores / interesar / el bienestar de los indígenas
   b. Es _____ que en Bolivia...

2. En el año 2005, se eligió el primer presidente indígena de Bolivia, Evo Morales. En 2011, se eligió un presidente indígena en el Perú, Ollanta Humala. Hasta ahora, el Ecuador no ha tenido presidente indígena.
   a. los líderes indígenas / importar / los compromisos políticos con los pueblos indígenas.
   b. Es _____ que en el Ecuador...

3. La quínoa es un cereal muy rico en proteínas y parte integral de la dieta de las personas andinas. En los últimos años, el uso de la quínoa entre los aficionados a la comida sana en Europa y los Estados Unidos ha causado un aumento en los precios de ese cereal, lo que hace que muchos indígenas ya no puedan comprar este producto nativo de su tierra.
   a. los aficionados de la comida sana / gustar / los productos como la quínoa.
   b. Ojalá que los ejecutivos de Whole Foods...

F. Problemas cotidianos Revisen los problemas y hagan una lista de palabras que los ayuden a conversar con facilidad sobre cada problema cotidiano. Después, en parejas, preparen un diálogo espontáneo sobre cada problema.

1. Una activista de una ONG está buscando a un(a) estudiante para hacer de voluntario/a en Latinoamérica. La activista menciona los problemas que hay y cómo los voluntarios pueden ayudar. Es muy apasionada y tiene mucho entusiasmo. Al / A la estudiante le interesa, pero no es muy atrevido/a. El/La estudiante debe reaccionar con muchas dudas y expresar su miedo por no saber suficiente español.

2. Su primo/a anuncia que ha vendido todas sus posesiones para ir al Perú y trabajar con la gente indígena. Trate de convencerlo/la de que es una locura. Su primo/a responde a sus reacciones con sorpresa y desilusión ante sus dudas y falta de idealismo.

NOTA CULTURAL · La vida política de los jóvenes hispanos

Para muchos jóvenes hispanos, el activismo político es una parte importante de la vida diaria. A nivel general, los jóvenes se mantienen al día en cuestiones de política de manera constante. Creen que es importante leer el periódico, mirar el noticiero[1] en la televisión o buscar las noticias en el Internet. No solo saben cuál es la situación de su propia nación, sino que también están muy enterados de la política internacional. En los cafés y los bares que frecuentan los jóvenes, es común oír fuertes discusiones sobre la situación mundial, además de conversaciones sobre los deportes, el cine y los últimos chismes.

Sin embargo, el interés en la política con frecuencia va más allá de la conversación. Es muy común que los estudiantes universitarios y de escuela secundaria participen en huelgas generales y manifestaciones para protestar contra ciertas injusticias, como la subida[2] del precio de los boletos de autobús, la matrícula de las clases o los impuestos, o cuando algún político comete un fraude. Además, no es raro ver protestas contra las intervenciones estadounidenses en Latinoamérica o en otras partes del mundo. Las acciones de los jóvenes, a veces pacíficas, a veces más agresivas, demuestran una fuerte creencia en el poder de la voz del pueblo.

©Comstock Images/ Alamy Stock Photo

[1]*newscast* [2]*rise*

Preguntas

1. ¿Ha participado alguna vez en una manifestación o huelga para protestar contra algo? ¿Por qué participó? ¿Cuáles fueron los resultados de la manifestación o huelga?

2. ¿Cuáles son las mejores maneras de protestar contra la injusticia? ¿Por qué cree eso?

Actividad

REACCIONAR
R
RECOMENDAR

En parejas, hagan los papeles de dos estudiantes universitarios que discuten unas iniciativas propuestas por la administración. Uno/a es activista y rebelde. El otro / La otra es pacifista y cauteloso/a. El/La activista quiere ir de huelga y el/la pacifista no está de acuerdo. Den razones sólidas para apoyar su opinión. Luego, en grupos pequeños, discutan cómo Uds. reaccionarían ante estas iniciativas si fueran propuestas en su propia universidad.

1. La administración de la universidad quiere invertir un millón de dólares en reclutar a mejores atletas.

2. La administración anuncia que duplicará el costo del estacionamiento en el recinto universitario y que las multas por mal estacionamiento se triplicarán.

3. Para ahorrar dinero, se despedirá al 20% de los profesores y más clases se darán por el Internet.

Hacer hipótesis y Hablar del futuro

HIPÓTESIS   FUTURO

En esta sección del capítulo, Ud. va a practicar las metas comunicativas **Hacer hipótesis** y **Hablar del futuro.** Para hacerlo bien, hay que utilizar las estructuras gramaticales (los puntos clave) de las tablas que pertenecen a las metas comunicativas. Estudie las explicaciones de estas estructuras gramaticales en las páginas moradas que están al final del libro.

©AFP/Getty Images

Una manifestación en Bolivia

LAS METAS COMUNICATIVAS DE ESTE CAPÍTULO

ICONO	META COMUNICATIVA	PUNTOS CLAVE
H HIPÓTESIS	Hacer hipótesis	• el pasado de subjuntivo • el condicional
F FUTURO	Hablar del futuro	• el futuro • el subjuntivo en cláusulas adverbiales

PRUEBA DIAGNÓSTICA

Paso 1 Lea la entrevista a un estudiante boliviano que participó en una manifestación. Conjugue los verbos para expresar situaciones hipotéticas.

REPORTERO: ¿Qué _____[1] (hacer) Ud. para mejorar la situación de la gente indígena de su país si _____[2] (ser) ministro del gobierno?

OSWALDO: Si _____[3] (tener) el apoyo necesario, _____[4] (poder) coordinar las luchas políticas y sociales de todas las comunidades indígenas.

REPORTERO: ¿Qué _____[5] (necesitar) para llevar a cabo tal coordinación?

OSWALDO: Si _____[6] (poder) contar con los fondos del gobierno, _____[7] (desarrollar) una campaña agresiva para comunicarnos mejor con las comunidades rurales. Sé que los jóvenes universitarios de mi país _____[8] (ayudar) con esta coordinación si _____[9] (saber) que sus esfuerzos _____[10] (promover) la justicia social.

REPORTERO: Muchas gracias. Me gusta su optimismo y espero verlo algún día de ministro o incluso presidente de nuestro país.

RESPUESTAS, PASO 1: 1. haría 2. fuera 3. tuviera 4. podría 5. necesitaría 6. pudiera 7. desarrollaría 8. ayudarían 9. supieran 10. promoverían

Paso 2 Cinco años más tarde los dos se comunican de nuevo porque Oswaldo acaba de obtener un puesto en el congreso boliviano. Complete la conversación telefónica con la forma correcta de los verbos que están entre paréntesis.

REPORTERO: ¡Felicidades, don Oswaldo! Llevo años siguiendo su carrera política y me gustaría entrevistarlo de nuevo. Con tal de que _____[1] (tener, Ud.) tiempo disponible este mes, _____[2] (viajar, yo) al Ecuador en la fecha que me diga.

OSWALDO: Qué noticia más gratificante. Creo que _____[3] (tener) tiempo en dos semanas. Sinceramente _____[4] (ser) un placer conversar con Ud. de nuevo. En cuanto _____[5] (saber, Ud.) la fecha y la hora de su llegada, mándemelas y _____[6] (hacer, yo) arreglos para recogerlo del aeropuerto.

REPORTERO: Gracias, don Oswaldo. Antes de llegar, (yo) _____[7] (preparar) una lista de cuestiones importantes sobre las cuales _____[8] (poder, nosotros) conversar. Hasta pronto.

OSWALDO: Chao, Martín.

RESPUESTAS, PASO 2: 1. tenga 2. viajaré 3. tendré 4. será 5. sepa 6. haré 7. prepararé 8. podremos

Las siguientes actividades le darán la oportunidad de practicar las metas comunicativas. Habrá un énfasis particular en **Hacer hipótesis,** utilizando el condicional y el pasado de subjuntivo, y **Hablar del futuro**, practicando el uso del subjuntivo en cláusulas adverbiales.

A. ¿Hasta dónde pueden extender la cadena?

HIPÓTESIS

Paso 1 ¿Sabía Ud. que Bogotá es una de las mejores ciudades para andar en bicicleta? Tiene casi 400 kilómetros de ciclovías– más que cualquier otra ciudad de Latinoamérica. Los domingos y días feriados, se cierran muchas calles principales y toda Bogotá se llena de bicicletas. En parejas, completen esta cadena de pensamientos hipotéticos sobre andar en bici en Bogotá.

1. Si **fuera** a Bogotá, *llevaría* mi bicicleta.
2. Si _____ (llevar) mi bicicleta, *viajaría* por las ciclovías.
3. Si _____ (viajar) por las ciclovías, *ahorraría* gasolina.
4. Si _____ (ahorrar) gasolina, *haría* menos daño al medioambiente.
5. Si _____ (hacer) menos daño al medioambiente, *sería* un(a) buen(a) ciudadano/a global.

©Fotos593/Shutterstock

Paso 2 En parejas, formen una serie de oraciones hipotéticas, utilizando la última cláusula de la primera oración para formar la cláusula hipotética de la segunda oración, usando las oraciones del **Paso 1** como modelo. A ver hasta qué punto cada pareja lleva su serie de oraciones.

1. Si mi profesor(a) ganara la lotería...
2. Si yo fuera presidente/a de esta universidad, ...
3. Si mi padre / madre se postulara para presidente/a de este país...
4. Si hubiera más pobreza en este país, ...
5. Si mis amigos y yo fuéramos ultraricos, ...

B. Gastón Acurio y la gastronomía peruana En parejas, lean la información sobre un famoso chef peruano y completen las oraciones con la forma correcta del verbo entre paréntesis. Luego, indiquen si la oración se refiere a algo que es posible (p) o habitual (h), o a algo que es improbable (i) o contrario a la verdad (cv).

FUTURO HIPÓTESIS

Gastón Acurio es un famoso chef y líder de una revolución en la gastronomía peruana. Hasta la fecha, ha fundado 33 restaurantes en 12 países. Ahora, después de 20 años de carrera culinaria, ha decidido retirarse de su primero y más famoso restaurante en Lima, «Astrid y Gastón», para dedicarse a promover su Fundación Pachacutec, que entrena a jóvenes de comunidades marginadas en varios aspectos de los negocios culinarios. En 2017, para recaudar fondos para esta fundación, cocinó para eventos exclusivos en sus restaurantes en Chicago, Miami y San Francisco.

_____ 1. Si mis padres _____ (celebrar) una ocasión especial, siempre van al restaurante Astrid y Gastón.

_____ 2. Si yo _____ (querer) pedirle la mano a alguien, lo haría en Astrid y Gastón.

_____ 3. Si los estudiantes de la fundación consiguen trabajos en restaurantes de lujo, _____ (salir) de la pobreza.

_____ 4. Si la fundación _____ (recaudar) más fondos, ofrecerá más becas.

_____ 5. Si yo _____ (recibir) una beca de la Fundación, estudiaría chocolatería.

_____ 6. Si mis amigos y yo _____ (tener) suficiente dinero, compraríamos entradas para los eventos de recaudación de fondos.

_____ 7. Si Gastón tiene suficiente tiempo en el futuro, _____ (escribir) nuevos libros de cocina, _____ (hacer) documentales y _____ (postularse) para la presidencia de Perú.

©Christian Vinces/Shutterstock

C. Los esfuerzos ambientalistas

HIPÓTESIS

Paso 1 En parejas, completen las oraciones para hacer hipótesis sobre algunas iniciativas ambientalistas. Después, contesten las preguntas.

1. Si más estudiantes _____ (reciclar), la universidad _____ (ahorrar) mucho dinero.

2. Si el gobierno estudiantil _____ (iniciar) una campaña para crear conciencia sobre el ambientalismo, muchos estudiantes _____ (participar).

3. Si nuestra ciudad _____ (sufrir) de una escasez de agua, no _____ (tener, nosotros) tantas áreas verdes.

4. Si la universidad _____ (invertir) en sistemas de energía sostenible, _____ (ser) un modelo para la ciudad entera.

5. Si _____ (haber) un jardín comunitario en el recinto (*campus*), _____ (poder, nosotros) usar los vegetales en las cafeterías.

Pregunta: ¿Qué se hace en su universidad para proteger el medioambiente? ¿Qué cambios implementarían Uds. si estuvieran en la administración universitaria?

Paso 2 En parejas, completen las oraciones con la forma correcta del verbo entre paréntesis. **¡OJO!** Tengan cuidado con las conjunciones temporales porque no se usa el subjuntivo automáticamente.

Para conversar mejor

- el ambientalismo
- la basura
- el bosque lluvioso
- el calentamiento global
- la capa de ozono
- la contaminación
- la deforestación
- el dióxido de carbono
- el efecto invernadero
- la energía solar
- la escasez (*lack*)
- el reciclaje
- las turbinas de viento
- el vertedero

Conjunciones adverbiales de tiempo

Conjunciones A SPACE* (siempre llevan el subjuntivo)		Conjunciones THE CD* (pueden llevar el indicativo o subjuntivo)	
Antes de que	*before*	**T**an pronto como	*as soon as*
Sin que	*without*	**H**asta que	*until*
Para que	*so that*	**E**n cuanto	*as soon as*
A menos que	*unless*		
Con tal de que	*provided that*	**C**uando	*when*
En caso de que	*in case*	**D**espúes de que	*after*

El reciclaje

1. Cuando los ciudadanos _____ (tomar) conciencia de la importancia del reciclaje, empezaron a botar menos basura.

2. Está probado que cuando los ciudadanos _____ (tomar) conciencia de la importancia del reciclaje, hay menos contaminación.

3. En cuanto los ciudadanos de esta ciudad _____ (tomar) conciencia de la importancia del reciclaje, habrá menos vertederos (*landfills*).

Las energías alternativas

4. Tan pronto como en nuestra región _____ (poner se) turbinas de viento, nuestra comunidad emitirá menos dióxido de carbono.

5. Según las estadísticas, tan pronto como las ciudades _____ (poner) autobuses que usan energía eléctrica, ahorran millones de dólares.

6. Tan pronto como nosotros _____ (poner) paneles solares, nuestra cuenta de energía bajó drásticamente.

*****A SPACE** and **THE CD** are mnemonic devices. They are created from the first letter of each of the conjunctions in these lists.

La deforestación

7. Hasta que la compañía de petróleo no _____ (salir) de nuestras tierras, seguirán contaminándolas.

8. Los activistas protestaron hasta que la compañía _____ (salir) del bosque.

9. Los ambientalistas siempre protestan hasta que _____ (salir) los resultados deseados.

Paso 3 En parejas, completen las oraciones para predecir qué pasará con nuestro planeta. Expliquen sus predicciones.

1. Cuando _____ (eliminarse) las emisiones de dióxido de carbono, ...

2. En cuanto _____ (invertirse) en más proyectos de energía renovable, ...

3. A menos que nosotros _____ (proteger) los océanos, ...

4. Sin que los agricultores _____ (cultivar) más productos orgánicos, ...

5. Para que el efecto invernadero _____ (tener) menos impacto, ...

6. Tan pronto como _____ (haber) una escasez seria de agua, ...

Paso 4 En parejas, contesten las preguntas.

1. ¿A Ud. le preocupa el estado del medio ambiente? ¿Qué esfuerzos hace para contribuir a la causa de los ambientalistas?

2. ¿Qué impacto tendrá su carrera futura sobre el medio ambiente? ¿Tendrá un impacto fuerte, neutral, negativo? Explique.

D. Los objetivos de las Naciones Unidas para el nuevo milenio

Paso 1 Lea los ocho objetivos de la Organización de las Naciones Unidas (ONU) para el nuevo milenio. Luego, trabajando en parejas, elijan tres de los objetivos de las Naciones Unidas y digan qué pasará cuando se cumplan en su país. Hagan una cadena que utilice diferentes cláusulas adverbiales para hablar del futuro. (Vea la tabla en la **Actividad C**.)

MODELO: Tan pronto como se erradique la pobreza, habrá menos crimen.
Cuando haya menos crimen, la gente se sentirá más segura.
En cuanto la gente se sienta más segura, mis vecinos saldrán más por la noche.

Paso 2 Ahora imagínense que es el año 2100 y es hora de evaluar el éxito de la ONU con estas metas. Siguiendo el modelo, un(a) estudiante dice si lograron o no la meta y después el otro / la otra reacciona. Traten de variar las expresiones para reaccionar. **¡OJO!** Tendrán que utilizar el imperfecto de subjuntivo en su reacción.

MODELO: ESTUDIANTE 1: (No) Erradicaron la pobreza y el hambre extrema.
ESTUDIANTE 2: Es impresionante que (Es preocupante que no) erradicaran la pobreza y el hambre extrema.

Paso 3 Ahora, en grupos de tres, contesten las preguntas. Después, compartan sus respuestas con la clase entera.

1. ¿Cuál de los objetivos será el más importante en el futuro? ¿Por qué?

2. Si Ud. fuera presidente/presidenta de su país, ¿qué objetivo(s) enfatizaría? ¿Qué haría para lograr sus metas en esa área / esas áreas?

3. ¿Hay un problema actual importante que no se represente en la lista de objetivos? ¿Qué haría Ud. para crear conciencia sobre ese problema?

Los objetivos de las Naciones Unidas para el nuevo milenio

1 Erradicar la pobreza extrema y el hambre

2 Lograr la enseñanza primaria universal

3 Promover la igualdad entre los géneros y la autonomía de la mujer

4 Reducir la mortalidad infantil

5 Mejorar la salud materna

6 Combatir el VIH/SIDA, el paludismo y otras enfermedades

7 Garantizar la sostenibilidad del medio ambiente

8 Fomentar una asociación mundial para el desarrollo

REACCIONAR

PASADO RECOMENDAR

SÍNTESIS

REACCIONAR

R **H** **F**

RECOMENDAR HIPÓTESIS FUTURO

©LOOK Die Bildagentur der Fotografen GmbH/Alamy Stock Photo

Otavaleñas vestidas de ropa tradicional

E. Las culturas indígenas actuales

Paso 1 En parejas, lean las descripciones y terminen las oraciones que siguen. Antes de empezar, determinen qué tiempo verbal (presente de subjuntivo, pasado de subjuntivo o condicional) deben usar para cada oración.

1. *Los otavaleños:* Otavalo es un pueblo indígena de los Andes del Ecuador. Sus habitantes, los otavaleños, son famosos por sus tejidos y por su aptitud para el negocio local e internacional. Dondequiera que estén, sean abogados, médicos u hombres y mujeres de negocios, los otavaleños a menudo visten su ropa tradicional. Siendo tal vez el pueblo indígena más próspero de Latinoamérica, muchos otavaleños tienen un alto nivel de educación y viajan por el mundo para vender sus productos.

   a. Dado que muchos pueblos indígenas sufren de una pobreza extrema, es alentador que los otavaleños...

   b. Me sorprendió que los hombres y mujeres de negocios otavaleños...

   c. Ojalá que los otavaleños...

   d. Si _____ (poder) entrevistar a un profesional otavaleño, ...

   e. Cuando yo _____ (visitar) el Ecuador el año que viene, ...

2. *La medicina tradicional:* Por siglos, los indígenas del Amazonas han recurrido a sus alrededores buscando tratamientos para las enfermedades. Recientemente, varias escuelas de medicina occidentales han empezado a ofrecer cursos en el Amazonas para que los médicos, enfermeros y farmacéuticos aprendan de la sabiduría tradicional de sus chamanes.[1] Sin embargo, este interés también ha traído problemas. Muchas compañías farmacéuticas internacionales han llegado a la zona para buscar medicinas y explotar los recursos naturales. Las tribus se quejan de que no respeten sus prácticas tradicionales, no dejen suficientes recursos para los habitantes nativos y no compartan con ellos las ganancias[2] de las ventas de las medicinas hechas a base de sus plantas.

   [1]*traditional healers*   [2]*profits*

©Mireille Vautier/Alamy Stock photo

Hierbas medicinales, La Paz, Bolivia

   a. Considerando la necesidad de curar tantas enfermedades, es urgente que...

   b. A los indígenas del Amazonas no les gustó que...

   c. Ojalá que las compañías farmacéuticas...

   d. Si yo _____ (tener) una enfermedad incurable, ...

   e. Hasta que las tribus (no) _____ (recibir) la compensación financiera que merecen, ...

G **P**

GUSTOS PASADO

Paso 2 En parejas, usen las siguientes palabras para hacer cinco oraciones sobre la situación de los indígenas en los Andes, como si Uds. fueran líderes indígenas. **¡OJO!** Deben usar el pasado en cada oración. Sigan el modelo.

MODELO: (nosotros) molestar / la discriminación / porque...
A nosotros nos molestaba la discriminación porque nos quitaba nuestra dignidad.

1. (los indígenas) fastidiar / los daños ecológicos a sus tierras / ya que...

2. (nosotros) importar / resistir lo negativo de la globalización / por eso...

3. (los extranjeros) preocupar / solo hacerse más ricos / por lo tanto...

4. (nosotros) interesar / las oportunidades que puedan tener nuestros hijos / entonces...

5. (las compañías farmacéuticas) convenir / descubrir más medicinas / sin embargo...

F. ¿Por qué perdió la elección Justino Jiménez? Durante su campaña, Justino Jiménez hablaba de la importancia de ayudar a los menos afortunados, de donar tiempo libre a causas humanitarias y de ser ciudadanos activistas. Pero en realidad llevaba una vida privilegiada sin haber hecho nada concreto para resolver los problemas que mencionaba en sus discursos.

HIPÓTESIS   PASADO

Paso 1 En parejas, miren el dibujo de un día en la campaña de Justino Jiménez y luego llenen los espacios en blanco con el verbo correcto. Revisen la explicación de cómo utilizar la expresión **como si** en el **Ojo** al margen.

1. Hablaba como si los niños analfabetos _____ (ser) una prioridad pero nunca _____ (visitar) ni una escuela para ver de cerca cómo _____ (vivir) estos niños.

2. Nunca _____ (hacer) de voluntario en su vida, pero hablaba como si _____ (estar) colaborando activamente con varias organizaciones de voluntariado.

3. Decía al público que le _____ (dar) mucha pena saber que muchos niños _____ (sufrir) de hambre, pero en las fotos lo vemos en restaurantes de lujo comiendo como si no _____ (comer) en días.

4. Les decía a la gente que todos _____ (tener) que hacer sacrificios para sobrevivir la crisis económica, pero todos _____ (ver) a su mujer a su lado vestida en ropa de última moda y saludando al público como si _____ (ser) una estrella del cine.

Paso 2 Escriba un reportaje para la sección de chismes del periódico nacional. Describa una fiesta de la élite a la que asistieron Justino Jiménez y su esposa después de haber dado su discurso a los campesinos. Diga algunas cosas escandalosas que hizo el candidato durante la fiesta.

PASADO

Paso 3 En grupos de cuatro, conversen sobre recientes campañas, las promesas que se hicieron y lo que pasó con esas promesas. ¿Qué creen Uds. de las promesas electorales? En general, ¿creen que los políticos son confiables?

REACCIONAR
R   **P**
RECOMENDAR   PASADO

OPTATIVO

Paso 4 En grupos de tres, comenten lo que pudiera haber hecho Jiménez para ganar la elección. Por ejemplo, **Si el candidato Jiménez hubiera... , habría ganado las elecciones. Si no hubiera... , (no) habría...**

¡Ojo!

Se usa el pasado de subjuntivo después de la frase **como si** para describir una situación contraria a la realidad, desde la perspectiva de la persona que habla.

Mi profesor	**persona más**
My chemistry professor	*intelligent*
de química	**inteligente**
speaks as	*person in*
habla como	**del mundo.**
if he were	*the world.*
si fuera la	
the most	

G. Los acuerdos de paz en Colombia Lean sobre la historia reciente de Colombia y presten atención al uso del **pretérito** e *imperfecto*. Después hagan las actividades.

Después de 52 años de guerra civil, en 2016 el gobierno colombiano y los rebeldes izquierdistas de las Fuerzas Armadas Revolucionarias de Colombia (FARC) **firmaron** un acuerdo de paz. Todos *esperaban* que ese acuerdo pusiera fin a la violencia extrema que **resultó** en la muerte de unos 250.000 colombianos y el desplazamiento de millones más. El primer acuerdo **fue** rechazado cuando **se llevó** a una votación nacional; los votantes *opinaban* que no *era* lo suficientemente estricto con los guerrilleros. Pero eventualmente **se llegó** a un acuerdo aceptable y los guerrilleros **empezaron** a desarmarse. El 27 de junio de 2017, la ONU **certificó** que los 7.000 miembros de la FARC habían entregado sus armas. En una ceremonia sencilla, el presidente Juan Manuel Santos* y el líder de las FARC, Rodrigo Londoño (también conocido por su apodo Timoleón Jiménez, o Timochenko), se **dieron** la mano y **declararon** el fin de la lucha armada en Colombia. La transición no ha sido perfecta, pero muchos colombianos por fin tienen esperanza para un futuro sin la violencia extrema que *dominaba* su país.

©Fernando Vergara/AP Images

El Presidente Santos y Rodrigo Lodoño se dan la mano al firmar el acuerdo de paz en el 2016.

REACCIONAR

P **R** **F**

PASADO RECOMENDAR FUTURO

Paso 1 Completen las oraciones para comparar la vida en Colombia antes y después de los acuerdos de paz. Tomen las perspectivas de las personas en paréntesis.

1. (una senadora de Bogotá) Antes la violencia causaba mucha pobreza. Ahora, esperamos que...
   Con tal de que el gobierno _____ (invertir) en las zonas más afectadas, ...

2. (una abuela de Cali) Antes todos vivíamos con miedo. Ahora los ciudadanos piensan que...
   Cuando _____ (llevarse a cabo) las promesas del acuerdo, ...

3. (un estudiante universitario) Antes mis amigos y yo participábamos en muchas manifestaciones contra la violencia.
   Ahora los estudiantes queremos (que)...
   Después de que _____ (graduarse, nosotros), ...

4. (una joven ex rebelde) Antes no tenía oportunidades para estudiar. Ahora espero...
   En cuanto _____ (poder, yo), ...

5. (un turista francés) Antes ir a Colombia me preocupaba. Ahora mi esposa y yo tenemos ganas de...
   Tan pronto como _____ (tener, nosotros) dinero, ...

El Presidente Santos (2010–2018) ganó el Premio Nobel de la Paz en 2016 por sus esfuerzos por terminar el conflicto. El comité Nobel expresó que también era un premio «para todo el pueblo colombiano».

Paso 2 En parejas, imagínense que son estudiantes colombianos hablando del futuro político de su país. Completen las oraciones para expresar sus deseos en cuanto al liderazgo nacional. **¡OJO!** Si se refieren a algo o a alguien no conocido, deben usar el subjuntivo.

DESCRIBIR

1. Los jóvenes de hoy buscamos líderes que...

2. Necesitamos soluciones que...

3. Queremos trabajar para una campaña que...

4. Debemos crear un partido político que...

Paso 3 Complete el párrafo con la forma correcta de los verbos en el pasado para aprender más sobre dos mujeres que se hicieron famosas durante la guerra civil.

PASADO

Íngrid Betancourt _____ (ser / estar) candidata presidencial en 2002 cuando ella y su jefa de campaña Clara Rojas _____ (ser / estar) secuestradas por las FARC y _____ (pasar) seis años en un campamento rebelde en la selva. En cierto momento, algunos de sus compañeros prisioneros _____ (criticar) a Betancourt por exigir un trato especial en el campamento y a Rojas por tener un hijo con un guerrillero. Otros _____ (opinar) que ellas _____ (hacer) lo necesario para sobrevivir. Después de salir del cautiverio, Betancourt _____ (mudarse) a Francia y Rojas _____ (empezar) una carrera política en Colombia. Desafortunadamente, las dos _____ (distanciarse) durante el secuestro y ya no son amigas.

Íngrid Betancourt y Clara Rojas

©MAURICIO DUEÑAS C/EFE/Bogota/Cundinamarca/Colombia

Paso 4 En parejas, escriban un diálogo entre Betancourt y Rojas en la que las dos se encuentren después del acuerdo de paz. Hablen sobre su pasado, lo que hicieron después del secuestro, sus reacciones al acuerdo de paz y sus esperanzas para sus futuros personales y del país. Usen su imaginación, o busquen más información sobre las dos mujeres.

SÍNTESIS

H. **La entrevista** Para su programa de radio, Sara entrevista al profesor Oswaldo Huamani sobre un congreso que se realizará en la universidad acerca de las culturas indígenas de la región andina. Antes de escuchar, mire los nombres y lugares importantes a los que se hará referencia en la entrevista.

Personas: Evo Morales, los otavaleños, los aymaras, los defensores legales, los chamanes

Organizaciones: la Confederación de Nacionalidades Indígenas del Ecuador (la CONAIE)

Temas: los movimientos políticos, la identidad, las medicinas tradicionales, los tejidos, las artesanías

©McGraw-Hill Education

Paso 1. Escuche el programa y conteste las preguntas.

1. ¿Cuáles son tres de los temas que se tratarán en el congreso?

2. ¿Cuál es la meta principal de la Confederación de Nacionalidades Indígenas del Ecuador, o CONAIE?

3. ¿Cuál es el objetivo del manual dirigido a los líderes jóvenes de la región?

4. ¿Por qué cree Ud. que algunas compañías farmacéuticas están interesadas en el Amazonas?

Paso 2. En parejas, contesten las siguientes preguntas.

1. ¿Cuál será el impacto de la elección de más líderes indígenas en Latinoamérica?

2. ¿Cree que podemos aprender algo de las culturas indígenas?

3. ¿Piensa que está creciendo el respeto para las medicinas tradicionales en nuestro país o hay una tendencia a rechazarlas?

¡A escribir!

A. Lluvia de ideas En grupos pequeños, hagan una lista de los problemas actuales que les parezcan urgentes a nivel local, nacional e internacional.

B. Composición

Opción guiada: Persuasión Escriba un discurso como si fuera un escritor / una escritora de discursos para el presidente / la presidenta de su universidad, dirigido a los estudiantes que se gradúan de la universidad este año. Describa algunos de los problemas actuales que van a enfrentar en el mundo real y hábleles de cómo pueden involucrarse en la política, explicándoles por qué vale la pena participar activamente en ella.

©Blend Images/Superstock

- elegir un título inspirador

- escribir un párrafo introductorio sobre el mundo que enfrentarán

- describir uno o dos problemas actuales urgentes y sus causas

- sugerir cómo los estudiantes podrían resolver estos problemas si hicieran ciertos esfuerzos

- para concluir, describir un mundo futuro mejor, resultado de estos esfuerzos

Opción abierta Vuelva a considerar las preguntas de la primera página del capítulo. Luego elija un tema y escriba un ensayo que incluya una introducción, un argumento y una conclusión.

Opción gráfica Use su imaginación para describir el cuadro en la primera página del capítulo. Organice su composición de una manera coherente que incluya todas las siete metas comunicativas.

Antes de empezar a conversar con sus compañeros de clase sobre los siguientes temas, prepare una ficha para la conversación y otra para el debate.

A. **Conversación: La libertad de expresión en las universidades** Revise las expresiones de **Para conversar mejor.** Luego, en parejas o grupos de tres, contesten las preguntas.

Para conversar mejor

Debe… / Tiene que…	Me molesta(n) (que…)
En mi caso…	Me preocupa que…
Es evidente que…	No creo que…
Francamente…	No me gusta (que…)

- ¿Cuán importante es la libertad de expresión para Ud.?
- ¿Cree Ud. que su propia universidad es un lugar seguro para expresar una variedad de opiniones? ¿Por qué?
- ¿Por qué es tan difícil hoy en día tener debates civilizados cuando hay diferencias de opinión o de valores fundamentales?
- En su opinión, ¿qué se debe hacer para promover el diálogo abierto y respetuoso sobre cuestiones polémicas en su universidad?

B. **Debate: Cómo cambiar el mundo** Revise las expresiones de **Para debatir mejor.** Después, prepare tres argumentos a favor y tres en contra de la siguiente afirmación. Luego, en grupos de cuatro (dos parejas) presenten sus argumentos en un debate apasionado. No sabrán qué lado tendrán que defender hasta que su profesor(a) se lo indique.

Para debatir mejor

A FAVOR	**EN CONTRA**
Así es.	De ninguna manera.
Exacto.	Lo siento, pero…
Podría ser.	No sabes lo que dices.
Tienes razón.	Temo que estés equivocado/a.

«Las protestas nunca tienen un impacto significativo; para lograr cambios duraderos, es mejor trabajar dentro del sistema.»

Rincón cultural

Lugares fascinantes para estudiar:

La región andina

Después de estudiar en el extranjero, te sientes más como ciudadano/a del mundo.

¡Los saludo desde la bella e histórica región andina! He estado grabando y captando la diversidad étnica y natural de esta zona. No van a creer la riqueza de experiencias que ofrecen los Andes. ¡Es alucinante!

Cuzco y Machu Picchu, Perú

©robertharding/Getty Images

Machu Picchu, Perú

Estoy pasando el verano en Cuzco, en el Centro Tinku donde estudio quechua, la lengua indígena principal de los Andes. En mi universidad ya tomé dos semestres de quechua y estoy aquí para completar el curso intermedio. Vivo con una familia, así que puedo practicar lo que aprendo en clase. Me fascina esta ciudad, que fue la capital del imperio inca antes de que los españoles la conquistaran en 1533. Está localizada a unos 3.400 metros (11.200 pies) sobre el nivel del mar. Por suerte no sufrí tanto al acostumbrarme a la altura. En la orientación a la ciudad exploramos las ruinas de edificios y paredes incas, sobre las que los españoles construyeron iglesias barrocas y casas coloniales. La Catedral y el Templo de la Merced contienen colecciones magníficas del arte colonial, mientras que las ruinas de Coricancha y el Museo de Arqueología dan testimonio de la grandeza del imperio inca. Además de las clases, nos ofrecen una serie de discursos sobre la cultura andina y la arqueología en preparación para la excursión a Machu Picchu. Estas ruinas en lo alto de los Andes fueron una vez un importante centro de la civilización inca. En 1911, un profesor de la Universidad de Yale, Hiram Bingham, encontró este lugar arqueológico. El viaje fue largo y difícil, pero al llegar nos quedamos alucinados. Las vistas son fenomenales y ver el Templo Mayor, la plaza sagrada, acueductos, fuentes y otras maravillas arquitectónicas nos encantó. Estar en Machu Picchu fue algo mágico e intensamente espiritual. Me alegro de que mi universidad tenga este convenio porque no solo mejoró mi capacidad de comunicarme en quechua sino también me dio una experiencia que jamás olvidaré.

—**Diego G. / University of Michigan, Ann Arbor**

Cartagena, Colombia

©Glowimages/Getty Images

Cartagena de Indias, Colombia

Estoy pasando las vacaciones de primavera en un programa que tiene mi universidad con la ONG *Ambassadors for Children*. Trabajamos en la Casa del Niño, un hospital especializado en el cuidado de niños. Me encanta interactuar con estos niños y sentir su espíritu tan positivo. Después de trabajar largos días, es chévere poder gozar de una ciudad como Cartagena. Antes de salir, tuvimos una orientación en la que aprendimos algo de la historia de esta ciudad amurallada. Luego, al llegar visitamos los castillos San Felipe de Barajas y San Luis de Bocachica. Me fascina imaginar cómo eran aquellos tiempos de frecuentes ataques de piratas y conquistadores. También fuimos al Museo Arqueológico, al Museo Colonial y al Museo de Arte Moderno, pero el que más me gustó fue el Museo de Oro. Vivir en una ciudad caribeña significa tener al lado unas playas maravillosas. Soy de Ohio y nunca había visto un mar con tanta variedad de colores. Otra sugerencia que nos hicieron en la orientación fue que leyéramos algo de Gabriel García Márquez, ganador del Premio Nobel de Literatura en 1982, quien vivió en Cartagena en varias épocas de su vida. Está claro por qué esta bella ciudad histórica sirvió de inspiración al gran escritor. Como pueden ver, esta experiencia ha sido alucinante. Antes de regresar a Ohio, voy a pasar dos días en Bogotá. Me han dicho que es una ciudad que me va a sorprender por la vida social que tiene.

—Brittany B. / Miami University, Ohio

Quito y las islas Galápagos, Ecuador

©Sadie Ray

Tortugas en las Islas Galápagos, Ecuador

La Universidad San Francisco de Quito y BC tienen un acuerdo de intercambio que me ha permitido pasar un semestre en Quito. Es una ciudad colonial con iglesias y monasterios que reflejan el esplendor del pasado, pero también tiene barrios modernos con arquitectura contemporánea, cafés al aire libre, discotecas y plazas bonitas. Tomo una clase de español, un curso sobre la historia del Ecuador y dos cursos en inglés sobre la ecología marina y la conservación ecológica. Estas clases nos serán útiles cuando vayamos a las islas Galápagos. He aprendido que el archipiélago de las islas Galápagos fue formado de piedra volcánica que, a pesar de su apariencia austera, ofrece una enorme variedad de flora y fauna. Fue en estas islas donde el científico Charles Darwin empezó a formular su teoría de la evolución en 1835. En 1959, se constituyó el Parque Nacional Galápagos. Allí trabajan organizaciones, como la Fundación Charles Darwin, para conservar los tesoros naturales. Es un ecosistema diverso y complejo donde cohabitan animales marinos y terrestres. Entre las especies que se encuentran hay delfines, pingüinos, orcas, ballenas azules y jorobadas,[1] lobos de mar,[2] iguanas marinas y una extraordinaria variedad de pájaros. Aprendimos que la gigantesca tortuga galápago llega a pesar hasta 550 libras y vivir hasta 150 años. Tristemente, George, la tortuga más famosa, murió en junio de 2012 a los 99 años. Me hubiera gustado conocerlo. Hoy la flora y fauna de las islas se encuentran amenazadas por la introducción de otras especies y por la intervención humana. El gobierno ecuatoriano junto con la UNESCO y la Unión Internacional para la Conservación están tomando medidas para proteger las islas. Todos los estudiantes estamos anticipando esta excursión con mucho entusiasmo.

—Rebecca P. / Boston College

La Paz, Bolivia

©sunsinger/Shutterstock

La Paz con el Nevado Illimani al fondo

Estoy en La Paz para participar en un programa fenomenal sobre los movimientos revolucionarios de Latinoamérica y la resolución de conflictos. Situada a dos millas sobre el nivel del mar, La Paz es la capital más alta del mundo. Por su altura, La Paz es una ciudad bastante fría. Varios de los estudiantes de mi grupo sufrieron del soroche,[3] provocado por la falta de oxígeno. Pero ahora estamos acostumbrados a la altura y a la cultura boliviana, que nos encanta. La ciudad es una mezcla fascinante de lo viejo y lo moderno: viejas casas e iglesias coloniales dentro de barrios modernos con discotecas, cines y restaurantes eclécticos. El fin de semana pasado, fui con mis nuevos compañeros al Mercado de las Brujas, donde se pueden comprar artículos relacionados a la magia —amuletos y pociones— igual que joyería de plata y dulces tradicionales. Hay mucho que hacer fuera de la capital también. En dos semanas vamos al Lago Titicaca, que no está muy lejos de la capital. Queda a unos 13.000 pies sobre el nivel del mar, y es el lago navegable más alto del mundo. Dentro del lago están las islas del Sol y de la Luna, con sus palacios, jardines y templos de la civilización inca. Viajaremos en los famosos «barcos de totora» —barcos hechos de un tipo de junco[4] que parecen góndolas. También visitaremos la isla Taquile para ver su famosa artesanía textil. Hombres y mujeres visten ropa tradicional tejida con diseños coloridos que evocan la época precolombina. ¡Su vestimenta es una verdadera obra de arte!

El curso ha sido fascinante. Quienes enseñan son profesores, políticos, activistas sindicales, funcionarios gubernamentales y líderes de la comunidad. Tenemos conferencias y talleres, aunque lo más interesante ha sido las excursiones para entrevistar a los activistas indígenas. Bolivia es el lugar ideal para ver de cerca cómo el gobierno y los activistas indígenas enfrentan las cuestiones más palpitantes en la vida política, social y económica de sus ciudadanos. Estoy seguro de que esta experiencia me va a servir en mi futura carrera de política internacional.

—William A. / George Washington University, Washington, D.C.

[1]*humpbacked*   [2]*sea lions*   [3]*altitude sickness*   [4]*reed*

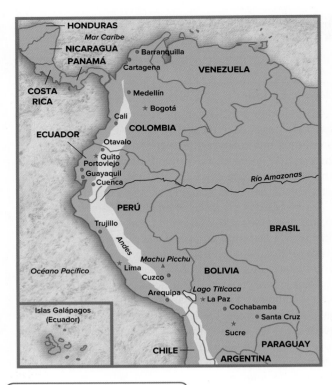

HONDURAS
Mar Caribe
NICARAGUA
PANAMÁ
Barranquilla
Cartagena
VENEZUELA
COSTA RICA
Medellín
★ Bogotá
Cali
COLOMBIA
ECUADOR
Otavalo
★ Quito
Portoviejo
Guayaquil
Cuenca
Río Amazonas
PERÚ
Trujillo
Andes
BRASIL
Océano Pacífico
Machu Picchu
★ Lima
Cuzco
BOLIVIA
Arequipa
Lago Titicaca
★ La Paz
Cochabamba
● Santa Cruz
Islas Galápagos
(Ecuador)
Sucre
PARAGUAY
CHILE
ARGENTINA

¡Viaje conmigo a la región andina!

©Cinematographer/ Shutterstock

🎥 Vamos a los Andes para ver de cerca el ambiente que experimentan los estudiantes que estudian allí.

Vaya a Connect para ver el vídeo.

Video footage provided by

BBC Motion Gallery

ACTIVIDADES

A. Comprensión En parejas, contesten las preguntas sobre los cuatro lugares fascinantes.

1. ¿Por qué es Cuzco el lugar ideal para Diego?
2. ¿Cómo fue su excursión a Machu Picchu?
3. ¿Cuál es la meta principal del programa al que asiste Brittany?
4. ¿Cuáles son algunas de las actividades que Brittany hace en Cartagena en su tiempo libre?
5. Qué estudia Rebecca en Quito?
6. ¿Por qué anticipa con tanto entusiasmo la excursión a las islas Galápagos?
7. ¿Cómo es el curso que toma William? ¿Y cuáles son sus impresiones de La Paz?
8. ¿Por qué tiene fama el Lago Titicaca?

REACCIONAR
R RECOMENDAR **F** FUTURO

B. Recomendaciones En parejas, completen las oraciones como si Uds. fueran Gabriela, quien habla con un amigo que piensa ir a los Andes. Acuérdense de usar el subjuntivo en las cláusulas adverbiales que hablan de acciones pendientes del futuro.

1. Hay mucha historia en Cuzco. Es increíble que los restos de la cultura inca _____ (haberse) conservado después de tantos años. Cuando _____ (ir) a Cuzco, te recomiendo que...

2. Cuando estaba en Colombia, fui a una corrida de toros y allí vi al famoso artista colombiano, Fernando Botero. No dudo que a ti _____ (encantar) sus pinturas y esculturas. Cuando _____ (visitar) Colombia, te sugiero que...

3. Fue un privilegio visitar las islas Galápagos. Me parece alucinante que en un espacio relativamente pequeño _____ (haber) tanta diversidad de flora y fauna. Cuando _____ (estar) en las islas Galápagos, es importante que...

4. Vale la pena visitar La Paz. Para mí, es increíble que las personas _____ (sobrevivir) en un lugar tan alto. Después de que _____ (acostumbrarse) a la altura, te recomiendo que...

✏️ **C. Dos reuniones** Ahora que ha leído sobre los lugares y ha visto el videoblog de Gabriela, para cada uno de los cuatro lugares, prepare unos apuntes para argumentar y debatir con un compañero / una compañera sobre el mejor sitio para llevar a cabo dos eventos: 1) un congreso internacional sobre la pobreza y 2) una reunión anual de empleados de la compañía REI. Incluya en sus apuntes algunas de las siguientes metas comunicativas: descripción, comparación, recomendación, gustos, hipótesis, futuro. No sabrá qué sitio le tocará defender hasta el momento en que comience la actividad D.

D. Debate Ahora en grupos de cuatro (dos parejas), hagan un debate en el que cada pareja defienda un lugar asignado por su profesor(a). Deben decir por qué el lugar que les toca defender es el mejor para realizar tanto el congreso sobre la pobreza como la reunión de REI. Usen los apuntes que prepararon y las expresiones de **Para debatir mejor.**

Para debatir mejor

A FAVOR	EN CONTRA
Así es.	Eso no tiene sentido.
Está claro que...	Lo siento, pero...
Excelente punto.	¿Hablas en serio?
Estoy convencido/a de que...	Pero, ¿qué dices?
Definitivamente.	Todo lo contrario.
Debes considerar...	Temo que estés equivocado/a.

Un artista hispano:

Jorge Miyagui

Jorge Miyagui nació en 1978 en Lima, Perú, hijo de padres japoneses cuya familia había emigrado al Perú desde Okinawa, Japón. Su obra ha sido expuesta en lugares como Nueva York, Londres, Helsinki y Buenos Aires.

Su arte muestra influencias de las culturas peruana y japonesa y de la cultura pop internacional. La visión estética de Miyagui es muy original y demuestra tanto su sentido de humor como su sensibilidad artística. En una misma pintura, combina imágenes de campesinos peruanos, símbolos incas, letras japonesas y figuras de manga, todo en una composición muy llamativa y colorida. Una de sus creaciones recientes es el «Budaekeko», que combina la figura de Buda con el equeco, un semidiós de la buena suerte en las culturas andinas. Utiliza esta figura en diferentes circunstancias para denunciar abusos de los derechos humanos, como se puede apreciar en su pintura *Budaekeko de la Justicia.*

De hecho, a pesar de su obvia originalidad estética, quizás lo que más se aprecia en su obra es su compromiso social. Su activismo empezó en la universidad y se reconoce en varias labores sociales y políticas. Por ejemplo, es uno de los fundadores principales del Museo Itinerante Arte por la Memoria, que es un «museo» que viaja por el Perú presentando obras de arte que exploran cuestiones de derechos humanos y violencia política en ese país. En 2014 el Museo recibió el Premio Príncipe Claus de Holanda por su impacto positivo en la sociedad peruana. También participa en la Brigada Muralista, que ha colaborado con diferentes grupos colectivos, sobre todo grupos de jóvenes, para crear más de 70 murales alrededor del país. Estos murales exploran temas importantes para las comunidades y a la vez embellecen los vecindarios donde se pintan. Además, ha colaborado en la fundación de centros culturales en barrios marginales de Lima. Además de su trabajo artístico, mantiene un blog, «El Sr. Miyagui contraataca», donde habla sobre el arte y la política de su país.

Su primera exposición individual se llamaba «Arte = Vida, Vida = Política, Política = Ética». Ese lema se ha vuelto un compromiso personal que marca todo lo que hace.

©Jorge Miyagui

Budaekeko de la Justicia

©Jorge Miyagui

Butsudán María Elena

A. Comprensión En parejas, contesten las preguntas.

1. ¿Cómo ha influido la herencia bicultural en el arte de Jorge Miyagui?
2. ¿Qué es el «Budaekeko» y qué importancia tiene en la obra de Miyagui?
3. ¿Cuáles son algunos de los proyectos en los que se puede apreciar el compromiso social de Miyagui?

B. Jorge Miyagui y los kimonos

Paso 1 Complete el párrafo con el pretérito, el imperfecto de indicativo o el pasado de subjuntivo.

©MARTIN BERNETTI/Getty Images

Jorge Miyagui en su obra de arte Kimono contra el olvido

Jorge Miyagui ha sido un crítico vehemente de los abusos políticos y las desigualdades socioeconómicas en su país. Su crítica ha resultado a veces en la censura de su obra. Tal _____[1] (ser) el caso con su *Kimono contra el olvido*. En 2003, el Centro Cultural Peruano Japonés _____[2] (repartir) kimonos entre varios artistas peruanojaponeses para que ellos _____[3] (hacer) obras de arte originales con ese símbolo de la cultura japonesa. Miyagui _____[4] (crear) un kimono que _____[5] (criticar) a la comunidad japonesa por su silencio frente a los abusos y la corrupción del gobierno de Alberto Fujimori, un peruanojaponés que _____[6] (ser) presidente del Perú entre los años 1990 y 2000. Durante el gobierno de Fujimori, el Perú _____[7] (experimentar) uno de los peores períodos de opresión y abuso de los derechos humanos en su historia. El *Kimono para no olvidar* _____[8] (tener) fotos de Fujimori y otros políticos corruptos. Encima, en el lugar de la cabeza, _____[9] (haber) un espejo con las palabras «Silencio... Cómplice». La idea _____[10] (ser) que si uno no _____[11] (denunciar) los abusos, _____[12] (ser) lo mismo que ser cómplice. Cuando los visitantes a la exposición se miraran en el espejo, se verían como cómplices de los abusos. Sin embargo, apenas unas horas antes de abrir la exposición, uno de los directores del centro _____[13] (decidir) que la obra _____[14] (ser) demasiado controversial y _____[15] (quitar) el kimono de Miyagui de la exposición. _____[16] (ser) una pena que la obra _____[17] (censurarse), pero desde entonces se ha expuesto múltiples veces alrededor del mundo.

Paso 2 Conteste las preguntas sobre lo que leyó en el **Paso 1.**

1. ¿Por qué creó Miyagui el *Kimono contra el olvido*?
2. ¿Por qué era controversial su obra de arte?
3. ¿Qué opina Ud. de esta polémica?

 C. Murales Busque en el Internet información sobre la Brigada Muralista. Busque una imagen que, en su opinión, refleje el lema de Miyagui, «Arte = Vida, Vida = Política, Política = Ética». Después, en grupos de cuatro, comenten lo siguiente: si Jorge Miyagui organizara un proyecto de mural colectivo en su universidad, ¿cuál sería el tema? ¿Qué imágenes se pintarían para ilustrarlo? ¿Dónde se pondría el mural?

La música andina

©AudioSparx

Una gran parte de la música andina refleja la fuerte influencia de las diversas culturas indígenas de la región. Para crear esta música distintiva y reconocible por el mundo entero, se han combinado instrumentos tanto europeos como autóctonos.[1] Aunque los instrumentos de los indígenas precolombinos eran muy variados, predominaban los instrumentos de viento. Entre los que todavía se usan hoy en día están la zampoña o siku,[2] la quena[3] y la tarka, una flauta rectangular. La preferencia andina por los tonos altos, para imitar los sonidos de la naturaleza, influyó en la modificación de instrumentos europeos para que se acomodaran mejor a los gustos andinos. Esto se aprecia en el uso del violín y en la creación del charango, guitarra pequeña de diez o doce cuerdas.[4]

En los años 60 y 70, los movimientos de protesta ayudaron a lanzar la música andina a la conciencia mundial. Hasta en este país, Simon y Garfunkel recurrieron al sonido andino en la melodía de las canciones «Sounds of Silence» y en «El cóndor pasa (*If I Could*)». Manteniendo la fuerza de su identidad, hoy los músicos de los países andinos siguen mezclando lo tradicional con lo moderno, creando géneros eclécticos que captan y mantienen viva la esencia de sus raíces. Hay muchos ejemplos de esta fusión. El «huayno nuevo» es un estilo de canción y baile andinos mezclados con la cumbia, un ritmo colombiano. La «chicha» es música tropical andina que combina ritmos de cumbia, guaracha, mambo, salsa y *rock*. El instrumento predominante en la chicha es la guitarra eléctrica. Otro estilo popular refleja la fuerte influencia africana que proviene de la costa del Perú.

[1]*native* [2]*pan pipes* [3]*a notched flute* [4]*strings*

©C Squared Studios/Photodisc/
Getty Images

ACTIVIDADES

A. La música andina Conteste las preguntas, según la lectura.

©Noam Galai/Getty Images
Karol G

G
GUSTOS

1. ¿Qué tipo de instrumentos predominan en la música andina?

2. ¿Por qué tenían que modificar los instrumentos europeos?

3. ¿Cómo ayudaron Simon y Garfunkel a crear conciencia de la música andina?

4. ¿Cuál de los ejemplos de la fusión entre la música tradicional andina y la música moderna más le interesa escuchar a Ud.?

B. ¡A escuchar! Para apreciar más la música andina criolla, vaya a YouTube™ y escuche la música de Chabuca Granda o los valses criollos de Eva Ayllon. Para conocer mejor la música afroperuana, escuche a Gabriel Alegría (*jazz* afroperuano), Susana Baca (ganadora de un Grammy en 2005) o el extraordinario grupo de danza y música Perú Negro. Otro grupo peruano, La Fabri-K, fusiona ritmos afroperuanos con sonidos electrónicos urbanos, como en su canción Fresttroni-K. Se puede apreciar la fusión de la música andina con letras en quechua, en la canción *Vientos del ande* del grupo Alborada. Otros músicos peruanos de interés son Grupo 5 (cumbia) y Nosequien y los Nosecuantos (*rock* y pop). Otros músicos de la región son Shakira, Karol G y Juanes (Colombia), Israel Brito (Ecuador), Mirella Cesa (la reina ecuatoriana del andi-pop) y Los Kjarkas (Bolivia). Unas canciones que tratan el tema del capítulo son «María Landó» de Susana Baca, sobre las desigualdades sociales, «Odio por amor» de Juanes, sobre la paz y resolución de conflictos, y «Volveré» de Gian Marco, sobre el fuerte deseo de volver al Perú.

REACCIONAR
R G
RECOMENDAR GUSTOS

◼ Lo hispano en los Estados Unidos

Los Andes: Estefanía y Cristina

©McGraw-Hill Education

Estefanía y Cristina, dos amigas ecuatorianas, hablan de los problemas sociales en su país natal.

A. Antes de ver En grupos de tres, comenten lo siguiente:

1. ¿A qué edad se dieron cuenta Uds. de los problemas sociales que había en su alrededor o en el mundo? ¿Recuerdan un problema en particular y cómo reaccionaron ante ello?

2. Algunos dicen que hoy en día la gente joven hace servicio comunitario solo para poder incluirlo en sus solicitudes para entrar en la universidad. ¿Creen Uds. que es una observación cínica o cierta? Expliquen.

3. ¿Por qué votan o no votan Uds. en las elecciones locales y nacionales?

Vocabulario útil

alimentar	*to feed*
una escuela fiscal	(en Ecuador) *public school*
maneje	*manages*
los piojos	*lice*
el requerimiento	*requirement*
el sexto grado	(en Ecuador) *twelfth grade*
las ramas	*aspects*

B. A ver el video

1. Mientras ve los segmentos **¿Cuándo se dieron cuenta Uds. de que hay problemas sociales en el mundo?** y **El problema social más grave,** ponga una X si escucha las siguientes frases o palabras.

   _____ alimentar   _____ el exterior   _____ un requerimiento
   _____ el salón de clase

2. Mientras ve el segmento **El racismo y el clasismo,** ponga una X si escucha las siguientes frases o palabras.

   _____ el congreso   _____ una división   _____ leyes   _____ prioridades

C. Después de ver

Paso 1 Escuche las afirmaciones sobre los segmentos de video que acaba de ver e indique si son ciertas (C) o falsas (F).

1. _____   2. _____   3. _____   4. _____   5. _____   6. _____

REACCIONAR

R **G** **P** **H**

RECOMENDAR GUSTOS PASADO HIPÓTESIS

Paso 2 En parejas y basándose en el video que acaban de ver, completen el párrafo con la forma correcta del verbo entre paréntesis.

Según Estefanía y Cristina, es bueno que su gobierno _____[1] (requerir) que todos los estudiantes _____[2] (tener) que hacer un trabajo social para graduarse de la escuela secundaria. Para su trabajo social, Estefanía _____[3] (ayudar) a niños pobres en una escuela fiscal. Ella les _____[4] (llevar) cuadernos a los niños y _____[5] (jugar) con ellos. También, _____[6] (lavar, ella) las cabecitas de los niños que _____[7] (tener) piojos. Las dos creen que este requerimiento de trabajo social les _____[8] (haber dar) una experiencia que les _____[9] (abrir) los ojos a la gravedad de problemas de alimentación y escuelas sin recursos.

Pero ellas reconocen que hay otros problemas en el Ecuador aún más graves: el racismo y el clasismo. Lamentan que el trato de los indígenas _____[10] (ser / estar) tan injusto, pero saben que es difícil que _____[11] (gobernar) efectivamente el presidente del país cuando hay una gran división de clases sociales.

Paso 3 En grupos de tres, contesten las preguntas.

1. Al igual que en el Ecuador, ¿creen que hacer servicios a la comunidad debería ser un requisito para graduarse de la escuela secundaria en este país? ¿Cómo pueden promover cambios sociales estos actos de servicio?

2. Unos dicen que la falta de empatía es una razón principal por la lentitud en combatir las inequidades del mundo. ¿Están de acuerdo? En su opinión, ¿cuál sería la mejor manera de eliminar algunas de las inequidades de la sociedad?

3. En 2007, el antiguo presidente del Ecuador, Rafael Correa, escogió a Lenín Moreno (el actual presidente del Ecuador desde 2017) como vicepresidente. Moreno es parapléjico, y desde entonces, la situación de los discapacitados ha mejorado porque se han implementado leyes para protegerlos y ofrecerles mejor educación y trabajos. ¿Por qué creen que estar expuestos a personas que son diferentes a Uds. puede ayudar a promover cambios sociales?

4. ¿Creen que debería ser obligatorio votar en las elecciones locales y nacionales? Expliquen.

D. Lo hispano a mi alrededor

Paso 1 Para muchos inmigrantes a los Estados Unidos es muy importante mantenerse enterados de lo que pasa no solo en los Estados Unidos, sino en su país de origen, Latinoamérica y el resto del mundo. Para eso, usan varios medios de comunicación. Primero, lea sobre algunos medios en lengua española que hay en los Estados Unidos, Luego, si Ud. pudiera hacer una pasantía en uno de los tres medios de comunicación, explique cuál elegiría. Por último, en grupos de tres, expliquen por qué les interesaría hacer esa pasantía.

Periódicos en español *El Misisipi* fundado en Nueva Orleans en 1808, fue el primer periódico en español en los Estados Unidos. *La Opinión* empezó en Los Ángeles en 1926 y hoy en día entre sus versiones impresas y digitales, cuenta con más de 2 millones de lectores diarios. Otros periódicos que se dedican a mantener informados a los hispanohablantes de las noticias locales, nacionales e internacionales son *La Raza* de Chicago, *El Nuevo Herald* de Miami, *Prensa Hispana* de Arizona, *El Tiempo Latino* de Washington, DC y *La Voz Hispana* de Connecticut.

©Alexander Tamargo/Getty Images

Radio Ambulante Proyecto creativo de Daniel Alarcón, un premiado escritor peruano-americano, Radio Ambulante produce una serie de crónicas periodísticas en español en forma de podcast para NPR. El programa cuenta historias latinoamericanas de todos los países de habla hispana, incluso los Estados Unidos. En 2014 ganó el prestigioso premio de periodismo Gabriel García Márquez en la categoría de Innovación. Unas de las crónicas de Perú son «Fútbol imaginario», «Todos vuelven» y «Contra la gastronomía peruana».

Univisión y Telemundo Son las principales cadenas de televisión en español en los Estados Unidos. Sirven un papel importante en ofrecer a nuestra diversa comunidad hispana programas que la ayudan a honrar y conservar su lengua materna. Presentan todos géneros de entretenimiento: telenovelas, series dramáticas, deportes, sitcoms, series de realidad y variedad, Premios *Latin Grammy*, noticieros y más. Unos programas muy populares han sido la telenovela *La Reina del Sur*, *Despierta América*, *El Gordo y la Flaca* y *Sábado gigante*.

Paso 2 En grupos de tres contesten las preguntas: ¿Hay periódicos en español donde Uds. viven o estudian? ¿Cuáles? Si no, ¿han visto otros medios de comunicación en español como los canales de televisión Univisión o Telemundo? ¿Saben de un programa de radio en español?

©AIZAR RALDES/Getty Images

Unos manifestantes en Bolivia

MÁS ALLÁ DEL RINCÓN CULTURAL

©Photo 12/Alamy Stock Photo

La película *También la lluvia* toma lugar durante la Guerra del agua y explora el tema de la explotación de la gente indígena desde la llegada de los españoles a las Américas. Vea la película y haga las actividades relacionadas que se encuentran en Connect.

For copyright reasons, McGraw-Hill does not provide the feature films referenced in **Más allá del Rincón cultural**. These films are readily available through retailers or online rental sites such as Amazon, iTunes or Netflix. Please consult your instructor for details on how to view this film.

Un evento histórico

Las guerras del agua y del gas en Bolivia

¿Es la privatización de los servicios públicos la mejor solución para los países en vías de desarrollo? Un grupo de indígenas, campesinos y trabajadores de Bolivia opinaba que no. En 2000, el gobierno de Hugo Bánzer,[1] impulsado por iniciativas del Banco Mundial, vendió los servicios de agua potable[2] del departamento de Cochabamba al consorcio Aguas del Tunari, controlado principalmente por la empresa multinacional Bechtel. En el concurso abierto, Aguas del Tunari había sido el único licitante,[3] lo cual para algunos indicaba problemas de corrupción en la transacción. Inmediatamente, los precios del agua subieron exorbitantemente, causando protestas y huelgas masivas.

Una subida en la tarifa del agua de más del 50 por ciento fue la gota que colmó el vaso[4] para la población que ganaba un promedio de dos dólares al día. Los campesinos, que dependían del agua para su agricultura, tomaron control de la plaza principal en el centro de Cochabamba, la cuarta ciudad más poblada de Bolivia; fueron acompañados en solidaridad por los trabajadores de las fábricas de la ciudad. Juntos bloquearon las carreteras e interrumpieron el funcionamiento normal de la ciudad. Los manifestantes exigían que se pusiera fin a la privatización de ese recurso natural tan esencial para todos aspectos de la vida humana. El gobierno respondió con gases lacrimógenos y en algunos casos, balas.[5] Por esta «guerra del agua» la compañía multinacional se retiró de la zona y eventualmente el contrato fue cancelado.

Las protestas volvieron a irrumpir en el año 2003, cuando el estado boliviano entró en negociaciones para exportar gran parte de las reservas de gas natural del país. Los activistas ocuparon la carretera principal a La Paz, provocando enfrentamientos violentos entre manifestantes y la policía, que resultaron en unos 80 muertos y más de 400 heridos, incluyendo niños.

Uno de los líderes que emergió de estos dos momentos históricos fue Evo Morales, quien en 2005 llegó a ser el primer presidente indígena de un país andino.

En 2006 Morales nacionalizó las reservas de petróleo y gas, lo que creó tensiones con las compañías extranjeras pero fue bien recibido por muchos ciudadanos bolivianos.

[1]*presidente constitucional de Bolivia entre 1997 y 2001, había sido dictador militar durante los años 70* [2]*drinkable water* [3]*bidder* [4]*the straw that broke the camel's back (lit: the drop that made the glass overflow)* [5]*bullets*

Para leer más sobre el impacto de las guerras del agua y del gas en Bolivia y para hacer más actividades relacionadas con el tema, vaya a Connect.

ACTIVIDAD

Comprensión

 Paso 1 Escuche las oraciones e indique si son ciertas (C) o falsas (F).
1. _____ 2. _____ 3. _____ 4. _____ 5. _____

Paso 2 Conteste las preguntas, según la lectura.
1. ¿Por qué hubo huelgas y manifestaciones en Bolivia en los años 2000 y 2003?
2. ¿Por qué cree que el agua es tan importante para los manifestantes?
3. ¿Cómo respondió el gobierno ante las manifestaciones en 2000 y 2003?
4. ¿Quién es Evo Morales y por qué es importante?
5. ¿Cree Ud. que es una buena o mala idea privatizar los recursos naturales? ¿Hay diferencia si la privatización se hace con compañías nacionales versus empresas extranjeras? Explique.

Lectura

A solo una hora de La Paz, la capital de Bolivia, se encuentra la ciudad de El Alto. Imagínese llegar allí y en medio de una meseta estéril y polvorienta[1] ver más de 60 edificios de colores brillantes, algunos de seis o siete pisos. Están decorados de una manera llamativa e intrigante, reflejando importantes elementos de la cultura aymara. Para entender cómo ha ocurrido tal fenómeno, hay que conocer a Evo Morales y a Freddy Mamani. Evo Morales es un aymara que llegó a ser el primer presidente indígena de la región andina cuando fue elegido presidente de Bolivia en 2005. Tener un líder indígena en esa posición ha impulsado un palpitante orgullo por la cultura aymara en el país. Desde su elección, también ha habido un aumento en la extracción de minerales y gas natural, permitiendo un crecimiento económico que ha ayudado a crear una clase de nuevos ricos, muchos de ellos bolivianos que se identifican con la cultura aymara.

©dpa picture alliance/Alamy Stock Photo
Freddy Mamani, arquitecto innovador

   Aquí entra Freddy Mamani. Empezó de joven trabajando como asistente de albañil[2] para su padre y hoy es un ingeniero civil dueño de una compañía con 200 obreros. Según Mamani, en la universidad a sus instructores solo les interesaba copiar las formas europeas, por eso los colores llamativos y extravagantes de sus diseños arquitectónicos no fueron bien recibidos. Pero Mamani dice que él «quería hacer una arquitectura que hablara un lenguaje andino, ya que lo que se enseña en las universidades no tiene nada que ver». Así que rompió todas reglas de las facultades[3] de arquitectura y creó un estilo propio. Su éxito ha sido alucinante.

[1]*dusty*   [2]*bricklayer*   [3]*schools*

ANTES DE LEER

A. Para comentar Conteste las preguntas.

1. Mire las fotos que acompañan la lectura. ¿Cuál es su primera reacción ante el estilo arquitectónico de Freddy Mamani?

2. ¿Cómo se define un nuevo rico? ¿Cuáles son las primeras compras que haría un típico nuevo rico?

3. A veces, la primera compra cuando alguien de pronto recibe un montón de dinero es una casa. Si Ud. ganara la lotería, ¿qué tipo de casa compraría? Para Ud., ¿cuáles son los atributos más importantes de una casa?

El Alto y sus edificios neoandinos		
el diseño	la esperanza	el lujo[1]
enriquecerse	invertir	realizar
atrevido/a	caótico/a	orgulloso/a

[1]*luxury*

B. Acercándose al tema Lea el título de la ficha y las nueve palabras asociadas con el tema del discurso. En parejas, decidan si los espacios en blanco requieren un sustantivo, un verbo o un adjetivo. Luego, completen las oraciones con la palabra apropiada de la ficha.

1. El arquitecto boliviano Freddy Mamani ha creado un estilo arquitectónico _____ con elementos barrocos, pero lleno de símbolos andinos.

2. Los que han comprado las mansiones neoandinas en El Alto son de la burguesía que _____ durante la presidencia de Evo Morales.

©Alfredo Zeballos

El Alto, Bolivia

3. Amantes del _____, los nuevos ricos _____ millones de dólares en edificios opulentos y gastan fortunas en salones de baile.

4. Las mansiones se destacan por sus _____ tradicionales, colores brillantes y elementos culturales aymaras como el cóndor, la víbora (*snake*) y la cruz andina.

5. El Alto es una ciudad de contrastes. La mayoría de las calles son de tierra, el transporte es _____ y en algunos barrios no hay ni policías.

6. Los aymaras están _____ de su cultura y quieren que sus casas reflejen su identidad tradicional.

7. Freddy Mamani ha logrado hacer algo que pocos arquitectos han _____: ha definido la estética de una ciudad entera él solo.

8. Los colores brillantes de verde y amarillo que emplea Freddy Mamani representan la prosperidad y la _____ en la cultura aymara.

Bolivia: las mansiones «neoandinas» de la burguesía aymara que se enriqueció con Evo

VOCABULARIO

Con su estilo barroco y atrevido, lleno de símbolos andinos, las minimansiones afloran en las calles de El Alto, la pujante[1] ciudad que crece a paso acelerado, pegada a[2] La Paz.

Identifican a nuevos ricos indígenas, muchos de ellos comerciantes informales que hicieron fortuna vendiendo cosas en la calle. Sus propietarios a menudo invierten millones de dólares en edificios opulentos y gastan fortunas en salones de bailes con colores brillantes.

VOCABULARIO

«Son una nueva burguesía aymara que migró del campo y logró éxito en el comercio», a la que además le gusta ostentar su cultura a la par que su poder económico, dice el antropólogo jesuita Xavier Albó.

VOCABULARIO

Las minimansiones combinan arquitectura moderna con diseños tradicionales y reflejan sobre todo dos cosas: la riqueza de los dueños y su condición de aymaras. Hay unos 120 edificios de ese tipo en Bolivia, la mayoría de ellos en la gigantesca barriada pobre de El Alto, según la historiadora de la arquitectura Elisabetta Andreoli, quien describe el estilo como «neoandino». Y hay muchas más bajo construcción.

©Alfredo Zeballos

La mayoría surgió desde 2006, tras la llegada a la presidencia de Evo Morales, el primer gobernante indígena y aymara del país. Y coinciden con un modesto boom económico, producto de los buenos precios de las materias

[1]*vigorous*   [2]pegada... al lado de

(continúa)

Bolivia: las mansiones «neoandinas» de la burguesía aymara que se enriqueció con Evo (continuado)

primas, y de un creciente orgullo que sienten los aymaras por su cultura. La industria de la construcción creció un 8,6% el año pasado, a un ritmo que es dos veces el del crecimiento económico en general.

©Alfredo Zeballos

Descendientes de los tiwanacotas, uno de los pueblos andinos más antiguos, los aymaras nunca fueron sometidos, ni siquiera por los incas, y se expandieron por el norte de Chile, el sur de Perú y en Bolivia son la etnia más influyente.

«Yo soy una mujer aymara orgullosa de mi cultura, alegre y llena de colores. Entonces, ¿por qué mi casa no puede mostrar lo que yo soy?», dice Rosario Leuca, una vendedora de comida que está construyendo su edificio de siete plantas.

Hace diez años Leuca migró de su pueblo en las orillas del lago Titicaca y su buena sazón[3] le permitió acumular una pequeña fortuna. Comenzó vendiendo en la calle y ahora construye un segundo restaurante en su propio edificio.

Freddy Mamami, 42 años, es uno de los más destacados[4] creadores de esta tendencia arquitectónica que la gente llama «cholet» (fusión de chalet y cholo[5]), algo que Mamani considera peyorativo. Comenzó como ayudante de albañil hace 20 años, hoy es ingeniero civil y tiene una constructora con 200 obreros. Edificó por encargo 60 edificios coloridos en esta ciudad y otros 20 están en construcción.

Con poco más de 800 mil habitantes, El Alto es una ciudad de contrastes. Una mayoría de sus calles es de tierra, decenas de barrios carecen de alcantarillado[6], el transporte es caótico pero bulle[7] de comercio informal y talleres artesanales por el desempleo. En sus mercados callejeros se puede comprar todo tipo de mercadería legal, de contrabando e incluso autopartes robadas.

Mamani es algo tímido pero sus obras son expresivas: el cóndor, la víbora, la cruz andina, elementos culturales aymaras, adquieren formas y colores estilizados en sus deslumbrantes[8] fachadas[9].

«Todo empezó con la sugerencia de un cliente», relató Mamami. «Se me ocurrió usar figuras simbólicas de los tiwanacotas, porque me identifico con mi cultura y me siento orgulloso de ella».

Los tonos brillantes de verde y amarillo que emplea «son los colores que representan la prosperidad y la esperanza», indicó.

«No he visto nada como este estilo en cualquier otro lugar», dijo la arquitecta historiadora Andreoli, coautora de un libro sobre las obras de Mamani.

[3]cocina [4]*outstanding* [5]cholo: una palabra peyorativa que se usa para referirse a indígenas o mestizos en los países andinos [6]*sewage system* [7]*fig: boils* [8]*gorgeous* [9]*façades*

(continúa)

VOCABULARIO

VISUALIZAR

VOCABULARIO

Bolivia: las mansiones «neoandinas» de la burguesía aymara que se enriqueció con Evo *(continuado)*

«Creo que una gran cantidad de países, en América Latina, así como en el sur de otras partes del mundo, han tratado de diferenciarse de la arquitectura clásica y moderna, que proviene del norte».

«Es una nueva tendencia que yo llamaría arquitectura barroca popular contemporánea; a ellos (comerciantes aymaras) les gusta

©Alfredo Zeballos

Una sala de fiestas

así, a mí me parece que hay un <u>desequilibrio</u> de colores», opina Gastón Gallardo, profesor de arquitectura en la Universidad Mayor de San Andrés de La Paz.

Pero los <u>alteños</u> se sienten orgullosos. «Es como un grito[10] de decir aquí estamos, esto somos», dice Rafael Choque, 25 años y estudiante de Agronomía. «Nos gusta la alegría y a nuestro modo expresamos el lujo[11]», opina Mario Choque, comerciante de 45 años.

«Hay cosas que uno no entiende. En El Alto ni policías hay en algunos barrios pero tenemos estos edificios», comenta la maestra Felisa Vargas, de 48.

No son solo casas para vivir. **La planta baja es un salón lujoso de fiestas para alquilar, con espejos en las paredes, columnas, arcos y suntuosos detalles en el cielo raso[12] que sostienen lámparas importadas de Irán, España e Italia.**

En los pisos superiores hay departamentos o galerías comerciales para rentar y en la terraza un chalet sirve de vivienda a los dueños, soleado y con vista a los <u>nevados</u> andinos.

En una plaza céntrica de esta ciudad se levanta un enorme monumento al «Che» Guevara, que recuerda las épicas revolucionarias de los alteños, curiosa paradoja para estos <u>hábiles</u> comerciantes capitalistas.

Los edificios ya cruzaron incluso la frontera, pues migrantes bolivianos llevaron a Mamani a construir en ciudades del sur de Perú, donde edificó tres casas, y en Brasilia, donde construyó un edificio para un migrante.

[10]*shout* [11]*luxury* [12]*ceiling*

VOCABULARIO

VOCABULARIO

VISUALIZAR

VISUALIZAR

VOCABULARIO

VOCABULARIO

"Bolivia: las mansiones "neoandinas" de la burguesía aymara que se enrequeció con Evo," *infobae.com*, May 4, 2014. Copyright ©2014 by infobae. All rights reserved. Used with permission.

A. Comprensión Conteste las preguntas según la lectura.

1. ¿Qué es El Alto? ¿Quiénes viven allí?

2. ¿Cuáles son algunas características de la arquitectura neoandina?

3. ¿Cuándo y por qué se empezaron a construir las mansiones neoandinas?

4. ¿Quién es Freddy Mamani y qué ha logrado?

5. ¿Qué dicen los historiadores y críticos de la arquitectura sobre la obra de Mamani?

6. ¿Por qué es curioso que haya un monumento al «Che» Guevara en la plaza central de El Alto?

B. Compras lujosas En parejas, lean las descripciones de los cholets y de los trajes de chola y hagan las actividades.

COMPARAR

Los cholet: Un cholet típico tiene seis o siete pisos. En la planta baja se construyen tiendas para alquilar a mecánicos, vendedoras de dulces y otros comerciantes. El segundo piso está habilitado para los salones de fiestas donde se encuentra el «corazón» de la casa, pues allí los propietarios invierten mucho dinero. Sobre los salones, los pisos tercero y cuarto pueden estar destinados a oficinas, saunas, canchas de fútbol o voleibol y, en algunos casos, habitaciones familiares. Arriba, en el techo, hay otra casa —tipo chalet, donde viven los propietarios— que usualmente tiene una terraza.

©Alfredo Zeballos

Los trajes de chola: La vestimenta de los aymaras es otro indicio de orgullo cultural y las nuevas ricas han llevado los trajes de chola a otro nivel. La pollera (una falda ancha), el mantón (*shawl*) y el sombrero hondo (*derby hat*) son de las prendas (*pieces*) más icónicas de la mujer aymara. Para los trajes formales de ceremonias, bailes y fiestas, se usan los mejores materiales importados de Asia y Europa y mano de obra especializada, por lo que los trajes suelen costar hasta 10.000 dólares. Su joyería típica es carísima también, tanto que algunas mujeres llevan guardaespaldas para protegerla.

Paso 1 Hagan las comparaciones de desigualdad (más que / menos que) y de igualdad (tan/tanto como) sugeridas. De la clase entera, ¿qué parejas pueden preparar las comparaciones más detalladas y creativas?

1. Hagan una comparación entre estas minimansiones y las llamadas «McMansions» de los Estados Unidos usando las siguientes categorías.
    MODELO: Los cholets son **tan extravagantes como** las McMansions.

    a. los colores llamativos
    b. los símbolos culturales
    c. los diseños geométricos
    d. el número de pisos
    e. los tipos de cuartos

©Alfredo Zeballos

2. Comparen la moda de las nuevas ricas aymaras con la de las hermanas Kardashian usando las siguientes categorías.
    MODELO: Los trajes de chola son más tradicionales que los trajes que usan las Kardashian.

    a. el costo extravagante
    b. los colores brillantes
    c. el estilo tradicional
    d. las diferentes prendas de ropa
    e. la joyería exquisita

Paso 2 En parejas, escriban por lo menos cinco opiniones sobre la arquitectura neoandina y la ropa tradicional aymara usando diferentes verbos para expresar gustos. Sean específicos y elaboren sus opiniones con detalles precisos de la información que han aprendido.

GUSTOS

aburrir	dar igual	fastidiar	interesar
dar ganas de	fascinar	gustar	sorprender

C. Los aymara y El Alto En grupos de tres, hablen de los siguientes temas relacionados a El Alto. Usen las frases a continuación u otras parecidas para (1) expresar sus reacciones, (2) hacer hipótesis y (3) hablar del futuro.

FUTURO

Con tal de que...   Es chocante que...   Si fuera...

Es polémico que...   Si pudiera...   Es increíble que...

Me intriga que...   Cuando haya...   Es evidente que...

1. **Los vecinos:** En general, los vecinos perciben que las nuevas residencias traen alegría y estatus al barrio. Esperan algún día tener una casa así. Por lo tanto, están de acuerdo con que las minimansiones se vayan multiplicando en la ciudad.

2. **El turismo:** La ciudad más alta de Bolivia se ha convertido en una atracción turística. Desde 2014 hay un teleférico urbano, el más largo del mundo, que tarda solo diez minutos entre La Paz y El Alto. Aunque a los turistas les gusta ver los edificios neoandinos, para muchos es difícil ver tanta riqueza exagerada en medio de la pobreza.

3. **Los comerciantes:** Muchos de los nuevos ricos son comerciantes cuyos negocios tienen que ver con la venta de artesanías y ropa étnica. Dicen que continuamente viajan para llevar mercadería a Chile, Brasil, Europa y hasta China.

4. **Freddy Mamani:** Su horario claramente indica que su trabajo es su pasión y su vida. Se despierta a las cuatro o cinco de la mañana y trabaja hasta la una de la mañana siguiente. En el futuro, quiere construir puentes, plazas, auditorios, museos y estaciones de autobuses. Ya ha comenzado con una de las plantas del museo más grande de Bolivia, dedicado a Evo Morales.

D. Para comentar En parejas, contesten las preguntas.

1. Muy a menudo los nuevos ricos quieren imitar los hábitos y los estilos de la élite cosmopolita. ¿Por qué cree Ud. que no ha pasado esto en El Alto?

2. ¿Piensa que el concepto de aburguesamiento que conocemos en nuestras ciudades causará problemas sociales entre la gente aymara de El Alto?

¿CÓMO LE VA CON ESTOS PUNTOS CLAVE?

A. Prueba diagnóstica Complete el párrafo con la forma correcta de la palabra apropiada entre paréntesis para ver cómo le va con las metas comunicativas **Descripción, Comparación, Narración en el pasado, Reacción y recomendación, Hablar de los gustos y las opiniones, Hacer hipótesis** y **Hablar del futuro.**

P	C	D
PASADO	COMPARAR	DESCRIBIR

REACCIONAR

F	H	G	R
FUTURO	HIPÓTESIS	GUSTOS	RECOMENDAR

(Yo) _____[1] (nacer) en Lima, Perú, y de niña, mi familia _____[2] (vivir) con mis abuelos _____[3] (paterno). Ellos _____[4] (ser / estar) de la costa norte del Perú donde hacía siglos que _____[5] (haber) una comunidad _____[6] (negro), descendientes de esclavos traídos de África durante la época colonial. A mi madre siempre _____[7] (importarle) que mis hermanos y yo _____[8] (apreciar) nuestras raíces.

Cuando yo _____[9] (tener) 14 años, mis padres nos _____[10] (llevar) a un espectáculo que me _____[11] (impresionar) profundamente. _____[12] (Ser / Estar) una compañía de más _____[13] (que / de) 30 músicos y bailarines que _____[14] (llamarse) «Perú Negro».

El grupo _____[15] (formarse) hace más _____[16] (que / de) 40 años. Su meta _____[17] (ser / estar) celebrar la riqueza de la cultura _____[18] (afroperuano). Durante el espectáculo, _____ (fascinarme)[19] sus ritmos, sonidos y movimientos que _____[20] (ser / estar) _____[21] (+ energético) los de la música andina de la sierra. Esa misma noche, pensaba que si _____[22] (aprender) a bailar así con la misma pasión y lucidez, _____[23] (hacer) sentir muy orgullosos a mis abuelos.

Pues, hoy en día, _____[24] (vivir) en Nueva York donde tengo un _____[25] (pequeño) estudio de danza en el que ofrecemos _____[26] (mucho) clases de danza afroperuana que son _____[27] (= popular) _____[28] (nuestro) clases de *hip hop* y de salsa. Quiero que mis hijos _____[29] (mantener) una fuerte conexión con sus raíces _____[30] (afroperuano), así que les he pedido que _____[31] (aprender) a bailar, a cantar y a tocar instrumentos tradicionales, como el cajón. Si mis abuelos _____[32] (poder) ver a sus bisnietos bailando y cantando, _____[33] (ser / estar) muy contentos. Cuando yo _____[34] (tener) nietos, les _____[35] (enseñar) el mismo amor por su herencia.

©Juan Morillo

Un baile del grupo Perú Negro

RESPUESTAS: 1. nací **2.** vivía **3.** paternos **4.** eran **5.** había **6.** negra **7.** le importaba **8.** apreciáramos **9.** tenía **10.** llevaron **11.** impresionó **12.** Era **13.** de **14.** se llamaba **15.** se formó **16.** de **17.** es/era **18.** afroperuana **19.** me fascinaban **20.** eran **21.** más energéticos que **22.** aprendiera **23.** haría **24.** vivo **25.** pequeño **26.** muchas **27.** tan populares como **28.** nuestras **29.** mantengan **30.** afroperuanas **31.** aprendan **32.** pudieran **33.** estarían **34.** tenga **35.** enseñaré

B. Autoevaluación Complete la autoevaluación de su progreso en estas metas comunicativas.

META COMUNICATIVA	MUY BIEN	BIEN	NO TAN BIEN
D DESCRIBIR Descripción	☐	☐	☐
C COMPARAR Comparación	☐	☐	☐
P PASADO Narración en el pasado	☐	☐	☐
REACCIONAR **R** RECOMENDAR Reacción y recomendación	☐	☐	☐
G GUSTOS Hablar de los gustos y las opiniones	☐	☐	☐
H HIPÓTESIS Hacer hipótesis	☐	☐	☐
F FUTURO Hablar del futuro	☐	☐	☐

> **¡Ojo!**
>
> If you are still having trouble with these **Metas comunicativas,** you can complete (or redo) the LearnSmart modules for this chapter for additional practice.

©Heather Jarry

CAPÍTULO 6

Hacia el porvenir
Nuestro futuro en un mundo globalizado

Metas comunicativas

DESCRIBIR COMPARAR RECOMENDAR PASADO GUSTOS

Temas centrales
HIPÓTESIS FUTURO

- predicciones para el futuro
- las carreras del futuro
- nuestras responsabilidades sociales

Zona de enfoque

- Centroamérica

En este capítulo, Ud. va a explorar el tema del mundo del futuro.

Preguntas para considerar

- ¿Cuáles son las carreras que tendrán más salida (*will have good prospects*) en el futuro?
- En nuestro mundo globalizado, ¿será importante hablar otros idiomas?
- ¿Cree Ud. que sus estudios universitarios lo/la han preparado para conseguir un buen trabajo?
- ¿Qué tipo de formación profesional necesitará la gente joven para poder resolver los problemas globales?
- ¿Cuál es su criterio o expectativa al elegir un trabajo o una profesión?
- La escena que se ve en esta página representa a una niña guatemalteca obsesionada con el Internet. ¿De qué forma cambiarán las comunidades tradicionales en este mundo cada vez más globalizado?

La historia

Preparativos

Situación: Sara, Diego y Javier hablan sobre sus planes para el verano. Lea el diálogo y preste atención especial al uso del vocabulario nuevo, que está **en negrilla.**

JAVIER: Bueno, amigos, casi llega el verano. ¿Ya están confirmados sus planes?

SARA: Se me ha presentado una oportunidad con una organización sin fines de lucro, para desarrollar proyectos de podcasts en comunidades rurales del Nicaragua.

DIEGO: ¿En serio?

©McGraw-Hill Education

Soñando con las vacaciones

SARA: Sí. Ya que el Internet es más **accesible** allí, haré una serie de podcasts que les enseñarán a los habitantes **herramientas** y **destrezas** necesarias para comunicarse mejor con el resto del mundo. En cuanto entregue mi tesis, me marcharé a Managua.

JAVIER: Será una experiencia **gratificante.** ¿Y tú, Diego?

DIEGO: Como saben, el próximo mes saldré para Panamá para comprar artesanías para Tesoros. He estado trabajando con una microempresa que solo emplea prácticas de comercio justo. Pagan un **ingreso satisfactorio** para todos los artesanos. ¿No quieres acompañarme?

JAVIER: No sé, mano. Ya le prometí a Laura que la acompañaría a Guatemala. Le interesa **investigar** el impacto del turismo médico. ¿Saben que en Centroamérica las carreras médicas están entre las que **tienen más salida** en las próximas décadas?

SARA: De hecho, leí que muchos sectores se benefician de los viajes que hacen los estadounidenses para hacerse procedimientos médicos que sus seguros no pagan aquí.

DIEGO: Bueno, personalmente, me siento ambivalente sobre ese fenómeno. Oye, y tú, ¿qué harás cuando estés en Guatemala?

JAVIER: Pienso escribir un artículo sobre los indígenas que **se ganan la vida** trabajando en fábricas de compañías multinacionales en zonas urbanas.

DIEGO: Claro, he visto cómo aprovechan **la mano de obra** barata. Pero peor aún es **el ambiente laboral** pésimo en el que trabajan.

JAVIER: Por otro lado, hay muchos trabajadores **concienzudos** y **emprendedores** que luchan para que se cambien las condiciones **injustas** en las que trabajan. Pero bueno, Uds. me conocen, a veces me emociono demasiado con estas cosas...

DIEGO: Tu trabajo es importantísimo. Es esencial crear conciencia sobre la globalización y el impacto del consumismo en los países ricos.

SARA: Miren, ya que cuatro de nosotros estaremos en Centroamérica, ¿por qué no hacemos planes para juntarnos en algún lugar? Leí sobre un lugar de Nicaragua, Finca Esperanza Verde, un cafetal dedicado al desarrollo sostenible. Aceptan visitas.

JAVIER: ¡Fantástico! Solo hay que hablar con Sergio.

SARA: Se lo mencionaré tan pronto como lo vea. Seguramente habrá algún grupo musical que puede «descubrir» por ahí.

DIEGO: Suena padrísimo.

JAVIER: El gran desafío será relajarnos sin pensar en lo que haremos cuando volvamos.

SARA: Desafío aceptado.

ACTIVIDADES

 A. Comprensión Escuche las oraciones sobre **La historia** e indique si son ciertas (C) o falsas (F).

1. _____ 2. _____ 3. _____ 4. _____ 5. _____

B. Detective Busque en el diálogo ejemplos de las siguientes metas comunicativas: Descripción (D), Narración en el pasado (P) y Hablar del futuro (F). Subraye cada palabra o frase que represente una (o una combinación) de estas metas comunicativas. Luego, escriba al margen la(s) letra(s) que corresponde(n) a cada ejemplo subrayado (D, P o F).

MODELOS: ...hay muchos trabajadores concienzudos y emprendedores... (D)
...el próximo mes saldré para Panamá... (F)

C. Preguntas Conteste las preguntas, según el diálogo.

1. ¿Qué hará Sara en Nicaragua?
2. ¿Por qué piensa Diego ir a Panamá?
3. ¿Por qué no lo podrá acompañar Javier?
4. ¿Qué le apasiona a Javier?
5. ¿Qué se le ocurre a Sara que los cinco amigos pueden hacer juntos?

D. Reacciones y recomendaciones Complete las oraciones sobre el diálogo, utilizando un conector en cada oración.

> ### Conectores
>
> aunque
> en cambio
> para que + *subjuntivo*
> por lo tanto
> porque
> puesto que
> sin embargo
> ya que

MODELO: Es fabuloso que Diego...
Es fabuloso que Diego viaje tanto para comprar productos para su tienda ya que en sus viajes puede conocer a muchas personas fascinantes.

1. Es bueno que Sara...
2. Es interesante que en Guatemala...
3. Es obvio que los cinco amigos...
4. Ojalá que Sergio...

E. Twitter Escriba un tuit sobre la conversación que escuchó en Ruta Maya entre Sara, Javier y Diego.

(The text to the left of D reads:)
REACCIONAR
R
RECOMENDAR

Vocabulario del tema

¿Dónde está el reportaje?

fecha límite: 6:00

¿Qué tal tu día?

PARA HABLAR DE LAS CARRERAS

el ambiente laboral	work atmosphere
los beneficios	benefits
el compañerismo	collegiality
la competencia	competition
el conocimiento	knowledge
el crecimiento	growth
la destreza	skill
el empeño	determination
la empresa	business
el empresario/ la empresaria	entrepreneur
el equilibrio	balance
la habilidad	ability
la herramienta	tool

el ingreso	income
la mano de obra	labor force
la pasantía*	internship
el reconocimiento	recognition

PARA HABLAR DE LOS PREPARATIVOS PARA SU CARRERA

ampliar	to expand
aportar	to contribute
dedicarse a	to devote oneself to (referring to work)
diseñar	to design
enfocarse (en)	to focus (on)
especializarse en	to specialize or major in
ganarse la vida	to earn a living
investigar	to research
preguntarse	to wonder
tomar en serio	to take seriously

PARA DESCRIBIR LAS CARRERAS

agobiante	stifling, suffocating
enriquecedor(a)	enriching
estimulante	stimulating
estresante	stressful
prometedor(a)	promising
rentable	profitable
satisfactorio/a	satisfying
tener salida	to have good prospects

COGNADOS: **creativo/a, lucrativo/a, gratificante, repetitivo/a, rutinario/a**

PARA DESCRIBIR A UN(A) TRABAJADOR(A) O JEFE

accesible	approachable, accessible
capacitado/a	trained
capaz	capable
codicioso/a	greedy
comprometido/a	committed
concienzudo/a	conscientious
confiable	reliable
eficaz	effective
emprendedor(a)	entrepreneurial, driven
(in)justo/a	(un)fair
tener don de gentes	to have people skills

COGNADOS: **ambicioso/a, corrupto/a, envidioso/a, hipócrita,† histérico/a, (in)discreto/a, inepto/a, innovador(a), visionario/a**

---

*In some countries, **pasantía** refers only to a medical internship. **Una práctica profesional** would be used instead.
†**Hipócrita** is both masculine and feminine. **Él es un hipócrita. Esas sugerencias son hipócritas.**

A. Vocabulario en contexto

Lea las afirmaciones e indique si está de acuerdo o no. Después, en parejas, discutan sus opiniones.

1. Sería difícil ganarse la vida trabajando en una organización sin fines de lucro.

2. Una empresaria tiene que ser codiciosa para tener una empresa rentable.

3. Cualquier extranjero que quiera tener salida en Latinoamérica, debe ser bilingüe y tomar en serio las diferencias culturales.

4. Para mí, tener un trabajo que ofrezca un ambiente laboral relajado es más importante que ganar mucho dinero.

5. En esta sociedad, con suficiente empeño y un poco de suerte uno puede lograr cualquier cosa.

6. Los estudiantes que quieren trabajar en Wall Street son más emprendedores que los que buscan trabajo en los sectores sin fines de lucro.

7. A las personas de mi generación les interesa trabajar en una oficina en la que la competencia es un valor fundamental.

8. Para trabajar en una compañía de *marketing*, es importante tener don de gentes.

FUTURO

B. Destrezas y características

Paso 1 En grupos de tres, tengan en cuenta las características indicadas de cada profesional y completen las oraciones.

Este profesional debe poseer habilidades para... y tener interés en...

Es importantísimo que él/ella...

Su personalidad puede impactar su éxito positivamente/negativamente porque...

1. una diplomática accesible y exigente

2. un líder religioso con don de gentes y hablador

3. un director de *marketing* ambicioso y atrevido en una compañía multinacional

4. una ingeniera robótica emprendedora y testaruda

5. un agricultor orgánico comprometido y mandón

Paso 2 Ahora, comenten sobre lo que aportará cada profesión a un futuro más positivo para el mundo entero.

MODELO: Los diplomáticos buscarán acuerdos de paz entre los países enemigos.

Reciclaje de vocabulario

apoyar
compartir
conectarse
crear conciencia
cuidar
enterarse (de)
llevar a cabo
mejorar
portarse
promover
tratar de

C. Megatendencias

Paso 1 Mire la tabla y encierre en un círculo las tres especialidades que le parecen las más intrigantes, subraye las tres más lucrativas y marque con una X las tres más gratificantes. Luego, en parejas expliquen sus selecciones.

CAMPOS PROFESIONALES MÁS PROMETEDORES DEL FUTURO	
CAMPO PROFESIONAL	**ESPECIALIDADES**
la agroindustria	diseñador(a) de granjas urbanas, técnico/a en ciencias alimentarias, ingeniero/a de agrobots, experto/a en agricultura orgánica
las artes	ingeniero/a de sonido, recaudador(a) de fondos, creador(a) de experiencias multisensoriales, artista digital
la ecología	especialista en ecoturismo, abogado/a ambiental, ingeniero/a de edificios verdes, experto/a en energías renovables
la educación	experto/a en análisis de aprendizaje, especialista en inteligencia emocional, consultor(a) en cambios de carrera, maestro/a de programación
los negocios	empresario/a de *startups* (empresas emergentes), diseñador(a) de oficinas abiertas, experto/a en e-comercio, analista de mercadeo
la salud	entrenador(a) personal, gestor(a)[1] de turismo médico, experto/a en clonación, coordinador(a) de telemedicina, ingeniero/a de productos biomédicos
los servicios sociales	planificador(a) de fin de vida, asistente personal de ancianos, psicólogo experto/ psicóloga experta en adicciones, entrenador(a) en el uso de robots sociales
la tecnología	experto/a en ciberseguridad, diseñador(a) de casas inteligentes, desarrollador(a) de experiencias de realidad virtual, operador(a) de drones

[1]*agent, consultant*

Paso 2 ¿Tendremos que reinventarnos? Hace 20 años no existían muchas de las profesiones que existen hoy y seguramente dentro de 20 años algunas profesiones actuales desaparecerán.

Vea los cambios que los siguientes profesionales habrán hecho para sobrevivir en el mundo del año 2040. Haga comparaciones en cuanto al salario, el nivel de gratificación y el estímulo intelectual. Después, comparta sus comparaciones con un compañero / una compañera. Cuando no estén de acuerdo con una comparación, defiendan sus posturas.

MODELO: una médica generalista en una clínica comunitaria ⇒ gestora de turismo médico

La médica gana más dinero ahora que antes. El nuevo trabajo es tan estresante como el anterior pero es menos gratificante. No le gustan los clientes ricos tanto como sus pacientes pobres. Sin embargo, el trabajo nuevo es tan estimulante como el viejo en términos intelectuales.

1. un trabajador social para ancianos ⇒ vendedor de robots sociales
2. un arquitecto paisajista (*landscaper*) ⇒ diseñador de granjas urbanas
3. una arquitecta de centros comerciales ⇒ diseñadora de casas inteligentes
4. una maestra de matemáticas de escuela primaria ⇒ maestra de programación para niños

Una buena carrera puede...

aportar algo bueno a la sociedad

fomentar apoyo entre los colegas

ser compatible con mis valores espirituales

reflejar la conciencia del medio ambiente

asegurar equilibrio entre el trabajo y la vida

tener flexibilidad de horario

proveer el potencial para avanzar

reconocer mis logros

ofrecer retos razonables

garantizar seguridad económica

comunicar una visión social

OPTATIVO

Paso 3 Complete las oraciones sobre cómo sería el trabajo ideal para Ud. Tenga en cuenta que se usa el subjuntivo en cláusulas adjetivales cuando no hay certeza en cuanto a la existencia de la persona, lugar o cosa que se describe. Use algunas de las ideas que se encuentran en *Una buena carrera puede... ,* al lado, u otras ideas que Ud. pueda tener. Luego, en parejas, compartan sus expectativas y comenten si son razonables o no. Expliquen.

1. Busco una carrera que...
2. Funciono mejor en un ambiente laboral en el que...
3. Necesito trabajar con un jefe / una jefa que...
4. No quiero un trabajo que...

H **Paso 4** En grupos pequeños, conversen sobre las preguntas.
HIPÓTESIS

1. ¿Qué campos profesionales y especialidades serían los más útiles en Centroamérica? ¿Por qué?
2. ¿Para qué campos o especialidades sería una ventaja ser bilingüe o multilingüe? Expliquen.

F **D. Preparándose para su futura carrera**
FUTURO

Paso 1 En parejas, hablen sobre sus estudios universitarios.

1. ¿Los preparan bien para el futuro?
2. ¿Qué destrezas les proveen sus especializaciones?
3. Después de graduarse, ¿qué tipo de trabajo buscarán?
4. ¿Creen que sus futuros trabajos serán rentables? ¿enriquecedores? ¿impactantes? Expliquen.

REACCIONAR
R
RECOMENDAR

Paso 2 Imagínese que este verano su universidad ofrece tres pasantías en Centroamérica. Lea sobre cada una. Después, teniendo en cuenta la especialización de su compañero/a, hágale recomendaciones para la pasantía más cercana a sus intereses profesionales del futuro. Dígale cómo esta pasantía puede proveerle las herramientas, destrezas y conocimientos para un buen futuro profesional. Use tanto vocabulario nuevo como pueda.

MODELO: Sugiero que vayas a... porque... Allí podrás usar tus destrezas de / en... La experiencia te ayudará / preparará para...

1. Una organización que se dedica a la agricultura y el desarrollo sostenible busca un(a) estudiante para ayudar con un programa que provee préstamos (*loans*) pequeños a microempresas agrícolas en comunidades rurales en El Salvador.

2. Una organización de estudiantes de medicina quiere empezar un proyecto de telemedicina en Santiago Atitlán, Guatemala. Por medio de este programa, los pacientes que normalmente tienen poco acceso a la medicina moderna podrán consultar a expertos en todas partes del mundo. Quieren recaudar fondos para mandar estudiantes de medicina, enfermeros, técnicos e intérpretes a Guatemala.

3. Como es de suponer, no hay bibliotecas en las escuelas rurales más pobres de Panamá. Una organización educativa establecerá una biblioteca escolar en la provincia de Coclé. Además de libros para prestar, tendrán computadoras donde los niños podrán tomar clases virtuales o comunicarse con niños en otras partes del mundo. Necesitan constructores para el edificio, personal para entrenar a los bibliotecarios y técnicos de computación.

E. WhatsApp Roberto se entrevista con la Sra. Valdés para una pasantía de verano. Ud. escuchará la mitad de la conversación —lo que la Sra. Valdés le dice a Roberto. La primera vez que escuche la conversación, no escriba nada. La segunda vez escriba solo las preguntas y, al final, la despedida que le hace la Sra. Valdés. Después, en parejas, inventen respuestas lógicas de Roberto para completar la conversación.

MODELO: Ud. oye: SRA. VALDÉS: Buenas tardes, Roberto. Soy la Sra. Valdés de la oficina de pasantías. ¿Cómo estás?

Ud. escribe: SRA. VALDÉS: ¿Cómo estás?

ROBERTO: Muy bien, Sra. Valdés. Gracias.

1. SRA. VALDÉS (pregunta): _____

   ROBERTO: _____

2. SRA. VALDÉS (pregunta): _____

   ROBERTO: _____

3. SRA. VALDÉS (pregunta): _____

   ROBERTO: _____

4. SRA. VALDÉS (despedida): _____

   ROBERTO: _____

F. Preguntas personales En parejas, contesten las preguntas, utilizando el vocabulario nuevo. Mientras escuchen a su compañero/a, reaccionen con algunas de las expresiones de **Para conversar mejor.**

SÍNTESIS

Para conversar mejor

¿En serio?	Tienes razón.	Me sorprende que creas eso.
Yo también.	¿Tú crees?	¡Qué chévere/guay/padre!
Estoy de acuerdo.	Puede ser.	¡Qué pena!
Es verdad.	Sería fenomenal.	¡Qué bueno!

1. ¿Cuáles serán las profesiones más necesarias en el futuro? ¿Qué impacto social o global tendrán esas profesiones?

2. ¿Creen Uds. que las carreras en las humanidades tienen salida? ¿Cuáles serían algunas profesiones rentables para los que se especializan en las humanidades?

3. Si Ud. fuera cazatalentos (*headhunter*) para una compañía internacional, ¿qué cualidades y destrezas buscaría en un candidato / una candidata?

4. ¿Qué tipo de jefe/jefa crearía un ambiente laboral agobiante y estresante para sus trabajadores? Si Uds. tuvieran un jefe / una jefa así, ¿dejarían ese trabajo incluso si tuvieran un excelente paquete de beneficios? Expliquen.

G. **Problemas cotidianos** Entre todos, revisen los problemas y hagan una lista de palabras nuevas de este capítulo y de los capítulos anteriores que los ayuden a conversar con facilidad sobre cada problema cotidiano. Después, en parejas, preparen un diálogo espontáneo sobre cada problema.

1. Un estudiante vago / una estudiante vaga no se siente listo/a para buscar un puesto serio al graduarse. Quiere viajar por un año para «encontrarse». Busca el apoyo de su consejero/a antes de anunciar este plan a sus padres. El consejero / la consejera no tiene pelos en la lengua, le dice claramente que no está de acuerdo con este plan y sugiere otras opciones.

2. Un estudiante / una estudiante habla con su padre/madre sobre su especialización académica. El padre / la madre es presidente/a de una compañía grande y piensa que su hijo/a debe estudiar negocios y aprovechar sus conexiones para tener un trabajo lucrativo. El estudiante / la estudiante cree que es importante seguir sus propias pasiones. Quiere estudiar ruso y especializarse en ciber-seguridad.

NOTA CULTURAL • El Internet en el mundo hispano

Hay muchas iniciativas para cerrar la brecha digital en Centroamérica. Un ejemplo es Enlace Quiché, empezado por USAID en 2000 y ahora operado de manera independiente en Guatemala. El proyecto entrena a gente indígena en zonas rurales a usar computadoras y el Internet. En Panamá, el gobierno ha abierto Infoplazas, centros comunitarios con acceso al Internet, programas educativos e información a bajo costo para todos los ciudadanos. En cada vez más zonas rurales de Latinoamérica los niños se han beneficiado del proyecto «Un portátil por niño», cuya meta es distribuir una computadora portátil a todos los niños y asegurar acceso al Internet en las zonas más remotas.

©AFP/Getty Images

Además de iniciativas masivas, en más y más ciudades y pueblos se encuentran cibercafés, tiendas pequeñas y *hotspots* desde donde uno puede mandar correo electrónico, buscar información a través del Internet o hablar por Skype con seres queridos en otras partes del mundo.

El Internet también sirve como foro para proveerle información a un público internacional. Por ejemplo, organizaciones como la Fundación Rigoberta Menchú, fundada por la indígena guatemalteca que ganó el Premio Nobel en 1992, elaboran páginas Web para informar al mundo sobre sus actividades y sobre injusticias cometidas en contra de la gente indígena de Guatemala. Hoy en día la proliferación de *smartphones* en Centroamérica y la introducción de plataformas que facilitan a través del Internet la venta de artesanías y productos de comercio justo a un público global han tenido un impacto que nunca se hubiera imaginado en el año 2000.

Preguntas

1. ¿Considera Ud. que el acceso a la tecnología debe ser un derecho humano? ¿Por qué?
2. ¿Cómo cambiaría la vida de los niños en zonas rurales si todos tuvieran acceso a una computadora portátil y una conexión inalámbrica?

Actividad

H
HIPÓTESIS Una organización de su universidad ha recibido una donación grande para invertir en un proyecto en Centroamérica. En parejas, preparen un argumento oral a favor de comprar quince computadoras para una escuela en Metapán, El Salvador. Expliquen cómo llevarían a cabo el proyecto desde el comienzo hasta el final y por qué este proyecto sería provechoso para los niños y para su universidad.

Las siete metas comunicativas

Ahora que ha llegado al último capítulo del libro, debe haber avanzado a un nivel lingüístico que le permite expresarse en español con más fluidez y precisión gramatical. Complete esta última prueba diagnóstica y evalúe su progreso.

PRUEBA DIAGNÓSTICA

Complete los espacios en blanco con la forma apropiada de la palabra en paréntesis para ver cómo le va con las metas comunicativas. **¡OJO!** A veces hay que elegir entre dos palabras o transformar los verbos en adjetivos.

Gabriela Ruiz y su madre _____¹ (estar) muy contentas cuando _____² (saber) que ella _____³ (ser / estar) aceptada a su universidad _____⁴ (preferir) en Oregón. Durante el colegio, Gabriela _____⁵ (ser / estar) una estudiante diligente y trabajadora; _____⁶ (ser / estar) _____⁷ (involucrar) en muchas actividades extracurriculares. Cuando su madre le recomendó que _____⁸ (considerar) la idea de tomar un año libre en vez de asistir a la universidad inmediatamente, a Gabriela no _____⁹ (gustar) la idea. Pero poco a poco _____¹⁰ (darse) cuenta de que no _____¹¹ (estar) tan lista para empezar su carrera universitaria _____¹² (que / como) pensaba. Entonces _____¹³ (decidir) ir a Nicaragua para mejorar su español y cargar las pilas.

Ahora Gabriela _____¹⁴ (ser / estar) en Managua, donde _____¹⁵ (hacer) de voluntaria más _____¹⁶ (que / de) treinta horas por semana en un orfanato para niños discapacitados. A través de Skype, cada semana, _____¹⁷ (llamar) a su mentora, la directora de una escuela para niños discapacitados en los Estados Unidos donde _____¹⁸ (trabajar) de voluntaria cuando _____¹⁹ (ser / estar) en la secundaria. Así que, a partir su segunda semana allí, la directora _____²⁰ (observar) a tres niños cada semana, _____²¹ (evaluar) su situación y le _____²² (dar) a Gabriela recomendaciones. Trabajar en el orfanato _____²³ (ser) una experiencia extraordinaria para Gabriela. Si _____²⁴ (poder), _____²⁵ (volver) cada verano para trabajar con estos niños. Con esta experiencia tan impactante en Nicaragua, Gabriela sabe que cuando _____²⁶ (regresar) a sus estudios, _____²⁷ (especializarse) en educación especial internacional. Actualmente, _____²⁸ (ser / estar) muy _____²⁹ (agradecer) de que su madre la _____³⁰ (animar) a esperar antes de asistir a la universidad.

©Sharon Foerster

Gabriela trabaja con un niño nicaragüense.

RESPUESTAS: 1. estaban 2. supieron 3. fue 4. preferida 5. era 6. era 7. involucrada 8. considerara 9. le gustó 10. se dio 11. estaba 12. como 13. decidió 14. está 15. hace 16. de 17. llama 18. trabajaba 19. estaba 20. ha observado 21. ha evaluado 22. ha dado 23. ha sido 24. pudiera 25. volvería 26. regrese 27. se especializará 28. está 29. agradecida 30. haya animado

Autoevaluación

Complete la autoevaluación de su progreso en estas metas comunicativas.

META COMUNICATIVA	MUY BIEN	BIEN	NO TAN BIEN
D DESCRIBIR — Descripción	☐	☐	☐
C COMPARAR — Comparación	☐	☐	☐
P PASADO — Narración en el pasado	☐	☐	☐
R REACCIONAR RECOMENDAR — Reacción y recomendación	☐	☐	☐
G GUSTOS — Hablar de los gustos y las opiniones	☐	☐	☐
H HIPÓTESIS — Hacer hipótesis	☐	☐	☐
F FUTURO — Hablar del futuro	☐	☐	☐

> **¡Ojo!**
>
> If you are still having trouble with these **Metas comunicativas,** you can complete (or redo) the LearnSmart modules for this chapter for additional practice.

Las siguientes actividades le darán la oportunidad de practicar todas las metas comunicativas.

A. Hacer de voluntario/a

Paso 1 Lea los anuncios sobre oportunidades para dedicar su tiempo, conocimiento, empatía, creatividad y generosidad a los demás.

¡Más allá de la playa!

Trabaja con la misión electoral del Centro Carter durante las próximas elecciones nacionales en Nicaragua.

- aprender sobre el sistema electoral nicaragüense
- trabajar con activistas y organizaciones de base
- distribuir documentos de votación a ciudadanos de zonas rurales remotas
- participar en un momento histórico

«Mi experiencia con el Centro Carter fue increíble. Quiero trabajar en la política en el futuro y ver de cerca cómo funcionan los procesos democráticos en otros países es un buen comienzo.»

Claudia, Albany, NY, EE. UU.

¡Tu grano de arena* para un futuro mejor!

Ven a Antigua a trabajar con niños guatemaltecos.

- Dar clases de español básico a niños de primaria
- Atender a los niños de un orfanato
- Dar clases de arte a adolescentes
- Ofrecer instrucción en baloncesto

«Los niños son increíbles. Me enseñaron a ver el mundo con ojos diferentes. Ha sido una experiencia alucinante.»

Gabriel, Reno, NV, EE. UU.

Paso 2 En parejas, imagínense que Uds. han decidido participar en estos programas. Uno/a de Uds. (estudiante A) irá a Nicaragua; el otro / la otra (estudiante B) irá a Guatemala. Háganse las preguntas y sean creativos/as en sus respuestas.

PREGUNTAS PARA ESTUDIANTE A

1. Cuando _____ (estar) en Nicaragua, ¿en qué trabajarás?
2. Para que _____ (no haber) problemas de comunicación con los nicaragüenses, ¿qué harás para mejorar tu español?
3. Antes de que _____ (empezar) el programa, ¿qué harás para aprender más sobre la historia y la política de Nicaragua?
4. Tan pronto como _____ (terminar) el trabajo voluntario, ¿volverás directamente a casa o viajarás?

PREGUNTAS PARA ESTUDIANTE B

1. Antes de que _____ (ir) a Guatemala, ¿qué tienes que hacer?
2. Con tal de que la agencia te _____ (permitir) elegir el grupo con el que quieres trabajar, ¿con qué edad estarás más cómodo/a?
3. En caso de que _____ (tener) que dar clases de arte, ¿qué materias llevarás de casa para estar preparado/a?
4. En cuanto _____ (llegar) a Antigua, ¿qué harás para integrarte en la cultura guatemalteca?

©AFP/Getty Images

Una manifestación en Nicaragua

©David Litschel/Alamy Stock Photo

Voluntaria con sus estudiantes guatemaltecos

---

*La expresión **aportar tu grano de arena** quiere decir *to do your part* (*Lit.: to contribute your grain of sand*). Se usa para referirse a un proyecto grande al que todos contribuyen un poco para realizarlo: Si todos **aportamos nuestro grano de arena....**

Paso 3 Imagine que Gabriel y Claudia pasaron un fin de semana en Costa Rica asistiendo a la Feria de Oportunidades Globales. Estudie el dibujo y luego escriba una entrada de blog en la que Gabriel o Claudia describa el ambiente al entrar en la feria, hable sobre los eventos del día, añada emociones y descripciones ante tantas posibilidades y finalmente resuma la experiencia.

Source: Lemond, Barlow Foerster Pasaporte

B. Dos universidades para el futuro

Paso 1 Lea sobre dos universidades costarricenses que preparan a sus estudiantes para carreras importantes para asegurar el bienestar del mundo entero.

DOS UNIVERSIDADES PARA EL FUTURO

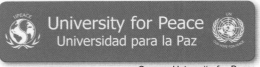

Source: University for Peace

Source: EARTH University

La **Universidad para la Paz** fue fundada en 1980 bajo el auspicio de la ONU. Ofrece un programa para personas interesadas en promover «un espíritu de entendimiento, tolerancia y coexistencia pacífica, estimular la cooperación entre los pueblos y ayudar a disminuir los obstáculos y amenazas a la paz y el progreso mundiales».	Creada en 1990, la **Universidad EARTH** ofrece una educación universitaria en ciencias agrícolas y recursos naturales para contribuir al desarrollo sostenible de los trópicos. Su modelo educacional se basa en el compromiso social, la conciencia ambiental, una mentalidad empresarial y el desarrollo de valores humanos.

MUESTRA DE CURSOS OFRECIDOS

• Ley internacional y los derechos humanos • Recursos naturales y el desarrollo sostenible • Género y la paz • Paz en la educación • Niños, la juventud y los conflictos armados • Psicología de la violencia y la paz	• Energías renovables • El ser humano y el desarrollo del trópico • Ética y pensamiento crítico • Economía, política y ambiente • Sistemas alimentarios y economía mundial • Turismo rural

Paso 2 Completen las oraciones. La mitad de la clase hará el papel de un estudiante / una estudiante que piensa estudiar en la Universidad para la Paz y la otra mitad contempla estudiar en la Universidad EARTH.

Me pregunto qué pasaría si yo decidiera ir a Costa Rica para estudiar en...

1. Si _____ (asistir) a la Universidad para la Paz / la Universidad EARTH _____ (elegir) las siguientes tres clases...

2. Si _____ (tomar) esas clases, para mí, la más fascinante _____ (ser)... porque...

3. Si _____ (hacer) muchos contactos en Costa Rica, quizás ellos me _____ (ayudar) a conseguir una pasantía haciendo...

4. Si _____ (conseguir) esa pasantía, _____ (tener) experiencia para...

5. Si al final de esa experiencia en Costa Rica, una ONG me _____ (ofrecer) un puesto, ...

Paso 3 En parejas, hagan el papel de un(a) estudiante que empezará a estudiar en la Universidad para la Paz el próximo año. Terminen sus pensamientos respecto a sus expectativas sobre el futuro.

1. Tan pronto como _____ (llegar) a la universidad, ...

2. Antes de que _____ (terminar) mis estudios, ...

3. En cuanto yo _____ (graduarse), ...

4. Después de que mis compañeros y yo _____ (hacer) una pasantía en la ONU, _____ (estar) preparados para...

Para conversar mejor

Francamente
Mi amor/cariño/vida
No es para tanto
Seguramente

Paso 4 En parejas, hagan los papeles de una madre y un padre que conversan sobre la decisión de su hija de estudiar en Costa Rica. La madre se siente un poco preocupada pero quiere apoyarla. El padre, quien es extremadamente protector, está muy testarudo y no quiere que su hija viaje tan lejos. Mientras conversen, usen diferentes frases de la lista y de las expresiones **Para conversar mejor.**

Creo que...	Estoy seguro/a de que...	Ojalá que...
Es importante que...	Me pregunto si...	Pero dudo que...
Es posible que...	Me preocupa que...	Tengo miedo de que...

C. ¡Oportunidades fenomenales!

Paso 1 Lea las descripciones sobre posibles oportunidades en Centroamérica para desarrollar destrezas profesionales y a la vez contribuir a proyectos humanitarios. Evalúe las tres opciones, calificando (de 1 a 3) desde la más apropiada hasta la menos apropiada para su especialización y sus intereses personales.

1. **Guía turístico** En este puesto enseñará a los turistas las copas de los árboles desde un puente colgante[1] y vivirá en una cabaña en lo alto de un árbol. Tendrá que ser experto en *rafting* y puentismo[2] y poder guiar un viaje por el bosque a través de una larga tirolina.[3] Será importante tener una sensibilidad hacia la huella[4] humana que dejan los participantes de su grupo y escribir reportajes sobre la sostenibilidad e impacto social de la agencia.

©THEPALMER/Getty Images

2. **Un cafetal** El trabajo tiene tres aspectos: (1) aprender el proceso completo desde la siembra[5] hasta la exportación del café, (2) dar visitas guiadas del cafetal en inglés, (3) dar clases de inglés para entrenar a los guías nicaragüenses a realizar visitas guiadas en inglés. Aprenderá sobre las

©Tati Nova photo Mexico/Shutterstock

[1]*hanging* [2]*bungee jumping* [3]*zipline* [4]*footprint* [5]*planting*

variedades de café, su fertilización y el control de las plagas y enfermedades. Estudiará el proceso industrial y las reglas de exportación. Finalmente, participará en la parte que más les encanta a los turistas —la sesión de catas[6] en el laboratorio de control de calidad.

3. **La Fundación Rigoberta Menchu Tum** Pasará un mes en la Universidad de San Carlos de Guatemala donde la Fundación ha iniciado un proyecto educativo. El proyecto entrena a maestros en un nuevo modelo educativo basado en la cosmovisión[7] maya. Estudiará los rituales sagrados, las inscripciones en piedras, la tecnología, el arte, el tejido,[8] la música y la tradición oral que componen el sistema de valores maya. Luego, trabajará con un equipo de administradores guatemaltecos para desarrollar un plan para recaudar fondos para la fundación.

©JOHAN ORDONEZ/Getty Images
Rigoberta Menchú Tum

[6]*tasting, sampling*   [7]*worldview*   [8]*weaving*

Paso 2   Turnándose con un compañero / una compañera, explíquele por qué Ud. prefiere la primera opción sobre la segunda. Su compañero/compañera le ofrecerá unas sugerencias para tener éxito en su trabajo preferido.

Paso 3   Con un compañero / una compañera, converse sobre los siguientes aspectos del trabajo que eligió:

- Describir las destrezas que lo/la ayudarán a tener éxito en el puesto.
- Hablar de su experiencia previa o los cursos que ha tomado que aportarán de manera positiva a la organización.
- Hablar de sus intereses y valores personales y cómo esta pasantía los refleja.

Paso 4   Ahora imagínese que ya terminó el verano. Escriba un correo electrónico al supervisor del proyecto en el que le agradezca la oportunidad y le explique lo que Ud. aprendió y cuánto le gustó trabajar con el personal local. Describa un evento que le haya impactado de manera particular.

D. **Un mundo nuevo nos espera** Con un compañero / una compañera reaccione ante las predicciones. Utilicen las siguientes expresiones: **Si esto fuera posible... , Dudo que... , Es posible que... pero no creo que... , Ojalá que... , Cuando haya... , Me pregunto si... .**

1. La telemedicina y el uso de robots harán posible que todas las personas, aún en regiones remotas, tengan acceso a una diagnosis médica sin tener contacto en persona con un médico.

2. Los robots serán espías y estarán encargados de todas las operaciones peligrosas asociadas con los incendios, los explosivos o los niveles de radiación elevados.

3. Los robots reemplazarán a los seres humanos en muchas industrias de servicio. Por ejemplo, habrá restaurantes y hoteles enteros manejados exclusivamente por robots.

4. Los robots alcanzarán niveles de inteligencia similares a los de los seres humanos. Convivirán con los seres humanos y formarán parte de su vida diaria.

5. Los robots podrán interpretar y expresar emociones humanas. Algunos humanos desarrollarán sentimientos, incluso románticos, por sus robots.

REACCIONAR
R   C
RECOMENDAR COMPARAR

Expresiones útiles

Para dar las gracias

Aprecio mucho...
Ha sido un placer...
Ha sido una experiencia...
Le quiero agradecer (por)...
Me encantó/encantaron...
Mil gracias por...
Recuerdo tan claramente...

REACCIONAR
F   R   H
FUTURO RECOMENDAR HIPÓTESIS

Te amo

E. Todo es posible

PASADO

Paso 1 Lea la descripción de la vida de Rubén Blades. Preste atención a los verbos **en negrilla**. Después, decidan por qué se usó el pretérito o el imperfecto en cada caso.

©Julio Etchart/Alamy Stock Photo

Rubén Blades canta en San Juan, Puerto Rico

Desde su nacimiento en la ciudad de Panamá en 1948, Rubén Blades ha estado rodeado de música —su padre **tocaba** el bongó y su madre **era** pianista, cantante y actriz de radio. En 1970 **grabó** su primer disco de salsa en Nueva York, pero no **tuvo** éxito comercial, así que **volvió** a Panamá para terminar una carrera de derecho en la Universidad de Panamá. **Trabajó** como abogado por un rato, pero nunca **dejó** de interesarse en la música. Por eso, **regresó** a Nueva York donde **colaboró** con Willie Colón, un gran músico de salsa con el que Blades **grabó** el famoso disco *Siembra* (1978). Conocido por escribir canciones bailables sobre temas sociales, ha grabado más de veinte discos y ha recibido nueve premios Grammy, el más reciente en 2018 por su disco *Salsa Big Band*. En 1982 **empezó** otra carrera —la de actor. Ha actuado en la televisión y en películas como *The Milagro Beanfield War, The Cradle Will Rock, Once Upon a Time in Mexico, All the Pretty Horses* y *Fear the Walking Dead*.

A los músicos que **trabajaban** con él no les **sorprendió** cuando en 1985 **tomó** la decisión de cursar su Maestría en Derecho Internacional en la Universidad de Harvard. **Sentía** la contradicción de ganarse la vida escribiendo canciones sobre problemas sociales mientras las condiciones de las que **cantaba** no **mejoraban**. Así que en 1994 **se postuló** para la presidencia de Panamá. No **ganó** esa elección, pero **siguió** involucrándose activamente en la política. En 2000 **fue** nombrado Embajador Mundial contra el racismo por la ONU y de 2004 a 2009 **fue** Secretario de Turismo de Panamá, un puesto importante dado que el turismo genera más ingresos para su país que el Canal de Panamá. Nunca **dejó** la música. A pesar de que muchas de sus canciones se centran en la corrupción y la violencia, todavía se siente optimista de poder inspirar en sus compatriotas la esperanza de un porvenir mejor. Siempre artista y político, considera volver a postularse para presidente de Panamá en un futuro cercano.

REACCIONAR
RECOMENDAR

Paso 2 En parejas, reaccionen ante la información que acaban de leer sobre las múltiples carreras de Rubén Blades. Usen algunas de las siguientes frases: **Es alentador/asombroso/inesperado/intrigante/admirable que... , (no) creo/ pienso/dudo que... , si fuera/pudiera...** Acuérdense de que para reaccionar al pasado, tendrán que usar el pasado del subjuntivo.

HIPÓTESIS

Paso 3 Si pudieran entrevistar a Rubén Blades, ¿qué preguntas le harían?

FUTURO

Paso 4 Después de haber experimentado tantas desilusiones como éxitos en sus diversas carreras, ¿cuáles son las características que ayudarán a Blades a seguir adelante? Dado que Blades está dispuesto a hacer cambios profesionales inesperados, ¿qué predicen Uds. que hará en el futuro?

F. **La entrevista** Para su programa de radio, Sara entrevista a la doctora Mari Luz Sosa, una socióloga que se especializa en carreras con enfoque social. Antes de escuchar, mire los nombres de las organizaciones a las que harán referencia en la entrevista.

©McGraw-Hill Education

Organizaciones: Colores del Pueblo; Alianza de Mujeres Empresarias y Emprendedoras de El Salvador (AMEES)

Paso 1 Escuche la entrevista y conteste las preguntas.

1. ¿Cuál es el enfoque del taller que ofrece la Dra. Sosa?
2. ¿Qué hace la ONG, Colores del Pueblo?
3. ¿Por qué ha sido tan impactante la ONG AMEES?
4. ¿Qué tipo de carrera piensa que tendrá más salida para los extranjeros que quieren trabajar en Latinoamérica?

Paso 2 En parejas, comenten las oraciones.

1. Con frecuencia las comunidades locales en países pobres no reciben ningún beneficio de la globalización.
2. Para mí, (no) es importante saber de dónde vienen y quiénes hicieron los productos que usamos.
3. En nuestra sociedad es más difícil para una mujer que para un hombre empezar un negocio.

¡A escribir!

La Generación Z
Dicen que los de la Generación Z son tolerantes, colectivos, colaborativos, dueños de su propia historia interactiva, nativos digitales, generosos y emprendedores. ¿Está Ud. de acuerdo? ¿Cuál será el impacto de esta generación? ¿Qué hará para cambiar el mundo?

A. Lluvia de ideas En grupos pequeños, hagan una lista de (1) los valores que guían a la Generación Z, (2) las cuestiones que les importan y (3) los trabajos y las actividades cívicas que les interesan.

B. Composición:

Opción guiada: Expositiva Escriba un artículo para su periódico universitario sobre la Generación Z como si Ud. fuera el presidente / la presidenta del gobierno estudiantil. Considere algunas de las siguientes preguntas en su composición.

DESCRIBIR

- ¿Quiénes somos, la Generación Z?

DESCRIBIR GUSTOS

- ¿Cuáles son nuestros valores? ¿Qué es lo que nos gusta y lo que nos molesta?

REACCIONAR

RECOMENDAR

DESCRIBIR COMPARAR PASADO

- ¿Cuáles son nuestras reacciones ante los eventos del mundo actual?

- ¿Cómo nos diferenciamos de las generaciones anteriores?

FUTURO

- ¿Qué tipo de trabajo buscaremos al entrar en el mundo laboral?

COMPARAR

- ¿Tendremos más interés en los asuntos locales o en los eventos globales?

HIPÓTESIS

- Si quisiéramos tener un impacto significativo en la sociedad, ¿tendríamos que ser políticos? Si no, ¿qué podríamos hacer?

REACCIONAR

DESCRIBIR COMPARAR PASADO RECOMENDAR GUSTOS

Opción abierta Vuelva a considerar las preguntas al comienzo del capítulo. Luego elija un tema y escriba un ensayo que incluya una introducción, un argumento y una conclusión.

HIPÓTESIS FUTURO

Opción gráfica Use su imaginación para describir el cuadro al comienzo del capítulo. Organice su composición de una manera coherente que incluya todas las siete metas comunicativas.

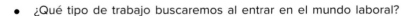

Antes de empezar a conversar con sus compañeros de clase sobre los siguientes temas, prepare una ficha para la conversación y otra para el debate.

A. **Conversación: Carreras internacionales** ¿Tiene Ud. las características y aptitudes necesarias para una carrera en el extranjero? En parejas, háganse las siguientes preguntas. Luego, decidan si Uds. son capaces de dedicarse a una carrera que exige que trabajen en países extranjeros. Utilicen algunas de las expresiones de **Para conversar mejor.**

Para conversar mejor

Creo/Opino/Supongo que...
Dudo que...
Es evidente que...

Es posible que...
Hay que tener en cuenta que...
No creo que...

- ¿Es Ud. flexible y paciente cuando viaja?
- ¿Cree que su cultura es superior a otras?
- ¿Es capaz de adaptarse fácilmente a nuevas condiciones?
- ¿Tiene curiosidad respecto a las nuevas situaciones?
- ¿Desea hablar otros idiomas?
- ¿Lee libros o revistas sobre la historia, arte o cultura de otros países?
- ¿Le gusta probar cualquier tipo de comida?

B. **Debate: Una educación valiosa** Revise las expresiones de **Para debatir mejor.** Después, prepare tres argumentos a favor y tres en contra de la siguiente afirmación. Luego, en grupos de cuatro (dos parejas), presenten sus argumentos en un debate. No sabrán qué lado tendrán que defender hasta que su profesor(a) se lo indique.

Para debatir mejor

A FAVOR
Eso es.
Estoy de acuerdo.
Muy bien dicho.
No cabe duda.

EN CONTRA
Eso no tiene sentido.
Lo siento, pero...
¿Hablas en serio?
Todo lo contrario.

«Un título universitario no es necesario para tener una vida interesante, estimulante y gratificante.»

Rincón cultural

Lugares fascinantes para estudiar:
Centroamérica

Debe ser un requisito para cualquier especialidad académica pasar tiempo estudiando en otro país.

¡Saludos desde Centroamérica! Soy Santiago, de nuevo, y estoy realizando las últimas grabaciones. Mi viaje a esta zona ha sido increíble. Hay tanta variedad geográfica y cultural y he conocido a personas súper simpáticas.

©Paul Burns/Getty Images

Source: Centers for Disease Control and Prevention (CDC)

El Canal de Panamá

Panamá

Mi universidad tiene un programa que se llama «Sophomore International Experience» y una de las opciones es un curso de Negocios Internacionales y Desarrollo Sostenible en Panamá y Costa Rica. Dado que mi especialización es en Negocios Internacionales y soy bilingüe, escogí este programa sin pensarlo dos veces. En preparación, tomamos clases en Bryant antes de salir, para aprovechar la experiencia en el extranjero. El primer día en la ciudad de Panamá, fuimos en una visita guiada al Casco Viejo, el centro histórico. Al día siguiente visitamos el Museo del Canal Interoceánico de Panamá que nos preparó para la visita al Canal. Aprendimos que los franceses iniciaron la construcción del Canal en 1880, pero tuvieron graves problemas con la excavación y una enorme pérdida de vidas a causa de la fiebre amarilla, la malaria y los accidentes. En 1904 los Estados Unidos se hicieron cargo de la construcción del Canal y lo terminaron diez años después. Tristemente, entre el período francés y el norteamericano, por lo menos 25.000 personas murieron. Hoy en día, pasan más de 14.000 barcos al año y genera millones de dólares para Panamá. Nos fascinó ver cómo los barcos navegan las esclusas.[1] La belleza natural alrededor del Canal es asombrosa. Además del Canal, visitamos la empresa de computadoras DELL donde un gerente nos habló sobre la expansión de sus operaciones en Panamá. Luego, pasamos un día explorando las dos sedes de la Zona Libre de Colón[2] y al día siguiente un representante de la Cámara de Comercio de la ciudad de Panamá nos habló del ambiente favorable para la inversión extranjera y el impacto económico global del Canal y la Zona Libre de Colón. Aprendí mucho y espero volver algún día para explorar Boquete, un lugar en las montañas en el norte del país. Ahora salimos para Costa Rica y la segunda parte del programa.

—**Rogelio S. / Bryant University**

©James Gritz/Getty Images

Tikal, Guatemala

Ruinas mayas en Guatemala, Honduras y El Salvador

Fui aceptada en la Universidad de Texas, pero decidí posponer el comienzo de mis estudios en arqueología hasta el próximo año. Durante este tiempo, perfeccionaré mi español y exploraré las ruinas mayas en Centroamérica. Ahora estoy en Antigua, Guatemala, tomando un curso de español. La familia con la que vivo es muy simpática y todos me están animando mucho porque saben que quiero ser bilingüe. Tengo clases por la mañana y por la tarde tengo una clase privada con un maestro que me está enseñando el vocabulario necesario para explorar las ruinas mayas. Cuando termine el curso, iré con un guatemalteco y dos canadienses a conocer las ruinas. La arqueología me fascina y ya he leído mucho sobre la civilización maya. Primero iremos a Tikal, Guatemala, la ciudad mejor restaurada de todas las ruinas de la civilización maya. Hay tumbas de reyes, edificios

[1]*locks*   [2]*Zona... the Colon duty free zone, the largest in the Western Hemisphere*

ceremoniales, palacios residenciales y administrativos y una cancha para juegos de pelota. Luego, vamos a Copán, Honduras, donde se encuentran extraordinarios ejemplos del talento de los mayas, como las estelas,[3] que son enormes esculturas verticales esculpidas en piedra. He tenido mucho interés en los petroglifos desde que era niña porque mi padre asistió a la Universidad de Texas. Trabajó en Copán con la famosa profesora Linda Schele, quien dedicó su vida a descifrar la escritura maya. Recuerdo sus discusiones animadas sobre la Escalinata de los Jeroglíficos en Copán que tiene el texto escrito más largo que se ha descubierto en todos los sitios mayas. Este texto conmemora eventos importantes durante el reinado de los doce primeros reyes de Copán. Fascinante, ¿no? Vamos a terminar en Cerén, en El Salvador, conocida como «La Pompeya de América», donde se encuentra el Sitio arqueológico de Joya de Cerén. La ciudad estuvo cubierta por las cenizas[4] de un volcán durante miles de años hasta que fue descubierta en el año 1976. Los interesados en arqueología se sentirían privilegiados de caminar por las ruinas de Centroamérica. Estoy segura de que este año me dejará unas experiencias enriquecedoras que me prepararán para ser una estudiante apasionada de la arqueología.

—Patricia S. / University of Texas at Austin

Nicaragua

©nik wheeler/Getty Images

El Gran Lago de Nicaragua

Estudio para terapeuta física en la Universidad de Delaware y quiero servir a la comunidad latina cuando me gradúe. Por eso cuando me enteré de una oportunidad con Voluntarios Internacionales en Nicaragua, sabía que tenía que aprovecharla. Estoy en Granada, una ciudad colonial en la costa del Gran Lago de Nicaragua. La restauración de los edificios coloniales y su ubicación en las orillas del lago más grande de Centroamérica (y uno de los más grandes del mundo), la hace un lugar maravilloso para pasar el verano. Algo fascinante es que es el único lago de agua dulce[5] donde habitan tiburones.[6] En la parte sur del lago se encuentra un archipiélago de 36 islas que se conoce como «Solentiname». En 1965 el sacerdote católico y poeta Ernesto Cardenal estableció en Solentiname una vivienda colectiva para artistas, poetas y artesanos. Estos interactuaban y colaboraban con los más de 1.000 habitantes campesinos nativos de las islas. El proyecto se basaba en los principios de la justicia social y la colaboración comunitaria de la llamada «teología de la liberación». Alucinante, ¿verdad? Esta pasantía me permite trabajar, ser parte de una comunidad y aprender y practicar las terapias físicas particulares para una variedad de condiciones. La clínica donde trabajo ayuda a personas de todas las edades. El director del programa siempre enfatiza que esta experiencia nos ofrece una recompensa tanto personal como profesional y que nos servirá bien en un mundo cada vez más globalizado. Estoy completamente de acuerdo.

—Jane M. / University of Delaware

Costa Rica

©MedioImages/SuperStock

Un tucán costarricense

Me especializo en estudios ambientales y tengo interés en la conservación y el ecoturismo. Escogí el programa que tiene Academic Programs International en el Instituto San Joaquín de Flores, Costa Rica, por varias razones. No quería estudiar en una ciudad grande, quería vivir con una familia, pero sin otros norteamericanos y quería participar en un programa de voluntariado. Así que el programa es ideal para mí: soy la única estudiante que vive con esta familia encantadora. San Joaquín es una ciudad pequeña y tranquila, con gente súper amable. Las clases son pequeñas y los profesores son excelentes. Además, desde San Joaquín es fácil llegar a San José, la capital, y a las playas, los bosques lluviosos o los parques nacionales. Hasta ahora la experiencia más alucinante ha sido una excursión a Finca Rosa Blanca, una plantación de café orgánico. Este lugar es un ejemplo admirable de la sostenibilidad total. La semana que viene vamos al Parque Nacional Manuel Antonio y, antes de los exámenes finales, a la Reserva Biológica Bosque Nuboso de Monteverde. Mi madre costarricense me dijo que en Monteverde hay 300 especies de orquídeas y 400 especies de pájaros, incluyendo el quetzal, un pequeño pájaro colorido con una cola larguísima. ¡Qué maravilla! Estaré en la gloria cuando terminen los exámenes porque luego empezaré a hacer de voluntaria en el Parque Nacional Tortuguero. Las posibles actividades consisten en ayudar a buscar nidos[7] y tortugas en las playas, recoger y trasladar huevos a los viveros[8] o medir nidos y recopilar datos. Vamos a dormir en cabañas sin electricidad ni Internet. Para mí será la culminación de una experiencia «tica»[9] inolvidable. ¡Pura vida![10]

—Marsha H. / Fairfield University

[3]*monumentos* [4]*ashes* [5]*de... freshwater* [6]*sharks* [7]*nests* [8]*nurseries* [9]*costarricense* [10]¡Pura... *Costa Rican saying that means "Excellent!" (Lit.: ¡Pura life!)*

¡Viaje conmigo a Centroamérica!

©DirkErcken/Alamy
Stock Photo

 Vamos a Centroamérica para ver de cerca el ambiente en que viven los estudiantes.

Vaya a Connect para ver el vídeo.

Video footage provided by

BBC Motion Gallery

ACTIVIDADES

A. Comprensión En parejas, contesten las preguntas sobre los lugares fascinantes.

1. ¿Por qué le interesa a Rogelio estudiar en Panamá?
2. ¿Qué ha aprendido Ud. sobre la historia del Canal de Panamá?
3. ¿Cuáles son tres de los sitios arqueológicos de la civilización maya? ¿Qué se puede apreciar en cada uno?
4. ¿Por qué le impresionó el Gran Lago de Nicaragua a Jane?
5. ¿Qué se estableció en Solentiname en 1965?
6. ¿Por qué sería Costa Rica un lugar ideal para estudiar la ecología?
7. ¿Qué información nueva aprendió al ver el vídeo de Santiago y que no estaba en las entradas de los blogs de los estudiantes?

REACCIONAR

R **F**

RECOMENDAR FUTURO

B. Recomendaciones Ahora, en parejas, completen las oraciones como si Uds. fueran Santiago, quien habla con un amigo que va a viajar a Centroamérica. **¡OJO!** No siempre hace falta el subjuntivo para terminar las oraciones.

1. Al lado del Canal de Panamá, hay jardines botánicos y caminos ecológicos. Es increíble que _____ (haber) tanta diversidad de flora y fauna en una zona tan pequeña. Para que _____ (tener) buenos recuerdos del sitio, te recomiendo que...

2. La civilización maya era una de las más avanzadas de su tiempo. Estoy seguro de que _____ (sorprenderse) al ver la complejidad arquitectónica de las ruinas. Antes de que _____ (irse), sugiero que...

3. A ti te fascina la historia de Latinoamérica. Es impresionante que la Iglesia Católica _____ (haber) tenido tanta influencia e impacto. Cuando _____ (visitar) Nicaragua, tienes que...

4. En el Parque Nacional Tortuguero hay siete tipos de tortugas, tres tipos de monos y perezosos (*sloths*). Creo que te _____ (encantar) ese parque. Cuando _____ (estar) en Costa Rica, te recomiendo que...

C. Mi blog Escriba una entrada para un blog sobre un viaje imaginario que Ud. haya hecho con unos amigos ecologistas a uno de los lugares fascinantes de Centroamérica. Siga el bosquejo.

MODELO: Acabamos de volver de _____. El viaje fue _____.

- Nos quedamos en un albergue ecológico fabuloso. Tenía...
- El primer día... Otro día...
- Nos encantó/encantaron... Nos molestó/molestaron...
- Para los que piensen ir a _____, recomiendo que...
- Si pudiera hacer de voluntario/a allí,...

D. Un viaje a Centroamérica En parejas, hagan los papeles de dos amigos que se encuentran después de las vacaciones. Los dos han estado en Centroamérica y conversan sobre sus experiencias. Usen el viaje imaginario que describieron en sus blogs (en la **Actividad C**) como base para la conversación.

MÉXICO

Tikal
BELICE
Islas de la Bahía
La Ceiba
GUATEMALA
San Pedro Sula
Quetzaltenango
Copán
Metapán
Tegucigalpa
Guatemala
San Miguel
Santa Ana
León
Cerén
Managua
San Salvador
Granada
EL SALVADOR
San José
COSTA RICA
Cartago
Océano Pacífico
Canal de Panamá

JAMAICA

HONDURAS
Mar Caribe

NICARAGUA

Gran Lago de Nicaragua
Solentiname
Parque Nacional Tortuguero
Puerto Limón
PANAMÁ
Golfo de los Mosquitos
Colón
Panamá
COLOMBIA

Una artista hispana:

Karla Recinos y sus creaciones recicladas

Karla Recinos es una mujer salvadoreña con un gran talento creativo, un espíritu indomable y una voluntad para impactar el mundo. Debe mucho a su familia en dos aspectos, el ánimo constante que siempre recibía durante su niñez y los fuertes genes artísticos que heredó de su emprendedora abuela y de sus talentosos padres. Reconocieron su talento y su curiosidad y la apoyaron dándole clases de manualidades[1] durante sus vacaciones de colegio.

Su carrera empezó en trabajos de servicio al cliente y relaciones públicas, y seguía pintando y haciendo manualidades en su tiempo libre. En 2001, después de perder su trabajo fijo, los pasatiempos se convirtieron en un medio para salir adelante. Pero el camino no fue fácil.

Cuando empezó a tomar en serio la idea de montar su propia empresa, pensaba hacer collares con piedras naturales, pero fue demasiado costoso. Luego, después de un viaje a Europa donde vio en tiendas de antigüedades piedras pintadas a mano y otros objetos restaurados, se inspiró a crear sus propias piezas de barro[2] y materiales reciclados. Con el tiempo desarrolló sus técnicas y diseños y pronto empezó a dar talleres[3] sobre la transformación del reciclaje en arte.

En 2005, Karla creó la organización Manos Creadoras: Arte con Reciclaje, que además de ser un vehículo para comercializar sus creaciones recicladas, también se dedica a la enseñanza del proceso de la transformación del reciclaje en arte. Su meta es crear consciencia sobre el valor de productos ecológicos.

[1]crafts [2]mud, clay [3]workshops

Courtesy of Manos Creadoras by Karla Recinos

Courtesy of Manos Creadoras by Karla Recinos

A. Comprensión: En parejas, contesten las preguntas.

1. ¿Cuáles son las características personales y habilidades innatas que han llevado a Karla a tener éxito en el mundo de los negocios?

2. ¿Cuál es la misión de Manos Creadoras?

3. ¿Tienen Uds. ideas creativas para nuevos productos hechos de materiales reciclados?

B. El camino no fue fácil Lea sobre la ruta lenta que tomó Karla en su camino hacia un trabajo enriquecedor y satisfactorio. Luego, en parejas, llenen los espacios en blanco con el pretérito o el imperfecto, según el contexto. Por último, conteste la pregunta personal.

En 2001, cuando Karla _____¹ (decidir) que _____² (deber) dedicarse a otra cosa para ganarse la vida, _____³ (tener) miedo porque _____⁴ (saber) que ser artista no _____⁵ (ser / estar) una carrera lucrativa. Pero todo _____⁶ (empezar) a cambiar en 2004 cuando _____⁷ (ir) a Europa. Allí _____⁸ (conocer) a artistas de Sudáfrica y otras partes del mundo que _____⁹ (vender) sus creaciones a una clientela europea muy receptiva. Con la inspiración de esos artistas emprendedores, Karla _____¹⁰ (motivarse) a hacer collares al estilo étnico. El año siguiente, _____¹¹ (ir) a Francia donde _____¹² (aprender) más técnicas de reciclaje y decoración con el uso de *decoupage*. Luego, durante dos años, mientras _____¹³ (enseñar) clases en varios lugares en su país, _____¹⁴ (tocar) muchas puertas y _____¹⁵ (enviar) cartas buscando mercados para sus creaciones. En 2007 _____¹⁶ (presentar) su primer taller de transformación del reciclaje en arte. En 2014 _____¹⁷ (recibir) una invitación del Departamento del Estado de los Estados Unidos para participar en WE AMERICAS como representante de El Salvador. _____¹⁸ (Sentirse) totalmente alucinada y casi no lo _____¹⁹ (poder) creer. Ella _____²⁰ (ser / estar) recibida por John Kerry y _____²¹ (conocer) a otras emprendedoras de Latinoamérica. Hoy se venden sus creaciones en la Tienda del Museo de Arte en San Salvador, en varios mercaditos y también en las ferias de la embajada de los Estados Unidos.

Courtesy of Manos Creadoras by Karla Recinos

Si Ud. perdiera su trabajo, ¿podría ganarse la vida dedicándose a su pasatiempo o pasión? Explique.

Courtesy of Manos Creadoras by Karla Recinos

C. **Un arte ecológico** Lea sobre algunas de las formas en que Manos Creadoras está ayudando a preservar el medio ambiente. Luego, en parejas, expresen dos reacciones ante cada afirmación.

Es alentador que...	Me gusta que...	Es evidente que...
Espero que...	Es importante que...	Si yo fuera Karla...

1. Seca el barro de sus piezas con la energía natural del sol.
2. Reduce la contaminación a través del uso de materiales reciclados como el plástico, el vidrio, el cartón, las tapas (*caps*) de botellas y el papel, entre otros.
3. Crea conciencia medioambiental al transformar y darle utilidad a lo que se concibe como basura.

D. **Un anuncio** Imagínese que Karla necesita un breve anuncio para la próxima feria en la que va a participar. El anuncio debe ser agudo (*sharp*), pegadizo (*catchy*) y llamativo. En parejas, creen su anuncio y luego en grupos de cuatro compartan sus anuncios y decidan cuál sería el más exitoso.

E. **Más usos creativos** Busque en el Internet «objetos hechos con material reciclado». En grupos de tres, compartan la imagen del objeto más creativo, sorprendente o ridículo que hayan encontrado. Digan de qué está hecho, para qué sirve y a quién le interesaría utilizar tal objeto.

La música centroamericana

©Ladislav Weyrostek/SoundExpress/
Getty Images

El instrumento musical más emblemático de Centroamérica es la marimba, un xilófono largo de madera. Probablemente este instrumento llegó a esa zona a principios del siglo XVI, traído por los esclavos africanos. Al principio se usaban la marimba de tecomate[1] (la más antigua y la más parecida a las que se encuentran en el sur de África) y la marimba sencilla para interpretar música religiosa. Más tarde la marimba doble o cromática empezó a usarse en ambientes seculares. Desde los años 70, en Guatemala en particular, la música de marimba ha sido una forma musical muy prestigiosa, especialmente las obras maestras ejecutadas en la llamada «marimba de concierto». A consecuencia de la violencia de la guerra civil de los años 80, la marimba volvió a sus raíces espirituales como una manera de fortalecer las relaciones entre la Iglesia y las comunidades indígenas que sufrían bajo la opresión gubernamental y guerrillera.

En cuanto a la música contemporánea de Centroamérica, el centroamericano que más ha destacado a nivel internacional es el panameño Rubén Blades, ganador de múltiples premios Grammy. Es conocido por escribir canciones bailables sobre temas sociales importantes, como su famosísima «Buscando América». Los festivales de música en Centroamérica han crecido en popularidad desde 2014. El más importante de la región es el *Empire Festival* en Guatemala con más de 50 funciones en un fin de semana. Pero otro impresionante es el *Envision Festival* que tiene lugar en una jungla cerca de una playa en Costa Rica. Destaca no solo por la música, el yoga y *el camping*, sino también porque el festival está motivado por la protección del medio ambiente. Los artículos de plástico están prohibidos y la comida es orgánica. Dicen que este festival de cinco días viene con un gran karma positivo.

©Michael Flippo/Alamy Stock Photo

[1]marimba... *gourd marimba*

A. Comprensión Conteste las preguntas según la lectura.

1. ¿Qué es una marimba? ¿De dónde viene?
2. ¿Qué tipos de marimba ha habido?
3. ¿Quién es Rubén Blades?
4. ¿Cuál de los festivales centroamericanos le parece más interesante? Explique.

B. ¡A escuchar! Para apreciar mejor la marimba, vaya a YouTube™ y escuche «Marimba de Concierto de Bellas Artes» (Guatemala) o «Himno de Honduras Marimba». Para conocer mejor la música contemporánea, busque a algunos de los siguientes cantantes o grupos: Rubén Blades (Panamá, salsa), Yomira John (Panamá, afrolatina e indígena), Cienfue (Panamá, tradicional, folclórica y *rock*), Danilo Pérez (Panamá, *jazz*), Pavel Quintanilla (El Salvador, *rock*), Guillermo Anderson (Honduras, garífuna caribeña), Katia Cardinal y Perrozompopo (Nicaragua), Gaby Moreno, Alux Nahaul o Malacates Trébol Shop (Guatemala, *rock*). El país más prolífico puede ser Costa Rica con el Grupo Gandhi (reggae y son), Evolución (*rock*), Malpaís y Sonámbulo Psicotropical (fusión).

REACCIONAR

RECOMENDAR   GUSTOS

©Gabriel Olsen/Getty Images

La cantautora guatemalteca Gaby Moreno

Unas de las canciones que le darán una idea de la diversidad de la música centroamericana son: «Bolero Carabalí» (Sonámbulo), «Si tú no quieres» (Yomira John), «La noche y su canción» (Guillermo Anderson), «Canta mandolina» (Malpaís), «Todo se pagará» (Malacates Trébol Shop) y «Fronteras» (Gaby Moreno). Después de escuchar, comparta sus impresiones de los artistas y de sus canciones con sus compañeros de clase, utilizando frases como **Me gusta(n)... porque...** , **Me encanta que...** , **Es impresionante/fantástico que...** , **Me sorprende que...** y **Es evidente que...** .

◼️ Lo hispano en los Estados Unidos

Centroamérica: Marjorie

Marjorie, una profesora de español de Nicaragua, habla de sus deseos de desarrollarse profesionalmente y de la importancia de la tecnología hoy en día en el campo de la enseñanza de idiomas.

©McGraw-Hill Education

A. Antes de ver En grupos de tres, contesten las preguntas.

1. ¿Les gustaría que sus profesores usaran más o menos tecnología en las clases? ¿Por qué?
2. ¿Les gusta(ría) tomar más clases en línea en vez de aprender exclusivamente en el salón de clase? ¿Cuáles son las ventajas y desventajas de los dos tipos de cursos?
3. Dicen que en el futuro veremos el uso de la realidad virtual o aumentada (*augmented*) en la educación. ¿Cómo podría ser útil en clases de lenguas extranjeras?

B. A ver el vídeo

1. Mientras ve el segmento, **¿Qué destrezas le gustaría aprender para poder mejorarse profesionalmente?,** ponga una X si escucha las siguientes frases o palabras.

   _____ los avances   _____ las exigencias   _____ la materia   _____ la tarea

2. Mientras ve el segmento **La tecnología y la enseñanza,** ponga una X si escucha las siguientes frases o palabras.

   _____ cara a cara   _____ combinar   _____ esperando   _____ el papel

C. Después de ver

Paso 1 Escuche las afirmaciones sobre los segmentos de vídeo que acaba de ver e indique si son ciertas (C) o falsas (F).

1. _____   2. _____   3. _____   4. _____   5. _____

Paso 2 En parejas y basándose en el vídeo que acaban de ver, completen el párrafo con la forma correcta del verbo entre paréntesis y, si es necesario, el pronombre de objeto indirecto apropiado.

REACCIONAR
R
RECOMENDAR
G
GUSTOS
F
FUTURO
H
HIPÓTESIS

Marjorie sabe que es necesario que sus lecciones _____[1] (incluir) elementos tecnológicos para que sus estudiantes _____[2] (sentirse) animados en sus clases de español. Está claro que a sus estudiantes _____[3] (fascinar) todos los avances tecnológicos que aparecen en el mercado. Y si Marjorie no _____[4] (prestar) atención a las innovaciones, sus estudiantes _____[5] (perder) interés en su clase. Pero la verdad es que si Marjorie _____[6] (poder) enseñar sin usar la tecnología, lo _____[7] (hacer) porque cree que la mejor manera de establecer una conexión con alguien _____[8] (ser) hacerlo en vivo. A ella _____[9] (encantar) tener contacto cara a cara con sus estudiantes.

Paso 3 En grupos de tres, contesten las preguntas.

1. Si Uds. fueran profesores de español, ¿qué tipo de apps o programas digitales usarían para hacer sus clases más divertidas e interesantes?
2. ¿Han utilizado alguna app de traducción? ¿Les gusta? ¿Creen que estas apps son confiables (*trustworthy*)? ¿Creen que algo se pierde con el uso de apps para comunicarse?
3. ¿Creen Uds. que los juegos en línea podrían aportar algo a las clases de idiomas? ¿Cómo?
4. Para Uds., ¿es importante ser bilingüe? Pensando en su futuro trabajo profesional, ¿cómo les ayudaría si fueran completamente bilingües?

Vocabulario útil

avances	*advances*
atraer	*to attract*
las exigencias	*demands*

D. Lo hispano a mi alrededor

Paso 1 Para mantenerse conectados con sus raíces culturales, muchos centroamericanos asisten a festivales en los Estados Unidos que celebran las culturas salvadoreñas, hondureñas, guatemaltecas y nicaragüenses. Primero, lea sobre algunos de estos festivales. Luego, elija el festival que le parezca más interesante. Por último, en grupos de tres, expliquen por qué.

El Festival Salvadoreñísimo de la Independencia La concentración más grande de salvadoreños en los Estados Unidos está en el área de Washington D.C., incluyendo partes de Maryland, Virginia y Virginia del Oeste. Cada septiembre desde 2005, hacen un festival enorme para celebrar la independencia de El Salvador. Además de la venta de comida típica, hay conciertos de música y baile y una feria comercial en la que negocios hispanos locales pueden mostrar sus productos y servicios.

El Festival Honduras Internacional Una celebración de la cultura hondureña, este festival tiene lugar en Houston, Texas, y lleva más de una década. Lo más destacado es conciertos de músicos hondureños conocidos; por ejemplo, en festivales anteriores se presentaron DJ Carolina, las Chicas Roland y el Comanche. Se venden auténticas comidas hondureñas y artesanías y ofrecen ayuda a la comunidad en de forma donativos de juguetes. Un año, año regalaron cinco becas para estudiar en Houston Community College.

El Festival Guatemala Este festival, que se da cada septiembre en Providence, Rhode Island, es organizado por el Centro Guatemalteco de Nueva Inglaterra. Esta organización se dedica a promover la cultura guatemalteca en la zona. El festival presenta música en vivo, baile folclórico, comidas típicas y ventas de artesanías.

El Festival Nicaragüense Después de Miami, Los Ángeles cuenta con la comunidad nicaragüense más grande de los Estados Unidos. Una de las celebraciones más importantes de su cultura tiene lugar en Los Ángeles cada mayo desde el año 2010. Se han presentado bandas y artistas como el Grupo Karisma, DJ Luis El Nica, el Grupo Folclórico Nicarao y el muy popular cantante de salsa, Luis Enrique.

Paso 2 En grupos de tres o cuatro, contesten las preguntas.
¿Hay festivales latinos cerca de donde vive o estudia Ud.? ¿Celebran nacionalidades particulares o representan múltiples culturas hispanoamericanas? ¿Ha asistido a uno?

Un evento histórico

La Revolución sandinista

©JUAN JOSE MEMBRENO/Getty Images

Daniel Ortega

MÁS ALLÁ DEL RINCÓN CULTURAL

©Archive Photos/Getty Images

***Romero* es una película fascinante sobre el asesinato de un obispo que se atrevió a enfrentarse a las autoridades corruptas en El Salvador. Vea la película y haga las actividades relacionadas que se encuentran en Connect.**

For copyright reasons, McGraw-Hill does not provide the feature films. They are readily available through retailers or online. Please consult your instructor on how to view this film.

En 1979, el Frente Sandinista de Liberación Nacional (FSLN) ganó una guerra civil en contra de la tiranía de la familia Somoza y tomó control del gobierno de Nicaragua. Los sandinistas, encabezados por Daniel Ortega, formaron una junta dirigente heterogénea, pero con claras disposiciones marxistas. Heredaron una difícil situación nacional. La deuda externa llegaba a los $1,6 mil millones de dólares, y unas 50.000 personas (el 2% de la población) habían muerto durante la guerra. Inmediatamente, la junta inició procesos de reforma agraria, de recuperación y reestructuración económica y de mejoramiento de los servicios sociales, tales como la educación, la salud y la vivienda. También hubo esfuerzos serios para mejorar la situación de la mujer en Nicaragua. Sin embargo, el nuevo gobierno enfrentó varias dificultades, tanto nacionales como internacionales. Se reconoce que bajo el gobierno sandinista se cometieron abusos contra los derechos humanos. Preocupados por la expansión del comunismo en Latinoamérica, los Estados Unidos intervinieron en forma de un bloqueo económico y la organización de un grupo guerrillero, los llamados «contras» (contrarrevolucionarios). Con el apoyo económico y militar de los Estados Unidos, los contras realizaron una guerrilla que era, en efecto, una guerra encubierta de los Estados Unidos contra Nicaragua.

En 1987, el Presidente de Costa Rica, Óscar Arias Sánchez, convocó a una reunión de los presidentes de Guatemala, El Salvador, Honduras y Nicaragua para proponer medidas para lograr la paz en la región. Estas medidas incluían el cese de fuego entre los sandinistas y los contras. Los esfuerzos de Arias le ameritaron el Premio Nobel de la Paz y los sandinistas tomaron a pecho su promesa de llevar a cabo elecciones nacionales.

En 1990, hubo elecciones democráticas, y para sorpresa de muchos, ganó la candidata de la oposición, Violeta Chamorro. Algunos opinan que los sandinistas perdieron más por el estado pésimo de la economía y el cansancio de los ciudadanos con la guerrilla que por la insatisfacción con los ideales sandinistas.

Sin embargo, para 2007, la pobreza extrema que seguía afectando al país trajo nuevos cambios. Ortega se postuló para la presidencia con una plataforma notablemente más conservadora y ganó las elecciones. En 2016 fue elegido para su tercer término consecutivo, con su esposa, Rosario, como vice-presidenta. A pesar de que ha tenido cierto éxito mejorando la economía y combatiendo el crimen organizado, muchos dicen que el país se ha vuelto menos democrático bajo su liderazgo cada vez más autoritario y ha habido protestas masivas en contra de su régimen.

Para leer más sobre el impacto de la Revolución sandinista en la Nicaragua de hoy y hacer actividades relacionadas con el tema, vaya a Connect.

ACTIVIDAD

Comprensión

Paso 1 Escuche las oraciones sobre este evento histórico e indique si son ciertas (C) o falsas (F).

1. _____   2. _____   3. _____   4. _____   5. _____

Paso 2 Conteste las preguntas, según la lectura.

1. ¿Cuándo llegaron al poder los sandinistas? ¿Quién era su líder principal?
2. ¿En qué situación estaba el país al principio del gobierno sandinista?
3. ¿Qué medidas tomaron los sandinistas para mejorar la situación?
4. ¿Cuál fue la actitud de los EE.UU. ante el nuevo régimen? ¿Por qué fue así?
5. ¿Qué pasó en 1987 y 1990?
6. ¿Qué ha pasado desde 2007 en Nicaragua?

Lectura

La escritora Gioconda Belli nació en Managua, Nicaragua, en 1948. Además de ser renombrada poeta, novelista y ensayista, ha estado siempre muy involucrada en la política de su país. Durante los años 60, trabajó con los sandinistas, un movimiento revolucionario marxista que estuvo en el poder en Nicaragua de 1979 a 1990 (vea **Un evento histórico**). Como escritora ha ganado un sinnúmero de premios, incluyendo el prestigioso premio literario de Casa de las Américas en 1978 por su colección de poemas, *Línea de fuego*. Sus numerosas publicaciones incluyen, además, *De la costilla de Eva* (poesía, 1986), *La mujer habitada* (novela, 1988) y *Waslala, Memorial del futuro* (novela, 1996). En 2001, publicó sus memorias sobre su trabajo con los sandinistas, *Este país bajo mi piel: memorias de amor y guerra,* y en 2008 su novela *El infinito en la palma de la mano* ganó el prestigioso Premio Biblioteca Breve Seix Barral en España y el Premio Sor Juana Inés de la Cruz en México. El poema que va a leer, «Uno no escoge», nos habla de la responsabilidad que cada uno tiene para mejorar el mundo. Además, nos hace pensar en la huella (*footprint*) que dejaremos a las generaciones que nos sigan.

©ALFREDO ZUNIGA/Getty Images

Gioconda Belli

ANTES DE LEER

Para comentar En grupos de tres, contesten las preguntas.

1. ¿De qué forma habría sido diferente su vida si hubiera nacido en otro país o durante otro siglo? Puede especular, por ejemplo, sobre cómo habría sido nacer en uno de los países que estudiaron este semestre/trimestre o en un tiempo antes de la llegada de Cristóbal Colón a las Américas.

2. ¿Cuánto control tiene una persona sobre la sociedad en la que vive? ¿Puede una persona tener un impacto sobre sus alrededores? ¿de qué manera?

Uno no escoge

Gioconda Belli

Uno no escoge el país donde nace;
pero ama el país donde ha nacido.

Uno no escoge el tiempo para venir al mundo;
pero debe dejar huella[1] de su tiempo.

Nadie puede evadir[2] su responsabilidad.

Nadie puede taparse[3] los ojos, los oídos,
enmudecer[4] y cortarse las manos.

Todos tenemos un deber de amor que cumplir,
una historia que nacer
una meta que alcanzar.

No escogimos el momento para venir al mundo:
Ahora podemos hacer el mundo
en que nacerá y crecerá
la semilla[5] que trajimos con nosotros.

VISUALIZAR

[1]dejar... *leave a mark*   [2]*avoid*   [3]*cover*   [4]*to become mute*   [5]*seed*

Belli, Gioconda, "Uno no escoge." Copyright ©Gioconda Belli c/o Schavelzon Graham Agencia Literaria www.schavelzongraham.com. All rights reserved. Used with permission.

A. Comprensión y análisis En parejas, contesten las preguntas.

1. ¿Qué es lo que uno no escoge, según el poema?

2. ¿Qué significa el verso: «pero debe dejar huella de su tiempo»?

3. ¿Qué es «la semilla que trajimos con nosotros»?

4. En su opinión, ¿cuál es el tema principal del poema? ¿Está Ud. de acuerdo con Belli?

HIPÓTESIS

B. Si hubiera nacido en otro país u otra época... Belli dice que uno no escoge ni cuándo ni dónde nace. Imagínese que ha nacido en otro país, en otra época, y complete las oraciones.

1. Si hubiera vivido en España durante la dictadura represiva de Francisco Franco, ...

2. Si hubiera sido amigo/a del Che Guevara cuando empezó la Revolución cubana, ...

3. Si hubiera luchado al lado de Pancho Villa en la Revolución mexicana, ...

4. Si hubiera sido un niño robado / una niña robada durante la guerra sucia en la Argentina, ...

5. Si hubiera nacido en un pueblo indígena en Bolivia... ,

6. Si hubiera trabajado al lado de Gioconda Belli durante la Revolución sandinista, ...

C. La expresión artística Leer poesía es una experiencia muy individual; cada persona tiene una reacción única y personal al leer un poema. La poesía nos habla a través de las imágenes, los símbolos, las metáforas y conexiones con nuestras experiencias. Pero otros tipos de expresión artística pueden ser más directos y más fáciles de entender. ¿Hay películas, canciones y libros que expresen el mismo mensaje que ha expresado Belli en «Uno no escoge»? En grupos de tres, piensen en ejemplos específicos de lo siguiente.

1. películas que presentan a una persona o un grupo que trata de cambiar su país o comunidad

2. canciones o cantantes que comunican una conciencia social y un deseo de cambiar el mundo

3. libros que hablan de personas que han tenido un impacto en su sociedad

D. El amor por la patria En grupos de tres, contesten las preguntas.

1. Belli dice que uno ama el país donde nace. ¿Está Ud. de acuerdo con esa afirmación? ¿Qué es lo que uno normalmente ama de su país? ¿Ama Ud. el país donde nació?

2. También sugiere que uno tiene la obligación de trabajar para mejorar el país donde nació. ¿Está Ud. de acuerdo? ¿De qué manera trabaja o podría trabajar para mejorar su país natal?

3. ¿Hay amores peligrosos? Es decir, ¿es posible ser demasiado patriótico o nacionalista?

4. En este mundo globalizado, ¿importan tanto las naciones como antes? ¿Qué ganaríamos si no hubiera países independientes? ¿Qué perderíamos?

5. ¿Qué pasaría si no hubiera fronteras entre países? ¿Cómo cambiaría la vida en este país si no hubiera fronteras entre México, los Estados Unidos y Canadá?

E. En busca de la felicidad Belli sigue siendo una crítica social influyente. Tiene un blog muy popular en el que habla sobre las crisis y los problemas económicos, sociales y éticos a nivel social. Ahora le interesa el proceso de la globalización, pero su enfoque es distinto —quiere concientizarnos a la globalización de compasión, igualdad y justicia. Para ella es la única manera de prevenir guerras entre el mundo desarrollado y el mundo en vías de desarrollo. Al hablar sobre los conflictos entre el socialismo y el capitalismo en este mundo globalizado, Belli comenta lo siguiente

> *No hay que perder de vista que el objetivo no es defender un conjunto de ideas, sino alcanzar la igualdad en un sistema ético, armónico y favorable a la vida y al desarrollo del potencial de cada persona. ¿Por qué aferrarnos[1] a definiciones sistémicas, como si solo dentro de uno de estos sistemas estuviese nuestra salvación? Yo propongo un nuevo sistema: el felicismo... el que persiga la felicidad. Los reto[2] a definirlo.*

[1]*hold on*   [2]*challenge*

1. En grupos de tres o cuatro, acepten el reto de Belli. Definan un nuevo sistema mundial que busque la felicidad de todos como primer objetivo. ¿Cómo sería ese sistema?

2. En 1972, el rey del pequeño país asiático Bután (*Bhutan*) estableció el índice de «Felicidad nacional bruto» (*Gross National Happiness*) como contrapunto al «Producto Nacional Bruto» (*Gross Domestic Product*) para medir el nivel de desarrollo y modernidad de su país. Ahora, varias organizaciones miran el nivel de la felicidad de naciones o estados para medir el bienestar de sus habitantes. ¿Qué factores se tendrán en cuenta para analizar el nivel de felicidad? ¿Qué hace falta para tener una sociedad feliz? Si hubiera una lista de lugares felices, ¿cómo saldría su propio país en comparación con otros? ¿Por qué?

F. Yo poeta: ¡Sea creativo/a! En parejas, trabajen para crear un poema sencillo de tipo «quintilla», que consiste en cinco líneas. Vean la descripción de una quintilla y lean el modelo. Luego, escriban un poema utilizando uno de los siguientes temas: **la paz, la globalización, la felicidad** o **la crisis mundial.**

UNA QUINTILLA

Línea 1: el tema en una palabra (un sustantivo)

Línea 2: el tema con dos palabras (dos adjetivos o un sustantivo y un adjetivo)

Línea 3: acciones relacionadas con el tema en tres palabras (verbos en el infinitivo o el gerundio)

Línea 4: una emoción sobre el tema en cuatro o cinco palabras

Línea 5: el tema con otra palabra que refleje el contenido del poema (un sustantivo)

MODELO: Esperanza
Sueño lindo
Amar, animar, asegurar
Un mundo feliz y justo
Sueño

¡Lo hizo! Ha avanzado hacia la fluidez en español dominando las 7 metas comunicativas y los 17 puntos clave para expresar estas metas con precisión gramatical. Ha añadido cerca de 300 palabras a su vocabulario y ha aprendido mucho sobre el mundo de habla española.

PARA TERMINAR

A. Un aspecto del mundo hispano que me impresionó

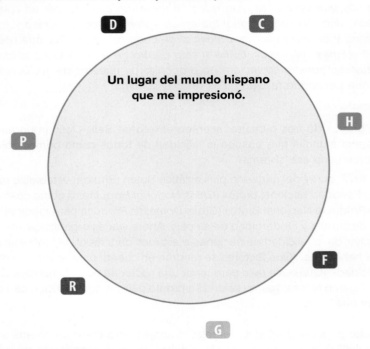

Paso 1 ¿Qué país o ciudad del mundo hispano le interesó más? ¿Hay un lugar específico o un fenómeno cultural que le impresionó más que otros? Llene el círculo con las palabras clave que lo/la ayudarán a conversar con facilidad sobre su lugar preferido.

Paso 2 Imagínese que acaba de regresar de un programa de estudios en el lugar que Ud. eligió en el **Paso 1.** Un día, asiste a una reunión con otros estudiantes recién regresados del extranjero. En grupos de cuatro, trabajen en parejas y describan cómo fue su experiencia, añadiendo algo que pasó que les impresionó mucho. Cada estudiante tendrá un minuto para hablar mientras su pareja escucha y le hace preguntas. Después de dos minutos, cambiarán de pareja. Repetirán el proceso dos veces para que todos compartan con cada miembro del grupo.

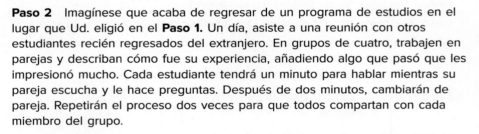

Paso 3 Después de que todos hayan compartido según las instrucciones del **Paso 2,** trabajen juntos para hacer comparaciones y hablar de lo que les interesa, fascina y molesta de los lugares donde estudiaron.

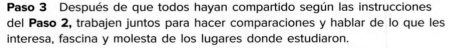
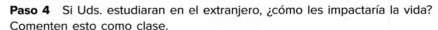

Paso 4 Si Uds. estudiaran en el extranjero, ¿cómo les impactaría la vida? Comenten esto como clase.

B. Las bolas de cristal

Paso 1 Ahora, en parejas, hagan una predicción sobre el futuro de cada tema para el año 2050. ¿En qué se parecerán a su estado actual? ¿En qué serán diferentes? Los ocho temas son algunos de los que hemos discutido a lo largo del curso.

1. la apariencia física de los jóvenes
2. la familia
3. el romance
4. el tiempo libre
5. la gente indígena
6. la política
7. la tecnología
8. los inmigrantes

©pidjoe/Getty Images

Paso 2 Ahora, haga predicciones sobre su propio futuro. Puede hablar de su vida amorosa, su familia, trabajo, diversiones, etcétera. Puede basar sus predicciones en algo que Ud. espera que se realice o en unos sueños locos.

Cuando _____ (tener) 50/65/80 años, ...

Tan pronto como _____ (terminar / empezar) _____, ...

Hasta que...

Con tal de que...

Paso 3 Ahora en parejas, compartan sus predicciones y reaccionen ante las predicciones de su compañero/a, utilizando frases como **No creo que...**, **Es posible que...**, **Dudo que...**, **Supongo que...**, **Si fuera tú, ...**

¡Enhorabuena!

LOS PUNTOS CLAVE

DESCRIBIR

Descripción

The following grammar summaries on (A) agreement, (B) **ser** and **estar,** (C) past participles used as adjectives, and (D) uses and omission of articles will help you give more accurate descriptions in Spanish.

A. Agreement

Although you learned about subject/verb agreement and noun/adjective agreement when you first started to learn Spanish, you may still have problems with agreement (**concordancia**), especially when the person, place, or thing continues to be alluded to in a longer text. At this point, you are probably able to assign adjectives the correct gender when they are close to the noun they modify, but you may lose sight of the gender if the sentence continues. Note the following examples.

> *Incorrect:* Las rosas amarillas que Javi le dio a Sara eran **bonitos.**
> *Correct:*   **Las rosas amarillas** que Javi le dio a Sara eran **bonitas.**

Remember that adjectives agree in number and gender with the nouns they modify. Adjectives ending in **-e** agree in number only (**un chico amable, una chica amable**). The plural is formed by adding **-s** to nouns and adjectives that end in a vowel (**la rosa roja, las rosas rojas**) and **-es** to nouns and adjectives that end in a consonant (**un joven alto, unos jóvenes altos**).

One roadblock to students' mastery of agreement is the existence of words that are not obviously masculine or feminine. The following lists contain some common nouns and rules that should help you.

1. Most nouns that end in **-a** or that refer to females are feminine.

   la brisa   la madre   la mujer   la reina

2. Most nouns that end in **-o** or that refer to males are masculine.

   el libro   el padre   el rey   el viento

3. Most nouns that end in **-ción, -sión, -d, -z, -ie, -is,** and **-umbre** are feminine.

la actitud	la incertidumbre	la superficie
la canción	la pensión	la universidad
la costumbre	la realidad	la virtud
la crisis	la serie	la voz

4. Most nouns that end in **-l, -n, -r,** and **-s** are masculine.

el amor	el fin	el mes
el árbol	el interés	el papel
el camión	el jamón	el perfil
el color	el lunar	el tenedor

5. Even though they end with **-a,** many words ending in **-ma, -pa,** and **-ta** are masculine.

el clima	el drama	el planeta	el programa
el cometa*	el idioma	el poema	el sistema
el diploma	el mapa	el problema	el tema

6. Feminine nouns that begin with a stressed **a-** or stressed **ha-** use masculine articles when they are singular, but feminine articles when they are plural. Remember that these feminine nouns always use feminine adjectives.

el agua fría	las aguas frías
un alma gemela	unas almas gemelas
un hacha larga	unas hachas largas

- Note that this rule applies only when the stress is on the first syllable, hence: **la atmósfera, la audición.**
- Also note that the word **arte** is generally masculine when it appears in the singular and feminine when it appears in the plural, hence: **el arte moderno, las artes gráficas.**

7. Some common words are shortened from their original feminine form. Although the shortened form ends in **-o,** the gender is still feminine.

la fotografía → la foto	la motocicleta → la moto

8. Many nouns ending in **-e** don't follow any specific gender rules. The gender of these nouns must be memorized. Most nouns ending in **-ante** or **-ente** that refer to a person can be masculine or feminine, depending upon the sex of the person to whom they refer.

el café	el/la estudiante
la gente	el/la gerente

9. Nouns and adjectives ending in **-ista** can be either masculine or feminine, depending on the gender of the person to whom they refer.

el/la artista	el presidente progresista
el/la dentista	la mujer realista
el/la periodista	

10. Finally, there are some nouns that do not follow any of the preceding rules. You will have to memorize their gender as you encounter them. Here are a few you may already know.

la cárcel	la mano	la miel	la sal

¡A practicar!

A. For each of the following words, indicate the number of the corresponding rule of gender found in the preceding explanation.

1. _____ el águila	7. _____ la foto	13. _____ el pan
2. _____ el archivo	8. _____ la luz	14. _____ el papel
3. _____ la crisis	9. _____ la mano	15. _____ la playa
4. _____ la cumbre	10. _____ la moto	16. _____ la voz
5. _____ el día	11. _____ la mujer	
6. _____ la flor	12. _____ la nariz	

---

*Note that **el cometa** means *comet,* but **la cometa** means *kite.*

B. Indicate the appropriate articles and adjectives for each of the following sentences.

1. _____ gente de mi barrio es muy _____ (simpático).

2. _____ aguas de los dos lagos son _____ (frío).

3. _____ fotos de mi novio, Francisco, son _____ (bonito).

4. _____ problema con _____ voz de Margarita es que es muy _____ (bajo).

5. _____ canciones que Leo canta son _____ (fabuloso).

6. _____ crisis con _____ clima en California es _____ (malo).

7. _____ nariz de Pepe, mi hermano menor, es muy _____ (largo).

8. _____ mapa de _____ ciudad que queremos visitar es _____ (pequeño).

9. _____ sol en las montañas es muy _____ (fuerte).

10. _____ árboles que están en _____ jardín son _____ (gigantesco).

B. Ser and estar

The irregular verbs **ser** and **estar** are used when describing people, places, and things. Here are some of the more common uses of **ser** and **estar.**

SER	ESTAR
1. to express inherent characteristics or the perceived norm with adjectives (I) Eva Perón **era** una mujer **elegante** y **sofisticada.** Ana **es** médica. 2. with **de** to indicate origin (O) José **es de** Costa Rica. 3. with **de** to indicate possession (PO) Las flores **son de** Camila. 4. to indicate time (hour, day, date, season) (T) **Eran las 11:00** cuando Sara llegó. Mañana **es el 15 de septiembre.** 5. to express where an event takes place (E) ¿Dónde **es** el examen final? El concierto **es** en ese teatro.	1. to express the location of a physical entity (L) ¿**Dónde está** el bolígrafo? La foto **está en mi coche.** 2. to express a condition, such as health, mental state, or a change from the perceived norm (C) La profesora no puede hablar porque **está cansada.** Los niños **estaban** más animados ayer. Mariola, ¡**estás lindísima** hoy! 3. to form the progressive (P) El atleta **estaba sudando** (*sweating*) profusamente. María **está estudiando** con Pepe.

Remember the impersonal form of **haber (hay)** is used to express the existence of someone or something, and that the singular is used even when referring to plurals.

> Había tres restaurantes mexicanos, pero ahora solo hay uno.
> *There were three Mexican restaurants, but now there is only one.*

Note how the use of **ser** or **estar** in the following sentences changes their meaning.

1. La paella **es** muy rica.   *Paella is delicious.* (*It always is.*)
   La paella **está** muy rica.   *The paella tastes delicious.* (*this paella that I'm eating now*)

2. Horacio **es** nervioso.   *Horacio is nervous.* (*He is a nervous person.*)
   Héctor **está** nervioso.   *Héctor is nervous.* (*Something must have happened to make him nervous.*)

3. Susana **es** guapa.	Susana is pretty. (She's a pretty woman.)
Lola **está** muy guapa.	Lola looks very pretty. (She looks especially pretty today.)
4. Ramón **es** aburrido.	Ramón is boring. (He's a boring person.)
Pepe **está** aburrido.	Pepe is bored. (right now)
5. Paco **es** listo.	Paco is smart. (He's an intelligent person.)
Juana **está** lista.	Juana is ready. (She's prepared to begin/go.)

¡A practicar!*

A. Select the correct word or phrase from those given to complete each of the following sentences.

1. La familia de Diego es _____.
   (en México, cerca de San Antonio, de México, tristes)

2. Los padres de Sergio estaban _____.
   (ricos, de San Francisco, norteamericanos, preocupados)

3. Laura creía que Sara era _____.
   (tímida, en otra tienda, llorando, con ella)

4. Sara estaba _____ cuando oyó las noticias.
   (joven, tomando un café, cruel, una trabajadora)

5. Javier es _____.
   (periodista, en Ruta Maya, frustrado, escribiendo un artículo)

B. Indicate the letter(s) (from the list of common uses of **ser** and **estar** at the beginning of this section) that explain(s) why **ser** or **estar** is used in each of the following sentences.

SER	ESTAR
I = description of inherent characteristics	L = location
O = origin	C = condition or state
PO = possession	P = progressive
T = time (hour, date, day, season)	
E = event	

1. _____ *Soy* de Miami. ¿Y tú?

2. _____ ¿*Está* pensando en mudarse a Puerto Rico?

3. _____ Su casa natal *está* en San Juan.

4. _____ Tengo que irme; ya *son* las 3:30.

5. _____ La reunión *es* en la casa de Cristina.

6. _____ *Estamos* preparados para el examen.

7. _____ *Era* la 1:00 cuando Laura llegó al laboratorio.

8. _____ Ellos *son* de Cuba, pero sus antepasados *eran* de España.

9. _____ La reunión *fue* en la oficina del presidente.

10. _____ *Es* una mujer muy lista y capaz.

11. _____ El coche rojo *es* de Diego.

12. _____ Marisol *estaba* muy contenta de oír la voz de su esposo.

13. _____ *Estuvo* estudiando durante tres horas.

14. _____ Los muebles antiguos *son* de sus abuelos.

15. _____ Hoy *es* el 30 de abril.

---

*There are more practice activities on Connect (www.mhhe.com/connect) and in the *Manual*.

C. Fill in the blanks with the correct form of **ser** or **estar.**

Los cinco amigos viven en Austin, la capital de Texas. Austin _____¹ una ciudad de tamaño mediano, aunque _____² experimentando un gran crecimientoᵃ en la población. Austin _____³ conocido por su actividad en el campo de la música, por eso le gusta a Sergio vivir allí. Muchos de los conciertos _____⁴ en la Calle Seis, que _____⁵ muy cerca del centro de la ciudad. Uno de los lugares más tradicionales para ir a escuchar nueva música _____⁶ el Continental Club. A veces toca allí un grupo de música cubana que se llama «Son Yuma». Bueno, en realidad los músicos de este grupo _____⁷ estudiantes de los Estados Unidos. Pero los muchachos _____⁸ muy dedicados; el año pasado fueron a Cuba a estudiar con músicos cubanos para perfeccionar su estilo. La chica que canta con ellos tiene una voz increíble. Ella _____⁹ de Dallas, pero su español _____¹⁰ tan bueno que parece _____¹¹ cubana. Este viernes, el grupo presentará un concierto de nueva música. El concierto _____¹² en el Club Palmeras, una salsateca importante. El club _____¹³ de un primo de uno de los músicos. Los miembros del grupo _____¹⁴ muy emocionados porque va a _____¹⁵ un promotor musical de Nueva York para escucharlos. También _____¹⁶ nerviosos, pero _____¹⁷ seguro que todo saldrá bien.

ᵃ*growth*

C. Past participles used as adjectives

The past participle can be used as an adjective to modify a noun. This type of adjective is frequently used with **estar,** as it often describes the state or condition that results from an action or change. Remember that the rules of agreement apply.

- Regular past participles are formed by adding **-ado** to the stem of **-ar** verbs and **-ido** to the stem of **-er** and **-ir** verbs.

  Laura está **frustrada** con Sara. (frustrar)
  Diego y Sergio estaban **sorprendidos** porque había tanta gente en el café aquel día. (sorprender)
  Javier estaba **dormido** durante la reunión porque era **aburrida.** (dormir, aburrir)

- Some verbs have irregular past participles, whereas others simply add a written accent to maintain the appropriate stress.

COMMON IRREGULAR PAST PARTICIPLES		ADDED ACCENT
abrir: abierto	morir: muerto	caer: caído
cubrir: cubierto	poner: puesto	creer: creído
decir: dicho	resolver: resuelto	leer: leído
descubrir: descubierto	romper: roto	oír: oído
escribir: escrito	ver: visto	traer: traído
hacer: hecho	volver: vuelto	

¡A practicar!

Fill in the blanks with the appropriate form of the past participle of the verb in parentheses.

Cuando Laura llegó a su laboratorio el domingo pasado, se llevó una sorpresa. La puerta, que normalmente está _____¹ (cerrar) con llave, estaba _____² (abrir). Con mucha precaución, Laura entró en el laboratorio y descubrió que todo estaba _____³ (hacer) un desastre. Había muchas probetasᵃ _____⁴ (romper) y papeles _____⁵ (tirar) por el piso, y algunos de los ratones de prueba estaban _____⁶ (morir). Otras jaulas,ᵇ de algunos animales que se habían escapado, estaban _____⁷ (abrir). Laura llamó inmediatamente a la policía. Era obvio que alguien había entrado en el laboratorio maliciosamente, tal vez con la intención de robar algo. Y qué lástima porque el trabajo de muchas personas estaba totalmente _____⁸ (perder). Hasta hoy, el caso no está _____⁹ (resolver) todavía.

ᵃ*test tubes* ᵇ*cages*

D. Uses and omission of articles

DEFINITE ARTICLES

In Spanish, the definite article (**el/la/los/las**) is necessary in many cases in which no article is used in English. Although you will find exceptions, the following rules will serve as a general guideline to help you decide whether or not to use the definite article.

1. The definite article is needed before nouns that refer to concepts and abstract things and to nouns used in a general sense.

El amor nos ayuda a sobrevivir.	*Love helps us to survive.*
Los deportes son importantes para **la gente joven.**	*Sports are important for young people.*
El dinero puede causar problemas en vez de resolverlos.	*Money can cause problems instead of solving them.*

2. The definite article is used with nouns that refer to a general group.

La gente sin recursos necesita nuestra ayuda.	*People without resources need our help.*
Los inmigrantes han aportado mucho a nuestro país.	*Immigrants have contributed a lot to our country.*

3. The definite article is used for dates, seasons, meals, and hours.

Vamos a México **el 3 de enero** para pasar **el invierno** en la playa.	*We're going to Mexico on January third to spend the winter at the beach.*
Sirven **la cena** a eso de **las 8:00** de **la noche.**	*They serve dinner at about 8:00 P.M.*

4. The definite article is used in place of a possessive adjective for parts of the body and clothing.

Me puse **las sandalias** para ir a la playa.	*I put on my sandals to go to the beach.*
Rafael se lavó **la cara** con agua fría para despertarse.	*Rafael washed his face with cold water to wake up.*

5. The definite article precedes most professional titles or titles of respect, including **señor(a) (Sr[a].)** and **doctor(a) (Dr[a].)** when talking about people. The masculine plural article **los** is used with the singular surname when referring to a family.

La Sra. Romo fue a ver **al Dr.** Peña.	*Mrs. Romo went to see Dr. Peña.*
Los Rivera y **los Smith** son amigos.	*The Riveras and Smiths are friends.*

6. The definite article is used before names of sciences, skills, school subjects, and languages when they are the subjects of a sentence or the object of a preposition other than **de** or **en.** When languages are objects of a verb, the article is not used.

El español es mi clase favorita, pero tengo problemas con **las conjugaciones** de los verbos.	*Spanish is my favorite class, but I have problems with verb conjugations.*

but	No estoy muy interesado en **química.**	*I'm not very interested in chemistry.*
	El libro de **alemán** cuesta más de 40 dólares.	*The German book costs more than $40.00.*
	Estoy tomando **historia, matemáticas** y **español.**	*I'm taking history, math, and Spanish.*

7. The definite article is used with **cama, cárcel, colegio, escuela, guerra, iglesia,** and **trabajo** when they are preceded by a preposition.

Si vuelves de **la escuela** antes de las 3:30, todavía estaré en **la iglesia.**	*If you return from school before 3:30, I will still be in church.*

8. The masculine singular definite article **el** forms a contraction with the prepositions **de** and **a.** These are the only such contractions in Spanish.

	No encuentro las llaves **del coche.**	*I can't find the car keys.*
but	No encuentro las llaves **de la casa.**	*I can't find the house keys.*

	Ayer fui **al centro comercial** para comprar zapatos.	*Yesterday I went to the mall to buy shoes.*
but	Ayer fui **a la zapatería,** pero no me gustaron los precios de allí.	*Yesterday I went to the shoe store, but I didn't like the prices there.*

INDEFINITE ARTICLES

In Spanish, the indefinite article (**un/una/unos/unas**) is used less frequently than in English. Therefore, the rules in Spanish deal mostly with the omission of the article.

1. No indefinite article is used after the verb **ser** when referring to professions, nationalities, or political and religious affiliations. But whenever these items are modified by an adjective, the indefinite article must be used.

No quiere ser **administradora.**	*She doesn't want to be an administrator.*
Era republicano, pero ahora es **un demócrata apasionado.**	*He was a Republican, but now he's a fervent Democrat.*

2. No indefinite article is used before **otro/a, medio/a, cierto/a, mil, cien,** or **ciento.**

No hay **otra manera** de hacer la receta excepto con **media libra** de tomates frescos.	*There's no other way to make the recipe except with a half pound of fresh tomatoes.*
El libro cuesta **mil** ciento cincuenta **pesos.**	*The book costs one thousand one hundred fifty pesos.*

¡A practicar!

For the following narration, indicate the appropriate definite or indefinite article, according to the context of the story. **¡OJO!** In some cases, no article is required.

_____[1] primo de Sara es _____[2] maestro en _____[3] escuela secundaria cerca de _____[4] frontera[a] entre España y Portugal. Enseña _____[5] inglés y _____[6] matemáticas. En total tiene _____[7] cien estudiantes de _____[8] inglés y _____[9] ciento veinte estudiantes de _____[10] matemáticas.

_____[11] Sr. Garrudo es _____[12] jefe de estudios[b] de _____[13] secundaria e insiste en que _____[14] maestros lleguen _____[15] hora antes de que empiecen _____[16] clases para hablar sobre _____[17] mejor manera de ayudar a _____[18] estudiantes con _____[19] problemas de _____[20] aprendizaje.[c] Es _____[21] administrador comprensivo y dedicado a _____[22] desarrollo académico y psicológico de _____[23] estudiantes de su escuela. Él cree de todo corazón[d] que _____[24] dedicación, _____[25] paciencia y _____[26] amor son _____[27] componentes necesarios para asegurar[e] _____[28] éxito[f] de todos _____[29] estudiantes.

[a]*border*   [b]*jefe... principal*   [c]*learning*   [d]*de... wholeheartedly*   [e]*ensure*   [f]*success*

Comparación

When describing people, places, things, emotions, and actions, we often compare them with others that are the same or different. In this section, you will review (A) comparisons of inequality, (B) comparisons of equality, (C) irregular comparative forms, and (D) superlatives.

LOS COMPARATIVOS

La desigualdad (*inequality*)		La igualdad (*equality*)	
más... que	more . . . than	tan... como	as . . . as
más que	more than	tanto/a/os/as... como	as much/many . . . as
menos... que	less . . . than	tanto como	as much as
menos que	less than		

COMPARAR

A. Comparisons of inequality

When you compare people, places, or things that are not equal, use the following formulas.

1. **más/menos** + *adjective, adverb,* or *noun* + **que**

   Marisol estaba **más contenta** con el Hotel Regina **que** tú.
   Uds. viajan **más frecuentemente que** nosotros.
   Este plan tiene **menos actividades que** el otro.

2. *verb* + **más/menos** + **que**

   Pablo siempre **paga menos que** Roberto.
   Por lo general, los europeos **fuman más que** los norteamericanos.

3. **más/menos** + **de** + *number*

   El viaje a Madrid le costará **menos de 1.000 dólares.**
   Hay **más de 55 personas** apuntadas (*signed up*) para esta excursión.

B. Comparisons of equality

When you compare people, places, and things that are equal, use the following formulas.

1. **tan** + *adjective* + **como** (Note that the adjective always agrees with the noun it modifies.)

   Laura es **tan lista como** Sergio.
   Javi y Jacobo son **tan ambiciosos como** su padre.

2. **tan** + *adverb* + **como**

   Javier habla **tan rápidamente como** Sara.
   Laura duerme **tan profundamente como** Sara.

3. **tanto/a/os/as** + *noun* + **como** (Note that **tanto** agrees in number and gender with the noun it modifies.)

   Su tío tiene **tanto dinero como** su padre.
   Cristina ha traído **tantos regalos como** Diego.
   Marisol tiene **tantas amigas como** Sean.

4. *verb* + **tanto como**

   Felipe **gasta tanto como** yo.
   Jorge no **come tanto como** su hermano.

C. Irregular comparative forms

Some adjectives have an irregular comparative form.

(buen, bueno/a) mejor	*better*	(viejo/a; grande) mayor	*older; greater**
(mal, malo/a) peor	*worse*	(joven; pequeño/a) menor	*younger; lesser**

Esta clase es **mejor que** la del semestre pasado.
Carolina es **menor que** Sara pero **mayor que** Claudia.
Los efectos del terremoto (*earthquake*) son **peores que** los del huracán.
La reacción negativa a los cambios curriculares fue **mayor/más grande** de lo que se esperaba.
Sara optó por el **menor** de los dos males (*evils*).

---

*más grande and más pequeño/a may also be appropriate

COMPARAR

D. Superlatives

Superlative comparisons rank one member of a group as the highest or lowest example of its kind. In general, superlatives are formed as follows.

> *definite article* + *noun* + **más/menos** + *adjective* + **de**
>
> Pancho es **el estudiante más entretenido** (*entertaining*) **de** todos.

¡OJO! Irregular forms precede the noun in this type of comparison. **Más/menos** is not used in these constructions.

> Dormir en la playa es **la peor idea del** mundo porque hay muchos mosquitos.

¡A practicar!*

A. Write comparisons in complete sentences, using your imagination, the clues given, and the information from the following chart.

NOMBRE	EDAD	HERMANOS	SALARIO	COCHE
Javier	28	1	$2.000/mes	1990 Volkswagen
Laura	27	3	$1.200/mes	2004 Toyota Prius
Diego	32	3	$6.000/mes	Mercedes Benz

1. Laura / Diego / tener hermanos
2. Laura / Javier / joven
3. el coche de Javier / el coche de Laura / bueno
4. Diego / Javier / ganar dinero
5. Javier / Laura / rico
6. Laura / Diego / salir a comer
7. Javier / Diego / tomar el autobús

B. Express your opinion by writing two comparisons: (**a**) compare two in each group with a comparison of equality or inequality, and (**b**) compare one with respect to the entire group in the form of a superlative.

1. Pink / Lady Gaga / Nicki Minaj (llamativo/a)

   a. _____

   b. _____

2. Jeff Bezos / Oprah Winfrey / Mark Zuckerberg (ambicioso/a)

   a. _____

   b. _____

3. *The Bachelor / The Biggest Loser / Dancing with the Stars* (degradante)

   a. _____

   b. _____

4. las chalupas / las enchiladas / los tacos (bueno/a)

   a. _____

   b. _____

---

*There are more practice activities on Connect (www.mhhe.com/connect) and in the *Manual*.

Narración en el pasado

Narrating in the past requires that you know the past-tense verb forms and that you study and practice using the preterite, the imperfect, the present perfect, and the pluperfect tenses. To help you master this **meta comunicativa,** this section contains (A) a review of the verb forms for the preterite and imperfect; (B) hints for understanding the relationship and differences between them through the use of the **carne/columna** metaphor, an explanatory chart, and symbols to show how events take place in time and in relation to each other; (C) a list of verbs with different meanings in the preterite and imperfect; (D) a review of the present perfect and pluperfect tenses; and (E) **hace... que** constructions.

A. Formation of the preterite and imperfect

1. **Preterite forms**

   Here is a review of preterite verb forms, including high-frequency irregular forms.

REGULAR PRETERITE FORMS					
HABLAR:	hablé	hablaste	habló	hablamos	hablasteis	hablaron
COMER:	comí	comiste	comió	comimos	comisteis	comieron
VIVIR:	viví	viviste	vivió	vivimos	vivisteis	vivieron

IRREGULAR PRETERITE FORMS					
DAR:	di	diste	dio	dimos	disteis	dieron
DECIR:	dije	dijiste	dijo	dijimos	dijisteis	dijeron
ESTAR:	estuve	estuviste	estuvo	estuvimos	estuvisteis	estuvieron
HACER:	hice	hiciste	hizo*	hicimos	hicisteis	hicieron
IR:†	fui	fuiste	fue	fuimos	fuisteis	fueron
PODER:	pude	pudiste	pudo	pudimos	pudisteis	pudieron
PONER:	puse	pusiste	puso	pusimos	pusisteis	pusieron
QUERER:	quise	quisiste	quiso	quisimos	quisisteis	quisieron
SABER:	supe	supiste	supo	supimos	supisteis	supieron
SER:†	fui	fuiste	fue	fuimos	fuisteis	fueron
TENER:	tuve	tuviste	tuvo	tuvimos	tuvisteis	tuvieron
TRAER:	traje	trajiste	trajo	trajimos	trajisteis	trajeron
VENIR:	vine	viniste	vino	vinimos	vinisteis	vinieron

   - Verbs that end in **-car, -gar,** and **-zar** show a spelling change in the first-person singular of the preterite.

     buscar: busqué, buscaste, buscó,...
     pagar: pagué, pagaste, pagó,...
     empezar: empecé, empezaste, empezó,...

   - An unstressed **-i-** between two vowels becomes **-y-** in the preterite.

     creer: creió → creyó   leer: leió → leyó
           creieron → creyeron   leieron → leyeron

---

*The **-c-** in the preterite stem is replaced here with **-z-** to maintain the [s] sound ([θ] in Spain).
†Note that **ir** and **ser** share the same preterite forms. Context will determine meaning: **Mis tíos fueron a Londres para las vacaciones. Hace mucho tiempo que los dos fueron maestros.**

- Although **-ar** and **-er** stem-changing verbs have no stem change in the preterite (**me acuesto → me acosté; pierde → perdió**), **-ir** stem-changing verbs do have a change in the preterite, but only in the third-person singular and plural. Thus, the stem vowels **e** and **o** change to **i** and **u,** respectively. You will notice in the *Punto y aparte* program that some verbs are listed with two sets of letters in parentheses.

  conseguir (i, i)   divertirse (ie, i)   dormir (ue, u)

- The first set of letters indicates a stem change in the present tense and the second set represents a change in both the preterite and the present participle.

PRETERITE FORMS OF STEM-CHANGING VERBS

Verbs Like PEDIR (i, i)		Verbs like DORMIR (ue, u)	
PRESENT	PRETERITE	PRESENT	PRETERITE
pido	pedí	duermo	dormí
pides	pediste	duermes	dormiste
pide	pidió	duerme	durmió
pedimos	pedimos	dormimos	dormimos
pedís	pedisteis	dormís	dormisteis
piden	pidieron	duermen	durmieron
PRESENT PARTICIPLE		PRESENT PARTICIPLE	
pidiendo		durmiendo	

2. **Imperfect forms**

   Here is a review of regular and irregular imperfect forms. Please note that there are only three irregular verbs in the imperfect.

REGULAR IMPERFECT FORMS

HABLAR:	hablaba	hablabas	hablaba	hablábamos	hablabais	hablaban
COMER:	comía	comías	comía	comíamos	comíais	comían
VIVIR:	vivía	vivías	vivía	vivíamos	vivíais	vivían

IRREGULAR IMPERFECT FORMS

IR:	iba	ibas	iba	íbamos	ibais	iban
SER:	era	eras	era	éramos	erais	eran
VER:	veía	veías	veía	veíamos	veíais	veían

B. Using the preterite and imperfect

A general rule of thumb to help you understand the distinction between the preterite and the imperfect is that the preterite is used to report events that were completed in the past. The focus may be on the beginning of an event (**empezó a llorar**), the end of an event (**terminó de escribir el informe**), or on the totality of an event from beginning to end (**compró otro coche**). On the other hand, when the focus is on an action that was in progress, with no concern for when it started or ended, the imperfect is used. Think of the preterite verbs as those that move the story line forward (the backbone of the story) and the imperfect as the descriptive filler (the flesh) used to enhance the listener's ability to picture more fully the circumstances of the past event being described. This distinction will be presented in three ways: (1) as a metaphor to guide you as you analyze and create past-tense discourse, (2) as a general explanation of when to use the preterite or the imperfect, and (3) as an explanation of how events take place in time.

1. **The metaphor***

The backbone/flesh metaphor can help you understand the relationship between the preterite and the imperfect. Think of the backbone (**la columna**) as the information that moves a story forward, a series of completed actions (preterite). As each event ends (represented with an **X**), a new event begins, which in turn moves the story forward in time. Notice that, in the events narrated below, each preterite verb moves the story line forward from the point of Santiago's waking up to the point of his leaving. The preterite is the backbone of the story.

Santiago se despertó temprano.	X	X	
Comió rápidamente.	X	X	
Salió corriendo de la casa.	X	X	backbone
Llegó a la oficina a las 8:00.	X	X	(**la columna**)
Firmó el documento.	X	X	
Salió para Lima.	X	X	

Verbs in the imperfect do not introduce new events into the story and therefore do not move the story line forward. The imperfect stops the story line to fill in descriptive details or to "flesh out" the story. Hence the reference to the imperfect as the flesh (**la carne**) of the story. Note how the imperfect adds details.

FLESH (**LA CARNE**)	BACKBONE (**LA COLUMNA**)	FLESH (**LA CARNE**)
	Santiago se despertó temprano.	Era una mañana lluviosa.
	X ↓	~~~~
	Comió rápidamente.	No tenía mucha hambre.
	X ↓	
Quería llegar temprano.	Salió corriendo de la casa.	Estaba un poco nervioso.
	X ↓	~~~~
~~	Llegó a la oficina a las 8:00.	Su jefe lo esperaba.
	X ↓	~~~~
Temblaba un poco.	Firmó el documento.	Tenía que ser valiente.
~~	X ↓	~~~~
	Salió para Lima.	

---

*This metaphor was devised and articulated by Dr. Ruth Westfall of the University of Texas at Austin.

Notice how the imperfect refers to a time specified by the preterite story line.

- At the time he woke up, it was a rainy morning.
- At the time of eating, he wasn't very hungry.
- He ran from his house because he wanted to arrive early. At the time of leaving, he was feeling a little nervous.
- At the time of his arrival at the office, his boss was waiting for him.
- He was shaking at the time of signing the document, but he had to be brave.
- Then he left for Lima.

This metaphor can be very helpful as you create your own stories in the past, and it is also helpful in analyzing existing texts in Spanish. Read the following narrative. On a separate sheet of paper, indicate the **columna** and the **carne** found in the narration, using the previous example as a model.

El año pasado, Sara fue a Andalucía para pasar las vacaciones de primavera. Hacía muy buen tiempo. El sol brillaba[1] cada día. Primero, Sara paró en Granada, donde visitó la Alhambra. Era un lugar impresionante. Tenía vistas increíbles. Después, se marchó[2] a Sevilla para ver la famosa Semana Santa. Había flores por todas partes y las calles estaban llenas de gente. Fueron unas vacaciones estupendas.

[1]*was shining*   [2]*se… se fue*

This metaphor can also be very useful when you are reading a text in Spanish. If you are confused about what happened in a particular passage, try focusing only on the preterite verbs, so you get the backbone of the story. Each verb in the preterite accounts for the forward movement of the narrative.

2. **Usage chart**

Here is a brief summary of some of the more common uses of the preterite and the imperfect.

PRETERITE X	IMPERFECT 〜〜〜
completed action **Fui** al concierto. Me **puse** furiosa y **decidí** irme. El picnic **terminó** cuando **empezó** a llover.	*progression of an action with no focus on beginning or end* Lo **leía** con gran interés. **Dormía** tranquilamente. Mientras su padre **trabajaba,…**
completed actions in succession Se **levantó, comió** y **llamó** a Ana.	*habitual action* Siempre **comía** rápidamente.
completed action within a specific time period **Estudié** por dos horas anoche. **Vivió** cuatro años en Madrid.	*description of physical and emotional states* El chico **era** alto y delgado. **Tenía** miedo de todo.
	description of past opinions, desires, and knowledge No le **interesaba** el tema. **Pensaba** que era aburrido. **Quería** explorar otras ideas.
summary or reaction statement **Fue** un verano perfecto.	*background information such as time, weather, and age* **Eran** las 2:00 de la tarde y ya **hacía** frío. En 1978, ella **tenía** 13 años.

PASADO

3. **Uses of the preterite: expanded explanation**

a. *Completed action.* Completed actions may refer to events that happened and ended quickly: **Se sentó en el sillón y *cerró* los ojos.** They may refer to the beginning or end of an action: ***Decidió* investigarlo. *Terminaron* la investigación.** Or they may refer to actions that started and ended in the past: ***Limpió* la casa entera.**

b. *Completed actions in succession.* The preterite is used for a series of actions, in which one ended before the other began: ***Tomó* el desayuno, *limpió* la casa y *cortó* el césped** (*grass*). In this example, each action had a definite beginning and a definite end.

c. *Completed action within a specific time period.* The preterite is used to describe an event that took place within a closed interval of time: **Diego *estudió* en Monterrey por cuatro años.** (He studied there during a closed interval of time—four years.)

d. *Summary or reaction statement.* The preterite is also used in a summary statement or a reaction to a series of events packaged as a whole: **¿Qué tal la película? Me *encantó.* ¡*Fue* fenomenal!** (overall reaction to the movie as a whole); **¿Qué tal el viaje? *Fue* maravilloso.** (The whole trip was wonderful.) This can be used at the beginning or end of a narration.

4. **Uses of the imperfect: expanded explanation**

a. *Progression of an action with no focus on the beginning or end.* The imperfect is used to express what was in the process of happening at a given moment of the story in the past.

Elena **preparaba** la comida mientras su esposo **bañaba** a los niños.	Elena was preparing the meal while her husband was bathing the children. (beginning and end of both actions not specified)

b. *Habitual action.* The imperfect is used to describe an activity that used to occur in the past when no definite length of time is mentioned.

Siempre **escuchaba** su música favorita en la sala.	She always used to listen to her favorite music in the living room. (habitual action)

c. *Description of physical and emotional states.* The imperfect is also used to describe characteristic states in the past.

Llevaba un traje elegante. **Estaba** guapísimo, pero **estaba** muy nervioso.	He wore an elegant suit. He was looking extremely handsome, but he was very nervous. (description of his physical and mental states)

d. *Past opinions, beliefs, desires, and knowledge.* The imperfect implies that the belief or desire has been held for an undetermined amount of time.

Creía que eran hermanos.	He thought they were brothers. (He thought that for a while.)
Quería conocerla mejor.	I wanted to get to know her better.
Pensaba que hablaba ruso.	I thought she spoke Russian.
but	
Pensé que hablaba ruso.	I thought she spoke Russian. (But, now I know she does not.)

e. *Background information such as time, weather, and age.* The imperfect is used to set the scene by giving background information.

Era una noche oscura.	It was a dark night. (background information)

• Note that the imperfect can also be used to refer to the future in a past statement.

Me dijo que **iba** a romper con Diego.	She told me she was going to break up with Diego (in the near future).
Afirmó que **venía** a la fiesta.	He stated that he was coming to the party.

5. How events take place in time

You may use the following symbols to help you remember the usage of the preterite and the imperfect in Spanish.

At a specific point in time
Decidió mudarse.

X

Sequential
Hice las tortillas, **cené** y **lavé** los platos.

X X X

Continuous, in progress
De niño, **tocaba** el piano.

~~~~~

Continuous, interrupted by another action
Me **bañaba** cuando **sonó** el teléfono.

~~~X~~~

¡A practicar!*

A. In this exercise you will work only with the four uses of the preterite listed in Section 3 (**Uses of the preterite: expanded explanation**). For each verb in *magenta italics* indicate which type of completed action is being expressed by giving the appropriate letter: (a) completed actions, (b) completed actions in succession, (c) completed actions within a specific time period, (d) summary or reaction statement. Study the explanations again, if you wish.

1. Marisol y Sean *abrieron* _____ el café Ruta Maya en 1989.
2. El día que *inauguraron* _____ el café *fue* _____ fenomenal para ellos.
3. Todos sus amigos *llegaron* _____, *tomaron* _____ café y los *felicitaron* _____.
4. La madre de Marisol no *pudo* _____ asistir, pero *trató* _____ de llamarla durante todo el día.
5. En 1994, *celebraron* _____ el quinto aniversario del café; la madre de Marisol los *sorprendió* _____ y *llegó* _____ sin avisarlos.
6. *Fue* _____ una sorpresa muy especial.
7. ¡La celebración *duró* _____ tres días!

B. In this exercise you will work only with the five uses of the imperfect mentioned in Section 4 (**Uses of the imperfect: expanded explanation**). For each verb in *magenta italics* indicate which type of ongoing activity or state is being described by giving the appropriate letter: (a) no focus on beginning or end, (b) habitual action, (c) description of physical and emotional states, (d) past opinions, desires, and knowledge, (e) background information. Study the explanations again, if you wish.

1. El día de la apertura (*opening*) de Ruta Maya, Marisol *sentía* _____ un orgullo tan grande que no *podía* _____ contenerlo.
2. *Era* _____ un día perfecto. El sol *brillaba* _____, pero no *hacía* _____ demasiado calor.
3. Sean *limpiaba* _____ el nuevo bar mientras Marisol *preparaba* _____ las bebidas para la fiesta.
4. Marisol *llevaba* _____ un vestido nuevo y Sean le dijo que *estaba* _____ muy guapa.
5. Siempre *encendían* _____ unas velas especiales antes de cualquier ocasión importante.
6. Los dos *pensaban* _____ que su nuevo café *iba*† a ser un gran éxito.

---

*There are more practice activities on Connect (www.mhhe.com/connect) and in the *Manual*.
†Remember that the imperfect may be used to refer to the future in a past statement. None of the four uses of the imperfect as stated readily applies in this case.

C. Verbs with different meanings in the preterite and imperfect

PASADO

The meanings of the following verbs change depending on whether they are used in the preterite or the imperfect.

	PRETERITE X	IMPERFECT ~~~~
conocer	to meet Por fin, los amigos **conocieron** a la madre de Javier. *Finally, the friends met Javier's mother.*	to know, be acquainted with Todos **conocían** la tienda de Diego. *Everyone was acquainted with Diego's store.*
saber	to find out **Supieron** la noticia. *They found out the news.*	to know (*facts*) **Sabían** que ella venía. *They knew that she was coming.*
poder	to be able to (*to try and to succeed*) **Pudieron** subir a la cima de la montaña. *They were able (tried and succeeded) to climb to the top of the mountain.*	to be able to (*no knowledge of attempt or success*) Dijo que **podía** bailar bien. *He said he could dance well. (no indication of attempt or success, only of his self-declared ability)*
no poder	to try but fail **No pudo** traducirlo. *He couldn't (tried but failed to) translate it.*	to be incapable of **No podía** traducirlo. *He wasn't capable of translating it. (no indication of attempt or success)*
querer	to try (*but ultimately not achieve*) **Quisimos** comprarlo. *We tried to buy it (but weren't able to for some reason).*	to want **Queríamos** comprarlo. *We wanted to buy it.*
no querer	to refuse **No quiso** terminar. *She refused to finish.*	not to want **No quería** terminar. *She didn't want to finish.*
tener	to receive **Tuvo** dos llamadas hoy. *He received two calls today.*	to have **Tenía** mucho tiempo libre. *He had a lot of free time.*
tener que	to have to (*and to do*) Laura **tuvo que** ir al médico. *Laura had to go (and went) to the doctor.*	to have the obligation to Estaba preocupada porque **tenía que** estudiar. *She was worried because she had (the obligation) to study.*
costar	to cost, be bought for El suéter **costó** 150 pesos. *The sweater cost (and I bought it for) 150 pesos.*	to cost, be available for El abrigo **costaba** 500 pesos. *The coat cost (was priced at) 500 pesos.*

¡A practicar!*

A. Complete the following sentences with the appropriate form of the preterite or imperfect of the verb in parentheses, noting alongside each sentence why you choose the preterite or imperfect. Follow the model.

Preterite (P): (a) completed actions, (b) completed actions in succession, (c) completed actions within a specific time period, (d) summary or reaction statement

Imperfect (I): (a) no focus on beginning or end, (b) habitual action, (c) description of physical and emotional states, (d) past opinions, desires, and knowledge, (e) background information

MODELO: Los padres de Sara _se mudaron_ (mudarse) a Salamanca en 1978. ___P:a___

1. Sara _____ (vivir) en Salamanca de 1978 a 1995. _____
2. Antes _____ (vivir) en un pueblo cerca de Portugal. _____
3. Su apartamento en Salamanca _____ (ser) pequeño pero muy acogedor (*cozy*). _____
4. Casi todos los días, _____ (tomar) su cafecito en el bar de abajo. _____
5. Un día mientras _____ (desayunar), _____ (recibir) la noticia de su beca (*scholarship*). _____
6. Cuando su hermana lo _____ (saber), _____ (llorar). Pero le _____ (decir) que _____ (querer) lo mejor para ella. _____
7. Sara _____ (ser) a Madrid tres veces para arreglar sus papeles. _____
8. La última vez que _____ (estar) en Madrid, _____ (haber) una larga cola y _____ (tener) que esperar mucho tiempo. _____
9. Desafortunadamente, _____ (llevar) tacones altos (*high heels*). _____
10. _____ (Ser) un día horrible para ella. _____

B. Complete each blank with the appropriate preterite or imperfect form of the verb in parentheses.

Cuando Sergio _____[1] (ser) joven, _____[2] (ir) todos los veranos con su familia a México para visitar a la familia de su madre. Siempre le _____[3] (gustar) ver a sus primos, tíos y abuelos y pasar tiempo con ellos. Además, su abuela _____[4] (ser) una cocinera excelente y a Sergio le _____[5] (encantar) su comida. Una vez, cuando Sergio _____[6] (tener) 10 años, la familia entera _____[7] (ir) a pasar tres meses en Acapulco. Sus padres y sus tíos _____[8] (alquilar) una casa enorme cerca de la playa. Acapulco _____[9] (ser) una ciudad lindísima y/e _____[10] (hacer) muy buen tiempo, así que los primos _____[11] (poder) ir a la playa casi todos los días. Desafortunadamente, un día Sergio _____[12] (saber) que su otra abuela, la madre de su papá que _____[13] (vivir) en Boston, _____[14] (estar) enferma. El padre de Sergio _____[15] (tener) que ir a Boston urgentemente. Sergio _____[16] (querer) que su padre se quedara, pero también _____[17] (estar) preocupado por su abuelita. Cuando por fin Sergio y su madre _____[18] (estar) listos para salir, todos _____[19] (sentirse) tristes. A pesar de la enfermedad de su abuela paterna, Sergio lo _____[20] (pasar) muy bien ese verano. _____[21] (ser) unas vacaciones inolvidables.

D. The present perfect and pluperfect

1. Formation

The present perfect and pluperfect tenses are formed by combining the auxiliary verb **haber** and the past participle. (For a review of past participles, see Section C of **Descripción**.) In contrast to the past participle used as an adjective, the past participle in these tenses never changes in number or gender.

PRESENT PERFECT		PLUPERFECT	
h**e** vivido	h**emos** vivido	hab**ía** hecho	hab**íamos** hecho
h**as** vivido	hab**éis** vivido	hab**ías** hecho	hab**íais** hecho
h**a** vivido	h**an** vivido	hab**ía** hecho	hab**ían** hecho

*There are more practice activities on Connect (www.mhhe.com/connect) and in the *Manual*.

2. Usage

- The present perfect expresses an action that began in the past and has relevance to the present.

  ¡Qué sorpresa! Sara **ha terminado** el examen antes que los otros. Los padres de Sara **han decidido** ir a los Estados Unidos para pasar la Navidad con ella.

- On the other hand, the pluperfect expresses an action that had already happened before another action took place in the past.

  Javi nos dijo que **había trabajado** ocho días seguidos antes de tomar un descanso.
  Javier ya **había salido** de Ruta Maya cuando Sara llamó por él.

- Time markers that are often used with the perfect tenses: **ya, hasta ahora, últimamente, por fin.**

¡A practicar!*

A. Since the five friends in Austin met, some changes have occurred in their lives. Complete the following sentences with the appropriate present perfect form of the verb in parentheses.

1. Sergio _____ (conseguir) un contrato con Santana.
2. Javier _____ (romper) con su novia.
3. Laura no _____ (volver) a ver a Manuel en el Ecuador.
4. Diego _____ (tener) mucho éxito con Tesoros.

B. Complete the following sentences with the appropriate pluperfect form of the verb in parentheses to indicate that the actions took place before the change mentioned in **Actividad A.**

1. Antes de trabajar con Santana, Sergio _____ (trabajar) con grupos poco conocidos.
2. Antes de romper con su novia, Javier _____ (soñar) con tener relaciones duraderas.
3. Antes de volver a los Estados Unidos, Laura le _____ (prometer) a Manuel que volvería a Quito dentro de tres meses.
4. Antes de tener éxito en su negocio, Diego _____ (hacer) una inversión (*investment*) muy grande.

E. Hace... que

1. To express that an action *has been going on* over a period of time and is still going on, use the phrase **hace** + *period of time* + **que** + *present tense.*

   —¿Cuánto tiempo **hace que estudias** aquí? —*How long have you been studying here?*
   —**Hace dos años que estudio** aquí. —*I've been studying here for two years.*

2. To express how long *ago* something happened, use the **hace... que** construction with the *preterite.*

   Hace dos años que fui a Lima. *I went to Lima two years ago.*

3. To express an action that *had been going on* prior to a past point in time, use the imperfect and **hacía** instead of **hace.**

   Hacía cinco años que no la **veía** cuando decidió llamarla. *He hadn't seen her for five years when he decided to call her.*

4. To express an action that *had already been completed* prior to a past point in time, use the pluperfect and **hacía** instead of **hace.**

   No lo podía creer —**hacía 25 años que había llegado** a Caracas. *She couldn't believe it—she had arrived in Caracas 25 years earlier.*

5. This type of construction may sometimes be used without the **que.**

   —¿Cuánto tiempo **hace que estudias** aquí? —*How long have you been studying here?*
   —**Hace dos años.** —*(I've been studying here for) Two years.*
   Recibimos la revista **hace un mes.** *We received the magazine a month ago.*

---

*There are more practice activities on Connect (www.mhhe.com/connect) and in the *Manual.*

Explicación gramatical **239**

PASADO

¡A practicar!

Translate the following sentences into Spanish.

1. I'm sorry! How long have you been waiting?
2. I've wanted to eat at this restaurant for a long time.
3. How long ago were you born?
4. Aura left for Buenos Aires six years ago and never returned.
5. Celia had been studying for six hours when Sergio called her.
6. Matías wasn't surprised; he had read about the problem three years earlier.

Reacciones y recomendaciones

REACCIONAR

R

RECOMENDAR

When reacting to situations or making recommendations in Spanish, you will often need to use the subjunctive mood. To help you master the concepts of the subjunctive, this section contains a review of (A) present subjunctive forms, (B) past subjunctive forms, (C) the use of the subjunctive in noun clauses, and (D) formal and informal commands.

A. Formation of the present subjunctive

1. The present subjunctive is formed by dropping the **-o** from regular present-tense first-person singular indicative forms, then adding **-e** endings to **-ar** verbs and **-a** endings to **-er/-ir** verbs.

FORMATION OF THE PRESENT SUBJUNCTIVE		
AYUD**AR** ayud**o** → ayud-	LE**ER** le**o** → le-	VIV**IR** viv**o** → viv-
ayud**e** ayud**emos** ayud**es** ayud**éis** ayud**e** ayud**en**	le**a** le**amos** le**as** le**áis** le**a** le**an**	viv**a** viv**amos** viv**as** viv**áis** viv**a** viv**an**

2. Verbs that undergo spelling changes or that are irregular in the first-person singular indicative retain this irregularity throughout the present subjunctive.

    conocer: cono**zc**o → cono**zc**a, cono**zc**as, cono**zc**a,...
    escoger: esco**j**o → esco**j**a, esco**j**as, esco**j**a,...
    salir: sal**g**o → sal**g**a, sal**g**as, sal**g**a,...

3. There are only six irregular verbs in the present subjunctive. Note that the first letters of the infinitives of these irregular verbs, taken together, spell out the word DISHES.

    dar: d**é**, des, d**é**, demos, deis, den
    ir: vaya, vayas, vaya, vayamos, vayáis, vayan
    saber: sepa, sepas, sepa, sepamos, sepáis, sepan
    haber: haya, hayas, haya, hayamos, hayáis, hayan
    estar: esté, estés, esté, estemos, estéis, estén
    ser: sea, seas, sea, seamos, seáis, sean

4. Stem-changing **-ar** and **-er** verbs do not undergo a stem change in the subjunctive for the **nosotros** and **vosotros** forms. Stem-changing **-ir** verbs, however, do retain a stem change for those forms.

    -ar: sentarse (ie) me s**ie**nte, nos s**e**ntemos, os s**e**ntéis
    -er: volver (ue) v**ue**lva, v**o**lvamos, v**o**lváis
    -ir: pedir (i, i) p**i**da, p**i**damos, p**i**dáis; sentir (ie, i) s**ie**nta, s**i**ntamos, s**i**ntáis; morir (ue, u) m**ue**ra, m**u**ramos, m**u**ráis

B. Formation of the past subjunctive

1. The past subjunctive of all verbs is formed by dropping the **-ron** from the third-person plural preterite form* and replacing it with endings that include **-ra**.† Note the written accents on the first-person plural forms.

FORMATION OF THE PAST SUBJUNCTIVE					
AYUD**AR** ayuda<u>ron</u> → ayuda-		COM**ER** comie<u>ron</u> → comie-		VIV**IR** vivie<u>ron</u> → vivie-	
ayuda<u>ra</u>	ayudá<u>ramos</u>	comie<u>ra</u>	comié<u>ramos</u>	vivie<u>ra</u>	vivié<u>ramos</u>
ayuda<u>ras</u>	ayuda<u>rais</u>	comie<u>ras</u>	comie<u>rais</u>	vivie<u>ras</u>	vivie<u>rais</u>
ayuda<u>ra</u>	ayuda<u>ran</u>	comie<u>ra</u>	comie<u>ran</u>	vivie<u>ra</u>	vivie<u>ran</u>

2. Some argue that there are *no* irregular verbs in the past subjunctive, because any irregularities come from the third-person plural preterite form, which is the basis for the past subjunctive stem.

   dormir: d<u>u</u>rmieron → durmie<u>ra</u>, durmie<u>ras</u>, durmie<u>ra</u>,...
   leer: le<u>y</u>eron → leye<u>ra</u>, leye<u>ras</u>, leye<u>ra</u>,...
   sentir: s<u>i</u>ntieron → sintie<u>ra</u>, sintie<u>ras</u>, sintie<u>ra</u>,...
   ser: <u>fue</u>ron → fue<u>ra</u>, fue<u>ras</u>, fue<u>ra</u>,...

C. Using the subjunctive in noun clauses

Sentences that use the subjunctive have two clauses: an independent (main) clause and a dependent (subordinate) clause. The two clauses are generally separated by the connector **que**.

INDEPENDENT CLAUSE   DEPENDENT CLAUSE

Yo recomiendo + **que** + ella tenga más paciencia.
I recommend + *(that)* + *she have more patience.*

Note that in English the connector *that* is optional, whereas **que** is not.

1. **Conditions for the use of subjunctive in Spanish**

   - The two clauses must have different subjects.

     (Yo) Quiero que **ellos** lleguen temprano.   *I want them to arrive early.*

   - If there is no change of subject, use the infinitive in the dependent clause.

     Quiero llegar temprano.   *I want to arrive early.*

   - The verb in the independent clause must be in the indicative and express (W) wish for a desired outcome or to influence a behavior, (E) emotion, (I) impersonal expressions, (R) recommendations, (D) doubt or denial, or (O) **ojalá** (*I wish* or *Here's hoping*). If the verb in the independent clause does *not* fall into any of the above WEIRDO categories, the verb in the dependent clause must be in the indicative (even if the two clauses have different subjects). Compare the following paired examples, also noting how the sequence of tenses comes into play.

     Quiero que ellos **estén** contentos en su nueva casa.   (W: *wish expressed*)
     Sé que ellos **están** contentos en su nueva casa.   (*certainty expressed*)
     Recomiendo que Loli **tenga** su propio dormitorio.   (R: *recommendation expressed*)
     Estoy seguro de que Loli **tiene** su propio dormitorio.   (*certainty expressed*)
     Tenía miedo de que **hubiera** cucarachas en la cocina.   (E: *emotion expressed*)
     Era cierto que **había** cucarachas en la cocina.   (*certainty expressed*)

---

*See the previous section, **Narración en el pasado,** for a review of preterite forms.
†An alternative ending that includes **-se** is also possible, but it's much less common. Here's an example of **escribir** conjugated in this manner: **escribie<u>ron</u>** → **escribie<u>se</u>, escribie<u>ses</u>, escribie<u>se</u>, escribié<u>semos</u>, escribie<u>seis</u>, escribie<u>sen</u>.**

REACCIONAR

R

RECOMENDAR

- An impersonal expression is one that starts with *It is* or *It was* followed by an adjective: **Es terrible, Es bueno, Fue necesario.** Impersonal expressions, when they express a generalization, are followed by an infinitive: **Es malo comer demasiada comida frita.** However, if an impersonal expression is personalized (made to refer to a specific person or entity), it is followed by the subjunctive in the dependent clause.

Es necesario matar las cucarachas.	*(general)*
Es necesario que **Javier mate** las cucarachas.	*(personalized)*
Era horrible tener cucarachas en casa.	*(general)*
Era horrible que **yo tuviera** cucarachas en casa.	*(personalized)*

- Here are some trigger verbs and expressions that require the subjunctive.

W – Wish (verbs that express a wish for a desired outcome or to influence someone's behavior)

(No) Deseamos que	(No) Quiero que
Insisto en que	Prefiere que
Necesitan que	Prohíben que

E – Emotions (verbs that express a subjective reaction, positive or negative, to a person or an event)

Esperan que	No soportan que
Estoy feliz de que	Odio que
Lamentamos que	Temen que
Me alegro de que	Tiene miedo de que

Me encanta/fascina/gusta/sorprende que
Les asusta/fastidia/molesta/preocupa que

I – Impersonal expressions (express value judgments, possibilities, attempts to influence, doubts, and emotional reactions)

Es bueno/impresionante/injusto/malo/ridículo que
Es posible/probable/imposible que
Es necesario/importante/recomendable/mejor que
Es dudoso / No es cierto / No es verdad
Es difícil/normal/terrible/magnífico/preocupante que
Puede ser que
Más vale que (*It's better that*)

Note that *no* can be placed before any of the above and still carry the sense of value judgments, possibility, advice, doubt or reaction that requires the subjunctive.

R – Recommendations (verbs that offer advice)

(No) Aconsejamos que	(No) Sugiero que
(No) Recomiendan que	

D – Doubt or denial (verbs that express doubt, denial and disbelief)

Dudo que	No creen que
Es difícil que	No es cierto/verdad que*
Es dudoso que	No estoy seguro/a de que
Es imposible que	No piensas que
Niego (*I deny*) que†	

Note that although **creer** and **pensar** carry an element of doubt, in Spanish they tend to indicate more certainty than doubt, thus they always require the indicative while the negative **no creer** and **no pensar** always require the subjunctive. <u>Creo</u> que <u>vienen</u> **mañana.** <u>No creo</u> que <u>vengan</u> **mañana.**

O – Ojalá (a special expression from Arabic that means *I hope*)

Ojalá que

_____

*Note that in cases where certainty is expressed, the indicative is used: <u>No estoy segura</u> de que **Elena** <u>tenga</u> **razón, pero** <u>es cierto</u> **que ella** <u>sabe</u> **mucho.**

†With **no negar,** either the indicative or the subjunctive may be used, although the tendency is to use the subjunctive: <u>No niego</u> **que** <u>sea</u> **verdad.**

¡A practicar!*

Complete the following sentences with the corresponding indicative, subjunctive, or infinitive forms.

1. Los profesores insisten en que Laura _____ (asistir) a la recepción.
2. Es ridículo que Diego _____ (comprar) otro coche caro.
3. Es imposible que Juanito no _____ (saber) leer ese libro.
4. Niegan que tú _____ (ser) extranjero.
5. Me gusta que _____ (ser) tan sensibles.
6. ¿Te sorprende que tu hermano _____ (ser) mi enemigo?
7. Creemos que Bárbara _____ (ir) a la playa durante el verano.
8. Espero que todos _____ (traer) su cuaderno de ejercicios.
9. Es necesario que nosotros _____ (trabajar) por la noche.
10. Dudan que yo _____ (poder) resolver el problema.
11. No es importante _____ (llegar) temprano mañana.
12. Ojalá que los niños lo _____ (pasar) bien en la fiesta.

2. Sequence of tenses

In Spanish and in English, verbs in sentences with two clauses have a variety of possibilities for the tense of the second clause. For example, in English we can use the present tense in the first clause and, depending on the time frames referred to, we may use the present, past, or future in the second clause. (*We think she understands, understood, or will understand.*) If the verb in the first clause is in the past, however, we cannot use the present or the future. (*We thought she had understood, understood, would understand.*) The same rules of sequence of tenses apply in Spanish except for a major complication for English speakers which occurs when the verb in the first clause is a trigger verb for the subjunctive (WEIRDO). Study the following charts to understand how sequence of tenses works in Spanish.

a. If the verb in the main clause is in the present and denotes what the speaker perceives to be an objective opinion, then the action in the subordinate clause is expressed by an indicative tense based on the appropriate time frame.

MAIN CLAUSE (OBJECTIVE OPINION)	SUBORDINATE CLAUSE (INDICATIVE)	TIME FRAME OF ACTION IN SUBORDINATE CLAUSE
Sé que	comprendes.	present
Creo que	comprendías.	past
Supongo que	has comprendido.	
Opino que	comprendiste.	
Pensamos que	vas a comprender.	future
Me parece que	comprenderás.	

*There are more practice activities on Connect (www.mhhe.com/connect) and in the *Manual*.

Explicación gramatical **243**

b. If the verb in the main clause is in the present and denotes a subjective comment from the WEIRDO list, then the action in the subordinate clause is expressed by a subjunctive tense based on the appropriate time frame.

MAIN CLAUSE (SUBJECTIVE OPINION *WEIRDO* LIST)	SUBORDINATE CLAUSE (SUBJUNCTIVE)	TIME FRAME OF ACTION IN SUBORDINATE CLAUSE
No creo que Me alegro de que	comprendas.	present or future*
Dudo que	hayas comprendido.	past
Es importante que	comprendieras.	

c. If the verb in the main clause is in the past and denotes what the speaker perceives to be an objective opinion, then the action in the subordinate clause is expressed by an indicative tense based on the appropriate time frame in relation to that of the main clause.

MAIN CLAUSE (OBJECTIVE OPINION)	SUBORDINATE CLAUSE (INDICATIVE)	TIME FRAME OF ACTION IN SUBORDINATE CLAUSE
Pensábamos que	ya se habían ido.	previous
Sabía que	lo quería.	simultaneous
Era obvio que	llegarían pronto.	subsequent

d. If the verb in the main clause is in the past and denotes a subjective comment from the WEIRDO list, then the action in the subordinate clause is expressed by a subjunctive tense based on the appropriate time frame in relation to that of the main clause.

MAIN CLAUSE (SUBJECTIVE OPINION *WEIRDO* LIST)	SUBORDINATE CLAUSE (SUBJUNCTIVE)	TIME FRAME OF ACTION IN SUBORDINATE CLAUSE
No creíamos que	hubieras comprendido.	previous
Temía que Era necesario que	comprendieras.	simultaneous or subsequent

---

*Remember that there is no future tense for the subjunctive in Spanish. The present subjunctive is used to refer to the future when the subjunctive mood is required.

¡A practicar!*

A. Fill in the blanks with the appropriate form of the verb in *magenta italics*.

1. Javier *bebe* demasiado café.
   Sé que Javier _____ demasiado café.
   Es horrible que Javier _____ demasiado café.

2. Antes, Javier *tomaba* muchos licuados.
   Todos sabemos que antes Javier _____ muchos licuados.
   Era increíble que antes Javier _____ tantos licuados y que no engordara.

3. Laura siempre *recibe* notas muy altas.
   Estoy seguro/a de que Laura también _____ notas muy altas cuando tenía 10 años.
   Es fantástico que Laura _____ notas muy altas el año pasado.

4. Pero en su primera clase de quechua, Laura *sacó* C en una prueba.
   Después, su padre supo que Laura _____ C en su primera prueba de quechua.
   Él pensaba que era sorprendente que su hija _____ C en su primera prueba de quechua.

5. Cuando era joven, Sara *quería* ser cantante.
   Todos pensaban que era chistoso que Sara _____ ser cantante, ya que cantaba muy mal.
   De sus amigos actuales, solo Sergio sabe que antes Sara _____ ser cantante.

6. Sergio *hizo* tres viajes para llevar el equipo de sonido al concierto.
   —¿Quién le pidió que _____ los viajes?
   —Los músicos. Después, estaban muy contentos de que Sergio _____ tantos viajes para ayudarlos.

B. Complete the following sentences according to the context of each situation.

1. Javier fuma dos cajetillas (*packs*) de cigarrillos cada día.
   Es horrible que...
   El médico recomienda que...

2. Sara nunca sale con sus amigos porque siempre está estudiando.
   Es triste que...
   Es evidente que...

3. La novia de Diego siempre coquetea con otros hombres.
   Sugiero que Diego...
   Es obvio que su novia...
   A Diego no le gusta que su novia...

_____

*There are more practice activities on Connect (www.mhhe.com/connect) and in the *Manual*.

REACCIONAR
R
RECOMENDAR

D. Commands

1. With few exceptions, the forms used for commands are exactly the same as those used for the present subjunctive. Only the affirmative **tú** commands and the affirmative **vosotros** commands are formed differently.

   - To form regular affirmative **tú** commands, use the third-person singular (present indicative) form of the verb.
   - Here are the eight irregular affirmative **tú** commands.

decir → di	ir → ve*	salir → sal	tener → ten
hacer → haz	poner → pon	ser → sé†	venir → ven

   - To form all affirmative **vosotros** commands, replace the final **-r** of the infinitive with **-d.**

COMMANDS				
	UD.	**UDS.**	**TÚ**	**VOSOTROS**
hablar	hable no hable	hablen no hablen	habla no hables	hablad no habléis
comer	coma no coma	coman no coman	come no comas	comed no comáis
dar	dé no dé	den no den	da no des	dad no deis
decir	diga no diga	digan no digan	di no digas	decid no digáis
ir	vaya no vaya	vayan no vayan	ve no vayas	id no vayáis

2. Pronouns (reflexive, indirect object, direct object) attach to the end of affirmative commands and precede the conjugated verb in negative commands. In the case of more than one pronoun, the order is always reflexive, indirect, direct (RID). (See the **Hablar de los gustos y las opiniones** section of these purple pages for more on the use of direct and indirect object pronouns.)

   - Written accents are added if attaching pronouns to affirmative commands moves the stress to the third-to-last syllable or further back. This is done to maintain the stress of the original affirmative command form.

---

*The affirmative informal command for **ir** has the same form as that of **ver: ve.** Context will determine meaning: ¡Ve a casa!, ¡Ve esa película!

†The informal command form of **ser** is the same as the first-person singular indicative form of **saber: sé.** Again, context will determine meaning.

- When attaching the reflexive pronoun **os** to an affirmative **vosotros** command, remove the **-d** of the command form before attaching the **os** pronoun. (EXCEPTION: **id** retains the **-d** when adding this pronoun.) Additionally, remember to add an accent to the **i** preceding the **os** pronoun in the case of the affirmative **vosotros** commands of reflexive **-ir** verbs.

COMMANDS WITH PRONOUNS

	UD.	UDS.	TÚ	VOSOTROS
hacerlo	há<u>ga</u>lo no <u>lo</u> haga	há<u>ga</u>nlo no <u>lo</u> hagan	haz<u>lo</u> no <u>lo</u> hagas	haced<u>lo</u> no <u>lo</u> hagáis
dármela	dé<u>mela</u> no <u>me la</u> dé	dén<u>mela</u> no <u>me la</u> den	dá<u>mela</u> no <u>me la</u> des	dád<u>mela</u> no <u>me la</u> deis
levantarse	lev<u>á</u>ntese no <u>se</u> levante	lev<u>á</u>ntense no <u>se</u> levanten	lev<u>á</u>nta<u>te</u> no <u>te</u> levantes	levant<u>aos</u> no <u>os</u> levantéis
divertirse	divi<u>é</u>rtase no se divierta	divi<u>é</u>rtanse no se diviertan	divi<u>é</u>rtete no te diviertas	divert<u>íos</u> no os divirtáis
irse	v<u>á</u>yase no se vaya	v<u>á</u>yanse no se vayan	vete no te vayas	<u>idos</u> no os vayáis

3. To express suggestions and collective commands, such as *Let's leave, Let's speak, Let's not sing,* and so forth, use the present subjunctive **nosotros** form.

- The one exception to this rule is the affirmative form of **ir.** Use **vamos,** not **vayamos.**
- In the affirmative form of reflexive verbs, the final **-s** is dropped before attaching the pronoun **nos.**

NOSOTROS COMMANDS

	AFFIRMATIVE	NEGATIVE
hablar	habl<u>emos</u>	no habl<u>emos</u>
ir	v<u>amos</u>	no v<u>ayamos</u>
llamarlo	llam<u>é</u>mos<u>lo</u>	no <u>lo</u> llamemos
levantarse	levant<u>é</u><u>monos</u>	no <u>nos</u> levantemo<u>s</u>
irse	v<u>á</u>m<u>onos</u>	no <u>nos</u> v<u>ayamos</u>

¡A practicar!*

A. Provide the affirmative and negative forms of the **Ud., Uds., tú,** and **nosotros** commands of the following phrases, substituting the correct pronouns for any *italicized* words according to the models.

MODELOS: hacer *la tarea* →
Hágala. No la haga.
Háganla. No la hagan.
Hazla. No la hagas.
Hagámosla. No la hagamos.

1. ponerse *los zapatos*
2. escribir *a los padres*
3. decir *la verdad*
4. leer *los capítulos*
5. irse de aquí

B. Change the following sentences to a direct command, replacing the subjunctive verb with a command and the direct object in *italics* with the appropriate pronoun. **¡OJO!** Make sure to add accents where necessary.

MODELO: Quiero que tú compres *la alfombra.* → *Cómprala.*

1. Espero que Uds. traigan *los refrescos.*
2. Insisto en que tú no bebas *esa cerveza* esta noche.
3. Necesitamos que Uds. lean *las instrucciones.*
4. Recomiendo que salgas ahora.
5. Quiero que visites *el museo.*
6. Es importante que digas *la verdad.*
7. Insistimos en que Uds. se levanten temprano.
8. El profesor sugiere que escuches *la selección* dos veces.
9. Ojalá que hagas *el viaje.*
10. Deseamos que busques *a Carmen.*

Hablar de los gustos y las opiniones

Expressing likes and dislikes in Spanish can be confusing to English speakers, since the verb **gustar** is not used in the same way as other verbs you have learned. Indirect object pronouns are a necessary element in the construction with **gustar,** so before it is explained, we will review (A) direct object pronouns, (B) the personal **a,** (C) indirect object pronouns, and (D) double object pronouns. Then (E) **gustar** and similar verbs will be reviewed.

A. Direct object pronouns

1. A direct object receives the action of a verb and answers the questions *whom?* or *what?* in relation to that action. Note the direct objects in the following examples.

Consiguió **el aumento.**　　*He got the raise.* (What *did he get?* **el aumento**)
No vi a **Sara** anoche.　　*I didn't see Sara last night.* (Whom *did I not see?* **Sara**)

---

*There are more practice activities on Connect (www.mhhe.com/connect) and in the *Manual.*

2. A direct object pronoun, like a direct object noun, receives the action of the verb and answers the questions *whom?* or *what?* These pronouns take the place of their corresponding nouns to avoid unnecessary repetition. Here is a complete list of direct object pronouns in Spanish.

DIRECT OBJECT PRONOUNS			
me	*me*	nos	*us*
te	*you (fam., s.)*	os	*you (fam., pl., Sp.)*
lo/la	*you (form., s.)*	los/las	*you (form., pl.)*
lo	*him, it (m.)*	los	*them (m.)*
la	*her, it (f.)*	las	*them (f.)*

Third-person direct object pronouns should be used only after the direct object noun has been identified. That is, if it is already known that the conversation is about Sara, we can refer to her as *her* rather than say *Sara* each time she's mentioned.

3. Direct object pronouns are placed immediately before a conjugated verb.

(Consiguió **el aumento**.)   **Lo** consiguió ayer.
(No vi a **Sara** anoche.)   No **la** vi anoche.
(No he hecho **la tarea** todavía.)   No **la** he hecho* todavía.

There are only three exceptions to this rule. (See number 4.)

4. Direct object pronouns *may* be attached to an infinitive and to the progressive form, but *must* be attached to *affirmative* commands.

Debe conseguir**lo**. = **Lo** debe conseguir.
No quería ver**la** anoche. = No **la** quería ver anoche.
Está preparándo**lo**. = **Lo** está preparando.
Prepáre**lo**. *but* No **lo** prepare.

Remember that when you attach a pronoun to a progressive form or affirmative command, a written accent is used to keep the original stress of the word: prepar**a**ndo → prepar**á**ndolo.

5. The following verbs are commonly associated with direct objects and direct object pronouns.

admirar	conocer	invitar	querer
adorar	conseguir	llamar	ver
ayudar	escuchar†	mirar	visitar
buscar†	esperar†	necesitar	

---

*Remember that the two elements that make up perfect tenses (a form of **haber** and the past participle) can never be separated. Accordingly, any pronouns that accompany a perfect tense verb will always appear before the conjugated form of **haber.**
†Note that **buscar** means *to look for,* **escuchar** means *to listen to,* and **esperar** means *to wait for.* The *to* and *for* that are part of the expression in English are simply part of the verb itself in Spanish, so the object pronoun used with the verb is a direct object pronoun, not the pronoun object of a preposition.

B. The personal a

In Spanish, the word **a** precedes the direct object of a sentence when the direct object refers to a specific person or personified thing. Indefinite pronouns that refer to people, such as **alguien, nadie,** and **quien,** are also preceded by the personal **a.** There is no equivalent for the personal **a** in English. Note the following examples in which the personal **a** is used.

> Sara buscó **a** Javier.   (*a specific person*)
> Perdí **a** mi perro en el mercado.   (*an animal that is close to you*)
> Tenemos que defender **a** nuestro país.   (*a personification of one's country*)
> ¿**A** quién llamaste?   (*the* whom *refers to a person*)
> No llamé **a** nadie.   (**alguien** *and* **nadie** *always take the personal* **a** *when they are direct objects*)

but   Busco un tutor nuevo.   (*No personal* **a** *is used since the direct object is not a specific person.*)

C. Indirect object pronouns

1. Like a direct object, an indirect object also receives the action of a verb, but it answers the questions *to whom?* or *for whom?* the action is performed.

> Sergio **le** escribió a **Sara.**   *Sergio wrote to Sara.* (To whom *did Sergio write?* **a Sara**)
> No **les** mandó el cheque.   *He didn't send them the check.* (To whom *did he not send the check?* **a ellos**)

2. Review the following chart of indirect object pronouns. Note that indirect object pronouns have the same form as direct object pronouns except in the third-person singular and plural, represented by **le** and **les,** respectively.

INDIRECT OBJECT PRONOUNS			
me	*to me, for me*	nos	*to us, for us*
te	*to you, for you (fam., s.)*	os	*to you, for you (fam., pl., Sp.)*
le	*to you, for you (form., s.)*	les	*to you, for you (form., pl.)*
le	*to him, for him*	les	*to them, for them (m.)*
le	*to her, for her*	les	*to them, for them (f.)*

3. The placement rules for indirect object pronouns are the same as those for direct object pronouns.

> Laura **me** dio su número.
> Laura va a dar**me** su número. = Laura **me** va a dar su número.
> Laura está buscándo**me.** = Laura **me** está buscando.
> Da**me** tu número. *but* No **me** des tu número.

4. Because **le** and **les** have several equivalents, their meaning is often clarified with the preposition **a** followed by a noun or pronoun. **¡OJO!** Although the clarifying noun or pronoun is often optional, indirect object pronouns are not.

> Sergio **le** escribió (**a Sara**).   *Sergio wrote to Sara.*
> Diego **les** prepara una buena sopa (**a Uds.**).   *Diego is preparing a good soup for you.*
> Va a mandar**le** la receta (**a ella**).   *He's going to send her the recipe.*

5. When trying to figure out whether to use a direct or an indirect object pronoun, if you can answer the question *to whom* or *for whom,* you know that the indirect pronoun **le** or **les** is required.

I help her every day.	Do you say "I help to her" or "I help for her"? No. So you use the direct object pronoun **la,** which answers the question *whom do I help?* not *to whom do I help?:* **La** ayudo cada día.
I send him letters often.	Do you say "I send letters to him often"? Yes, so you use the indirect object pronoun **le,** which answers the question *to whom do I send letters?:* **Le** mando cartas a menudo.

6. The following verbs are commonly associated with indirect objects and indirect object pronouns.

dar	hablar	preguntar	regalar
decir	mandar	prestar	servir
escribir	ofrecer	prometer	traer
explicar	pedir	recomendar	

D. Double object pronouns

1. It is common to have both a direct and an indirect object pronoun in the same sentence. When this occurs, the indirect object pronoun always precedes the direct object pronoun. Remember the acronym (RID) (reflexive, indirect, direct) to help you recall the sequence of pronouns.

Sara **nos los** regaló.	*Sara gave them to us.*
Diego **me la** prestó.	*Diego lent it to me.*
Javi quiere dár**mela.**	*Javi wants to give it to me.*

2. When both the indirect and direct object pronouns begin with the letter *l* (such as **le lo** or **les la**), the indirect object pronoun always changes to **se.**

Laura **le** compró **unas galletas.** → Laura **se las** compró.
Estoy trayéndo**les los libros.** → Estoy trayéndo**selos.**

   Because **se** can mean **le** or **les,** easily standing for any number of referents—*to him, to her, to you* (singular or plural), *to them*—it is often necessary to clarify its meaning by using **a** plus a noun or pronoun.

Laura **se las** compró **a Sara.**	*Laura bought them for Sara.*
Estoy trayéndo**selos a Uds.**	*I'm bringing them to you.*

¡A practicar!*

Identify the direct object (*whom?* / *what?*) and the indirect object (*to/for whom? to/for what?*) in the following sentences. Then translate the sentences into Spanish, replacing each object with the appropriate object pronoun.

1. Javier served the clients coffee.
2. Sara told Laura that she wouldn't be home until late.
3. Diego, show Mr. Galindo the paintings, please.
4. Sergio had to call the musicians and then listen to the CDs.
5. Laura was preparing a surprise dinner for Javier.
6. Javier, please give Laura the ticket.
7. Sara used to visit her uncle in Salamanca every Sunday.
8. Sergio can buy the flowers for us.
9. Javier and Diego won't tell me the truth.
10. Sara wanted to sing us a song with her horrible voice.

---

*There are more practice activities on Connect (www.mhhe.com/connect) and in the *Manual.*

E. Gustar and similar verbs

1. As you have learned in your prior Spanish studies, **gustar** means *to please* or *to be pleasing.* Thus, the subject of sentences with **gustar** and similar verbs is the person or thing that is pleasing, not the person to whom it is pleasing. Sentences with **gustar** and similar verbs use the following formula. Although we will be practicing almost exclusively with expressions using **gusta** and **gustan,** you will also see constructions like **me gustas** (*you are pleasing to me*), referring to the informal **tú. ¡OJO! Gustar** is used to express a romantic feeling. To say *I like you* (*as a freind*) use **caer bien: Me caes bien.**

INDIRECT OBJECT PRONOUN		+	*GUSTAR*	+	SUBJECT
me	nos	+	**gust<u>a</u>**	+	*infinitive* (comer)
te	os		**gust<u>a</u>**		(*article*) *singular noun* (el café)
le	les		**gust<u>an</u>**		(*article*) *plural noun* (los tacos)

¿Te gusta cantar?	*Is singing pleasing to you?* (*Do you like singing / to sing?*)
Les gustó mucho la película.	*The movie was very pleasing to them.* (*They liked the movie a lot.*)
Me gustan los libros de Stephen King.	*Stephen King's books are pleasing to me.* (*I like Stephen King's books.*)

2. Note that subject pronouns are not generally used before the **gustar** construction. The most frequent mistake that students make with this construction is to forget that the person to whom something is pleasing is not the subject of the sentence. Note the following examples.

Incorrect: Ana le gustó el gato.
   Correct: **A** Ana le gustó el gato. (**El gato** is the subject of the sentence, not **Ana:** *The cat was pleasing to Ana.*)

He likes those cookies.	= A él **le gustan** esas galletas. (*Those cookies* [plural] *are pleasing to him* [**le**].)
Sergio and Diego like fried fish.	= A Sergio y a Diego **les gusta** el pescado frito. (*Fried fish* [singular] *is pleasing to them* [**les**].)

3. Here are some other verbs that use the same construction as **gustar.** Note that in all the examples the verb matches the person or thing that is interesting, delightful, fascinating, and so on.

VERBOS COMO *GUSTAR*	
aburrir (*to bore*)	Me aburren las películas lentas.
asustar (*to frighten*)	Le asustan las películas de horror a mi hermana.
caer bien/mal (*to like/dislike someone*)	El nuevo profesor me cae muy bien.
convenir (*to be beneficial / a good idea*)	Te conviene estudiar esta lección.
dar asco (*to disgust; to turn one's stomach*)	Me dan asco las cucarachas.
dar ganas de (*to give the urge*)	—Ver ese anuncio me da ganas de llamar por una pizza ahora mismo.
dar igual (*to be all the same; not to matter*)	—¿Quieres salir ahora? —Me da igual.
disgustar (*to dislike*)	—¡Fuchi! (*Yuck!*) Me disgusta la pizza.
encantar (*to delight*)	—Pues, a mí me encanta la pizza.
fascinar (*to fascinate*)	A Javi le fascina todo tipo de música.
fastidiar (*to annoy; to bother*)	Te fastidian las personas tacañas, ¿verdad?
importar (*to matter*)	A Juan Carlos no le importa el precio.
interesar (*to interest*)	¿Te interesan las noticias internacionales?
molestar (*to annoy; to bother*)	¿Te molesta si fumo?
preocupar (*to worry*)	Me preocupa que la profesora nos dé una prueba mañana.
sorprender (*to surprise*)	Nos sorprende su actitud tan liberal.

¡A practicar!*

A. Complete the following sentences with the appropriate indirect object pronoun and the correct form of the verb in parentheses.

1. ¿A ti ____ _____ (gustar: *preterite*) la comida que sirvió?
2. A mí ____ _____ (encantar: *imperfect*) mirar la tele con mis padres cuando era joven.
3. A Laura y a Sara ____ _____ (fascinar: *preterite*) la película *La lengua de las mariposas*.
4. A mi hermana ____ _____ (dar: *present*) asco la comida frita.
5. A muchos abuelos ____ _____ (molestar: *present*) la música de sus nietos.
6. A nosotros ____ _____ (disgustar: *imperfect*) la tarea de matemáticas.
7. A mis padres ____ _____ (fastidiar: *present*) los tatuajes de los jóvenes de hoy.
8. ¿A ti ____ _____ (molestar: *preterite*) la actitud de tu compañera?
9. A mi hermanito ____ _____ (interesar: *imperfect*) las conversaciones de los adultos.
10. A mí no ____ _____ (convenir: *present*) asistir a esta presentación.

*There are more practice activities on Connect (www.mhhe.com/connect) and in the *Manual*.

B. Form complete sentences according to the model.

MODELO: mis vecinos / molestar / las fiestas que tenemos cada fin de semana →
A mis vecinos les molestan las fiestas que tenemos cada fin de semana.

1. yo / dar asco / los perritos calientes (*hot dogs*) con mostaza (*mustard*)
2. los profesores / fastidiar / los estudiantes que no estudian
3. mi amigo / fascinar / las películas violentas
4. nosotros / encantar / estudiar astrología
5. los niños pequeños / interesar / los dibujos animados
6. los jóvenes / molestar / las reglas de las residencias universitarias

Hacer hipótesis

HIPÓTESIS

In this section, you will review how to express hypothetical situations. Hypothetical situations express what you or someone else would do given certain circumstances: *If I were president of the United States, I would first look for a diplomatic resolution to the conflict.* To form such hypothetical situations in Spanish, you will need to review (A) the conditional, (B) the past subjunctive, and (C) the various rules that govern the formation and use of hypothetical situations.

A. The conditional

1. The conditional tense (*I would* go, I would speak,* and so on) of regular verbs is formed by adding the conditional endings to the entire infinitive of the verb. Note that the endings are the same for all **-ar, -er,** and **-ir** verbs. Here are some regular verbs in the conditional.

FORMATION OF THE CONDITIONAL					
VIAJAR		**BEBER**		**DORMIR**	
viajaría	viajaríamos	bebería	beberíamos	dormiría	dormiríamos
viajarías	viajaríais	beberías	beberíais	dormirías	dormiríais
viajaría	viajarían	bebería	beberían	dormiría	dormirían

2. Irregular verbs in the conditional have slightly different stems but take the same endings as regular ones. The twelve irregular verbs can be grouped into the following three categories.

SHORTENED STEMS

decir: d<u>i</u>r- → diría, dirías, diría,...
hacer: h<u>a</u>r- → haría, harías, haría,...

-e- REMOVED FROM THE INFINITIVE

caber:** cab<u>r</u>- → cabría, cabrías, cabría,...
haber: ab<u>r</u>- → habría, habrías, habría,...
poder: pod<u>r</u>- → podría, podrías, podría,...
querer: quer<u>r</u>- → querría, querrías, querría,...
saber: sab<u>r</u>- → sabría, sabrías, sabría,...

---

*When communicating the English idea of *would* in Spanish, you need to be careful. If *would* refers to a conditional action, often the result of a hypothetical situation, then use the conditional.

<u>Iría</u> **si no tuviera que trabajar.**   *I would go* if I didn't have to work.

However, if *would* refers to a habitual action that used to occur in the past, use the imperfect.

<u>Iba</u> **a la playa todos los días.**   *I would go* (I used to go) to the beach every day.

****caber** = to fit

-dr- ADDED TO THE STEM

poner: po**ndr**- → po**ndr**ía, po**ndr**ías, po**ndr**ía,...
salir: sa**ldr**- → sa**ldr**ía, sa**ldr**ías, sa**ldr**ía,...
tener: te**ndr**- → te**ndr**ía, te**ndr**ías, te**ndr**ía,...
valer: va**ldr**- → va**ldr**ía, va**ldr**ías, va**ldr**ía,...
venir: ve**ndr**- → ve**ndr**ía, ve**ndr**ías, ve**ndr**ía,...

3. Uses of the conditional

   (a) to express what you would do in some future or hypothetical situation
       Diego nunca **vendería** su tienda Tesoros.
       Sara no **iría** de compras para aliviar el estrés.
       Javier **estaría** dispuesto a viajar con Laura a Bolivia.

   (b) to express a request in a polite manner
       Me **gustaría** la sopa sin jalapeños.
       ¿**Podría** darme otra limonada?

B. Past subjunctive and sequence of tenses

1. Past subjunctive

   For a review of the formation of the past subjunctive, look in the **Reacciones y recomendaciones** section.

2. Sequence of tenses

   Remember that, if the main clause is in the past (and fits one of the WEIRDO categories), the subordinate clause will contain the past subjunctive. (See "Sequence of tenses" in the **Reacciones y recomendaciones** section.)

   Es importante que los niños **duerman** la siesta.
   Era importante que los niños **durmieran** la siesta.

   La profesora **recomienda** que Luis **coma** algo antes de llegar a clase.
   La profesora **recomendó** que Luis **comiera** algo antes de llegar a clase.

   No le **gusta** que sus hijos **vivan** tan lejos.
   No le **gustaba** que sus hijos **vivieran** tan lejos.

C. *If* clauses

1. In this section, you will work with two types of *if* clauses: (a) those that represent possible or probable situations that are likely to happen or that represent habitual actions and (b) those that represent situations that are hypothetical: improbable or contrary to fact. Note the following examples.

   (a) Si estudio, sacaré A en el examen. (*possible situation, there's still time for this to happen*)
       Si estoy preocupado, hablo con mi mejor amiga. (*habitual, I always talk to her when I am worried.*)

   (b) Si **estuviera** en México, **visitaría** las ruinas mayas. (*I'm not in Mexico, so the statement is contrary to fact*)
       Si mi novio me **propusiera** que nos casáramos mañana, le **diría** que no. (*The speaker is hypothesizing about what would happen in the unlikely event that this proposal were to occur tomorrow.*)
       Si Diego **trabajara** menos, no **estaría** tan estresado. (*Diego is not presently slowing down so it's not a real situation, but the speaker hypothesizes that if Diego were to do so, he'd be less stressed.*)

H
HIPÓTESIS

2. Here are some formulas that use *if* clauses.

si + *present indicative* + *future* or *present* = probable or habitual

Si **tengo** tiempo, **iré** al cine contigo.	*If I have time, I will go to the movies with you.* (probable)
Si ella **toma** buenos apuntes, **saca** buenas notas.	*If she takes good notes, she gets good grades.* (habitual)

si + *past subjunctive* + *conditional* = hypothetical (improbable or contrary to fact):

Si yo **fuera** Laura, **iría** a Colombia.	*If I were Laura, I would go to Colombia.* (contrary to fact: I am not Laura)

Si mi hermano me **pidiera** $2000 para una compra frívola, no se los **daría**.

If my brother asked me for $2000 for a frivolous purchase, I wouldn't give it to him. (improbable: it is doubtful he will ask)

Si mi abuela se pusiera un tatuaje, me sorprendería. (implausible: I can't imagine her doing that)

3. To express hypothetical, contrary-to-fact situations about the past, use the following formula.

si + *pluperfect subjunctive* + *conditional perfect* = hypothetical (contrary to fact)

Si yo **hubiera vivido** en el siglo XV, **habría sido** muy pobre.	*If I had lived in the 15th century, I would have been very poor.* (hypothetical, contrary to fact: I didn't live then)
Si **me hubiera casado** a los 17 años, no **habría terminado** mis estudios.	*If I had married at 17, I wouldn't have finished my studies.* (hypothetical, contrary to fact: I didn't get married when I was 17)

¡A practicar!*

A. Complete the following sentences with the appropriate form of the verb in parentheses. **¡OJO!** Not all sentences express hypothetical situations.

1. Si yo hablara mejor el español, _____ (conseguir) un puesto en el Perú.
2. Si mi jefe me pagara más dinero, _____ (trabajar: yo) más horas.
3. Si no tomo el desayuno, _____ (tener) poca energía.
4. Si pudiera cambiar de nombre, me _____ (poner) el nombre de _____.
5. Si viera un asesinato, _____ (llamar) a la policía.
6. Si yo _____ (ser) líder de este país, cambiaría muchas cosas.
7. Si _____ (lograr: yo) conseguir las entradas, te llamaré.
8. Si _____ (estar: yo) en Buenos Aires, iría a un bar de tango.

B. Change the following sentences to indicate that the situation is hypothetical. Then translate each sentence into English.

1. Si voy a España, visitaré el Museo del Prado en Madrid.
2. Si Luis tiene suficiente dinero, te mandará un boleto para ir a las Islas Galápagos.
3. Si estudio en Puerto Rico, asistiré a la Universidad Interamericana de San Germán.
4. Si podemos conseguir una beca (*scholarship*), pasaremos un semestre en Buenos Aires.
5. Si mis padres vienen a visitarme en Perú, sacarán un montón de fotos.

_____

*There are more practice activities on Connect (www.mhhe.com/connect) and in the *Manual*.

Hablar del futuro

As you know, the **ir** + **a** + *infinitive* construction is often used to express future actions and states, usually with regard to the immediate future. Spanish also has a future tense with its own set of endings. In this section, you will review (A) the future tense, (B) another use of the future tense: the future of probability, and (C) talking about pending future actions by using the subjunctive in adverbial clauses.

A. The future tense

1. The future tense, like the conditional (see the **Hacer hipótesis** section of these purple pages), is easy to form, adding future endings to the infinitive for regular forms.

FORMATION OF THE FUTURE					
ESCUCH**AR**		COM**ER**		VIV**IR**	
escuchar**é**	escuchar**emos**	comer**é**	comer**emos**	vivir**é**	vivir**emos**
escuchar**ás**	escuchar**éis**	comer**ás**	comer**éis**	vivir**ás**	vivir**éis**
escuchar**á**	escuchar**án**	comer**á**	comer**án**	vivir**á**	vivir**án**

2. The same twelve verbs that are irregular in the conditional are also irregular in the future; their stems have the same irregularities as in the conditional, and their endings are regular.

   SHORTENED STEMS

   decir: d**ir**- → diré, dirás, dirá,...
   hacer: h**ar**- → haré, harás, hará,...

   -e- REMOVED FROM THE INFINITIVE

   caber: cab**r**- → cabré, cabrás, cabrá,...
   haber: hab**r**- → habré, habrás, habrá,...
   poder: pod**r**- → podré, podrás, podrá,...
   querer: quer**r**- → querré, querrás, querrá,...
   saber: sab**r**- → sabré, sabrás, sabrá,...

   -dr- ADDED TO THE STEM

   poner: pon**dr**- → pondré, pondrás, pondrá,...
   salir: sal**dr**- → saldré, saldrás, saldrá,...
   tener: ten**dr**- → tendré, tendrás, tendrá,...
   valer: val**dr**- → valdré, valdrás, valdrá,...
   venir: ven**dr**- → vendré, vendrás, vendrá,...

B. The future of probability

The future can also be used to express probability or to conjecture about what is happening now. This can be tricky for speakers of English, because the English words and phrases used to indicate probability, such as *must, probably, wonder,* and so on, are not directly expressed in Spanish.

—¿Dónde **estará** Javi?	—*I wonder where Javi is. (Where could Javi be?)*
—Es lunes. **Estará** trabajando en Ruta Maya.	—*It's Monday. He's probably (must be) working at Ruta Maya.*

F ¡A practicar!*

FUTURO

A. Replace the **ir** + **a** + *infinitive* construction with the future in the following paragraph. **¡OJO!** Pay attention to pronoun placement.

Mamá, mañana tú *vas a despertarme*[1] temprano para que yo tenga tiempo de hacerlo todo bien. *Voy a ponerme*[2] un traje muy elegante para causarle una buena impresión a la entrevistadora. Cuando llegue a la oficina, *voy a saludarla*,[3] y ella me *va a decir*[4] que me siente. *Va a hacerme*[5] muchas preguntas sobre mis estudios y mi experiencia, y yo las *voy a contestar*[6] con cuidado y cortesía. No *voy a ponerme*[7] nerviosa. Cuando termine la entrevista, ella y yo *vamos a despedirnos*[8] cordialmente. ¡Estoy segura de que *van a llamarme*[9] muy pronto para ofrecerme el puesto!

B. Use the future of probability to make a conjecture about the following situations. Then translate the sentences into English.

1. Mario tiene el pelo canoso y muchas arrugas. _____ (Tener) por lo menos 70 años.

2. Alicia me dijo que llegaría a las 7:00, pero ya son las 7:30. _____ (Haber) mucho tráfico.

3. Pablo tiene un Rolls Royce y una casa en Boca Ratón. _____ (Ganar) mucho dinero.

4. La nueva película de mi primo ha sido un éxito maravilloso. _____ (Estar) muy contento.

5. Ricky Martin canta en inglés y español. _____ (Vender) muchos discos en el mercado internacional.

C. Using the subjunctive in adverbial clauses

It is important to remember that talking about future events often requires adverbial phrases (conjunctions) that refer to some pending time in the future or in the past. Here you will concentrate on two groups of frequently used conjunctions. The first group (A SPACE) denotes contingency, or actions that are contingent upon the completion of other actions, and the second group (THE CD) contains conjunctions of time. A SPACE conjunctions are always followed by the subjunctive (present or past). Use indicative after THE CD conjunctions if the action is habitual or completed (present or past indicative) and use subjunctive if the action is pending or has not yet materialized (present or past subjunctive).

Cuando **vienen** mis padres, siempre cenamos en un buen restaurante. (*habit*)
Cuando **vinieron** mis padres, cenamos en un buen restaurante. (*completed action*)
Cuando **vengan** mis padres, cenaremos en un buen restaurante. (*not yet occurred*)

A SPACE SUBJUNCTIVE	THE CD INDICATIVE OR SUBJUNCTIVE
antes de que **s**in que **p**ara que **a** menos que **c**on tal (de) que **e**n caso de que	**t**an pronto como **h**asta que **e**n cuanto **c**uando **d**espués de que

---

*There are more practice activities on Connect (www.mhhe.com/connect) and in the *Manual*.

258 Explicación gramatical

FUTURO

Llámame **antes de que salgas** para el aeropuerto.
No voy a Jamaica este año **a menos que** me **den** más días de vacaciones.
Saldré contigo este viernes **con tal (de) que** no **vayamos** al cine.
No iba a aceptar el puesto **sin que** le **ofrecieran** más dinero.
El Sr. Mercado trabajaba mucho **para que** sus hijos **tuvieran** más oportunidades de las que él tenía.
Te di el número de teléfono **en caso de que** lo **necesitaras.**

THE CD (INDICATIVE OR SUBJUNCTIVE)

Juanito se pone triste **tan pronto como sale** su mamá. (*habitual in present: present indicative*)
Te llamo **tan pronto como llegue** mi esposo. (*pending in present: present subjunctive*)

Nuestro perro siempre comía **hasta que se enfermaba.** (*habitual in past: past indicative*)
Hasta que no** pagara la multa (*fine*), no saldría de la cárcel. (*pending in past: past subjunctive*)

De niña, salía corriendo de la casa **en cuanto llegaba** su padre del trabajo. (*habitual in past: past indicative*)
Laura irá a Bolivia y Colombia **en cuanto tenga** suficiente dinero. (*pending in present: present subjunctive*)

Cuando llegó a Costa Rica, se fue al bosque lluvioso. (*completed action: past indicative*)
Nos sentiremos mucho más aliviados **cuando deje** de llover. (*pending in present: present subjunctive*)

Después de que Ema **salió** de la casa, su amiga Frida la llamó por teléfono. (*completed action: past indicative*)
Después de que aprendiera bien el español, le darían un aumento de sueldo. (*pending in past: past subjunctive*)

- Note that without the word **que,** the phrases **después de, antes de, para,** and **sin** become prepositions and are therefore followed by the infinitive.

Carmen vendrá **después de comer.**
Antes de tomar la pastilla, sugiero que llames al médico.
Para salir bien en el examen, debes estudiar más.
No vas a salir bien en este examen **sin estudiar.**

¡A practicar!*

Complete the following sentences with the appropriate form of the verb in parentheses. Then indicate whether the action is contingent (**CN**), pending or not completed (**P**), completed (**C**), or whether it denotes habitual behavior (**H**).

1. Iré a comprar las entradas antes de que _____ (llegar) mi hermano.
2. Hasta que no _____ (terminar) la tesis, Marta estaba muy nerviosa.
3. Marisa arregla su cuarto para que su madre _____ (estar) contenta.
4. Pensamos hacer caminatas (*take long walks*) en las montañas a menos que _____ (llover).
5. No me gusta viajar en avión cuando _____ (hacer) mal tiempo.
6. ¡Está bien! Iremos a Isla Mujeres con tal de que me _____ (ayudar: tú) con los niños.
7. Te dejo un poco de dinero en caso de que los niños _____ (querer) merendar (*snack on*) algo.
8. Cuando era joven, yo salía de casa sin que me _____ (ver) mis padres.
9. Joaquín siempre se baña antes de _____ (desayunar).
10. Cuando _____ (escuchar: yo) música clásica, me pongo muy relajado.
11. Llámeme tan pronto como _____ (saber: Ud.) algo, por favor.
12. Voy a estar en la biblioteca hasta que _____ (llegar: tú).
13. El otro día, después de que _____ (despedirse: nosotros), vi un accidente horrible.
14. Cuando _____ (mudarse: ella) a Nueva York el año pasado, no conocía a nadie.
15. Después de _____ (firmar) el contrato, Sergio se sintió emocionado.

---

*There are more practice activities on Connect (www.mhhe.com/connect) and in the *Manual.*
****Hasta que** is often followed by **no** in Spanish when referring to a pending action, especially when the verb in the main clause is negative: **No dormiré hasta que no termine el ensayo.**

FUTURO

En resumen Here is a quick contextualized overview of all the tenses and moods you have studied.

David **habla** español bastante bien ahora.

Por fin **está hablando** con más seguridad.

Ya **ha hablado** con su profesor sobre sus inseguridades.

Su profesor siempre recomienda que **hable** delante de un espejo.

Había hablado con el profesor antes del examen.

Le aconsejó que **hablara** en voz alta en el examen.

Habló bien en su entrevista final.

Hablaba mejor de lo que esperaba.

Hablará con el profesor para saber su nota.

David sabe que **hablaría** aún mejor si practicara más.

Si **hubiera hablado** con menos pausas, **habría sacado** una A+.

Your turn: Try to incorporate all of the tenses and moods based on the theme: **Mi deseo de viajar**. It is not necessary to use the same verb in each sentence, nor follow the same order as the model. Write this as a paragraph adding appropriate connectors to make it flow well.

Referencia de gramática

LOS OTROS PUNTOS GRAMATICALES

A. Reflexive and reciprocal pronouns

1. Reflexive verbs usually express an action that one does to or for oneself. In English, this is understood but not always stated. Here are some of the more common reflexive verbs in Spanish.

acostarse (ue)	to go to bed	entristecerse (zc)	to become sad
afeitarse	to shave	levantarse	to get up; to stand up
alegrarse	to become happy	llamarse	to be called
asustarse	to become afraid	perderse (ie)	to get lost
bañarse	to bathe	ponerse (*irreg.*)	to put on (*clothing*)
deprimirse	to get depressed	preocuparse	to become worried
despertarse (ie)	to wake up	quitarse	to take off (*clothing*)
divertirse (ie, i)	to have a good time	reírse (i, i)	to laugh
ducharse	to take a shower	sentarse (ie)	to sit down
enfermarse	to get sick	vestirse (i, i)	to get dressed
enojarse	to become angry		

- Note that the reflexive pronouns attached to these infinitives change to correspond with the subject performing the action.

me baño	**nos** bañamos
te bañas	**os** bañáis
se baña	**se** bañan

- The placement of reflexive pronouns is the same as that of direct and indirect object pronouns. (See the discussion of direct object pronouns in the section on **Hablar de los gustos y las opiniones** in these purple pages.)

  Tienes que bañar**te** ahora. = **Te** tienes que bañar ahora.
  Los niños están bañándo**se.** = Los niños **se** están bañando.

2. The plural reflexive pronouns **nos, os,** and **se** can be used to express reciprocal actions that are expressed in English with *each other* or *one another.*

Nos queremos.	*We love each other.*
¿**Os** ayudáis?	*Do you help one another?*
Se admiran.	*They admire each other.*

3. Reflexive verbs may cease to be reflexive and instead take direct objects when the action is done to someone else.

   acostar *to put (someone else) to bed*   acostarse *to go to bed*

   A las 7:00 Marta **acuesta** a sus hijos.
   Ella no **se acuesta** hasta las 11:30.

   levantar *to raise, pick up; to lift*   levantarse *to get up; to stand up*

   Rosa no puede **levantar** a su hijo porque es muy grande.
   Rosa **se levanta** a las 7:00, pero no **nos levantamos** hasta las 8:00.

- Some verbs can also change their meaning when a reflexive pronoun is added.

dormir *to sleep*   dormirse *to fall asleep*

No **duermo** bien cuando bebo mucho.
Me duermo en clase cuando bebo mucho la noche anterior.

poner *to put, place; to turn on*   ponerse *to put on (clothing)*

Mi compañero de cuarto **pone** el aire acondicionado muy bajo.
Por eso tengo que **ponerme** un suéter aunque estamos en agosto.

¡A practicar!

Fill in the blanks with the correct forms of the appropriate verbs in parentheses.

Tengo una familia numerosa y todos tenemos un horario diferente. Yo _____[1] (acostarse / despertarse) a las 6:00 de la mañana y empiezo a _____[2] (ponerse / vestirse). Mi hermano, sin embargo, ya está despierto a esa hora y no puedo entrar en el baño porque él _____[3] (ducharse / sentarse). Él _____[4] (alegrarse / enojarse) si lo molesto. Mis hermanas gemelas, que _____[5] (llamarse / ponerse) Elena y Eloísa, son estudiantes de medicina. Cuando les toca el turno nocturno,[a] ellas llegan por la mañana y _____[6] (acostarse / levantarse) inmediatamente. Los demás _____[7] (divertirse / sentarse; nosotros) a la mesa para desayunar. Mis hermanos son muy cómicos y todos _____[8] (deprimirse / reírse; nosotros) un montón. Estoy segura de que tú no _____[9] (divertirse / entristecerse) tanto con tu familia como yo con la mía.

[a]les... *it's their turn to work the night shift*

B. Prepositions and verbs that take prepositions

1. The only verb form that can follow a preposition is the infinitive.

a	*to; at*	durante	*during*
antes de	*before*	en	*in; on; at*
con	*with*	hasta	*until*
de	*of; from*	para	*for; in order to*
después de	*after*	por	*for; because of*

¿Qué haces **para aprender** el vocabulario?
¿Lees **antes de dormir?**
¿Qué te gusta hacer **después de tomar** un examen?

2. Many verbs are accompanied by a preposition when preceding an infinitive (*inf.*) and/or a noun (*n.*). Here are some of the more common verbs of this type.

VERBS ACCOMPANIED BY **A**

acostumbrarse a + *inf.* or *n.*	ayudar a + *inf.*	enseñar a + *inf.*
adaptarse a + *inf.* or *n.*	comenzar (ie) a + *inf.*	invitar a + *inf.* or *n.*
animarse a + *inf.*	dedicarse a + *inf.* or *n.*	parecerse a + *n.*
aprender a + *inf.*	empezar (ie) a + *inf.*	volver (ue) a + *inf.** or *n.*

---

*The phrase **volver a** + *infinitive* means *to do something again.*

Espero otros cinco minutos. Si no llega, <u>vuelvo a llamar</u>**lo.**
I'll wait another five minutes. If he doesn't arrive, I'll call him again.

VERBS ACCOMPANIED BY CON

casarse con + *n.*
chocar con + *n.*

contar (ue) con + *inf.* or *n.*
cumplir con + *n.*

enfrentarse con + *n.*
soñar (ue) con + *inf.* or *n.*

VERBS ACCOMPANIED BY DE

acabar de + *inf.*
acordarse (ue) de + *inf.* or *n.*
aprovecharse de + *n.*
depender de + *n.*

despedirse (i, i) de + *n.*
disfrutar de + *n.*
divorciarse de + *n.*
enamorarse de + *n.*

encargarse de + *inf.* or *n.*
enterarse de + *n.*
olvidarse de + *inf.* or *n.*
tratar de + *inf.*

VERBS ACCOMPANIED BY EN

basarse en + *inf.* or *n.*
confiar en + *inf.* or *n.*

consistir en + *inf.* or *n.*
entrar en* + *n.*

fijarse en + *inf.* or *n.*
insistir en + *inf.*

VERBS ACCOMPANIED BY POR

disculparse por + *inf.* or *n.*

optar por + *inf.* or *n.*

preocuparse por + *inf.* or *n.*

3. Two verbs require **que** before an infinitive.

Hay que salir temprano.

Tiene que aumentar los sueldos.

¡A practicar!

Fill in the blanks with the appropriate preposition (**a, con, de, en**).

1. Javier y Jacobo se parecen mucho _____ su padre.

2. Durante todo el tiempo que pasó _____ el Ecuador, Laura nunca se animó _____ comer cuy (*guinea pig*).

3. La prima de Sara siempre había soñado _____ un hombre rico y guapo. El sábado pasado, se casó _____ el hombre _____ sus sueños.

4. La madre _____ Javier se preocupa _____ el bienestar (*welfare*) de su hijo.

5. Diego se fue sin despedirse _____ mí.

6. Las estadísticas se basan _____ unas encuestas telefónicas realizadas la semana pasada. Pero Sara no confía _____ las encuestas telefónicas.

7. Diego acaba _____ acordarse _____ que tiene que aumentar los sueldos _____ sus empleados.

8. Si Diego no empieza _____ cumplir _____ sus promesas, pronto su novia Cristina va a olvidarse _____ él y enamorarse _____ otro hombre.

C. Saber and conocer

1. **Saber** means *to know facts* or *pieces of information*. When followed by an infinitive, **saber** means *to know how to do something*.

   No **saben** la dirección del jefe.
   ¿**Sabes** usar esa máquina?

   They don't know the boss's address.
   Do you know how to use that machine?

2. **Conocer** means *to know* or *to be acquainted* (*familiar*) *with* a person, place, or thing. It can also mean *to meet*. Note that the personal **a** is used before mention of a specific person.

   Conocemos un café muy agradable.
   ¿Quieres **conocer** a mis padres?
   No **conozco** a la dueña.

   We know (are familiar with) a very pleasant café.
   Do you want to meet my parents?
   I don't know the owner.

---

*Some native speakers use the preposition **a** instead of **en** after the verb **entrar**.

¡A practicar!

Fill in the blanks with the appropriate form of the verb **saber** or **conocer.**

LIGIA: Oye, Kati, ¿_____¹ un buen restaurante por aquí? Tengo ganas de salir a comer esta noche pero no _____² adónde ir.

KATI: ¡Claro que sí _____³ un buen restaurante por aquí! Hay un restaurante argentino a tres calles en la esquina. _____⁴ que no requieren reservación, pero creo que debes llegar temprano porque siempre hay gente esperando una mesa. _____⁵ muy bien al dueño, don Mario. Si le dices que eres amiga mía, él te dará una de las mejores mesas. Don Mario _____⁶ tratar muy bien a sus clientes especiales. Y si tienes la oportunidad, debes _____⁷ al chef, Francisco. Es el hijo de don Mario, es bastante guapo, soltero y que yo _____,⁸ no tiene novia.

D. Relative pronouns

Relative pronouns are used to join two simple sentences into one complex sentence. In the following example, the relative pronoun **que** replaces the repeated element in the second simple sentence (**El libro...**), thus forming one complex sentence.

> Diego necesita **el libro. El libro** tiene información sobre la artesanía boliviana.
> Diego necesita **el libro que** tiene información sobre la artesanía boliviana.

1. The pronoun **que** refers to things and people and expresses *that; which; who.*

Tengo el libro **que** querías.	*I have the book (that) you wanted.*
Es una persona **que** sabe mucho.	*He's a person who knows a lot.*

2. The pronoun **quien(es)** refers only to people, *may* be used in a nonrestrictive clause,* and *must* be used after a preposition or as an indirect object to express *who* or *whom.*†

Sara, **quien** es de España, vive en Austin.	*Sara, who is from Spain, lives in Austin.*
El chico **con quien** ella se quedaba es rico.	*The guy with whom she stayed is rich.*
El jefe, **a quien** no le gustan las fiestas, está allí.	*The boss, who doesn't like parties, is there.*

3. The pronouns **que** and **quien(es)** are the preferred choice in the Spanish-speaking world for informal speech. In writing and more formal speech situations, however, many native speakers prefer to use a set of compound relative pronouns after a preposition or to introduce a nonrestrictive clause. These compound relative pronouns are **el/la/los/las que** and **el/la/los/las cual(es)** and are used to express *that, which,* or *who/whom.* There is usually no semantic difference between the **que** or **cual** variants of these pronouns; the choice is a matter of personal preference.

Esa artesanía boliviana, **la que** buscaba Diego, es hermosa.	*Those Bolivian handicrafts, the ones that Diego was looking for, are beautiful.*
El cine **al cual** van está en el centro.	*The movie theater to which they are going is downtown.*

Additionally, the **el/la/los/las que** set can appear at the beginning of a sentence when the subject that the pronoun is replacing is already known or implied. In this case, these pronouns express *the one(s) that.*

La que me gustó más fue la falda verde.	*The one that I liked most was the green skirt.*

---

*A nonrestrictive clause is a clause embedded in a complex sentence and is usually set off by commas. These embedded elements represent afterthoughts or asides that can be removed without changing the fundamental meaning of the sentence. In nonrestrictive clauses that refer to people, either **que** or **quien(es)** may be used. However, many native speakers prefer to use **quien(es)** in all such cases.
†**Quien(es)** can be used as a direct object, but most native speakers omit the **a quien(es)** and introduce the embedded element with **que,** especially in informal speech. **La mujer a quien vimos en la tienda era muy alta.** → **La mujer que vimos en la tienda era muy alta.**

4. **Lo cual** refers to a concept or idea, will almost always appear in the middle of sentence, and expresses *which*.

El examen fue difícil, **lo cual** nos sorprendió.   *The exam was difficult, which surprised us.*

5. **Lo que** refers to a concept or idea. It is commonly used at the beginning of a sentence, but may also appear in the middle, to express *what* or *that which*.

Lo que no quiero es meterme en más líos.   *What I don't want is to get into more trouble.*
Eso es **lo que** te dije.   *That's what I told you.*

6. **Cuyo/a/os/as** is a possessive relative pronoun and is used like its English equivalent, *whose*. Note that it agrees in number and gender with the person or thing possessed.

El niño **cuyos** padres se marcharon está llorando.   *The child whose parents left is crying.*
La dueña **cuyo** negocio fracasó quiere empezar de nuevo.   *The owner whose business failed wants to start again.*

7. **Donde** can be used as a relative pronoun to express *where*.

Necesito trabajar en un lugar **donde** haya silencio absoluto.   *I need to work in a place where there is absolute silence.*

¡A practicar!

Fill in the blanks with the appropriate relative pronoun.

1. Javier, _____ es puertorriqueño, es una persona _____ sabe mucho.

2. _____ Diego no quiere es que Cristina se enamore de otro hombre.

3. El Museo de Arte, _____ tú buscabas, está cerrado hoy, pero hay otro museo _____ te puede interesar.

4. El restaurante en _____ pensaban almorzar solo abre en la noche, así que fueron a una cafetería de _____ había escuchado buenas cosas.

5. ¿Las canciones? _____ más me gustaron eran las de *Los Lonely Boys*. ¿Los CDs? _____ me prestaste están encima de la mesa.

E. Por and para

The Spanish prepositions **por** and **para** both mean *for*. Each has additional meanings, however, some of which are presented here.

1. **Uses of *por***

by, by means of	Vamos **por tren.***
	Debemos hablar **por teléfono** primero.
through, along	Caminamos **por el parque** y **por la playa.**
during, in (*time of day*)	Nunca estudio **por la mañana.**
because of, due to	Estoy nerviosa **por la entrevista.**
for = in exchange for	Piden $55 **por el libro.**
	Gracias **por todo.**
for the sake of	Quiero hacerlo **por ti.**
for = duration (often omitted)	Vivieron en España (**por**) **cuatro años.**
per	Hay dos premios **por** grupo.

---

*Many native speakers prefer using the preposition **en** instead of **por** with modes of transportation: **en avión, en bicicleta, en coche,** and so on.

- In addition, **por** is used in a number of phrases, some of which are included here.

por ejemplo	*for example*
por eso	*that's why, therefore*
por favor	*please*
por fin	*finally*
por lo general	*generally, in general*
por lo menos	*at least*
por si acaso	*just in case*
¡por supuesto!	*of course!*

2. **Uses of** *para*

in order to	Vienen a las 2:00 **para pintar** el cuarto.
for = destined for	El regalo es **para mi esposa.**
for = by (deadline, specified future time)	**Para mañana,** debe tenerlo listo.
for = toward, in the direction of	Salió **para Bolivia** ayer.
for = to be used for	Es **para guardar** la ropa.
for = as compared with others, in relation to others	**Para ellos,** no es importante. **Para (ser) tan joven,** es muy maduro.
for = in the employ of	Trabajan **para IBM** ahora.

¡A practicar!

Fill in the blanks with **por** or **para.**

_____[1] llevar una vida equilibrada, hago muchas cosas. _____[2] lo general, como bien y hago ejercicios _____[3] la mañana todos los días. A veces levanto pesas y a veces corro _____[4] el parque central de la ciudad. Tengo que decir que _____[5] la edad que tengo, me veo mucho más joven. El ejercicio no es tan importante _____[6] mis colegas de trabajo; _____[7] eso es que algunos ya están un poco gorditos. Bueno, ¡es _____[8] la falta de ejercicio y _____[9] lo mucho que comen! No es que yo quiera vivir _____[10] siempre; es que quiero estar aquí cuando mis hijos se casen y tengan sus propios hijos. Si me ofrecieran un millón de dólares _____[11] dejar la vida sana que tengo, _____[12] supuesto no lo aceptaría. La salud vale más que el oro.

F. Using the subjunctive in adjective clauses

An adjective clause describes a preceding noun. In the following example, the relative pronoun **que** introduces an adjective clause that describes what type of place the Ruta Maya café is.

El café Ruta Maya es un lugar **que atrae a gente diversa.**

Adjective clauses can also be introduced by **donde** if they describe a place, in the same way that the relative pronoun *where* is used in English.

Hay una mesa en Ruta Maya **donde siempre me siento.**

Note that the indicative (**atrae, siento**) is used in the adjective clause of the two preceding sentences. This is because the speaker is expressing an opinion or fact based on previous experience with the noun that each adjective clause describes (**un lugar** and **una mesa en Ruta Maya**). In the speaker's mind, the Ruta Maya café attracts a diverse mix of clients, and his or her special table exists.

1. When an adjective clause describes something of which the speaker has no prior knowledge (in other words, an unspecified or unknown person, place, or thing), the subjunctive is used in the adjective clause.

UNSPECIFIED OR UNKNOWN NOUN (SUBJUNCTIVE)	SPECIFIC OR KNOWN NOUN (INDICATIVE)
Necesito una clase que **empiece** antes de las 11:00.	Tengo una clase que **empieza** antes de las 11:00.
Buscamos un café que **sirva** café turco.	Buscamos el café que **sirve** café turco.
Busco un empleado* que **hable** español y chino.	Busco a la empleada* que **habla** español y chino.
Busco a alguien* que **juegue** al tenis bien.	Conozco a la persona* que **juega** bien.

2. When the noun described by the adjective clause is part of a negative expression, the subjunctive is used in the adjective clause because, in effect, it is describing something that does not exist in the speaker's mind.

NEGATIVE EXPRESSION (SUBJUNCTIVE)	AFFIRMATIVE EXPRESSION (INDICATIVE)
No hay nadie en mi clase que **fume.**	Hay varios estudiantes en mi clase que **fuman.**
No conozco ningún hotel por aquí que **tenga** precios bajos.	Conozco un hotel por aquí que **tiene** precios bajos.

3. When a noun and the adjective clause describing it are part of a yes-or-no question, the subjunctive is used in the adjective clause because the speaker is uncertain whether the noun exists. (That's why the speaker is posing the question in the first place!) In answering such questions affirmatively, of course, the indicative is used; the subjunctive is used in answering them negatively.

YES-OR-NO QUESTION (SUBJUNCTIVE)	AFFIRMATIVE ANSWER (INDICATIVE)
¿Hay alguien aquí que **sepa** la dirección?	Sí, Marta es la persona que la **sabe.**
¿Tienes un bolígrafo que me **prestes?**	Sí, tengo dos que te **puedo** prestar.

YES-OR-NO QUESTION (SUBJUNCTIVE)	NEGATIVE ANSWER (SUBJUNCTIVE)
¿Hay una tienda por aquí donde **vendan** jamón serrano?	No, no hay ninguna tienda por aquí que **venda** jamón serrano.
¿Conoce Ud. a alguien que **hable** ruso?	No, no conozco a nadie que **hable** ruso.

¡A practicar!

Fill in the blanks with the appropriate form of the verb in parentheses.

MAURA: ¿Hay un lugar en Austin donde la gente _____[1] (poder) relajarse y tomar café?

MIGUEL: Sí, Ruta Maya es un lugar donde la gente _____[2] (relajarse) y _____[3] (tomar) café todos los días.

MAURA: Pero busco un lugar que _____[4] (vender) café de comercio justo y donde _____[5] (haber) gente que _____[6] (hablar) español. ¿Existe algún lugar así?

Diego necesita un empleado que _____[7] (saber) español y que _____[8] (ser) bueno para los negocios.

Desgraciadamente, Diego cree que no hay nadie que _____[9] (trabajar) tan bien como él. La verdad es que no hay nadie que _____[10] (cumplir) con sus expectativas (*expectations*).

---

*The personal **a** is not used with direct objects that refer to unspecified or unknown persons. However, remember that **alguien** and **nadie,** when used as direct objects, are always preceded by the personal **a.**

Apéndice 1: ¡A practicar! Answer Key

Descripción

A. Agreement

A.
1. el águila, 6
2. el archivo, 2
3. la crisis, 3
4. la cumbre, 3
5. el día, 10
6. la flor, 10
7. la foto, 7
8. la luz, 3
9. la mano, 10
10. la moto, 7
11. la mujer, 1
12. la nariz, 3
13. el pan, 4
14. el papel, 4
15. la playa, 1
16. la voz, 3

B. 1. La, simpática   2. Las, frías   3. Las, bonitas   4. El, la, baja   5. Las, fabulosas   6. La, el, mala
7. La, larga   8. El, la, pequeño   9. El, fuerte   10. Los, el, gigantescos

B. *Ser* and *estar*

A. 1. de México   2. preocupados   3. tímida   4. tomando un café   5. periodista

B. 1. O   2. P   3. L   4. T   5. E   6. C   7. T   8. O, O   9. E   10. I   11. PO   12. C   13. P
14. PO   15. T

C. 1. es   2. está   3. es   4. son   5. está   6. es   7. son   8. son   9. es   10. es   11. ser   12. es/será   13. es
14. están   15. estar   16. están   17. es

C. Past participles used as adjectives

1. cerrada   2. abierta   3. hecho   4. rotas   5. tirados   6. muertos   7. abiertas   8. perdido   9. resuelto

D. Uses and omission of articles

1. El   2. –   3. una   4. la   5. –   6. –   7. –   8. –   9. –   10. –   11. El   12. el   13. la   14. los   15. una
16. las   17. la   18. los   19. –   20. –   21. un   22. l (al)   23. los   24. la   25. la   26. el   27. los
28. el   29. los

Comparación

A. (*possible answers*)   1. Laura tiene tantos hermanos como Diego.   2. Laura es menor que Javier.   3. El coche de Javier es peor que el (coche) de Laura.   4. Diego gana más (dinero) que Javier.   5. Javier es más rico que Laura.   6. Laura sale a comer menos que Diego.   7. Javier toma el autobús más que Diego.

B. (*possible answers*)   1. a. Pink es menos llamativa que Lady Gaga. b. Lady Gaga es la más llamativa de todas.   2. a. Jeff Bezos es más ambicioso que Oprah. b. Mark Zuckerberg es el más ambicioso de todos.   3. a. *The Bachelor* es más degradante que *The Biggest Loser*. b. *Dancing with the Stars* es el menos degradante de los tres.   4. a. Las enchiladas son mejores que los tacos. b. Las chalupas son las mejores de todos.

Narración en el pasado

B. Using the preterite and imperfect

A. 1. a   2. a, d   3. b, b, b   4. a, c   5. a, a, a   6. d   7. c

B. 1. c, c   2. e, e, e   3. a, a   4. c, c   5. b   6. d

C. Extended practice with preterite and imperfect

A. 1. vivió, P:c 2. vivía, I:b 3. era, I:c 4. tomaba, I:b 5. desayunaba, recibió, I:a, P:a 6. supo, lloró, dijo, quería, P:a, P:a, P:a, I:d 7. fue, P:a 8. estuvo, había, tuvo, P:a, I:e, P:c 9. llevaba, I:c 10. Fue, P:d

B. 1. era 2. iba 3. gustaba 4. era 5. encantaba 6. tenía 7. fue 8. alquilaron 9. era 10. hacía 11. pudieron 12. supo 13. vivía 14. estaba 15. tuvo 16. quería 17. estaba 18. estaban 19. se sentían 20. pasó 21. Fueron

D. The present perfect and pluperfect

A. 1. ha conseguido 2. ha roto 3. ha vuelto 4. ha tenido

B. 1. había trabajado 2. había soñado 3. había prometido 4. había hecho

E. *Hace... que*

1. (*possible answers*) ¡Lo siento! ¿Cuánto tiempo hace que esperas? 2. Hace mucho tiempo que quiero comer en este restaurante. 3. ¿Cuánto tiempo hace que naciste? 4. Aura salió para Buenos Aires hace seis años y nunca volvió. / Hace seis años que Aura salió para Buenos Aires y nunca volvió. 5. Hacía seis horas que Celia estudiaba cuando Sergio la llamó. 6. Matías no se sorprendió; hacía tres años que había leído del problema. /...había leído del problema hacía tres años.

Reacciones y recomendaciones

C. Using the subjunctive in noun clauses: (1) Conditions for the use of subjunctive in Spanish

1. asista 2. compre 3. sepa 4. seas 5. sean 6. sea 7. va 8. traigan 9. trabajemos 10. pueda 11. llegar 12. pasen

C. Using the subjunctive in noun clauses: (2) Sequence of tenses

A. 1. bebe; beba 2. tomaba; tomara 3. recibía; recibiera 4. había sacado; hubiera sacado 5. quisiera; quería 6. hiciera; hubiera hecho

B. (*possible answers*) 1. Es horrible que fume tanto. El médico recomienda que deje de fumar. 2. Es triste que no se divierta. Es evidente que le gusta estudiar. 3. Sugiero que Diego rompa con ella. Es obvio que su novia es muy extrovertida. A diego no le gusta que su novia hable con otros hombres.

D. Commands

A. 1. Póngaselos. No se los ponga. / Pónganselos. No se los pongan. / Póntelos. No te los pongas. / Pongámonoslos. No nos los pongamos. 2. Escríbales. No les escriba. / Escríbanles. No les escriban. / Escríbeles. No les escribas. / Escribámosles. No les escribamos. 3. Dígala. No la diga. / Díganla. No la digan. / Dila. No la digas. / Digámosla. No la digamos. 4. Léalos. No los lea. / Léanlos. No los lean. / Léelos. No los leas. / Leámoslos. No los leamos. 5. Váyase de aquí. No se vaya de aquí. / Váyanse de aquí. No se vayan de aquí. / Vete de aquí. No te vayas de aquí. / Vámonos de aquí. No nos vayamos de aquí.

B. 1. Tráiganlos. 2. No la bebas. 3. Léanlas. 4. Sal ahora. 5. Visítalo. 6. Dila. 7. Levántense temprano. 8. Escúchala dos veces. 9. Házlo. 10. Búscala.

Hablar de los gustos y las opiniones

D. Double object pronouns

1. DO: coffee; IO: the clients; Javier se lo sirvió. 2. DO: that she wouldn't be home until late; IO: Laura; Sara se lo dijo. 3. DO: the paintings; IO: Mr. Galindo; Diego, muéstraselas, por favor. 4. DO: the musicians, the CDs; Sergio tuvo que llamarlos y escucharlos. 5. DO: a surprise dinner; IO: Javier; Laura se la estaba preparando / estaba preparándosela. 6. DO: the ticket; IO: Laura; Javier, dásela, por favor. 7. DO: her uncle; Sara lo visitaba en Salamanca todos los domingos. 8. DO: the flowers; IO: us; Sergio nos las puede comprar / puede comprárnoslas. 9. DO: the truth; IO: me; Javier y Diego no me la dirán. 10. DO: a song; IO: us; Sara nos la quería cantar / quería cantárnosla con su voz horrible.

E. *Gustar* and similar verbs

A. 1. te gustó   2. me encantaba   3. les fascinó   4. le da   5. les molesta   6. nos disgustaba   7. les fastidian   8. te molestó   9. le interesaban   10. me conviene

B. (*possible answers*)   1. (A mí) Me dan asco los perritos calientes con mostaza.   2. A los profesores les fastidian los estudiantes que no estudian.   3. A mi amigo le fascinan las películas violentas.   4. (A nosotros) Nos encanta estudiar astrología.   5. A los niños pequeños les interesan los dibujos animados.   6. A los jóvenes les molestan las reglas de las residencias universitarias.

Hacer hipótesis

A. 1. conseguiría   2. trabajaría   3. tendré/tengo   4. pondría   5. llamaría   6. fuera   7. logro   8. estuviera

B. 1. Si fuera a España, visitaría el Museo del Prado en Madrid. (If I went to Spain, I would visit the Prado Museum in Madrid.)   2. Si Luis tuviera suficiente dinero, te mandaría un boleto para ir a las Islas Galápagos. (If Luis had enough money, he would send you a ticket to go to the Galapagos Islands.)   3. Si estudiara en Puerto Rico, asistiría la Universidad Interamericana de San Germán. (If I studied in Puerto Rico, I would attend the International University of San Germán.)   4. Si pudiéramos conseguir una beca, pasaríamos un semestre en Buenos Aires. (If we could get a scholarship, we would spend a semester in Buenos Aires.)   5. Si mis padres vinieran a visitarme en el Perú, sacarían un montón de fotos. (If my parents came to see me in Peru, they would take a ton of photos.)

Hablar del futuro

B. The future of probability

A. 1. me despertarás   2. Me pondré   3. la saludaré   4. dirá   5. Me hará   6. contestaré   7. me pondré   8. nos despediremos   9. me llamarán

B. 1. Tendrá... (He must be at least 70.)   2. Habrá... (There must be a lot of traffic.)   3. Ganará... (He must earn a lot of money.)   4. Estará... (He must be very happy.)   5. Venderá... (He must sell a lot of records on the international market.)

C. Using the subjunctive in adverbial clauses

1. llegue, CN   2. terminó, C   3. esté, CN   4. llueva, CN   5. hace, H   6. ayudes, CN   7. quieran, CN   8. vieran, CN   9. desayunar, H   10. escucho, H   11. sepa, P   12. llegues, P   13. nos despedimos, C   14. se mudó, C   15. firmar, C

Los otros puntos gramaticales

A. Reflexive and reciprocal pronouns

1. me despierto   2. vestirme   3. se ducha   4. se enoja   5. se llaman   6. se acuestan   7. nos sentamos   8. nos reímos   9. te diviertes

B. Prepositions and verbs that take prepositions

1. a   2. en, a   3. con, con, de   4. de, por   5. de   6. en, en   7. de, de, de   8. a, con, de, de

C. *Saber* and *conocer*

1. conoces   2. sé   3. conozco   4. Sé   5. Conozco   6. sabe   7. conocer   8. sepa

D. Relative pronouns

1. quien, que   2. Lo que   3. el cual / el que / que, que   4. el cual / el que / que, la cual / la que / que   5. Las que, Los que

E. *Por* and *para*

1. Para   2. Por   3. por   4. por   5. para   6. para   7. por   8. por   9. por   10. para   11. por   12. por

F. Using the subjunctive in adjective clauses

1. pueda   2. se relaja   3. toma   4. venda   5. haya   6. hable   7. sepa   8. sea   9. trabaje   10. cumpla

Apéndice 2: Conectores y palabras de transición

Secuencia de tiempo

primero	*first*
segundo	*second*
tercero	*third*
al mismo tiempo	*at the same time*
desde entonces	*from then on, since then*
después	*after*
durante	*during*
finalmente, al final	*finally, in the end*
luego	*then*
mientras	*while*
por último	*last of all*

Resultado

a causa de	*on account of*
por eso	*therefore, for that reason*
por esta razón	*for this reason, because*
por lo tanto	*therefore*

Concesión

a pesar de	*in spite of, despite*
no obstante	*nevertheless*
pero	*but*
sin embargo	*nevertheless*

Contraste

al contrario	*on the contrary*
en cambio	*on the other hand, instead*
por otro lado	*on the other hand*
sino	*but (rather)*

Para añadir

además	*besides, in addition*
es más	*what is more, moreover*
incluso	*even*
también	*also*

Opinión

Desde mi punto de vista...	*From my point of view . . .*
En mi opinión...	*In my opinion . . .*
Que yo sepa...	*As far as I know . . .*
Según...	*According to . . .*

Condición

a menos que	*unless*
con tal (de) que	*provided that*
para que	*so that*
puesto que	*since, given that*
tan pronto como	*as soon as*
ya que	*since, given that*

Conclusión

Así que...	*So . . .*
En conclusión...	*In conclusion . . .*
Para concluir...	*To conclude . . .*

Apéndice 3: Verb Charts

A. Regular Verbs: Simple Tenses

INFINITIVE / PRESENT PARTICIPLE / PAST PARTICIPLE	PRESENT	IMPERFECT	PRETERITE	FUTURE	CONDITIONAL	SUBJUNCTIVE PRESENT	SUBJUNCTIVE PAST	IMPERATIVE
hablar	hablo	hablaba	hablé	hablaré	hablaría	hable	hablara	
hablando	hablas	hablabas	hablaste	hablarás	hablarías	hables	hablaras	habla / no hables
hablado	habla	hablaba	habló	hablará	hablaría	hable	hablara	hable
	hablamos	hablábamos	hablamos	hablaremos	hablaríamos	hablemos	habláramos	hablemos
	habláis	hablabais	hablasteis	hablaréis	hablaríais	habléis	hablarais	hablad / no habléis
	hablan	hablaban	hablaron	hablarán	hablarían	hablen	hablaran	hablen
comer	como	comía	comí	comeré	comería	coma	comiera	
comiendo	comes	comías	comiste	comerás	comerías	comas	comieras	come / no comas
comido	come	comía	comió	comerá	comería	coma	comiera	coma
	comemos	comíamos	comimos	comeremos	comeríamos	comamos	comiéramos	comamos
	coméis	comíais	comisteis	comeréis	comeríais	comáis	comierais	comed / no comáis
	comen	comían	comieron	comerán	comerían	coman	comieran	coman
vivir	vivo	vivía	viví	viviré	viviría	viva	viviera	
viviendo	vives	vivías	viviste	vivirás	vivirías	vivas	vivieras	vive / no vivas
vivido	vive	vivía	vivió	vivirá	viviría	viva	viviera	viva
	vivimos	vivíamos	vivimos	viviremos	viviríamos	vivamos	viviéramos	vivamos
	vivís	vivíais	vivisteis	viviréis	viviríais	viváis	vivierais	vivid / no viváis
	viven	vivían	vivieron	vivirán	vivirían	vivan	vivieran	vivan

B. Regular Verbs: Perfect Tenses

INDICATIVE

	PRESENT PERFECT		PLUPERFECT		PRETERITE PERFECT		FUTURE PERFECT		CONDITIONAL PERFECT	
	he		había		hube		habré		habría	
	has	hablado	habías	hablado	hubiste	hablado	habrás	hablado	habrías	hablado
	ha	comido	había	comido	hubo	comido	habrá	comido	habría	comido
	hemos	vivido	habíamos	vivido	hubimos	vivido	habremos	vivido	habríamos	vivido
	habéis		habíais		hubisteis		habréis		habríais	
	han		habían		hubieron		habrán		habrían	

SUBJUNCTIVE

	PRESENT PERFECT		PLUPERFECT	
	haya		hubiera	
	hayas	hablado	hubieras	hablado
	haya	comido	hubiera	comido
	hayamos	vivido	hubiéramos	vivido
	hayáis		hubierais	
	hayan		hubieran	

C. Irregular Verbs

andar / andando / andado

	INDICATIVE					SUBJUNCTIVE		IMPERATIVE
	PRESENT	IMPERFECT	PRETERITE	FUTURE	CONDITIONAL	PRESENT	PAST	
	ando	andaba	anduve	andaré	andaría	ande	anduviera	
	andas	andabas	anduviste	andarás	andarías	andes	anduvieras	anda / no andes
	anda	andaba	anduvo	andará	andaría	ande	anduviera	ande
	andamos	andábamos	anduvimos	andaremos	andaríamos	andemos	anduviéramos	andemos
	andáis	andabais	anduvisteis	andaréis	andaríais	andéis	anduvierais	andad / no andéis
	andan	andaban	anduvieron	andarán	andarían	anden	anduvieran	anden

caber / cabiendo / cabido

	INDICATIVE					SUBJUNCTIVE		IMPERATIVE
	PRESENT	IMPERFECT	PRETERITE	FUTURE	CONDITIONAL	PRESENT	PAST	
	quepo	cabía	cupe	cabré	cabría	quepa	cupiera	
	cabes	cabías	cupiste	cabrás	cabrías	quepas	cupieras	cabe / no quepas
	cabe	cabía	cupo	cabrá	cabría	quepa	cupiera	quepa
	cabemos	cabíamos	cupimos	cabremos	cabríamos	quepamos	cupiéramos	quepamos
	cabéis	cabíais	cupisteis	cabréis	cabríais	quepáis	cupierais	cabed / no quepáis
	caben	cabían	cupieron	cabrán	cabrían	quepan	cupieran	quepan

caer / cayendo / caido

	INDICATIVE					SUBJUNCTIVE		IMPERATIVE
	PRESENT	IMPERFECT	PRETERITE	FUTURE	CONDITIONAL	PRESENT	PAST	
	caigo	caía	caí	caeré	caería	caiga	cayera	
	caes	caías	caíste	caerás	caerías	caigas	cayeras	cae / no caigas
	cae	caía	cayó	caerá	caería	caiga	cayera	caiga
	caemos	caíamos	caímos	caeremos	caeríamos	caigamos	cayéramos	caigamos
	caéis	caíais	caísteis	caeréis	caeríais	caigáis	cayerais	caed / no caigáis
	caen	caían	cayeron	caerán	caerían	caigan	cayeran	caigan

dar / dando / dado

	INDICATIVE					SUBJUNCTIVE		IMPERATIVE
	PRESENT	IMPERFECT	PRETERITE	FUTURE	CONDITIONAL	PRESENT	PAST	
	doy	daba	di	daré	daría	dé	diera	
	das	dabas	diste	darás	darías	des	dieras	da / no des
	da	daba	dio	dará	daría	dé	diera	dé
	damos	dábamos	dimos	daremos	daríamos	demos	diéramos	demos
	dais	dabais	disteis	daréis	daríais	deis	dierais	dad / no deis
	dan	daban	dieron	darán	darían	den	dieran	den

decir / diciendo / dicho

	INDICATIVE					SUBJUNCTIVE		IMPERATIVE
	PRESENT	IMPERFECT	PRETERITE	FUTURE	CONDITIONAL	PRESENT	PAST	
	digo	decía	dije	diré	diría	diga	dijera	
	dices	decías	dijiste	dirás	dirías	digas	dijeras	di / no digas
	dice	decía	dijo	dirá	diría	diga	dijera	diga
	decimos	decíamos	dijimos	diremos	diríamos	digamos	dijéramos	digamos
	decís	decíais	dijisteis	diréis	diríais	digáis	dijerais	decid / no digáis
	dicen	decían	dijeron	dirán	dirían	digan	dijeran	digan

estar / estando / estado

	INDICATIVE					SUBJUNCTIVE		IMPERATIVE
	PRESENT	IMPERFECT	PRETERITE	FUTURE	CONDITIONAL	PRESENT	PAST	
	estoy	estaba	estuve	estaré	estaría	esté	estuviera	
	estás	estabas	estuviste	estarás	estarías	estés	estuvieras	está / no estés
	está	estaba	estuvo	estará	estaría	esté	estuviera	esté
	estamos	estábamos	estuvimos	estaremos	estaríamos	estemos	estuviéramos	estemos
	estáis	estabais	estuvisteis	estaréis	estaríais	estéis	estuvierais	estad / no estéis
	están	estaban	estuvieron	estarán	estarían	estén	estuviera	estén

haber / habiendo / habido

	INDICATIVE					SUBJUNCTIVE		IMPERATIVE
	PRESENT	IMPERFECT	PRETERITE	FUTURE	CONDITIONAL	PRESENT	PAST	
	he	había	hube	habré	habría	haya	hubiera	
	has	habías	hubiste	habrás	habrías	hayas	hubieras	
	ha	había	hubo	habrá	habría	haya	hubiera	
	hemos	habíamos	hubimos	habremos	habríamos	hayamos	hubiéramos	
	habéis	habíais	hubisteis	habréis	habríais	hayáis	hubierais	
	han	habían	hubieron	habrán	habrían	hayan	hubieran	

C. Irregular Verbs (continued)

INFINITIVE / PRESENT PARTICIPLE / PAST PARTICIPLE	INDICATIVE					SUBJUNCTIVE		IMPERATIVE
	PRESENT	IMPERFECT	PRETERITE	FUTURE	CONDITIONAL	PRESENT	PAST	
hacer / haciendo / hecho	hago / haces / hace / hacemos / hacéis / hacen	hacía / hacías / hacía / hacíamos / hacíais / hacían	hice / hiciste / hizo / hicimos / hicisteis / hicieron	haré / harás / hará / haremos / haréis / harán	haría / harías / haría / haríamos / haríais / harían	haga / hagas / haga / hagamos / hagáis / hagan	hiciera / hicieras / hiciera / hiciéramos / hicierais / hicieran	haz / no hagas / haga / hagamos / haced / no hagáis / hagan
ir / yendo / ido	voy / vas / va / vamos / vais / van	iba / ibas / iba / íbamos / ibais / iban	fui / fuiste / fue / fuimos / fuisteis / fueron	iré / irás / irá / iremos / iréis / irán	iría / irías / iría / iríamos / iríais / irían	vaya / vayas / vaya / vayamos / vayáis / vayan	fuera / fueras / fuera / fuéramos / fuerais / fueran	ve / no vayas / vaya / vamos / no vayamos / id / no vayáis / vayan
oír / oyendo / oído	oigo / oyes / oye / oímos / oís / oyen	oía / oías / oía / oíamos / oíais / oían	oí / oíste / oyó / oímos / oísteis / oyeron	oiré / oirás / oirá / oiremos / oiréis / oirán	oiría / oirías / oiría / oiríamos / oiríais / oirían	oiga / oigas / oiga / oigamos / oigáis / oigan	oyera / oyeras / oyera / oyéramos / oyerais / oyeran	oye / no oigas / oiga / oigamos / oíd / no oigáis / oigan
poder / pudiendo / podido	puedo / puedes / puede / podemos / podéis / pueden	podía / podías / podía / podíamos / podíais / podían	pude / pudiste / pudo / pudimos / pudisteis / pudieron	podré / podrás / podrá / podremos / podréis / podrán	podría / podrías / podría / podríamos / podríais / podrían	pueda / puedas / pueda / podamos / podáis / puedan	pudiera / pudieras / pudiera / pudiéramos / pudierais / pudieran	
poner / poniendo / puesto	pongo / pones / pone / ponemos / ponéis / ponen	ponía / ponías / ponía / poníamos / poníais / ponían	puse / pusiste / puso / pusimos / pusisteis / pusieron	pondré / pondrás / pondrá / pondremos / pondréis / pondrán	pondría / pondrías / pondría / pondríamos / pondríais / pondrían	ponga / pongas / ponga / pongamos / pongáis / pongan	pusiera / pusieras / pusiera / pusiéramos / pusierais / pusieran	pon / no pongas / ponga / pongamos / poned / no pongáis / pongan
predecir / prediciendo / predicho	predigo / predices / predice / predecimos / predecís / predicen	predecía / predecías / predecía / predecíamos / predecíais / predecían	predije / predijiste / predijo / predijimos / predijisteis / predijeron	predeciré / predecirás / predecirá / predeciremos / predeciréis / predecirán	predeciría / predecirías / predeciría / predeciríamos / predeciríais / predecirían	prediga / predigas / prediga / predigamos / predigáis / predigan	predijera / predijeras / predijera / predijéramos / predijerais / predijeran	predice / no predigas / prediga / predigamos / predecid / no predigáis / predigan
querer / queriendo / querido	quiero / quieres / quiere / queremos / queréis / quieren	quería / querías / quería / queríamos / queríais / querían	quise / quisiste / quiso / quisimos / quisisteis / quisieron	querré / querrás / querrá / querremos / querréis / querrán	querría / querrías / querría / querríamos / querríais / querrían	quiera / quieras / quiera / queramos / queráis / quieran	quisiera / quisieras / quisiera / quisiéramos / quisierais / quisieran	quiere / no quieras / quiera / queramos / quered / no queráis / quieran

C. Irregular Verbs (continued)

INFINITIVE / PRESENT PARTICIPLE / PAST PARTICIPLE	INDICATIVE					SUBJUNCTIVE		IMPERATIVE
	PRESENT	IMPERFECT	PRETERITE	FUTURE	CONDITIONAL	PRESENT	PAST	
saber / sabiendo / sabido	sé / sabes / sabe / sabemos / sabéis / saben	sabía / sabías / sabía / sabíamos / sabíais / sabían	supe / supiste / supo / supimos / supisteis / supieron	sabré / sabrás / sabrá / sabremos / sabréis / sabrán	sabría / sabrías / sabría / sabríamos / sabríais / sabrían	sepa / sepas / sepa / sepamos / sepáis / sepan	supiera / supieras / supiera / supiéramos / supierais / supieran	sabe / no sepas / sepa / sepamos / sabed / no sepáis / sepan
salir / saliendo / salido	salgo / sales / sale / salimos / salís / salen	salía / salías / salía / salíamos / salíais / salían	salí / saliste / salió / salimos / salisteis / salieron	saldré / saldrás / saldrá / saldremos / saldréis / saldrán	saldría / saldrías / saldría / saldríamos / saldríais / saldrían	salga / salgas / salga / salgamos / salgáis / salgan	saliera / salieras / saliera / saliéramos / salierais / salieran	sal / no salgas / salga / salgamos / salid / no salgáis / salgan
ser / siendo / sido	soy / eres / es / somos / sois / son	era / eras / era / éramos / erais / eran	fui / fuiste / fue / fuimos / fuisteis / fueron	seré / serás / será / seremos / seréis / serán	sería / serías / sería / seríamos / seríais / serían	sea / seas / sea / seamos / seáis / sean	fuera / fueras / fuera / fuéramos / fuerais / fueran	sé / no seas / sea / seamos / sed / no seáis / sean
tener / teniendo / tenido	tengo / tienes / tiene / tenemos / tenéis / tienen	tenía / tenías / tenía / teníamos / teníais / tenían	tuve / tuviste / tuvo / tuvimos / tuvisteis / tuvieron	tendré / tendrás / tendrá / tendremos / tendréis / tendrán	tendría / tendrías / tendría / tendríamos / tendríais / tendrían	tenga / tengas / tenga / tengamos / tengáis / tengan	tuviera / tuvieras / tuviera / tuviéramos / tuvierais / tuvieran	ten / no tengas / tenga / tengamos / tened / no tengáis / tengan
traer / trayendo / traído	traigo / traes / trae / traemos / traéis / traen	traía / traías / traía / traíamos / traíais / traían	traje / trajiste / trajo / trajimos / trajisteis / trajeron	traeré / traerás / traerá / traeremos / traeréis / traerán	traería / traerías / traería / traeríamos / traeríais / traerían	traiga / traigas / traiga / traigamos / traigáis / traigan	trajera / trajeras / trajera / trajéramos / trajerais / trajeran	trae / no traigas / traiga / traigamos / traed / no traigáis / traigan
valer / valiendo / valido	valgo / vales / vale / valemos / valéis / valen	valía / valías / valía / valíamos / valíais / valían	valí / valiste / valió / valimos / valisteis / valieron	valdré / valdrás / valdrá / valdremos / valdréis / valdrán	valdría / valdrías / valdría / valdríamos / valdríais / valdrían	valga / valgas / valga / valgamos / valgáis / valgan	valiera / valieras / valiera / valiéramos / valierais / valieran	vale / no valgas / valga / valgamos / valed / no valgáis / valgan
venir / viniendo / venido	vengo / vienes / viene / venimos / venís / vienen	venía / venías / venía / veníamos / veníais / venían	vine / viniste / vino / vinimos / vinisteis / vinieron	vendré / vendrás / vendrá / vendremos / vendréis / vendrán	vendría / vendrías / vendría / vendríamos / vendríais / vendrían	venga / vengas / venga / vengamos / vengáis / vengan	viniera / vinieras / viniera / viniéramos / vinierais / vinieran	ven / no vengas / venga / vengamos / venid / no vengáis / vengan

C. Irregular Verbs (continued)

INFINITIVE PRESENT PARTICIPLE PAST PARTICIPLE	INDICATIVE					SUBJUNCTIVE		IMPERATIVE
	PRESENT	IMPERFECT	PRETERITE	FUTURE	CONDITIONAL	PRESENT	PAST	
ver	veo	veía	vi	veré	vería	vea	viera	ve / no veas
viendo	ves	veías	viste	verás	verías	veas	vieras	vea
visto	ve	veía	vio	verá	vería	vea	viera	veamos
	vemos	veíamos	vimos	veremos	veríamos	veamos	viéramos	ved / no veáis
	veis	veíais	visteis	veréis	veríais	veáis	vierais	vean
	ven	veían	vieron	verán	verían	vean	vieran	

D. Stem-Changing and Spelling Change Verbs

INFINITIVE PRESENT PARTICIPLE PAST PARTICIPLE	INDICATIVE					SUBJUNCTIVE		IMPERATIVE
	PRESENT	IMPERFECT	PRETERITE	FUTURE	CONDITIONAL	PRESENT	PAST	
construir (y)	construyo	construía	construí	construiré	construiría	construya	construyera	construye / no construyas
construyendo	construyes	construías	construiste	construirás	construirías	construyas	construyeras	construya
construido	construye	construía	construyó	construirá	construiría	construya	construyera	construyamos
	construimos	construíamos	construimos	construiremos	construiríamos	construyamos	construyéramos	construid / no construyáis
	construís	construíais	construisteis	construiréis	construiríais	construyáis	construyerais	construyan
	construyen	construían	construyeron	construirán	construirían	construyan	construyeran	
creer (y [3rd-pers. pret.])	creo	creía	creí	creeré	creería	crea	creyera	cree / no creas
creyendo	crees	creías	creíste	creerás	creerías	creas	creyeras	crea
creído	cree	creía	creyó	creerá	creería	crea	creyera	creamos
	creemos	creíamos	creímos	creeremos	creeríamos	creamos	creyéramos	creed / no creáis
	creéis	creíais	creísteis	creeréis	creeríais	creáis	creyerais	crean
	creen	creían	creyeron	creerán	creerían	crean	creyeran	
dormir (ue, u)	duermo	dormía	dormí	dormiré	dormiría	duerma	durmiera	duerme / no duermas
durmiendo	duermes	dormías	dormiste	dormirás	dormirías	duermas	durmieras	duerma
dormido	duerme	dormía	durmió	dormirá	dormiría	duerma	durmiera	durmamos
	dormimos	dormíamos	dormimos	dormiremos	dormiríamos	durmamos	durmiéramos	dormid / no durmáis
	dormís	dormíais	dormisteis	dormiréis	dormiríais	durmáis	durmierais	duerman
	duermen	dormían	durmieron	dormirán	dormirían	duerman	durmieran	
pedir (i, i)	pido	pedía	pedí	pediré	pediría	pida	pidiera	pide / no pidas
pidiendo	pides	pedías	pediste	pedirás	pedirías	pidas	pidieras	pida
pedido	pide	pedía	pidió	pedirá	pediría	pida	pidiera	pidamos
	pedimos	pedíamos	pedimos	pediremos	pediríamos	pidamos	pidiéramos	pedid / no pidáis
	pedís	pedíais	pedisteis	pediréis	pediríais	pidáis	pidierais	pidan
	piden	pedían	pidieron	pedirán	pedirían	pidan	pidieran	
pensar (ie)	pienso	pensaba	pensé	pensaré	pensaría	piense	pensara	piensa / no pienses
pensando	piensas	pensabas	pensaste	pensarás	pensarías	pienses	pensaras	piense
pensado	piensa	pensaba	pensó	pensará	pensaría	piense	pensara	pensemos
	pensamos	pensábamos	pensamos	pensaremos	pensaríamos	pensemos	pensáramos	pensad / no penséis
	pensáis	pensabais	pensasteis	pensaréis	pensaríais	penséis	pensarais	piensen
	piensan	pensaban	pensaron	pensarán	pensarían	piensen	pensaran	

D. Stem-Changing and Spelling Change Verbs (continued)

INFINITIVE PRESENT PARTICIPLE PAST PARTICIPLE	INDICATIVE					SUBJUNCTIVE		IMPERATIVE
	PRESENT	IMPERFECT	PRETERITE	FUTURE	CONDITIONAL	PRESENT	PAST	
producir (zc, j) produciendo producido	produzco	producía	produje	produciré	produciría	produzca	produjera	
	produces	producías	produjiste	producirás	producirías	produzcas	produjeras	produce / no produzcas
	produce	producía	produjo	producirá	produciría	produzca	produjera	produzca
	producimos	producíamos	produjimos	produciremos	produciríamos	produzcamos	produjéramos	produzcamos
	producís	producíais	produjisteis	produciréis	produciríais	produzcáis	produjerais	producid / no produzcáis
	producen	producían	produjeron	producirán	producirían	produzcan	produjeran	produzcan
reír (i, i) riendo reído	río	reía	reí	reiré	reiría	ría	riera	
	ríes	reías	reíste	reirás	reirías	rías	rieras	ríe / no rías
	ríe	reía	rio	reirá	reiría	ría	riera	ría
	reímos	reíamos	reímos	reiremos	reiríamos	riamos	riéramos	riamos
	reís	reíais	reísteis	reiréis	reiríais	riáis	rierais	reíd / no riais
	ríen	reían	rieron	reirán	reirían	rían	rieran	rían
seguir (i, i) (g) siguiendo seguido	sigo	seguía	seguí	seguiré	seguiría	siga	siguiera	
	sigues	seguías	seguiste	seguirás	seguirías	sigas	siguieras	sigue / no sigas
	sigue	seguía	siguió	seguirá	seguiría	siga	siguiera	siga
	seguimos	seguíamos	seguimos	seguiremos	seguiríamos	sigamos	siguiéramos	sigamos
	seguís	seguíais	seguisteis	seguiréis	seguiríais	sigáis	siguierais	seguid / no sigáis
	siguen	seguían	siguieron	seguirán	seguirían	sigan	siguieran	sigan
sentir (ie, i) sintiendo sentido	siento	sentía	sentí	sentiré	sentiría	sienta	sintiera	
	sientes	sentías	sentiste	sentirás	sentirías	sientas	sintieras	siente / no sientas
	siente	sentía	sintió	sentirá	sentiría	sienta	sintiera	sienta
	sentimos	sentíamos	sentimos	sentiremos	sentiríamos	sintamos	sintiéramos	sintamos
	sentís	sentíais	sentisteis	sentiréis	sentiríais	sintáis	sintierais	sentid / no sintáis
	sienten	sentían	sintieron	sentirán	sentirían	sientan	sintieran	sientan
volver (ue) volviendo vuelto	vuelvo	volvía	volví	volveré	volvería	vuelva	volviera	
	vuelves	volvías	volviste	volverás	volverías	vuelvas	volvieras	vuelve / no vuelvas
	vuelve	volvía	volvió	volverá	volvería	vuelva	volviera	vuelva
	volvemos	volvíamos	volvimos	volveremos	volveríamos	volvamos	volviéramos	volvamos
	volvéis	volvíais	volvisteis	volveréis	volveríais	volváis	volvierais	volved / no volváis
	vuelven	volvían	volvieron	volverán	volverían	vuelvan	volvieran	vuelvan

Index

I. GRAMMAR

a
  personal, 250, 267*n*
  verbs accompanied by, 262
accent marks, attaching pronouns to
  commands, 246, 247, 249
adjective clauses, subjunctive in,
  266–267
adjectives
  agreement in gender and number,
    222–223
  comparisons, 228–229
  gender of, 222–223
  irregular comparative forms, 229
  past participles used as, 226
  ser and **estar** used with, 19*n*, 89*n*
adverbial clauses, subjunctive in, 13, 166,
  258–259
agreement in gender and number, nouns/
  adjectives, 222–223
a + el, 227
alguien, 250
answer key. *See* Appendix 1
aportar tu grano de arena, 200*n*
-ar verbs
  chart of tenses. *See* Appendix 3
  commands, 246
  conditional, 12, 254
  future, 13, 257
  imperfect, 232
  past participle, 226
  past subjunctive, 241
  present subjunctive, 240
  preterite, 231
A SPACE conjunctions, 166, 258–259

brainstorming, 33, 66, 102, 138, 172, 206
buscar, 249*n*

-car, verbs ending in, preterite, 231
certainty, expressing, 242*n*
cien(to), indefinite article with, 228
cierto/a, indefinite article with, 228
clauses
  adjective clauses, 266–267
  adverbial clauses, 13, 166, 258–259
  dependent clauses, 241
  if clauses, 255–256
  independent clauses, 241
  main clauses, 241, 243–244
  nonrestrictive clauses, 264, 264*n*
  noun clauses, 95, 241
  subordinate clauses, 241, 243–244
cognates, 19, 52, 53, 124, 159, 193
collective commands, 247
cometa, 223*n*

commands, 96, 246–247
  accent marks, 246, 247, 249
  collective, 247
  direct object pronouns attached
    to, 249
  formal (**usted/es**) commands,
    246–247
  implicit, 242
  informal (**tú**) commands, 246–247
  irregular verbs, 246
  pronouns attached to, 246, 247, 249
  regular verbs, 246
  vosotros commands, 246–247
como si, 169
comparisons
  of equality, 8, 228–229
  of inequality, 8, 228–229
  superlative, 230
compound relative pronouns, 264
conditional
  formation of, 12, 254–255
  using, 12, 254, 254*n*, 255
conjunctions
  A SPACE, 166, 258–259
  THE CD, 166, 258–259
connectors. *See* Appendix 2
  lists of, 18, 51, 66, 88, 123, 158, 192
  in subjunctive expressions, 241
con, verbs accompanied by, 263
conocer, versus **saber**, 263
contrary-to-fact situations, 255–256
creer, 242
cual, 264
cuyo/a/os/as, 265

de, verbs accompanied by, 263
de + el, 227
definite articles, use and omission, 227
denial, expressing, 242
dependent clauses, 241
direct object pronouns, 246, 248–249
donde, 265, 266
double object pronouns, 251
doubt, expressing, 242

echar de menos, 53*n*
el, 227
el cual, 264
el que, 264
emotion, expressing, 89, 242
en, verbs accompanied by, 263
-er verbs
  chart of tenses. *See* Appendix 3
  commands, 246
  conditional, 12, 254–255
  future, 13, 257

  imperfect, 232
  past participle, 226
  past subjunctive, 241
  present subjunctive, 240
  preterite, 231
escuchar, 249*n*
esperar, 249*n*
estar
  use with adjectives, 19*n*, 89*n*
  using, 224–225
  versus **ser**, 7, 89*n*, 224–225
estar de moda, 20*n*
expressions
  impersonal expressions, 242
  lists of useful, 20, 20*n*, 22, 34, 38, 55, 60,
    67, 72, 90, 92, 98, 103, 107, 126, 127,
    130, 132, 139, 143, 166, 173, 177, 197, 202,
    203, 207
  using subjunctive, 169, 242
extrañar (a), 53

feminine nouns, 222–223
formal (**usted/es**) commands, 246–247
future, formation of, 13
future tenses
  adverbial phrases and, 258
  formation of, 13, 257
  probability, 257

-gar, verbs ending in, preterite, 231
gender, 222–223
gustar
  indirect object pronouns with, 252
  other verbs like, 11, 20*n*, 130*n*, 253

haber
  perfect tenses formed with, 249*n*
  present perfect and pluperfect formed
    with, 238–239
hace... que, 239
hasta que (no), 259*n*
hypothetical situations, 12, 254–256

if clauses, 255–256
  in hypothetical sentences, 12
imperfect
  formation of, 232
  preterite versus, 233–236
    usage chart, 234
  using, 9, 233–236, 254*n*
  verbs with different meaning in
    preterite, 237
impersonal expressions, 242
implicit commands, 242
indefinite articles, use and omission, 228
independent clauses, 241

indirect object, **gustar**-like constructions, 11, 131*n*
indirect object pronouns, 250–251
  attaching to commands, 246
  gustar-like constructions, 131*n*, 252
infinitive
  direct object pronouns attached to, 249
  ir + a +, 257
  volver a +, 262*n*
informal (**tú**) commands, 246–247
interrogative words, 60
ir
  command forms, 246, 246*n*, 247
  preterite, 231*n*
ir a +, 257
ir a la moda, 20*n*
irregular verbs
  chart of tenses. *See* Appendix 3
  conditional, 12, 254–255
  future, 13, 257
  imperfect, 232
  past participle, 226
  past subjunctive, 241
  present subjunctive, 240
  preterite, 231, 231*n*
-ir verbs
  chart of tenses. *See* Appendix 3
  commands, 246
  conditional, 12, 254–255
  future, 13, 257
  imperfect, 232
  past participle, 226
  past subjunctive, 241
  present subjunctive, 240
  preterite, 231

la(s), 227
la(s) cual(es), 264
la(s) que, 264
le(s), 250–251
let's suggestions or commands, 247
likes and dislikes, expressing, 11, 129, 130, 248, 252
lo(s) cual(es), 264–265
lo(s) que, 264–265
los, 227

main clauses, 241, 243–244
masculine nouns, 222–223
más/menos ...de, 228–229, 230
más/menos ...que, 8, 228–229
mayor que, 229
medio/a, indefinite article with, 228
mejor que, 229
menor que, 229
metaphor approach, 233–234
mil, indefinite article with, 228

nadie, 250
narrating in the past, 9, 58–59, 231–236
negative commands, with reflexive pronouns, 246
no negar, 242*n*
nonrestrictive clauses, 264, 264*n*
nosotros commands, 247

noun clauses, subjunctive with, 95, 241
nouns
  agreement in gender and number, 222–223
  comparing equal nouns, 8
  comparisons, 228–229
  definite article used with, 227
  direct object nouns, 248–249
  gender of, 222–223
  used as adjectives, 6*n*

ojalá (que), 241, 242
opinions, expressing, 129, 248, 252
otro/a, indefinite article with, 228

para and **por**, 265–266
pasantia, 193*n*
past
  hypothetical contrary-to-fact situations, 254–256
  narrating in the past, 9, 58–59, 231–236
past participles
  formation of, 226
  irregular, 226
  present perfect and pluperfect formed with, 238–239
  used as adjectives, 226
past subjunctive
  formation of, 241
  sequence of tenses, 255
pensar, 242
peor que, 229
perfect tenses, 238–239. *See also* Appendix 3
  formation of, 238, 249*n*
  pronouns with, 249*n*
personal **a**, 250, 267*n*
personal characteristics, 19, 19*n*, 24
placement rules, for indirect object pronouns, 250
pluperfect, formation of, 238
ponerse, using, 89*n*
por, verbs accompanied by, 263
por and **para**, 265–266
prepositions, with verbs, 262–263
present perfect
  formation of, 238
  uses of, 239
present subjunctive, formation of, 240
preterite
  formation of, 231–232
  imperfect versus, 233–236
  irregular forms of, 231, 231*n*
  verbs with different meaning in imperfect, 237
probability, expressing, 257
professional titles, definite article used with, 227
pronouns
  attaching to commands, 246, 247, 249
  direct object pronouns, 246, 248–249
  double object pronouns, 251
  indefinite, 250
  indirect object pronouns, 131*n*, 246, 250–251
  with perfect tenses, 249*n*
  reciprocal pronouns, 261

reflexive pronouns, 246, 247, 261–262
relative pronouns, 264–265
sequence of, 251

que, 241, 263, 264
quien(es), 250, 264, 264*n*

reactions to situations, subjunctive used for, 10, 240–242
reciprocal pronouns, 261
recommendations, making, 10, 240–242, 242
reflexive pronouns, 261–262
  commands with, 246, 247
reflexive verbs, 247, 261–262
regular verbs. *See* Appendix 3; **-ar** verbs; **-er** verbs; **-ir** verbs
relative pronouns, 264–265

saber, versus **conocer**, 263
se, 251
-se, as alternate subjunctive ending, 241*n*
se, use as a pronoun, 251
sequence, of pronouns, 251
sequence of tenses
  past subjunctive and, 255
  verbs, 243–244
ser
  adjectives used with, 19*n*, 89*n*
  command forms, 246*n*
  indefinite article with, 228
  preterite, 231*n*
  using, 224–225
  versus **estar**, 7, 89*n*, 224–225
stem-changing verbs
  chart of tenses. *See* Appendix 3
  present subjunctive, 240
  preterite, 232
subjunctive
  in adjective clauses, 266–267
  in adverbial clauses, 13, 166, 258–259
  expressions using, 169, 242
  with **gustar**-like constructions, 130*n*
  with noun clauses, 95, 241
  past, 164, 169
  past subjunctive, 241, 255
  present subjunctive, 240
  for reactions and recommendations, 10, 240–242
subordinate clauses, 241, 243–244
suggestions, expressing, 247
superlatives, 230

tan... como, 8, 228–229
tanto/a/os/as... como, 8, 228–229
tenses
  formation of, tables. *See* Appendix 3
  sequence of, 243–244, 255
THE CD conjunctions, 166, 258–259
titles of respect, definite article used with, 227
tú commands, 246–247

un, 228
uno/a/os/as, 228
usted(es) commands, 246–247

verbs
    comparisons of, 228–229
    gustar-like constructions, 11, 20*n*, 130*n*, 252–253
    prepositions needed with, 262–263
    reflexive, 247, 261–262
    sequence of tenses, 243–244
    ser versus **estar**, 224–225
    with special meanings in preterite and imperfect, 237
    with special meaning when reciprocal pronoun is added, 262
    tables. *See* Appendix 3
    using indirect object and indirect object pronouns, 251
vocabulary
    careers, 193, 195, 196
    debate, 34, 67, 103, 139, 173, 207
    useful expressions, 20, 20*n*, 22, 34, 38, 55, 60, 67, 72, 90, 92, 98, 103, 107, 126, 127, 130, 132, 139, 143, 166, 173, 177, 197, 202, 203, 207
    family relationships, 50, 52–53
    immigration, 53
    obligations, 124
    parts of body, 19
    perceptions and impressions, 20
    personal characteristics, 19, 24
    recreation, 124, 127
    romantic relationships, 89, 94
    social issues, 159
    social media, 124, 124*n*
    state of mind, 124
    work life, 193
volver a, 262*n*
vosotros commands, 246–247

WEIRDO categories, 241–242, 243–244
would, 254*n*

-zar, verbs ending in, preterite, 231

II. CULTURAL TOPICS
Acurio, Gastón, 165
Allende, Salvador, 149
Andean region, 161–162, 168, 169, 171, 174–176, 179, 189
Argentina, 127, 129, 132, 135, 136, 140, 146, 149, 155
Arias Sánchez, Óscar, 216
arpilleras, 144–145
art/artists
    Andean region, 177
    Central America, 211–212
    Cuba, 58
    Mexico, 100, 108
    Peru, 177, 189
    Spain, 38–39, 44, 45–46, 47
    Venezuela, 64

Banco Mundial, 182
Barcelona (Spain), 35
Belli, Gioconda, 217–219
Betancourt, Íngrid, 171
Bilbao (Spain), 36–37

Blades, Rubén, 204, 213
Bogotá (Colombia), 165, 175
Bolívar, Simón, 64
Bolivia, 129, 156, 162, 168, 175, 182, 183–188
botellón, 26
Buenos Aires (Argentina), 127, 132
Buika, Concha, 40
Bután, 219

Calatrava, Santiago, 38–39
calaveras, 109
Calle 13, 75
cante jondo, 40
Cardenal, Ernesto, 209
Cárdenas, Lázaro, 113
careers, 193, 195, 196, 200, 202–203, 204
Caribbean region, 68–71
Carrillo Puerto, Felipe, 114, 116–117, 119
Cartagena (Colombia), 174–175
Castro, Fidel, 78
Castro, Raúl, 78
Central America, 198, 208–213
Chamorro, Violeta, 216
Chávez, Favio, 135
Chávez, Hugo, 64
chicha, 179
Chichén Itzá (Mexico), 103
Chile, 127, 140–141, 144–145, 146, 149, 150–152, 154
cholet, 184–187
Colombia, 161, 165, 170–171, 174–175
CONAIE (**Confederación de Nacionalidades Indígenas del Ecuador**), 171
Copán (Honduras), 209
Costa Rica, 209, 213
Cuarteto de Nos, 146
Cuba, 58, 68–69, 75, 78
Cuban Revolution, 78
cumbia, 179
Cuzco (Peru), 174
cyberspace, 132

Dalí, Salvador, 44, 45–46, 47
desaparecidos, 144, 149
descalzos, 161
Díaz, Junot, 61
dirty wars, 149
Dominican Republic, 61, 64, 69, 73–74, 75, 85
Dudamel, Gustavo, 64

Ecuador, 128, 161, 162, 168, 175, 180–181
El Salvador, 208–209, 211
Enlace Quiché, 198
environmental issues, 167
Estefan, Gloria, 75
ethnicity, 162

FARC (Fuerzas Armadas Revolucionarias Colombianas), 170–171
Fernández, Alejandro, 110
festivals/fiestas, 128, 213, 215
    Mexico, 96
    Spain, 23
flamenco music, 40, 42
Franco, Francisco, 43
Fundación Pies Descalzos, 161

Fundación Rigoberta Menchú, 198, 203
Furtado, Juanes and Nelly, 75

Galapagos Islands, 175
Gardel, Carlos, 146, 155
Generación Z, 206
globalization, 159
Guanajuato (Mexico), 96, 97, 104
Guatemala, 198, 200, 203, 213
guerras del agua y del gas, 182
Guevara, Ernesto "Che," 78, 186

Hamilton, 80–82
Havana (Cuba), 68–69
Hayek, Salma, 120
Hernández Sánchez, Rita Indiana, 73–74
Herrera, Carolina, 63
history
    Argentina, 149
    Bolivia, 182
    Chile, 144, 149
    Cuba, 78
    Dominican Republic, 85
    Mexico, 113–114
    Nicaragua, 216
    Southern Cone nations, 144, 149
    Spain, 43
    Uruguay, 149
Honduras, 208–209
huayno nuevo, 179
Humala, Ollanta, 162

Ibárruri, Dolores, 31*n*
Iguazú Falls (Paraguay), 141–142
immigration, 53, 62, 77
indigenous people/culture, 162, 168, 179, 198, 203
Internet, 198

Jesse y Joy (musical group), 110
Jiménez, Justino, 169
Juan Carlos I (king of Spain), 43

Kahlo, Frida, 100, 120
kalimotxo, 26, 26*n*

La Paz (Bolivia), 175, 183–186, 188
Lemesoff, Raúl, 135
literatura, Nicaragua, 217–219
Londoño, Rodrigo, 170
Loret de Mola, Carlos, 117

Machu Picchu (Peru), 174
Mamani, Freddy, 183, 185–186, 188
Manos Creadoras: Arte con Reciclaje, 211–212
maps
    Andean region, 176
    Caribbean region, 72
    Central America, 210
    Mexico, 107
    Southern Cone nations, 142
    Spain, 38
marimba, 213
Martin, Ricky, 75
mate, 132
matrimonios interculturales, 103

Mayan ruins, 208–209
Menchú, Rigoberta, 198, 203
merengue, 75
Mérida (Venezuela), 70–71
Mexican Revolution, 113
Mexico, 86, 95–97, 100, 104–107, 108–120
Mexico City, 105
Miami Sound Machine, 75
Miguel, Luis, 110
Miranda, Lin-Manuel, 79, 80–82, 83–84
Miyagui, Jorge, 177, 178
Montevideo (Uruguay), 141
Morales, Evo, 162, 171, 182, 183–186
Moreno, Gaby, 213
Moreno, Lenín, 161, 181
Morillo, José, 64
movies
    Bolivia, 182
    Chile, 145, 149
    Cuba, 78
    El Salvador, 216
    Mexico, 108, 113, 120
    Spain, 43, 48
music
    Andean region, 179, 189
    Argentina, 155
    Caribbean region, 64, 75
    Central America, 204, 213
    Chile, 144
    Mexico, 110
    Panama, 204
    Southern Cone nations, 144, 146
    Spain, 40, 42

names, personal, 57
Nicaragua, 199, 200, 209, 216, 217
No Te Va Gustar (musical group), 146, 146*n*

Oaxaca (Mexico), 106
Orozco, José Clemente, 108, 112, 117
Ortega, Daniel, 216
Ortega Morán, Arturo, 114
Ortiz, Letizia, 31*n*
otavaleños, 168

Palmerín, Ricardo, 116, 117
Pamplona (Spain), 23
Panama, 198, 204, 208
Paraguay, 135, 141–142
Paranal Observatory (Chile), 140–141
Parlá, José, 58
Parra, Violeta, 144–145
Patagonia (Argentina), 140
peace agreements, 170–171
La Peregrina, 114, 116–117, 118
Pérez, Danilo, 213
Peru, 161, 162, 165, 174, 189
Perú Negro dance group, 189
Picasso, Pablo, 28
Pinochet, Augusto, 149
piropos, 94
political life, 162, 163
Posada, José Guadalupe, 108, 109
Puerto Rico, 70, 75
Punta del Este (Uruguay), 127

quinoa, 162
quintilla, 219
Quito (Ecuador), 175

Recinos, Karla, 211
Reed, Alma, 114, 114*n*, 116–117, 119
Rivera, Diego, 100, 108
Rivera, Francisco de, 31*n*
robots, 203
Rojas, Clara, 171
Rosado Vega, Luis, 116, 117

Sandinista Revolution, 216
Sanfermines, 23
San Joaquín (Costa Rica), 209
San José (Costa Rica), 209
San Juan (Puerto Rico), 70
San Pedro de Macorís (Dominican Republic), 69
Santiago de Compostela (Spain), 23
Santos, Juan Manuel, 170, 170*n*
Schele, Linda, 209
Sevilla (Spain), 35–36
Shakira, 75, 161

Siqueiros, David Alfaro, 117
smartphones, 198
social media, 132, 150
Sorolla, Joaquín, 28
Southern Cone nations, 127, 132, 133, 135, 140–144
Spain, 23–24, 26, 28, 35–37, 38, 43, 44–47, 53*n*
Spanish Civil War, 43
speaking styles, 24
stereotypes, 30–31
Stern, Nano, 146
Stroessner, Alfredo, 149
Szarán, Luis, 135

Tijoux, Ana, 146
Tikal (Guatemala), 208–209
Toledo (Spain), 36
La Tomatina, 23
traditional dress, 187
traditional medicine, 168
Tulum (Mexico), 105

United Nations, 167
United States, 39, 42, 77, 112, 148, 181, 215
Uno no escoge (Belli), 217
Uruguay, 127, 132, 133, 141, 146, 146*n*, 149

Vallejo, Camila, 150–153, 154
Venezuela, 57, 59, 63–64, 70–71
Vicaría de la Solidaridad, 145, 145*n*
Villa, Pancho, 113
Viña del Mar (Chile), 127

WhatsApp, 22–23, 54, 91–92, 127–128, 160–161, 197

Xochimilco (Mexico), 105

yerba mate, 132
Yucatan (Mexico), 105

Zapata, Emiliano, 113

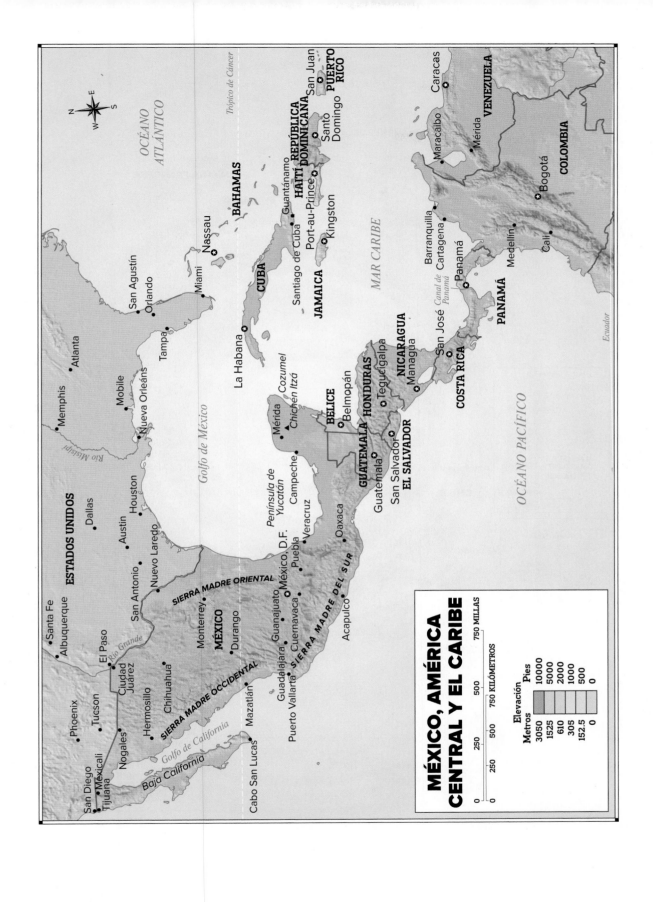

MÉXICO, AMÉRICA CENTRAL Y EL CARIBE

Elevación

Metros	Pies
3050	10000
1525	5000
610	2000
305	1000
152.5	500
0	0

0   250   500   750 KILÓMETROS
0   250   500   750 MILLAS

OCÉANO ATLÁNTICO

OCÉANO PACÍFICO

MAR CARIBE

Golfo de México

Golfo de California

Trópico de Cáncer

Ecuador

Río Misisipí

Río Grande

ESTADOS UNIDOS

Santa Fe
Albuquerque
Phoenix
Tucson
San Diego
Tijuana
Mexicali
Nogales
El Paso
Ciudad Juárez
Memphis
Atlanta
Mobile
Nueva Orleáns
San Agustín
Orlando
Tampa
Miami
Dallas
Austin
Houston
San Antonio
Nuevo Laredo

MÉXICO

Baja California
Cabo San Lucas
Mazatlán
Hermosillo
Chihuahua
Durango
Monterrey
Guadalajara
Puerto Vallarta
Guanajuato
México, D.F.
Cuernavaca
Puebla
Veracruz
Acapulco
Oaxaca
Campeche
Mérida
Chichén Itzá
Cozumel
Península de Yucatán

SIERRA MADRE OCCIDENTAL
SIERRA MADRE ORIENTAL
SIERRA MADRE DEL SUR

BAHAMAS
Nassau

CUBA
La Habana
Santiago de Cuba
Guantánamo

JAMAICA
Kingston

HAITÍ
Port-au-Prince

REPÚBLICA DOMINICANA
Santo Domingo

PUERTO RICO
San Juan

BELICE
Belmopán

GUATEMALA
Guatemala

EL SALVADOR
San Salvador

HONDURAS
Tegucigalpa

NICARAGUA
Managua

COSTA RICA
San José

PANAMÁ
Panamá
Canal de Panamá

VENEZUELA
Caracas
Maracaibo
Mérida

COLOMBIA
Barranquilla
Cartagena
Medellín
Bogotá
Cali

NICARAGUA

MAR CARIBE

COSTA
RICA

PANAMÁ

Barranquilla

Maracaibo

Caracas

Río Orinoco

VENEZUELA

Georgetown
Paramaribo

GUYANA

Cayenne

Medellín

Bogotá

COLOMBIA

GUAYANA FRANCESA

SURINAME

Cali

*OCÉANO
ATLÁNTICO*

Quito

ECUADOR

Guayaquil

Ecuador

Manaus

Belém

Río Amazonas

*OCÉANO
PACÍFICO*

PERÚ

BRASIL

Recife

Lima

Machu Picchu
Cuzco

OCÉANO PACÍFICO

Isla Pinta

Isla Marchena

Isla San Salvador

Isla Santa Cruz

Isla
Isabela

Isla San
Cristóbal
Puerto
Baquerizo
Moreno

LAS ISLAS
GALÁPAGOS
(ECUADOR)

0   100 MILLAS
0   100 KILÓMETROS

Arequipa

Lago Titicaca

BOLIVIA

La Paz

Sucre

Brasilia

PARAGUAY

Antofagasta

São Paulo

Río de Janeiro

*Trópico de
Capricornio*

CHILE

Asunción

Puerto Iguazú

0   8 MILLAS
0   8 KILÓMETROS

Río Paraná

Córdoba

Valparaíso

Cabo
Cummings

Santiago

Hanga Roa

Mataveri

Cabo Sur

ISLA DE PASCUA
(CHILE)

*OCÉANO
PACÍFICO*

Rosario

URUGUAY

Montevideo

ARGENTINA

Buenos
Aires

Río de la Plata

Concepción

Bahía Blanca

*OCÉANO
ATLÁNTICO*

San Carlos de
Bariloche

*Islas
Malvinas*

AMÉRICA DEL SUR

0   250   500   750 MILLAS
0   250   500 750 KILÓMETROS

Elevación

Metros		Pies
3050		10000
1525		5000
610		2000
305		1000
152.5		500
0		0

*OCÉANO
PACÍFICO*

Punta Arenas

*Estrecho de
Magallanes*

Tierra del Fuego

Cabo de Hornos

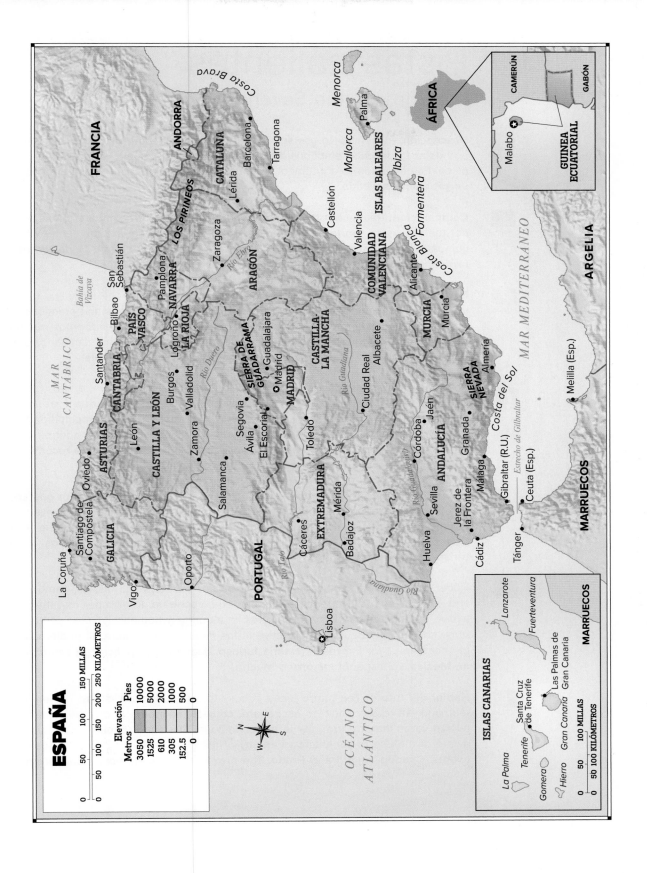

ESPAÑA

Elevación

Metros	Pies
3050	10000
1525	5000
610	2000
305	1000
152.5	500
0	0

0   50   100   150   **150 MILLAS**

0   50   100   150   200   250   **KILÓMETROS**

N
W   E
S

FRANCIA

ANDORRA

Costa Brava

CATALUÑA

Lérida
Barcelona
Tarragona

Menorca

Mallorca
Palma

ISLAS BALEARES

Ibiza
Formentera

Castellón

LOS PIRINEOS

Zaragoza
Río Ebro
Pamplona
NAVARRA
ARAGÓN

Valencia

COMUNIDAD
VALENCIANA

Costa Blanca

San Sebastián
Bilbao
PAÍS VASCO
Logroño
LA RIOJA

MAR MEDITERRÁNEO

ARGELIA

Santander
CANTABRIA

Bahía de Vizcaya

*MAR
CANTÁBRICO*

Alicante

MURCIA
Murcia

Burgos
Valladolid
Río Duero

SIERRA DE
GUADARRAMA
Guadalajara
Madrid
MADRID

CASTILLA-
LA MANCHA

Albacete

Almería
SIERRA
NEVADA

Costa del Sol

Melilla (Esp.)

ASTURIAS
Oviedo
León

CASTILLA Y LEÓN

Zamora

Segovia
Ávila
El Escorial

Toledo

Río Guadiana

Ciudad Real

Jaén
Córdoba
Granada

Estrecho de Gibraltar

Santiago de
Compostela

GALICIA

Salamanca

Río Tajo

EXTREMADURA
Mérida

ANDALUCÍA
Río Guadalquivir
Sevilla

Málaga
Gibraltar (R.U.)
Ceuta (Esp.)

La Coruña
Vigo

Oporto

Cáceres
Badajoz

Huelva
Jerez de
la Frontera
Cádiz
Tánger

MARRUECOS

PORTUGAL

Río Guadiana

Lisboa

*OCÉANO
ATLÁNTICO*

ÁFRICA

CAMERÚN
GABÓN
GUINEA
ECUATORIAL
Malabo

ISLAS CANARIAS

Lanzarote
Fuerteventura

La Palma
Tenerife
Santa Cruz
de Tenerife
Gomera
Hierro   *Gran Canaria*
Las Palmas de
Gran Canaria

MARRUECOS

0   50   100 MILLAS
0   50   100 KILÓMETROS

Pistas calientes

(Hot Tips on the Seven Communicative Functions)

 Descripción. Remember to use **ser** to describe physical and personality characteristics and **estar** to describe emotions. **Ser** is also used to talk about where events take place. Pay attention to agreement of nouns and adjectives: *Una* **clase aburrida,** *un* **problema delicado.**

 Comparación. Remember that **más/menos... que** is used to compare things that are not the same and **tan/tanto... como** are used for things that are the same. When comparing equal nouns, be careful to pay attention to agreement: **Tiene** *tantos problemas* **como su hijo. Bebe** *tanta cerveza* **como sus amigos.**

 Narración en el pasado. Remember that the preterite moves the story line forward in time and the imperfect fleshes out the story with descriptions and emotions: *Fuimos* **al campo el sábado.** *Hacía* **frío aquella noche, pero** *llevábamos* **mucha ropa y cuando** *empezamos* **a bailar, no** *sentíamos* **el frío.** When summarizing a past experience, use the preterite: **Fue una experiencia inolvidable.**

 Reacciones y recomendaciones. Remember that subjective, reactive, or value judgment statements such as **Es fantástico que...** and **Es terrible que...** are followed by the subjunctive. The subjunctive is also required when making recommendations and suggestions, since the result of a recommendation is not in our control: **Es bueno que** *tengan / hayan tenido / tuvieran* **suficiente dinero. Ahora recomiendo que** *empiecen* **a ahorrar dinero para su próximo viaje.**

 Hablar de los gustos y las opiniones. Remember that in sentences with **gustar**-type verbs, the thing liked is the grammatical subject, which therefore determines whether **gustar** is singular or plural. Don't forget that whoever likes the thing is the indirect object and must be preceded with **a:** *A* **Javi le gustan los museos.** *A* **los turistas les molesta el ruido.**

 Hacer hipótesis. The conditional is easy to form. Just add **-ía, -ías, -ía, -íamos, -íais,** and **-ían** to the infinitive: **escucharía, comería, escribiría.** Remember that there are twelve irregular verbs for the conditional. In a purely hypothetical *if, then* sentence, remember to use the past subjunctive in the *if clause* (**Si supiera, Si pudiera...**) and the conditional for the result (**estaría furioso, llamaría a la policía**): **Si** *estudiara* **en México, mi español** *mejoraría* **mucho.**

 Hablar del futuro. The future tense is easy to form. Just add **-é, -ás, -á, -emos, -éis,** and **-án** to the infinitive: **escucharé, comeré, escribiré.** Remember that the twelve verbs that are irregular in the conditional are also irregular in the future. Be aware of the use of subjunctive in many of the clauses that introduce future events: **Cuando** *vaya,* **irá al Prado. Tan pronto como** *salgamos,* **lo llamaremos.**

Las siete metas comunicativas y los puntos clave

Icon	Communicative Function	Grammatical Structures
D DESCRIBIR	**Descripción**	• agreement • **ser/estar** • participles as adjectives
C COMPARAR	**Comparación**	• agreement • **tan… como, tanto/a/os/as… como, más/menos… que**
P PASADO	**Narración en el pasado**	• preterite • imperfect • present and past perfect • **hace… que**
REACCIONAR **R** RECOMENDAR	**Reacciones y recomendaciones**	• subjunctive in noun clauses • commands
G GUSTOS	**Hablar de los gustos y las opiniones**	• **gustar**-type constructions • indirect object pronouns • subjunctive after **me gusta que, no creo que, no pienso que**
H HIPÓTESIS	**Hacer hipótesis**	• past subjunctive • conditional
F FUTURO	**Hablar del futuro**	• future • subjunctive in adverbial clauses